René Martin

Excel nervt ... schon wieder

Eine weitere Liebeserklärung an Microsoft Excel

René Martin

Excel nervt ... schon wieder

Eine weitere Liebeserklärung an Microsoft Excel

Bibliografische Information der Deutschen Nationalbibliothek:
Die Deutsche Nationalbibliothek verzeichnet diese Publikation in der Deutschen Nationalbibliografie;
detaillierte bibliografische Daten sind im Internet über http://dnb.dnb.de abrufbar.
© 2017 René Martin
Illustration: René Martin
Satz: René Martin
Herstellung und Verlag: BoD – Books on Demand, Norderstedt
ISBN: 978-3-7431-8254-7

1 Inhaltsverzeichnis

1	Inhaltsverzeichnis	5
2	Vorwort	16
3	**Alles ist weg**	18
3.1.	Paradox ist, wenn einer sich im Handumdrehen den Fuß bricht.	18
3.2.	ver|schwin|den Beispiele: du verschwandst; du verschwändest; verschwunden; verschwind[e]! // starkes Verb	19
3.3.	What's in a name? that which we call a rose || By any other name would smell as sweet (Shakespeare: Romeo & Julia)	21
3.4.	Schokolade ist Gottes Entschuldigung für Brokkoli.	23
3.5.	Erst der Spaß und dann das Vergnügen.	24
4	**Dateneingabe**	26
4.1.	Warum darf ich nicht markieren?	26
4.2.	Gib mir die Kekse und niemand wird verletzt!	27
4.3.	Ich seh nix!	27
4.4.	Firstletter	28
4.5.	Es stünde den Spiegeln gut an tiefer nachzudenken bevor sie die Bilder reflektieren (Jean Cocteau)	28
4.6.	Nicht ganz rund, die Sache	29
4.7.	Nachvollziehbar - trotzdem amüsant	30
4.8.	Punkt, Punkt, Komma, Strich	31
4.9.	Und schon wieder ist einer reingefallen	32
4.10.	Gehen Sie direkt ins Gefängnis, gehen Sie nicht über Los. Ziehen sie nicht 4000 ein.	33

4.11.	Es wird einmal ein Wunder gescheh'n ...	34
4.12.	Ich weiß nicht, was soll das bedeuten ...	35
4.13.	Barrierefrei?	36
4.14.	Jetzt aber fix	36
4.15.	Auch lustig	37
4.16.	Die Seele der Ordnung ist ein großer Papierkorb.	37
4.17.	Kästchen verschwinden	39
4.18.	Schon wieder sind die Kästchen verschwunden	39
4.19.	Ich würde mich gern geistig mit dir duellieren, aber ich sehe, du bist unbewaffnet.	41
4.20.	Komisch?	42
4.21.	Bis zu meinem fünften Lebensjahr dachte ich, mein Name sei „Nein".	44
4.22.	Die DNA von Excel – verschluckt?	45
4.23.	Wozu Socken? Sie schaffen nur Löcher (Albert Einstein)	46
4.24.	Wer alles glaubt, was er liest, sollte besser aufhören zu lesen. Konfuzius	47
4.25.	Jetzt muss ich mal was Nettes sagen - kann ich auch!	48
4.26.	Nö, nö, wirklich nicht	49
4.27.	Heinrich! Mir graut's vor dir. (Goethe; Faust I)	50
4.28.	Und jedem Anfang wohnt ein Zauber inne (Hesse)	54
4.29.	Kleine Übel?	56
4.30.	Niveau sieht nur von unten betrachtet arrogant aus	57
4.31.	ich finde es nicht	58
4.32.	Ich lasse mich zum Pandabären umschulen. Wenn ich faul rumliege und immer dicker werde, finden mich alle niedlich.	60
4.33.	Wer Excel versteht, kann auch durch Null teilen!	60
4.34.	Excel nervt... wieder mal *grins*	66

5	**Kommentare**	**69**
5.1.	Wie blöd ist das denn?	69
6	**Datenaustausch**	**70**
6.1.	Und wo bleibt die Kompatibilität?	70
6.2.	Komisches Grau	71
6.3.	Ehe: gegenseitige Freiheitsberaubung im beiderseitigen Einvernehmen. (Oscar Wilde)	72
6.4.	Das sind keine Augenringe, das sind Schatten großer Taten!	73
6.5.	Ich glaube nicht an den Aberglauben; das bringt Unglück.	74
6.6.	Ironie ist der Humor intelligenter Menschen.	75
7	**Merkwürdig übersetzt**	**77**
7.1.	Lächeln darf man	77
7.2.	Da lernt man Dreisatz und Wahrscheinlichkeitsrechnung und steht trotzdem grübelnd vor dem Backofen, welche der vier Schienen nun die Mittlere ist.	77
7.3.	Pia ist sehr genervt. Und ich amüsiere mich. Nicht über Pia, sondern über Microsoft. Und über Excel.	78
8	**Symbole falsch beschriftet**	**80**
8.1.	Tastatur wurde nicht gefunden. Drücken Sie F1 um es nochmal zu versuchen.	80
9	**Zellformate**	**81**
9.1.	Rinks und lechts, das kann man nicht velwechsern.	81
9.2.	Ein guter Zug?	82
9.3.	„Bunt ist meine Lieblingsfarbe." (Walter Gropius)	82
9.4.	Humor ist der Knopf, der verhindert, dass uns der Kragen platzt. (Joachim Ringelnatz)	83
9.5.	Das Leben ist wie eine Schachtel Pralinen, man weiß nie, was man bekommt. (aus: Forrest Gump)	86
9.6.	Die Seele der Ordnung ist ein großer Papierkorb.	87

9.7.	Komm lieber Mai und mache ... bloß nicht!	88
9.8.	Wem das Wasser bis zum Halse steht, der sollte den Kopf nicht hängen lassen	90
9.9.	Toleranz ist der Verdacht, dass der andere Recht hat.	91
9.10.	Ist das nur boshaft oder schon bösartig?	94
9.11.	Ich hasse es, wenn Leute mitten im Satz.	97
9.12.	Auch sehr schön	98
9.13.	Ich brauche einen neuen Kopf. Der alte denkt zu viel.	100
9.14.	Es ist wirklich nicht einfach immer Recht zu haben, aber es läuft schon.	102
9.15.	Realität ist was für Menschen, die Angst vor Einhörnern haben.	103
9.16.	Ich kenne Zebras, die freiwillig hinter Gittern sitzen, um wie weiße Pferde auszusehen.	104

10   Zahlenformate 107

10.1.	Frage an Radio Eriwan	107
10.2.	Excel kann alles - außer Kaffee kochen und rechnen.	109
10.3.	Calc nervt auch - sogar noch mehr!	112
10.4.	Man hat nie zu viele Kleider, sondern immer zu wenig Schrank.	112
10.5.	Ich hätte es nicht geglaubt	115
10.6.	Ich weiß nicht was soll es bedeuten | Dass ich so traurig bin; (Heine)	115
10.7.	Früh aufstehen ist der erste Schritt in die falsche Richtung!	116
10.8.	Radfahrer aller Länder vereinigt Euch! Ihr habt nichts zu verlieren, außer Euren Ketten!	118

11   Zeilen und Spalten 121

11.1.	Keine gute Kopie?	121
11.2.	Manchmal klappt es und manchmal nicht.	122
11.3.	Wenn das Leben dir eine Zitrone gibt, frage nach Salz und Tequila!	124

12   Drucken und Seitenlayout... 126

12.1.	Zeigt her eure Füße, zeigt her eure Schuh	126

12.2.	Die Idee ist gut - man kann es ja versuchen	126
12.3.	Nie sollst du mich befragen, noch Wissens Sorge tragen	127
12.4.	Line (of fire?)	128
12.5.	Alle dürfen - nur ich nicht	129
12.6.	Wer den Kopf in den Sand steckt, knirscht danach mit den Zähnen.	129
12.7.	Es geht einfach. Oder es geht einfach nicht.	131
12.8.	Das Problem will ich nicht, zeig mir das Nächste!	134

13 Excel rechnet falsch 135

13.1.	Vier von drei Leuten können nicht rechnen.	135
13.2.	Ein Kompromiss ist nur dann gerecht, brauchbar und dauerhaft, wenn beide Parteien damit gleich unzufrieden sind. (Henry Kissinger)	136
13.3.	Excel hat es nicht so mit den Zahlen, oder?	137
13.4.	Ich freue mich, wenn es regnet. Denn wenn ich mich nicht freue, regnet es auch. (Karl Valentin)	138
13.5.	Nett kann ich auch - bringt aber nix!	139
13.6.	Hoffnung ist nicht die Gewissheit, dass alles gut wird. Sondern der Glaube daran, dass etwas Sinn macht.	141
13.7.	Gestern bei offenem Fenster geschlafen. 10.569 Mücken gefällt das.	144

14 Fehlermeldungen, Formeln und Funktionen 146

14.1.	Was denn Excel zusammengefügt hat, soll ein Mensch nicht scheiden.	146
14.2.	kon·se·quent [ˌkɔnzeˈkvɛnt]	147
14.3.	Excel hält sich nicht an die Theoreme der Prädikatenlogik	148
14.4.	Man hat nie zu viele Kleider, sondern immer zu wenig Schrank.	148
14.5.	Ich brauche keinen Mittelfinger, ich kann das mit den Augen.	150

15 Merkwürdige Formeln 155

15.1.	Feiertage wären klasse	155

15.2. Day after day - oder: So vergeht Jahr um Jahr, und es bleibt wie es war 156

15.3. Wer nichts findet, sucht am falschen Ort. (Walter Ludin) 157

15.4. Datum gesucht 158

15.5. Wenn das Wörtchen WENN nicht wär' 160

15.6. Nomen est omen?... 163

15.7. Und wo ist das bei mir? 165

15.8. Am Ende des Geldes bleibt immer so viel Monat übrig 166

15.9. Wie heißt die Formel?.. 168

15.10. Ich verstehe es nicht: Heute bin ich früh aufgestanden. Aber da war kein Wurm. 169

15.11. Formel tippen oder Funktionsassistent?... 169

15.12. Manchmal wäre ein bisschen weniger doch ein bisschen hilfreicher......................... 172

16 Tabellen / Intelligente Tabellen **174**

16.1. Gehen Sie zurück auf Los! Ziehen Sie keine 4.000 ein! – Oder: mehr als drei Athleten geht nicht.. 175

16.2. „Bunt ist meine Lieblingsfarbe." (Walter Gropius) 175

16.3. Können die nicht oder wollen die nicht?.. 175

16.4. Ein dummer Mensch macht zu allem eine Bemerkung ... ein Kluger bemerkt alles... 177

16.5. Wenn Plan A nicht klappen sollte, keine Sorge – das Alphabet hat noch 25 andere Buchstaben... 177

16.6. Ich kann auch nett - bringt aber nix! 178

16.7. Sport gibt dir das Gefühl nackt besser auszusehen. Tequila übrigens auch. 179

17 Text in Spalten **182**

17.1. Es könnte alles so schön sein 182

17.2. Soll ich nur tun oder sogar als ob? 183

18 Sortieren **185**

18.1. Dumme Gedanken hat jeder. Nur der Weise verschweigt sie. 185

| 18.2. | Größenvergleich | 186 |

| 18.3. | Lass mich – ich kann das – oh, kaputt! | 188 |

19 Filtern 190

19.1.	Schnittig	190
19.2.	Ich könnte jetzt wirklich einen Zauberstab gebrauchen.	191
19.3.	Wer zuletzt lacht hat es nicht eher begriffen.	192
19.4.	Freiheit für das Spielzeug: Lasst die Jo-Jos von der Leine!	193

20 Pivottable 195

20.1.	Neue Standards setzen?	195
20.2.	Und täglich grüßt das Murmeltier	196
20.3.	Dumme Gedanken hat jeder. Nur der Weise verschweigt sie.	197
20.4.	Wo ist die Mitte?	198
20.5.	Clowns sehen es nicht gern, wenn sich das Publikum nur innerlich freut.	199

21 PowerPivot 201

21.1.	Es gibt Augenblicke, da gelingt uns alles. Kein Grund zu erschrecken, das geht vorüber.	201
21.2.	Das zu begreifen ist wie Wackelpudding an die Wand zu nageln. Es ist aussichtslos.	202
21.3.	och, schade!	204
21.4.	Wenn man nachts nichts essen soll, wieso hat mein Kühlschrank dann Licht?	205
21.5.	Ich hab noch einen Koffer in Berlin oder: wo bitte ist Herne?	206
21.6.	Ein Egoist ist ein Mensch, der nicht an mich denkt. (Eugène Labiche)	209
21.7.	Wenn ich während der Arbeit mit Excel sterbe und in die Hölle komme, wie lange wird es wohl dauern, bis ich merke, dass ich nicht mehr vor Excel sitze?	211
21.8.	Oh Herr, lass Hirn regnen und nimm den Bedürftigen die Regenschirme weg.	213

22 Merkwürdige Diagramme 215

| 22.1. | Blasentee? Blasen an den Füßen? Blasendiagramme? | 215 |

22.2. Blasen, Blasen - nichts als Blasen! 217

22.3. Namen sind Schall und Rauch? 219

22.4. Ich sehe was, was Du nicht siehst. 220

22.5. Strichwörtlich 220

22.6. Kein klarer Trend zu erkennen ?!? 221

22.7. Nicht zack-zack – sondern gemach-gemach! 226

22.8. Suchen Sie die zwei Fehler 227

22.9. Von Nichts kommt nichts 229

22.10. Bloß nicht! 230

22.11. Ich würde mich gern geistig mit dir duellieren, aber ich sehe, du bist unbewaffnet. .. 231

22.12. Da, wo Sie sitzen, kann ich mir auch gut eine Zimmerpflanze vorstellen 232

22.13. Freundlichkeit wird nur laut Rechtschreibung groß geschrieben 238

22.14. Dick – geht nicht! 239

22.15. Ich kann mich in 5 Sprachen unverständlich artikulieren. 240

22.16. Hunde sollten mindestens so groß sein, dass man sie morgens nicht mit den Socken verwechselt 243

22.17. Suche neuen Schutzengel. Meiner ist mit den Nerven am Ende. 244

22.18. Manchmal rede ich mit mir selbst. Und dann lachen wir beide. 245

22.19. Wer schwankt hat mehr vom Weg! 246

22.20. Freiheit für die Gummibären- weg mit den Plastiktüten! 247

23 Diagramme schummeln 249

23.1. Diagramme schummeln XVIII 249

23.2. Die gute alte Mark – quatsch! – so gut war die gar nicht! 250

23.3. Von Äpfeln und Birnen 253

23.4. Wasserfall 254

23.5. X, Y und ein bisschen Text – das ist doch nicht zuviel verlangt, oder? 254

23.6. Gefüllte Diagramme 255

24 Makrorekorder 257

24.1. Wer das Rauchen aufgibt, muss nach dem Sex reden. 257
24.2. Wenn zwei das Gleiche tun, ist es noch lange nicht dasselbe 257
24.3. Modern ist, was man selbst trägt. Unmodern ist, was andere tragen (Oscar Wilde) ...259
24.4. Rekorder kaputt? 260
24.5. Es gibt Dinge über die rede ich nicht einmal mit mir selbst. 262

25 VBA Befehle 265

25.1. Trauriger VBA-Code 265
25.2. VBA Code und Farben 269
25.3. Wieso nicht definiert? – Natürlich gibt es das! 270
25.4. Apple ist und bleibt anders 271
25.5. Der programmatische Zugriff auf das Visual Basic-Projekt ist nicht sicher. 272
25.6. Auch Gänse haben Füße – Gänsefüße 273
25.7. Modern ist, was man selbst trägt. Unmodern ist, was andere tragen (Oscar Wilde) ...274
25.8. Sag mir wo die Punkte sind? - wo sind sie geblieben 274
25.9. We are not amused 275
25.10. Variable nicht definiert 277
25.11. Wann geht es endlich weiter? 278
25.12. Natürlich könnte man morgens vor dem dritten Kaffee ein konstruktives Gespräch führen. Theoretisch wäre ja auch Weltfrieden möglich. 279
25.13. Nicht zu löschen! 280
25:14. Jemand der etwas nicht möchte, findet Gründe! – Jemand der etwas möchte, findet Wege! 281
25.15. Was sein muss, muss sein. Und was nicht sein muss? Erst recht. – Heimito von Doderer 282

26 Excel Objekte 284

26.1.	Ich rücke ja schon – aber ich sehe den Schlauch nicht auf dem ich stehe	284
26.2.	Schon wieder alles weg!	284
26.3.	Bin ich zu blöde oder Excel zu dämlich?	286

27 Userforms 287

27.1.	Du sollst dir kein Bildnis machen	287
27.2.	Eine neue Liebe ist wie ein neues Leben	288
27.3.	Die Liste wird kleiner - und das kurz vor Weihnachten!	288

28 Schade! 293

28.1.	Geht nicht; – sorry Leute!	293
28.2.	Mein Wunschzettel	302
28.2.1.	Dateneingabe	302
28.2.2.	Formate 303	
28.2.3.	Rechnen, Formeln und Funktionen	304
28.2.4.	Nicht konsequent	305
28.2.5.	Gültigkeit :: Datenüberprüfung	307
28.2.6.	Daten 308	
28.2.7.	Listen 308	
28.2.8.	VBA 308	
28.3.	und sonst	309

29 Tastenkombinationen 310

29.1.	Windows-Shortcuts	310
29.1.1.	Die vielleicht wichtigsten Shortcuts	310
29.1.2.	Office Assistent	311
29.1.3.	Mit Menüs und Symbolleisten arbeiten	312
29.1.4.	Navigieren mit Shortcuts	312

29.1.5. In Fenstern, Dialog- und Textfeldern arbeiten 313

29.1.6. In Zellen oder Bearbeitungsleiste arbeiten 315

29.1.7. Formatieren von Daten 316

29.1.8. Mit Shortcuts in Datenmasken arbeiten 317

29.1.9. Manchmal auch nützlich 318

29.2. Macintosh-Shortcuts 318

29.2.1. Die vielleicht wichtigsten Shortcuts 318

29.2.2. Vorschau und Drucken 320

29.2.3. Eingeben von Daten auf einem Arbeitsblatt 320

29.2.4. Arbeiten in Zellen oder auf der Funktionsleiste 321

29.2.5. Formatieren und Bearbeiten von Daten 322

29.2.6. Arbeiten mit einer Markierung 324

29.2.7. Markieren von Zellen, Spalten oder Zeilen 325

29.2.8. Finanzmanagement 326

29.2.9. Diagramme 327

29.2.10.   Datenformulare 327

29.2.11.   AutoFilter und PivotTable-Berichte 328

29.2.12.   Gliedern von Daten 329

29.2.13.   Symbolleisten 329

29.2.14.   Fenster 329

29.2.15.   Dialogfelder 330

30   Ein Wort zu mir 331

31   Stichwortverzeichnis 334

2 Vorwort

Ich hätte nicht gedacht, dass der Blog so einschlägt.

Anfang 2015 kam ich auf die Idee, die Internetseite „excel-nervt.de" einzurichten. Der Hintergrund: Seit 1990 unterrichte ich Softwareprodukte – im Wesentlichen Microsoft Office Anwendungen, aber auch Grafikprogramme, Programmiersprachen, Internettechnologien. Und programmiere kleinere Lösungen für verschiedene Firmen. Seit Anfang der 90er Jahre habe ich mich mit Excel beschäftigt. Ich liebe Excel, ich unterrichte diese Tabellenkalkulation sehr oft und auch programmiere auch– das heißt: mit VBA oder VB.NET greife ich darauf zu. Doch, doch, ich liebe Excel wirklich! Excel ist ein tolles, cleveres Programm, das ich auch für viele Dinge im geschäftlichen und privaten Bereich einsetze. Ich muss Ihnen sicherlich nicht erzählen, dass es Hunderte von Newsgroups, Excel-Seiten, Hilfen, … gibt: als Bücher, DVDs, Online-Videos, Internetforen, … Viele von diesen Seiten und Gruppen sind wirklich klasse – auch ich habe dort viel gelernt.

Umgekehrt: In Schulungen stelle ich immer wieder fest, dass Anfänger, aber auch Profi-Anwender sich häufig mit Excel schwertun. Einige Dinge erschließen sich nicht von alleine. Einige Sachen sind schräg übersetzt. Inkonsistent aufgebaut. Merkwürdig angelegt. Sehr versteckt. Natürlich gibt es auch Grenzen von Excel (ich wünsche mir immer noch, dass mein Excel auch meine Wohnung putzt, meine Hemden bügelt und mir Kaffee kocht und dann an den Schreibtisch bringt). Im Ernst: Das eine oder eine verwirrt, verblüfft, verärgert. Dem Profi ringt das Programm sicherlich ein wissendes Lächeln ab, dem Anwender dagegen Erstaunen und Erbosen.

Ich war verwundet, dass noch niemand auf die Idee gekommen ist, diese „dunklen Seiten" von Excel zu sammeln. Also habe ich mich auf den Weg gemacht, Dinge zusammenzutragen, die meine Teilnehmer und mich irritieren. Oder Fragen, die ich per Mail erhalten habe. Oder Dinge, die mich den Kopf schütteln lassen. Ich würde mir gerne ein Gespräch mit Verantwortlichen von Microsoft wünschen – tja.

Und nachdem ich nach einem Jahr fast 500 Einträge in meinem Blog hatte – eine Seite, die jeden Tag zwischen 1.000 und 2.000 Zugriffe hat – kamen mehrmals Anfragen, ob man diese Informationen auch als gedrucktes Werk nach Hause tragen könne. Diesem Wunsch bin ich nachgegangen.

Ich habe im Jahr 2016 sämtliche Beiträge der Seite des Jahres 2015 veröffentlicht – man kann sie käuflich erwerben durch das Buch „Excel nervt" (ISBN: *978-3-7392-3167-9*). Es ist auch als e-book erhältlich. Und nun halten Sie die Fortsetzung des ersten Bandes in der Hand – das heißt: die Beiträge des Jahres 2016. Wieder als Buch. Diesmal nicht ganz so viele Artikel. Dennoch: genug fürs Erste.

Zugegeben: da die einzelnen Artikel über einen längeren Zeitraum geschrieben wurden, finden sich natürlich einige sprachliche Inkonsistenzen darin. Um den Preis des Buches nicht in die Höhe zu treiben, habe ich auf ein professionelles Lektorat und auf einen Profikorrektor verzichtet. Das heißt – obwohl ich alle Texte noch einmal auf Fehler durchgeschaut habe, sind möglicherweise noch einige Tippfehler (oder auch Rechtschreibfehler, sprachliche Fehler, Gedankenfehler, …) im Text. Dafür möchte ich mich an dieser Stelle entschuldigen.

Die Sprache de Leserbriefe, die hier anonymisiert abgedruckt wurden, habe ich nicht verändert.

Umgekehrt: Ich habe all diese Glossen, Seitenhiebe und Gedanken immer mit einem Schmunzeln geschrieben. Wir alle machen Fehler. Und darüber kann man auch mal lächeln. Und so wünsche ich Ihnen viel Spaß und Vergnügen beim Lesen dieser Texte

René Martin

München, im Februar 2017

PS: Sie finden diese und weitere Texte auch unter www.excel-nervt.de

3 Alles ist weg

3.1. Paradox ist, wenn einer sich im Handumdrehen den Fuß bricht.

Hallo Herr Martin,

ich weiß nicht, was passiert ist: Ich habe eine Tabelle in Excel angelegt:

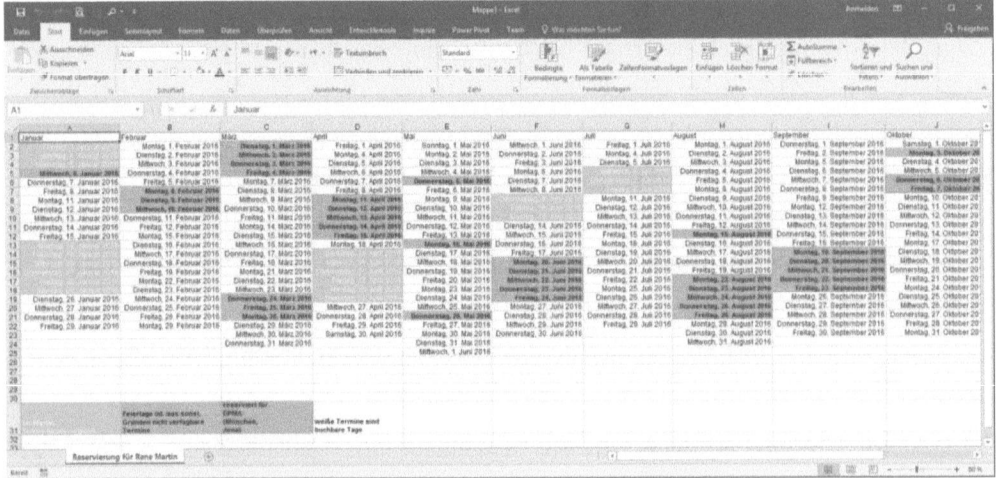

Ich wollte nun ein neues Tabellenblatt einfügen - und nun das:

Die Antwort: Wenn Sie genau hinsehen, haben Sie nicht ein neues Blatt, sondern ein Diagramm eingefügt. Wahrscheinlich wollten Sie die Tastenkombination [Shift] + [F11] drücken, haben aber nur [F11] gedrückt. löschen Sie das Diagramm und versuchen es noch einmal!

3.2. ver|schwin|den
Beispiele: du verschwandst; du verschwändest; verschwunden; verschwind[e]! // starkes Verb

Warum verschwinden denn die Daten?

Heute in der Excel-Schulung erklärt mir eine Teilnehmerin, dass durch das Ausblenden von Spalten darin vorhandene Daten verschwinden. Ich glaube es nicht und frage nach. Nachdem sie die Datei gespeichert hat, behauptet sie. Ich lasse mir genau erklären, was sie tut:

„Nun, ich blende die Spalte aus, trage einige Informationen ein, lösche andere Informationen; blende irgendwann die Spalte wieder ein. Und die ausgeblendeten Daten sind dann weg."

Klar - ich kann nachvollziehen, was sie getan hat: Blendet die Spalte aus, markiert die Zellen links und rechts der ausgeblendeten Spalte (und damit auch die ausgeblendete

3.2 ver|schwin|den

Beispiele: du verschwandst; du verschwändest; verschwunden; verschwind[e]! // starkes Verb

Spalte selbst) und lösche diese Daten (und damit auch die unsichtbaren). Ich glaube, DAS wird sie nun nicht mehr tun:

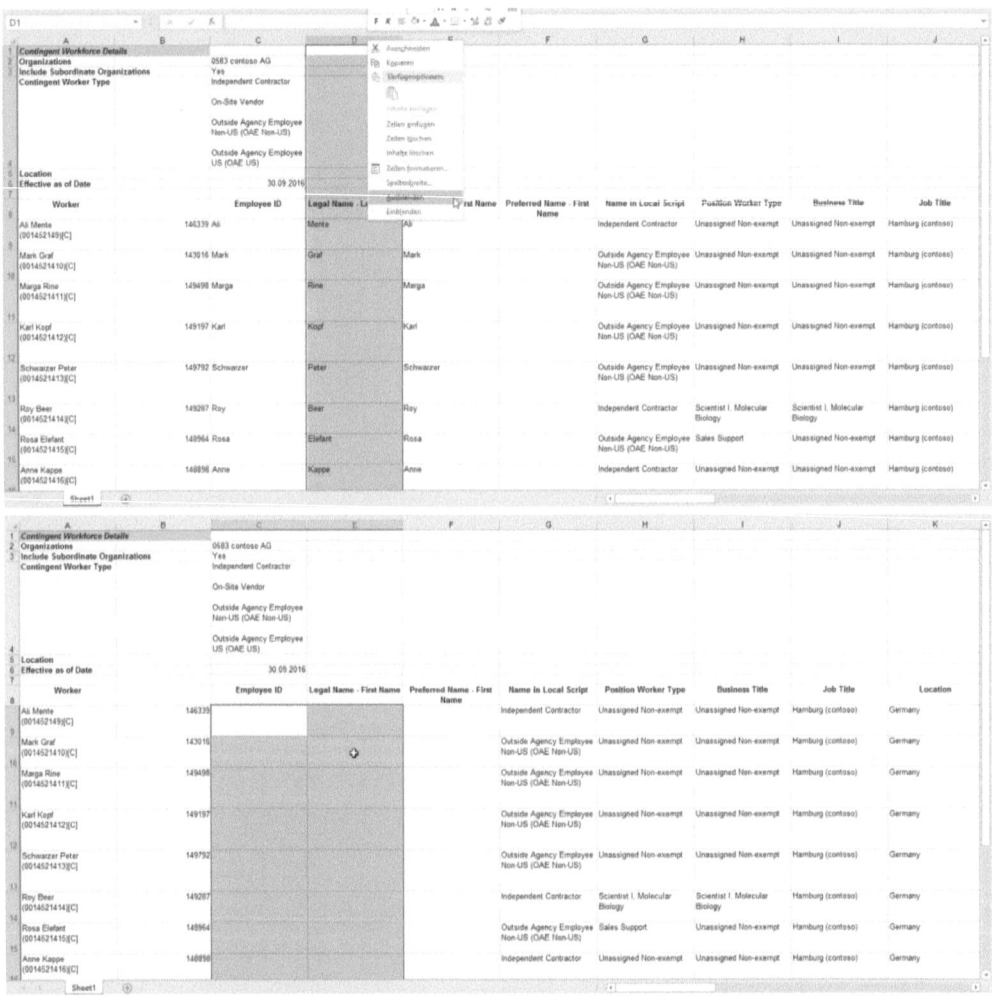

Dateneingabe

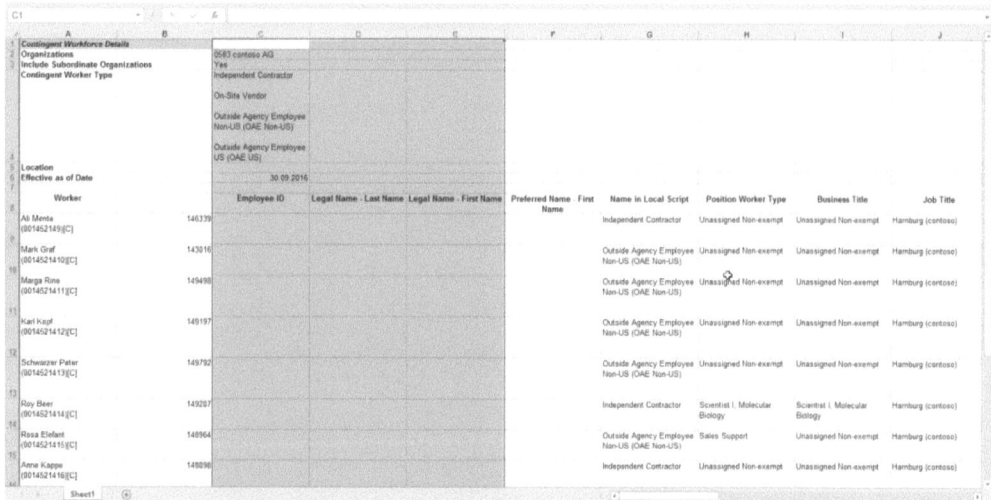

3.3. What's in a name? that which we call a rose ||
By any other name would smell as sweet
(Shakespeare: Romeo & Julia)

Hallo Herr Martin,

doch, doch ich bin ganz sicher. Ich habe der Zelle G16 einen Namen („Betreuer") gegeben. Aber nach einer Weile verschwindet er - er ist weder links oben im Namensfeld noch im Namensmanager zu sehen. Haben Sie eine Ahnung warum?

3.3 What's in a name? that which we call a rose || By any other name would smell as sweet (Shakespeare: Romeo & Julia)

	A	B	C	D	E	F	G	H	I	J	K	L
15	Kalendermonat / Jahr						Name Betreuer/in					
16												
17												
18	Tag	Beginn	Ende	Dauer	Tag	Beginn	Ende	Dauer	Tag	Beginn	Ende	Dauer
19	1	6:00	12:30	6,00	12				23			
20	2	6:00	17:00	10,00	13				24			
21	3	23:00	10:00	10,00	14				25			
22	4	23:00	9:30	9,50	15				26			
23	5	23:00	7:00	7,50	16				27			
24	6	6:00	8:00	2,00	17				28			
25	7	23:00	1:00	2,00	18				29			
26	8				19				30			
27	9				20				31			
28	10				21							
29	11				22							
30									Summe			47,00
31												
32	Für die Richtigkeit der Angaben:						Mit meiner Unterschrift bestätige ich, dass mir der/die o.g. Studierende wöchentlich seine/ihre Dokumentation der Arbeitszeit gemäß den Vor gaben des § 17 Mindestlohngesetz vorgelegt hat.					
33												
34												
35												
36	Datum, Unterschrift Studierende/r						Datum, Unterschrift Betreuer/in					
37												
38	Für die Prüfungen durch die Bundesknappschaft, ist dieser Nachweis nach dem Mindestlohngesetz 2 Jahre bei dem/der vertragschließendem/n Dekanat/Abteilung aufzubewahren.											
39												

Cell reference: G16

Dateneingabe

Wahrscheinlich wird ihre Datei durch Code (VBA oder VS.NET) gesteuert. Und wahrscheinlich hat dort jemand ein Makro geschrieben, das einen Namen „Betreuer" anlegt - allerdings unsichtbar.

Man kann herausfinden, welche Namen verwendet wurden, beispielsweise so:

```
Sub Namenstest()
Dim i As Integer
Dim strListe As String
For i = 1 To ActiveWorkbook.Names.Count
strListe = strListe & vbCr & ActiveWorkbook.Names(i).Name & _
    ":" & ActiveWorkbook.Names(i).Value & " sichtbar: " & _
    ActiveWorkbook.Names(i).Visible
Next
MsgBox strListe
End Sub
```

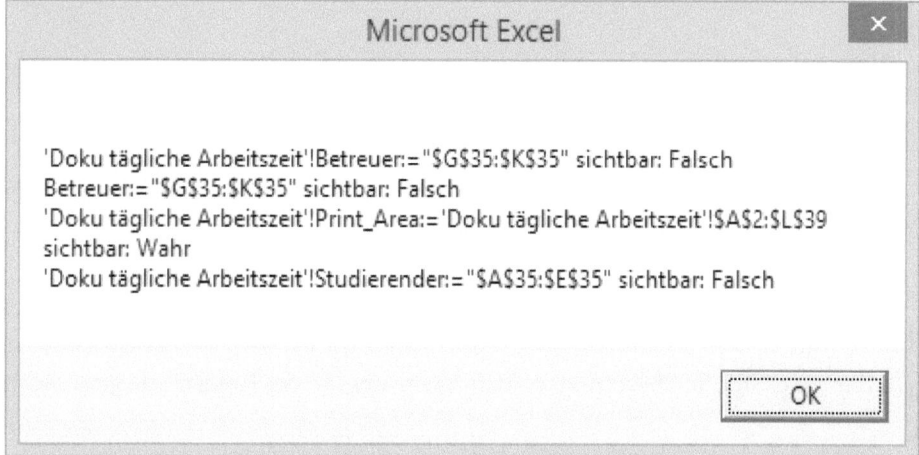

Denn: Man kann unsichtbare Namen generieren, die mit der Datei gespeichert werden:
```
ActiveWorkbook.Names.Add Name:="Betreuer", RefersTo:="$G$35:$K$35", _
Visible:=False
```

3.4. Schokolade ist Gottes Entschuldigung für Brokkoli.

Heute in der Excel-Schulung musste ich schmunzeln. Ich zeigte gerade, dass man mit den Tastenkombinationen [Shift] + [Strg] + [↓] bis zur letzten gefüllten Zelle einer Spalte markieren kann, mit [Shift] + [Strg] + [Ende] bis zum Ende des gefüllten Bereiches.

3.5 Erst der Spaß und dann das Vergnügen.

Plötzlich: Helle Aufregung. Bei einer Teilnehmerin stand der Bildschirm Kopf:

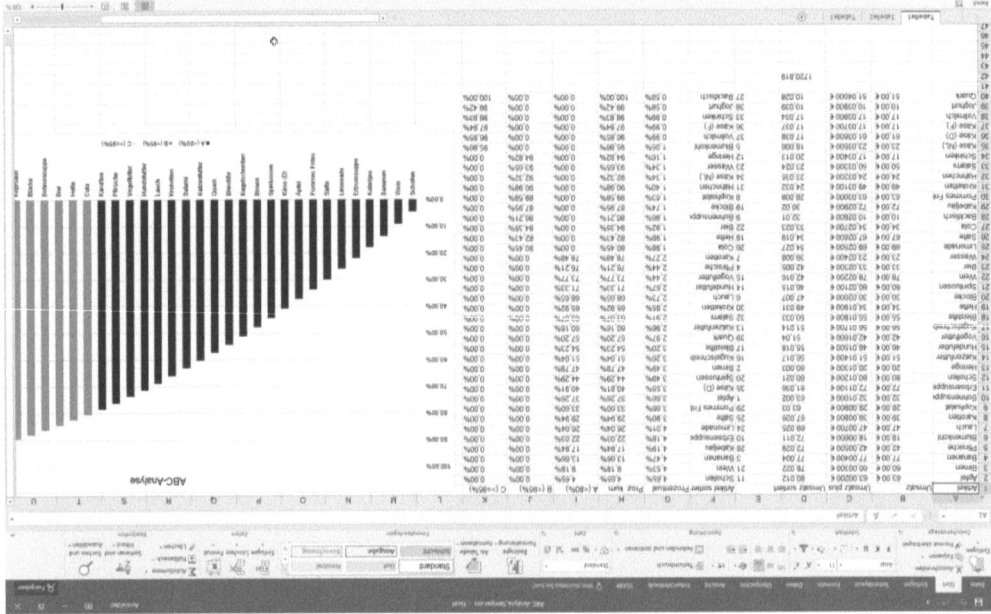

Da Problem kannte ich: Auf vielen PC sind Tasten [Alt] + [Strg] + [↓], [Alt] + [Strg] + [↑], [Alt] + [Strg] + [←] und [Alt] + [Strg] + [→] belegt, um die Anzeige des Bildschirms zu drehen. Also wieder zurück und die Dame war glücklich.

3.5. Erst der Spaß und dann das Vergnügen.

Hilfe! Ein Kollege hat mir in einer meiner Excel-Mappe, in der ich mein Haushaltsbuch führe, ein Bild eingefügt. Ich bekomme es nicht mehr weg. In der Kopfzeile liegt es nicht!

Dateneingabe

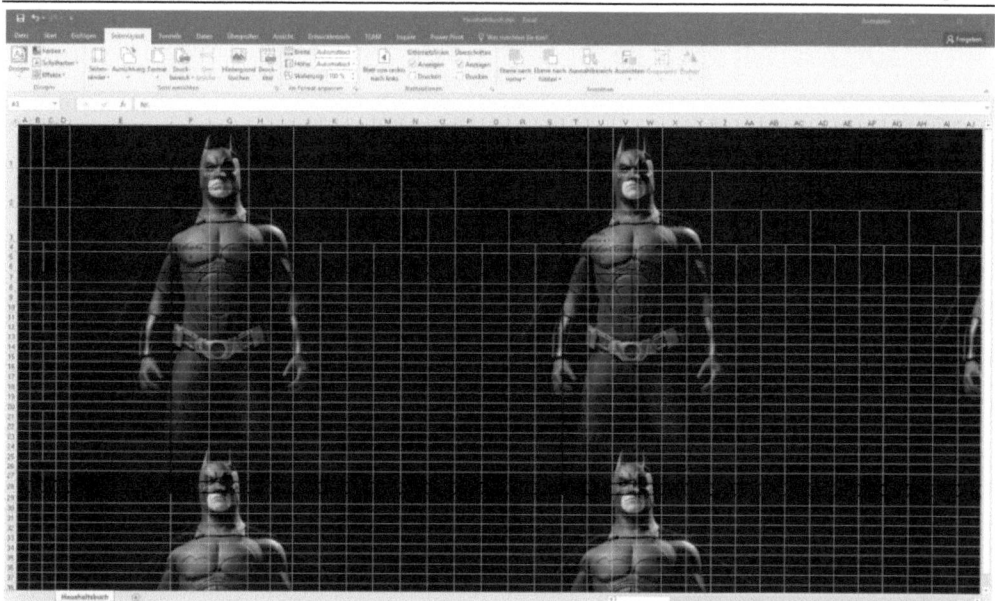

Die Antwort: Es würde über die Registerkarte „Seitenlayout" eingefügt und kann dort über das Symbol „Hintergrund löschen" (Gruppe: „Seite einrichten") wieder entfernt werden.

4 Dateneingabe

4.1. Warum darf ich nicht markieren?

Kleines Problem: In einer Datei lassen sich einige Zellen nicht auswählen. Man sieht es bereits am Mauszeiger, dass es nicht funktioniert. Warum nicht?

Die Antwort: Derjenige, der die Tabelle erstellt hat, hat eine Wiederholungszeile eingestellt. Deshalb sehen Sie zwar die erste Zeile auf der zweiten Seite, können diese aber nicht auswählen, weil sie eigentlich auf der ersten Seite steht und auf der zweiten nur wiederholt wird.

Dateneingabe

4.2. Gib mir die Kekse und niemand wird verletzt!

Ist das ein Bug? Ich weiß nicht warum, aber regelmäßig, wenn ich in Excel etwas ändere, erscheint der Cursor nicht als Strich, sondern als graues Rechteck. Erst wenn ich die Zelle verlasse und wieder reinklicke, ist der Strich wieder da. Kann man das ausschalten? Was ist da los?

40	84480 Burghausen	
11	80337 München	
nstraße 3	85221 Dachau	
Straße 9	1220 Wien	Österreich
Str. 271	2201 Gerasdorf bei Wien	Österreich
straße 11/A8	1100 Wien	Österreich
-Ring 7A	46049 Oberhausen	
n-Straße 5	82152 Planegg	
3	86899 Landsberg/Lech	

Die Antwort: Nein, das ist kein Bug. Sie drücken sicherlich die [Einfügen]-Taste. Damit ist der Überschreibmodus aktiviert. Jedoch - anders als Word - er wird ausgeschaltet wieder, wenn Sie die Zelle verlassen. Das passiert mir auch ab und zu - ich will die Taste [entf] drücken und drücke dabei zusätzlich die Taste [Einfügen].

4.3. Ich seh nix!

Manchmal nerven Sie ja schon gewaltig, die Smarttags. Zugegeben - es sind praktische Hilfen, aber beim Kopieren und Einfügen wird ein Teil des Zellinhaltes überdeckt ... Doof!

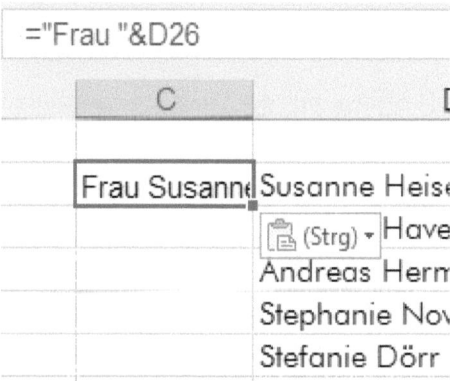

4.4. Firstletter

Hallo Herr Martin,

In Excel fehlt die Möglichkeit eine Datenüberprüfung/Liste mit der Option „Firstletter" zu belegen.

Da ich oft Formulare mache mit Datenüberprüfungen, teilweise mit langen Listen, würde diese Funktion also statt das anklicken auf dem Schiebebalken, da ja auch scrollen nicht funktioniert, viel helfen.

Michael

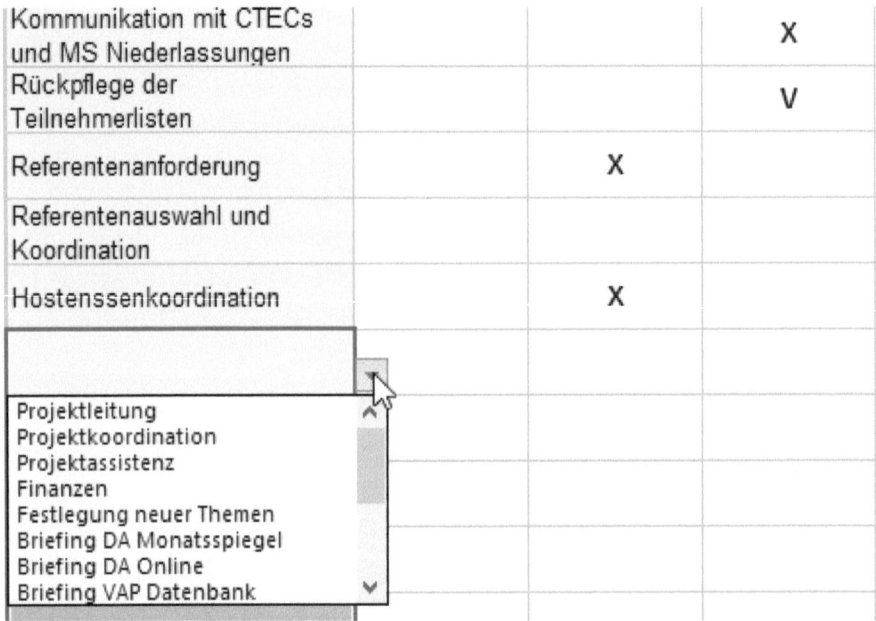

Es stimmt - man kann solche Listen mit [Alt] + [↓] öffnen, mit der Pfeiltaste nach unten navigieren und mit [Enter] bestätigen. Viel zu umständlich!

4.5. Es stünde den Spiegeln gut an tiefer nachzudenken bevor sie die Bilder reflektieren (Jean Cocteau)

Ich versteh's mal wieder nicht ... Alles grau da oben. Warum? Da hat jemand bestimmt so einen transparenten Spiegel über mein Excel gelegt ... oder so ...

Dateneingabe

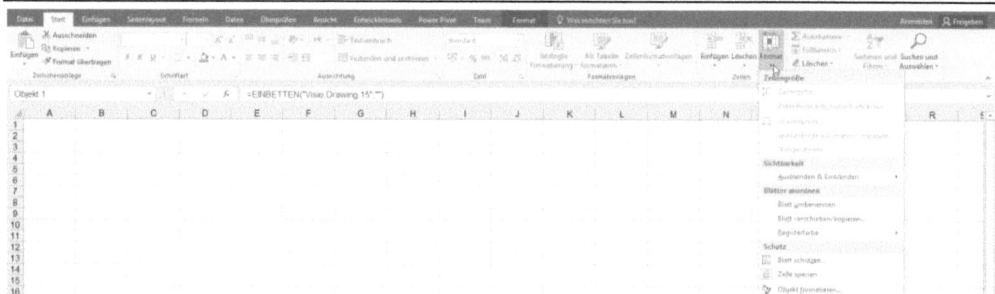

Wenn Sie in die Titelzeile schauen, dann sehen Sie dort die Lösung: Ein Bild aus Visio (einem Grafikprogramm) wurde eingebettet. Entweder ist das Bild sehr klein oder es befindet sich außerhalb des Bildschirms. Sie finden es über Start / Bearbeiten / Suchen und Auswählen / Inhalte auswählen und: Objekte. Übrigens: Sie hätten es auch an der Registerkarte Zeichentools / Format (ganz rechts) erkennen können …

4.6. Nicht ganz rund, die Sache

Ich weiß, ich weiß - Excel hat Rundungsprobleme. Die Sache mit der Gleitkommadarstellung und -berechnung ist schon hinlänglich beschrieben worden, beispielsweise bei:

Aber ist jemandem schon Folgendes aufgefallen: Trägt man in Excel die Zahlen -0,3 und -0,2 untereinander in zwei Zellen ein, markiert diese und zieht sie nach unten, so klappt es. Ebenso bei -1,3 und -1,2. Jedoch bei -2,3 und -2,2 steht beim Herunterziehen in der entsprechenden Zelle nicht 0 sondern der Rundungsfehler -9,76996261670138E-15. Ebenso bei -3,3 und -3,2. Jedoch taucht dieser Fehler bei den Startwerten -2,4 und -2,3 nicht auf.

4.7 Nachvollziehbar - trotzdem amüsant

	A	B	C	D	E	F	G	H
1	-0,3	-1,3	-2,3	-2,4	-3,3	«	Startwert zum Runterziehen	
2	-0,2	-1,2	-2,2	-2,3	-3,2			
3	-0,1	-1,1	-2,1	-2,2	-3,1			
4	0	-1	-2	-2,1	-3			
5	0,1	-0,9	-1,9	-2	-2,9			
6	0,2	-0,8	-1,8	-1,9	-2,8			
7	0,3	-0,7	-1,7	-1,8	-2,7			
8	0,4	-0,6	-1,6	-1,7	-2,6			
9	0,5	-0,5	-1,5	-1,6	-2,5			
10	0,6	-0,4	-1,4	-1,5	-2,4			
11	0,7	-0,3	-1,3	-1,4	-2,3			
12	0,8	-0,2	-1,2	-1,3	-2,2			
13	0,9	-0,1	-1,1	-1,2	-2,1			
14	1	0	-1	-1,1	-2			
15	1,1	0,1	-0,9	-1	-1,9			
16	1,2	0,2	-0,8	-0,9	-1,8			
17	1,3	0,3	-0,7	-0,8	-1,7			
18	1,4	0,4	-0,6	-0,7	-1,6			
19	1,5	0,5	-0,5	-0,6	-1,5			
20	1,6	0,6	-0,4	-0,5	-1,4			
21	1,7	0,7	-0,3	-0,4	-1,3			
22	1,8	0,8	-0,2	-0,3	-1,2			
23	1,9	0,9	-0,1	-0,2	-1,1			
24	2	1	-9,77E-15	-0,1	-1			
25	2,1	1,1	0,1	0	-0,9			
26	2,2	1,2	0,2	0,1	-0,8			
27	2,3	1,3	0,3	0,2	-0,7			
28	2,4	1,4	0,4	0,3	-0,6			
29	2,5	1,5	0,5	0,4	-0,5			
30	2,6	1,6	0,6	0,5	-0,4			
31	2,7	1,7	0,7	0,6	-0,3			
32	2,8	1,8	0,8	0,7	-0,2			
33	2,9	1,9	0,9	0,8	-0,1			
34	3	2	1	0,9	-9,77E-15			
35	3,1	2,1	1,1	1	0,1			
36	3,2	2,2	1,2	1,1	0,2			
37	3,3	2,3	1,3	1,2	0,3			
38	3,4	2,4	1,4	1,3	0,4			

Übrigens: einen anderen Rundungsfehler erhält man auch bei der Berechnung:

=5*(0,5-0,4-0,1)

4.7. Nachvollziehbar - trotzdem amüsant

Ist Euch das schon aufgefallen. Gibt man eine Abteilungsnummer oder Artikelnummer 3/3 oder 4.4 oder 5-5 ein, wandelt Excel diese Information in ein Datum um: in den 03.

Mrz, 04. Apr oder 05. Mai. Klar. Intern: 03.03.2016, 04.04.2016 und 05.05.2016 - beziehungsweise die aktuelle Jahreszahl)

Gibt man dagegen 3/13, 4.14 oder 5-15 ein, so „erkennt" Excel, dass es keinen Monat Nummer 13, 14, 15, ... geben kann und wandelt diese Informationen um in Mrz 13, Apr 14, Mai 15.

Bei 13/13, 14.14 oder 15-15 bleiben diese Informationen linksbündig als Text stehen - ein mögliches Datum wird dafür nicht gefunden. Ebenso bei 35/1, 35.1, 35-1, ...

4.8. Punkt, Punkt, Komma, Strich

Kennen Sie das? Sie erstellen eine bedingte Formatierung für eine Zelle, beispielsweise für H12. Sie möchten nun diesen Bereich auf die ganze Spalte ausdehnen - klicken in das Textfeld des Managers für Regeln zur bedingten Formatierung, den Sie über Start / Formatvorlagen / Bedingte Formatierung / Regeln verwalten aufrufen. Aber: Doppelpunkt ist nicht! Sie müssen den Bezug löschen und neu eingeben. Oder zuvor die Funktionstaste [F2] drücken.

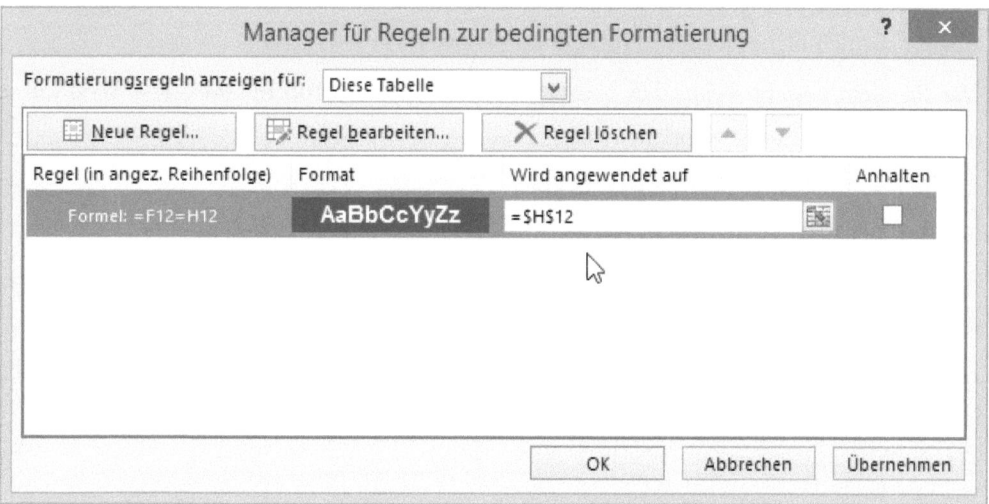

4.9 Und schon wieder ist einer reingefallen

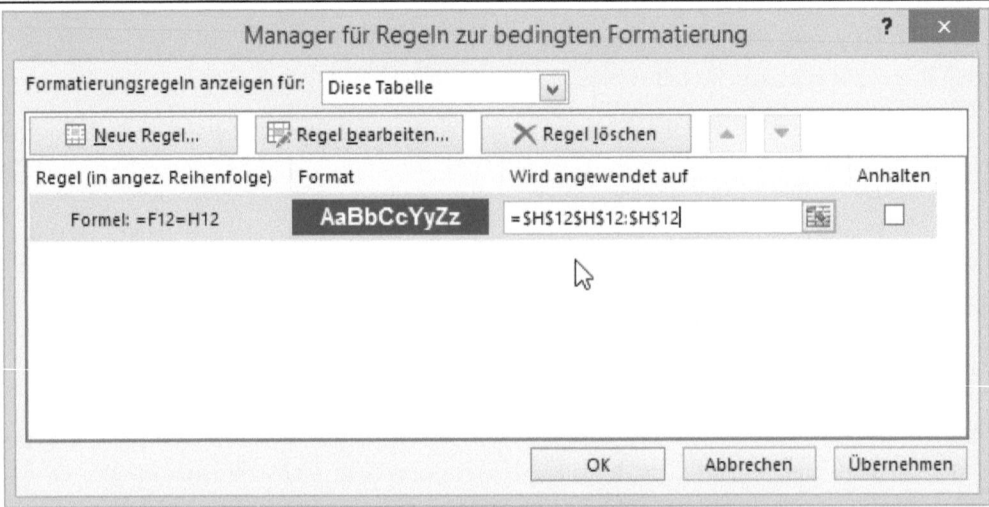

4.9. Und schon wieder ist einer reingefallen

Sehr geehrter Herr Martin,

als ich in einem Gespräch erwähnte, mich mit Excel zu befassen, wurde ich gleich mit einem für mich nicht lösbaren Problem konfrontiert.

Das Problem besteht darin, daß beim Eintippen der Zahl 100 in eine Zelle diese sofort nach Enter in 1,0 umgewandelt wird.

Ich hatte über rechten Mausklick auf diese Zelle unter „Zellen formatieren..." nachgesehen, konnte aber nichts finden, was dieses Problem verursacht haben könnte.

Als ich diese Datei auf meinem PC öffnete und die Zahl 100 eingab und mit Enter bestätigte, blieb die 100 stehen und verwandelte sich nicht um in 1,0.

Hätten Sie eine Idee, wie es zu diesem Problem gekommen sein resp. wie man dieses Problem beheben könnte?

Mit freundlichen Grüßen

KF

#####

Ja, Herr F.,

Dateneingabe

In den Optionen gibt es eine Einstellung „Dezimalstellen automatisch einfügen". DER Haken muss raus.

Ich hatte das Problem mal und habe die Lösung gefunden und in einem der Artikel auf meiner Seite

beschrieben.

Schöne Grüße :: Rene Martin

Sehr geehrter Herr Martin,

Die von Ihnen vorgeschlagene Lösung war die erste, die ich probierte. Dennoch: gab man die Zahl 100 ein und bestätigte die Eingabe durch Enter, wurde daraus die Zahl 1. Es war ja nicht einmal so, daß statt 100 > 1,00 stand, sondern 1,0.

Und wenn man sich über rechten Mausklick die Zellenformatierung ansah, stand dort statt 100 die 1, was ja irgendwie logisch ist, (wenn auch aus unerfindlichen Gründen aus 100 eine 1 wurde, obwohl vorher die 100 eingegeben wurde).

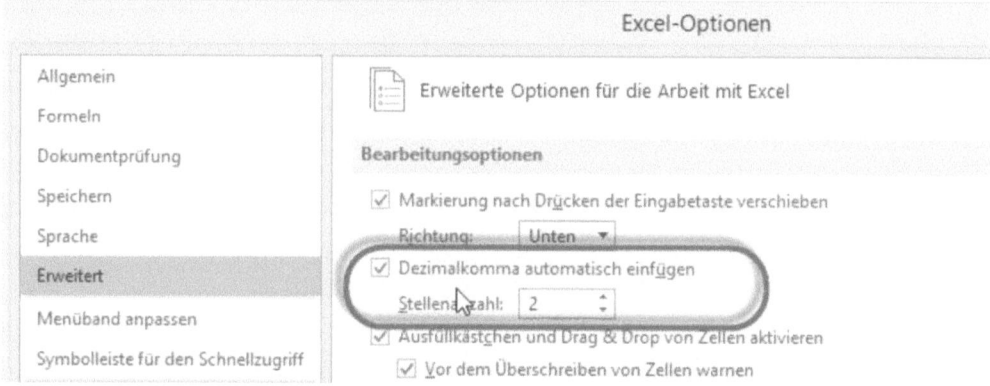

4.10. Gehen Sie direkt ins Gefängnis, gehen Sie nicht über Los. Ziehen sie nicht 4000 ein.

Wo ist denn der Schalter? Ich habe eine große Exceltabelle, bei der die Zeilen 1:12 und Spalte A fixiert sind. Wenn der Cursor auf dem Tabellenblatt irgendwo weiter unten sitzt, dann bewege ich ihn mit der Tastenkombination [Strg]+[Pos1] nur in B13, aber nicht in A1. Kann ich das einstellen, dass das Sprungverhalten zu A1 führt?

4.11 Es wird einmal ein Wunder gescheh'n ...

	A	B	C	D	E	F	G	H	I	J	K	L
1	Status:	offen	vorerfasst	ausgegl.								
2	Fälligkeit:	überfällig	fällig	nicht fäl.								
3												
4	Kreditor	0815										
5	Buchungskreis		0140									
6												
7	Name	contoso										
8	Ort	Entenhausen										
9												
10												
11			St	Zuordnung	Referenz	Art	St	Belegdatum	Buch.dat.	Fä	Betrag i Währg	Bet
12												
13			812590	E9409332	KW		V0	29.05.2016	15.06.2016		-6.761,73 EUR	-6.761,73 EUR
14			811879	811879	KC		V0	01.06.2016	30.06.2016		-212,33 EUR	-212,33 EUR
15			811875	811875	KC		V0	01.06.2016	30.06.2016		-202,6 EUR	-202,6 EUR
16			811874	811874	KC		V0	01.06.2016	30.06.2016		-305,84 EUR	-305,84 EUR
17			811890	811890	KC		V0	01.06.2016	30.06.2016		-479,22 EUR	-479,22 EUR
18			811867	811867	KC		V0	01.06.2016	30.06.2016		-418,05 EUR	-418,05 EUR
19			101768	101768	KC		V0	01.06.2016	30.06.2016		-34.984,00 EUR	-34.984,00 EUR
20			811868	811868	KC		V0	01.06.2016	30.06.2016		-416,88 EUR	-416,88 EUR
21			811893	811893	KC		V0	01.06.2016	30.06.2016		-286,36 EUR	-286,36 EUR

Nein leider nicht - Sie müssen mit den Pfeiltasten sich in die Zelle bewegen oder mit der Maus diese Zelle anklicken.

4.11. Es wird einmal ein Wunder gescheh'n ...

Hallo Herr Martin,

ich habe heute das Datum im Kalkulation geändert, das heißt das Monat Dezember gelangt in einer andere Zelle. Und nun funktioniert plötzlich die bedingte Formatierung.

Ich wollte Ihnen nur Bescheid sagen.

Viele Grüße

E. P.

#####

Müssen wir das verstehen, Frau P.?

Ich habe heute in einer Excel-Schulung eine Liste der Monatsnamen eingetragen:

April

Mai

Juni

Juli

August

September

und habe dann „A" getippt, um zu zeigen, dass man einen eindeutigen Text eintragen muss – Excel hat mir „August" vorgeschlagen. Ich habe auch nicht verstanden warum August – denn der April beginnt auch mit „A". Schulterzucken, schmunzeln und zur Tagesordnung übergehen.

Ich liebe Excel – aber manchmal erstaunt es mich ...

schöne Grüße

Rene Martin

4.12. Ich weiß nicht, was soll das bedeuten ...

Kein Ahnung. Manchmal schiebt sich die Bearbeitungsleiste (Eingabezeile) über die Spaltenköpfe. Keine Ahnung wann, warum und vor allem: wie man das wieder zurück bekommt.

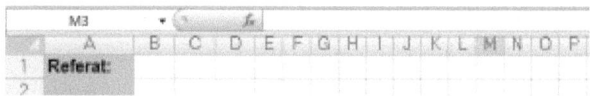

4.13. Barrierefrei?

Heute hatte ich einen einarmigen Teilnehmer in meiner Excelschulung.

Bei der Aufforderung: „Drücken Sie die [Strg]-Taste und markieren Sie so mehrere Bereiche" ist er gescheitert. Ich wusste auch keine Alternative für die Mehrfachselektion.

Allerdings: der Befehl „Wiederholen" ([Strg] + [Y] oder [F4]), beziehungsweise der Format-übertragen-Pinsel kann diese Lücke (fast) wieder ausgleichen.

Ich gestehe: Mit der Tastenkombination [Shift]+[F8] kann man doch eine Mehrfachselektion erreichen. Danke Sabrina für den Hinweis – hier habe ich zu schnell genörgelt.

4.14. Jetzt aber fix

Ist Ihnen das aufgefallen?

Wenn man in einer längeren Liste die oberste(n) Zeilen fixiert, springt nach unten und anschließend mit der Tastenkombination [Strg] + [Pos1] nach oben - so landet man in der linken Zelle unter der fixierten Zeile.

Bewegt man sich jedoch mit [Strg] + [↑] nach oben, so landet man in der Zelle über der Fixierung. Der fixierte Teil scrollt jedoch nicht mit. Man muss also wieder mit [↓] den Bildschirm nach unten bewegen, um den oberen Teil zu sehen.

Dateneingabe

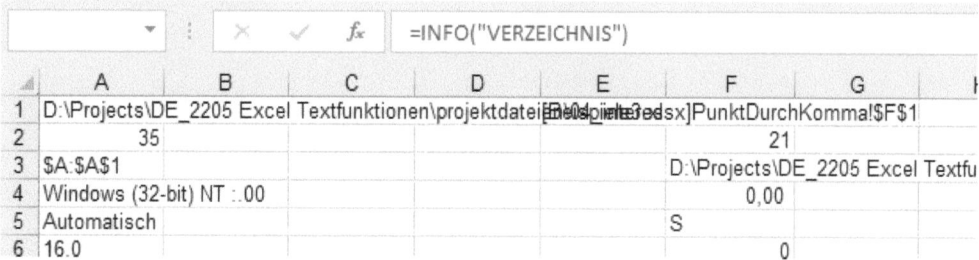

4.15. Auch lustig

	A	B	C	D	E	F	G
					fx	=INFO("VERZEICHNIS")	
1	D:\Projects\DE_2205 Excel Textfunktionen\projektdateien[Beispiele3.xlsx]PunktDurchKomma!$F$1						
2	35						21
3	$A:$A$1					D:\Projects\DE_2205 Excel Textfu	
4	Windows (32-bit) NT :.00					0,00	
5	Automatisch					S	
6	16.0						0

Lustig: Ich habe die Funktion Zelle und Info ausprobiert - Excel schreibt glatt den einen Text über den anderen. Das habe ich ja noch nie gesehen!

Lösung: Spalte verbreitern und wieder schmaler machen.

Übrigens: ich konnte den Fehler nicht mehr reproduzieren ...

4.16. Die Seele der Ordnung ist ein großer Papierkorb.

Ich bin immer wieder verblüfft, was Menschen in Excel alles machen. Ich bin dann allerdings nicht über das Ergebnis verblüfft.

Eine Teilnehmerin der Excelschulung erstellt einen Kalender:

4.16 Die Seele der Ordnung ist ein großer Papierkorb.

	A	B	C	D	E	F	G
1	Juli 2016						
2							
3	Montag	Dienstag	Mittwoch	Donnerstag	Freitag	Samstag	Sonntag
4					1	2	3
5	4	5	6	7	8	9	10
6	11	12	13	14	15	16	17
7	18	19	20	21	22	23	24
8	25	26	27	28	29	30	31

So weit so gut. Sie markiert den Kalender mit den Überschriftszeilen und zieht ihn nach unten ?!? Und wundert sich über das Ergebnis. Mich erstaunt es nicht:

	A	B	C	D	E	F	G
1	Juli 2016						
2							
3	Montag	Dienstag	Mittwoch	Donnerstag	Freitag	Samstag	Sonntag
4					1	2	3
5	4	5	6	7	8	9	10
6	11	12	13	14	15	16	17
7	18	19	20	21	22	23	24
8	25	26	27	28	29	30	31
9	Juli 2017						
10							
11	Montag	Dienstag	Mittwoch	Donnerstag	Freitag	Samstag	Sonntag
12					36	37	38
13	32	33	34	35	43	44	45
14	39	40	41	42	50	51	52
15	46	47	48	49	57	58	59
16	53	54	55	56	64	65	66
17	Juli 2018						
18							
19	Montag	Dienstag	Mittwoch	Donnerstag	Freitag	Samstag	Sonntag
20					71	72	73
21	60	61	62	63	78	79	80
22	67	68	69	70	85	86	87
23	74	75	76	77	92	93	94
24	81	82	83	84	99	100	101
25	Juli 2019						
26							
27	Montag	Dienstag	Mittwoch	Donnerstag	Freitag	Samstag	Sonntag
28					106	107	108
29	88	89	90	91	113	114	115
30	95	96	97	98	120	121	122
31	102	103	104	105	127	128	129
32	109	110	111	112	134	135	136
33	Juli 2020						
34							
35	Montag	Dienstag	Mittwoch	Donnerstag	Freitag	Samstag	Sonntag
36					141	142	143
37	116	117	118	119	148	149	150

4.17. Kästchen verschwinden

Und schon wieder sind die Kästchen verschwunden.

So könnte der Anfang eines Krimis lauten.

Die Frage ist viel weniger spannend: Eigentlich wollte ich eine Zahl oder eine Formel herunterziehen. Geht aber nicht, weil kein Kästchen in der rechten unteren Ecke der Zelle zu finden ist:

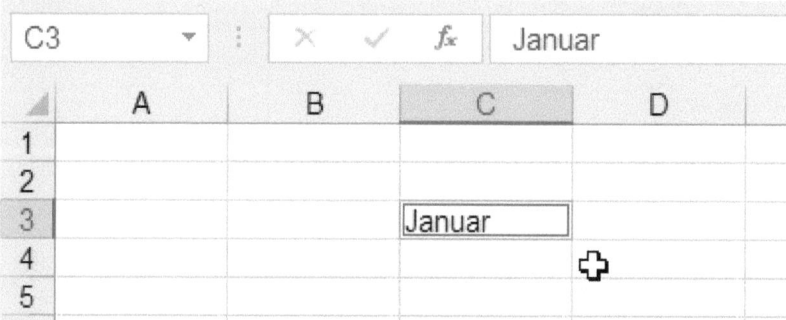

Ein Blick auf das ganze Tabellenblatt hilft weiter: Es wurden zwei Zellen markiert. Deshalb kann eine Zelle nicht heruntergezogen werden:

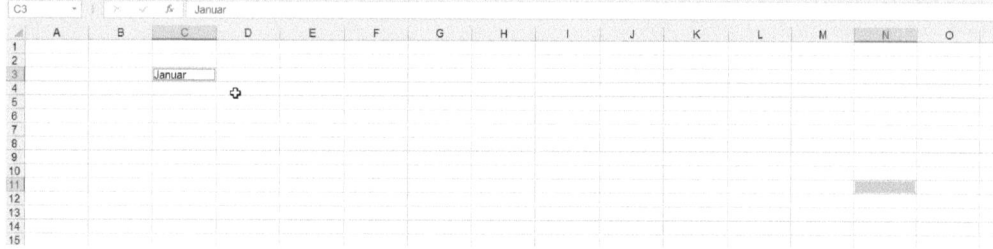

4.18. Schon wieder sind die Kästchen verschwunden

Und was habe ich diesmal gemacht? Schon wieder kein Kästchen zum Runterziehen …

4.18 Schon wieder sind die Kästchen verschwunden

	A	B	C	D	E	F
1	Tag	Beginn	Ende	Dauer		
2	1			0:00		
3	2			0:00		
4	3			0:00		
5	4			0:00		
6	5			0:00		
7	6			0:00		
8	7			0:00		
9	8			0:00		
10	9			0:00		
11	10			0:00		
12	11			0:00		
13	12			0:00		
14	13			0:00		
15	14			0:00		
16	15			0:00		
17	16			0:00		
18	17			0:00		
19	18			0:00		
20	19			0:00		
21	20			0:00		
22	21			0:00		
23	22			0:00		
24						
25						

Die Antwort: Diesmal haben Sie die ganze Zeile markiert. Das Kästchen befindet sich rechts der 16.384ten Spalte (rechts von Spalte XFD). Dort (?!) könnte man die Zeile herunterziehen:

Dateneingabe

4.19. Ich würde mich gern geistig mit dir duellieren, aber ich sehe, du bist unbewaffnet.

Hilfe! Warum darf ich kein Diagramm erstellen?

Die Antwort: Vielleicht haben Sie aus Versehen auf die Tastenkombination [Strg] + [6] gedrückt. Damit deaktivieren Sie die Bilder (was Sie im linken Teil des Menübandes sehen können). Vielleicht wollten Sie [Shift] + [Strg] + [6] drücken (Standardzahlenformat) oder [Shift] + [6] (das &-Zeichen).

4.20 Komisch?

4.20. Komisch?

Wirklich komisch. In unserer Firma gibt es Abteilungen. Sie tragen Nummern der Form 1 oder 1.5 oder 1.3.1. Erstaunlicherweise zeigt Excel bei „1" und bei „1.3.1" grüne Ecken an. Bei „1.5" allerdings nicht ...

Dateneingabe

	A	B	C	D	
1	Name	Position	Vorgesetzter	Abteilung	
2	Ingolf Stöber	Vorsitzender & Geschäftsführer		1	425-`
3	Ariane Berthier	Geschäftsführungsassistent	Ingolf Stöber	1.3.4	425-`
4	Inke Herrmann	Finanzdirektor	Ingolf Stöber	1.5	425-`
5	Andrea Dunker	COO	Ingolf Stöber	1.8.1	425-`
6	Stig Struve-Christensen	Marketing-Strategie	Christine Koch	1.8.1	425-`
7	Michael Krause	Public Relations	Ingelise Lang	1.6.2	425-`
8	Christian Cletus	Werbung	Ingelise Lang	1.4	425-`
9	Lisa Toftemark	Produktmanagement	Ingelise Lang	1.4	425-`
10	Ingelise Lang	Marketingdirektor	Christine Koch	1.6.1	425-`
11	Britta Simon	Medizinische Beratung	Ingelise Lang	1.8	425-`
12	Nina Vietsen	Geschäftsentwicklung	Heinrich Fischer	1.4.3	425-`
13	Peter J. Krebs	Kundenberatung	Ingelise Lang	1.5	425-`
14	Christine Koch	VP Verkauf	Heinrich Fischer	1.5.2	425-`
15	Thomas Andersen	Verkauf - Asien	Christine Koch	1.9.1	425-`
16	Sven Eberhardt	Verkauf NA	Christine Koch	1.2.1	425-`
17	Jan Schräpel	Verkauf SA	Christine Koch	1.2.1	425-`
18	Joachim Seidler	Verkauf - Europa	Christine Koch	1.9	425-`
19	Jens Geschwandtner	Geschäftsführungsassistent	Heinrich Fischer	2	425-`
20	Heinrich Fischer	Senior VP Sales & Marketing	Ingolf Stöber	2.1	425-`
21	Katja Heidemann	Phase IV -Versuche	Cornelia Träger	2.1	425-`
22	Uta Erben	Leiter Dateneingabe	Cornelia Träger	2.1.1	425-`
23	Jose Lugo	Phase III-Versuche	Cornelia Träger	2.1.1	425-`
24	Danielle Tiedt	Phase I-Versuche	Cornelia Träger	2.9.4	425-`
25	Sven Buck	Phase II-Versuche	Helmut Hornig	2.4.1	425-`
26	Anja Richter	Techniker	Helmut Hornig	5.1	425-`
27	Pascaline Overeem	Produktsupport	Patrick Gottwald	5.1.5	425-`

Die Antwort finden Sie, wenn Sie mit der Maus über das Smarttag fahren:

	Name	Position	Vorgesetzter	Abteilung	Telefon	E-Ma
1						
2	Ingolf Stöber	Vorsitzender & Geschäftsführer		1	425-707-9790	ingolf@contoso
3	Ariane Berthier	Geschäftsführungsassistent	Ingolf Stöber	1.3.4	425-707-9795	ariane@contoso
4	Inke Herrmann	Finanzdirektor	Ingolf Stöber	1.5	425-707-9792	inke@contoso.c
5	Andrea Dunker	COO	Ingolf Stöber	1.8.1	425-707-9793	andrea@contos
6	Stig Struve-Christensen	Marketing-Strategie	Christine Koch	1.8.1	425-707-9793	stig@contoso.c
7	Michael Krause	Public Relations	Ingelise Lang	1.6.2	425-707-9797	michael@conto
8	Christian Cletus	Werbung	Ingelise Lang	1.4		christian@conto
9	Lisa Toftemark	Produktmanagement	Ingelise Lang	1.4	425-707-9799	lisa@contoso.c
10	Ingelise Lang	Marketingdirektor	Christine Koch	1.6.1	425-707-9791	ingelise@conto
11	Britta Simon	Medizinische Beratung	Ingelise Lang	1.8	425-707-9790	britta@contoso.
12	Nina Vietsen	Geschäftsentwicklung	Heinrich Fischer	1.4.3	425-707-9790	nina@contoso.c
13	Peter J. Krebs	Kundenberatung	Ingelise Lang	1.5	425-707-9791	peter@contoso
14	Christine Koch	VP Verkauf	Heinrich Fischer	1.5.2	425-707-9792	christine@conto
15	Thomas Andersen	Verkauf - Asien	Christine Koch	1.9.1	425-707-9791	thomas@contos
16	Sven Eberhardt	Verkauf NA	Christine Koch	1.2.1	425-707-9790	sven@contoso.
17	Jan Schräpel	Verkauf SA	Christine Koch	1.2.1	425-707-9790	jan@contoso.c
18	Joachim Seidler	Verkauf - Europa	Christine Koch	1.9	425-707-9796	joachim@conto
19	Jens Geschwandtner	Geschäftsführungsassistent	Heinrich Fische	2	425-707-9790	jens@contoso.c
20	Heinrich Fischer	Senior VP Sales & Marketing	Ingolf Stöber			ich@contos
21	Katja Heidemann	Phase IV -Versuche	Cornelia Träger	2.1	425-707-9798	katja@contoso.
22	Uta Erben	Leiter Dateneingabe	Cornelia Träger	2.1.1	425-707-9792	uta@contoso.cc
23	Jose Lugo	Phase III-Versuche	Cornelia Träger	2.1.1	425-707-9795	jose@contoso.c

Die Antwort:

„1" wir interpretiert als Zahl 1, die als Text formatiert wurde.

„1.3.1" wird interpretiert als Datum: 01.03.2001, das als Text formatiert wurde.

4.21 Bis zu meinem fünften Lebensjahr dachte ich, mein Name sei „Nein".

„1.5" - hum - keine Ahnung - eigentlich interpretiert es Excel als Datum (01.05. im aktuellen Jahr). Warum hier kein Smarttag erscheint - keine Ahnung ...

4.21. Bis zu meinem fünften Lebensjahr dachte ich, mein Name sei „Nein".

Ich bin wirklich verblüfft. Wusste nicht, dass es geht:

Man erstellt eine Datenüberprüfung für mehrere Zellen (beispielsweise Zahlen, Datumswerte oder Listen).

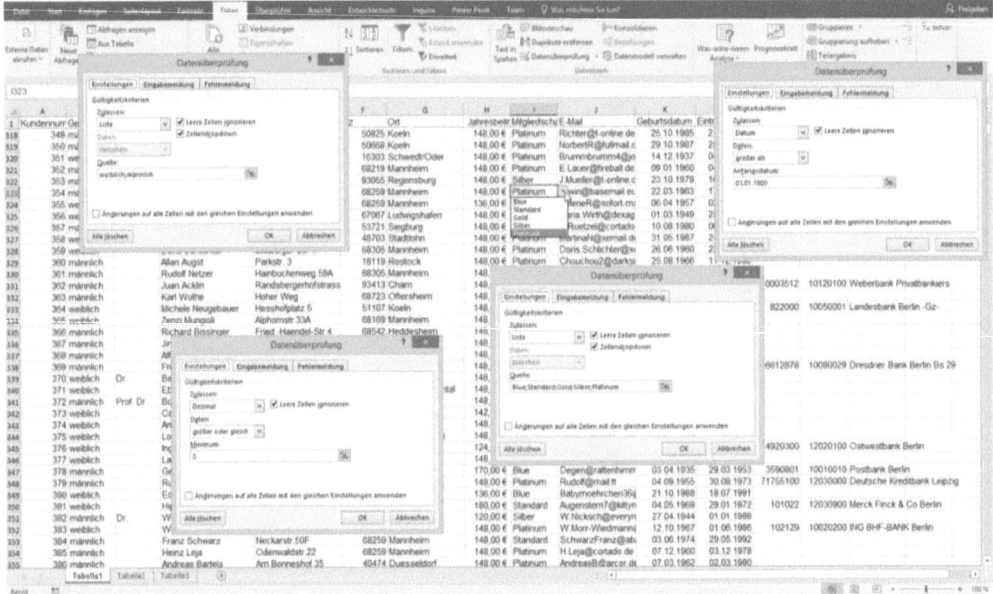

Diese (und einige anderen Zellen) werden über Zellen formatieren / Schutz „nicht gesperrt". Das Blatt wird mit einem Blattschutz versehen. Nun ist es für den Anwender möglich, in die freien Zellen etwas einzutragen und diesen Inhalt in die Zellen mit Datenüberprüfung hineinzukopieren.

Das heißt: Das Einfügen von Inhalten unterläuft die Datenüberprüfung. Perfide!

Dateneingabe

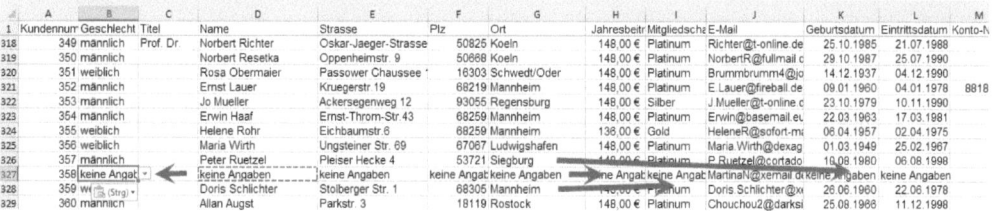

Danke an Julian für diesen Hinweis.

4.22. Die DNA von Excel – verschluckt?

Ich halte die Zahlen für übertrieben, die seit einigen Tagen durch die Presse gehen:

Immerhin: Hätten Sie meine Beiträge gelesen, hätten sie es verstanden.

Übrigens: erstaunlich, dass in der Presse nicht Zellnamen und Gennamen, wie beispielsweise 1700043E15 erwähnen, die beim Eintragen oder Hineinkopieren auch Probleme bereiten:

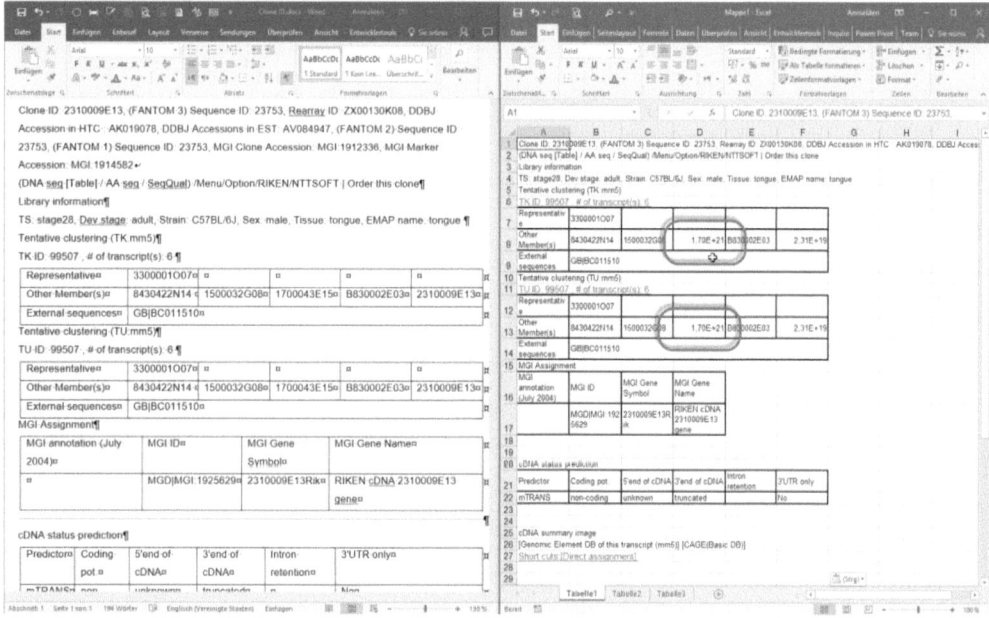

45

4.23. Wozu Socken? Sie schaffen nur Löcher (Albert Einstein)

Das Problem wurde schon häufig in Foren beschrieben: Trägt man in Excel in eine Zelle Q1 (oder q1) ein, zieht diese Zelle nach unten, erhält man Q2, Q3, Q4, Q1, Q2, Q3, Q4, Q1, ...

Diese Phänomen kann man erklären, da Excel in der deutschsprachigen Version den Text „Quartal" erkennt und bei Quartal 1 nach dem Herunterziehen nach vier Quartalen wieder von vorne beginnt. Ebenfalls bei 1. Quartal (Achtung: Mit Leerzeichen dazwischen)

Erstaunlich jedoch, dass bei dem Text „Halbjahr" Excel dies nicht als Wiederholung erkennt. Auch sonst ist mir keine andere Text-Zahlenkombination bekannt, bei der Excel dieses Phänomen aufweist.

Übrigens: Ausschalten kann man es nicht. Wenn man Q1, Q2, Q3, Q4, Q5, Q6, ... haben möchte muss man die ersten fünf Werte Q1, Q2, Q3, Q4, Q5 eintragen und dann herunterziehen. Auch eine [Strg]-Taste verhindert nicht, dass auf Q4 wieder Q1 folgt, sondern kopiert den Wert.

	A	B	C	D	E
1	Q1	1. Quartal	Quartal 1		Halbjahr 1
2	Q2	2. Quartal	Quartal 2		Halbjahr 2
3	Q3	3. Quartal	Quartal 3		Halbjahr 3
4	Q4	4. Quartal	Quartal 4		Halbjahr 4
5	Q1	1. Quartal	Quartal 1		Halbjahr 5
6	Q2	2. Quartal	Quartal 2		Halbjahr 6
7	Q3	3. Quartal	Quartal 3		Halbjahr 7
8	Q4	4. Quartal	Quartal 4		Halbjahr 8
9	Q1	1. Quartal	Quartal 1		
10	Q2	2. Quartal	Quartal 2		
11	Q3	3. Quartal	Quartal 3		
12	Q4	4. Quartal			

H
Q1
Q2
Q3
Q4
Q5
Q6
Q7
Q8
Q9
Q10
Q11
Q12
Q13
Q14
Q15
Q16

Nachtrag: Wenn Sie die englischsprachige Oberfläche eingeschaltet haben, müssen Sie selbstverständlich „quarter 1" eintragen, um diesen Effekt zu erzielen.

4.24. Wer alles glaubt, was er liest, sollte besser aufhören zu lesen. Konfuzius

Ich würde ja gerne lesen - aber ich finde den Text nicht. Er lautet: „Die Liste ist die Basis für die Überprüfung aller „Geräte und Maschinen (GERMA). Es werden alle notwendigen Informationen [...]"

Haben Sie einen Tipp, Herr Martin:

4.25 Jetzt muss ich mal was Nettes sagen – kann ich auch!

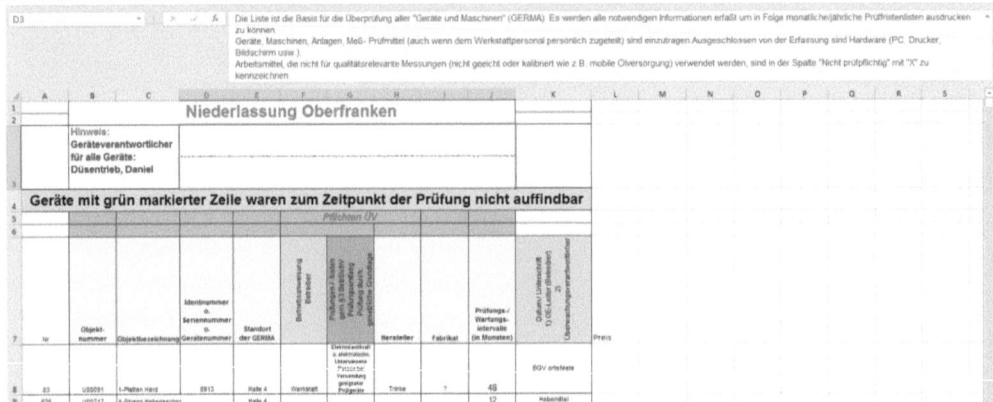

Die Antwort: Wenn Sie für die Zelle D3 den Dialog „Zelle formatieren" aufrufen und dort die Registerkarte „Ausrichtung", so stellen Sie fest, dass die Option „An Zellgröße anpassen" eingeschaltet wurde.

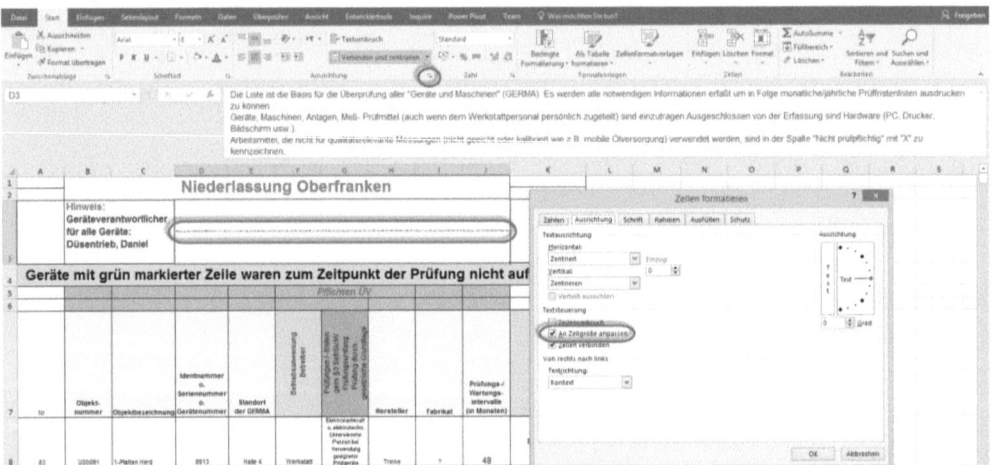

4.25. Jetzt muss ich mal was Nettes sagen – kann ich auch!

Heute habe ich LibreOffice Calc unterrichtet.

Ein Teilnehmer kopiert eine Liste und fügt sie nicht AUF einer Zelle, sondern IN einer Zelle ein. Das Ergebnis sieht wie folgt aus:

Dateneingabe

	A	B	C	D	E	F	G	H	I	J	K
1	S7 Ostbahnhof-Wolfratshausen S7										
2											
3	Ostbahnhof	05:11	05:31	05:51	06:11	06:31	06:51	07:11	07:31	07:51	08:11
4	Marienplatz	05:16	05:36	05:56	06:16	06:36	06:56	07:16	07:36	07:56	08:16
5	Hauptbahnhof	05:20	05:40	06:00	06:20	06:40	07:00	07:20	07:40	08:00	08:20
6	Harras	05:27	05:47	06:07	06:27	06:47	07:07	07:27	07:47	08:07	08:27
7	Solln	05:33	05:53	06:13	06:33	06:53	07:13	07:33	07:53	08:13	08:33
8	Großhesselohe	05:35	05:55	06:15	06:35	06:55	07:15	07:35	07:55	08:15	08:35
9	Pullach	05:37	05:57	06:17	06:37	06:57	07:17	07:37	07:57	08:17	08:37
10	Buchenhain	05:42	06:02	06:22	06:42	07:02	07:22	07:42	08:02	08:22	08:42
11	Baierbrunn	05:45	06:05	06:25	06:45	07:05	07:25	07:45	08:05	08:25	08:45
12	Wolfratshausen	06:01	06:21	06:41	07:01	07:21	07:41	08:01	08:21	08:41	09:01
13											
14	Ostbahnhof Marienplatz Hauptbahnhof Harras Solln Großhesselohe Pullach Buchenhain Baierbrunn Wolfratshausen	08:31	08:51	09:11	09:31	09:51	10:11	10:31	10:51	11:11	11:31
15		08:36	08:56	09:16	09:36	09:56	10:16	10:36	10:56	11:16	11:36
16		08:40	09:00	09:20	09:40	10:00	10:20	10:40	11:00	11:20	11:40
17		08:47	09:07	09:27	09:47	10:07	10:27	10:47	11:07	11:27	11:47
18		08:53	09:13	09:33	09:53	10:13	10:33	10:53	11:13	11:33	11:53
19		08:55	09:15	09:35	09:55	10:15	10:35	10:55	11:15	11:35	11:55
20		08:57	09:17	09:37	09:57	10:17	10:37	10:57	11:17	11:37	11:57
21		09:02	09:22	09:42	10:02	10:22	10:42	11:02	11:22	11:42	12:02
22		09:05	09:25	09:45	10:05	10:25	10:45	11:05	11:25	11:45	12:05
23		09:21	09:41	10:01	10:21	10:41	11:01	11:21	11:41	12:01	12:21

Eine Teilnehmerin schreibt „Montag " (an Ende ein Leerzeichen) in eine Zelle, zieht es nach rechts und wundert sich, warum Calc die Wochentage nicht weiterzählt.

Montag	Montag	Montag	Montag	Montag	Montag	Montag

Und nun mein Lob an Excel: DIESE beiden Fehler tauchen in der Tabellenkalkulation Excel nicht auf!

4.26. Nö, nö, wirklich nicht

Ich bin wirklich kein Fan von LibreOffice Calc. Aber ein paar Dinge hätte Microsoft dort abschauen können. Und in Excel implementieren können. Beispielsweise die Silbentrennung:

4.27 Heinrich! Mir graut's vor dir. (Goethe; Faust I)

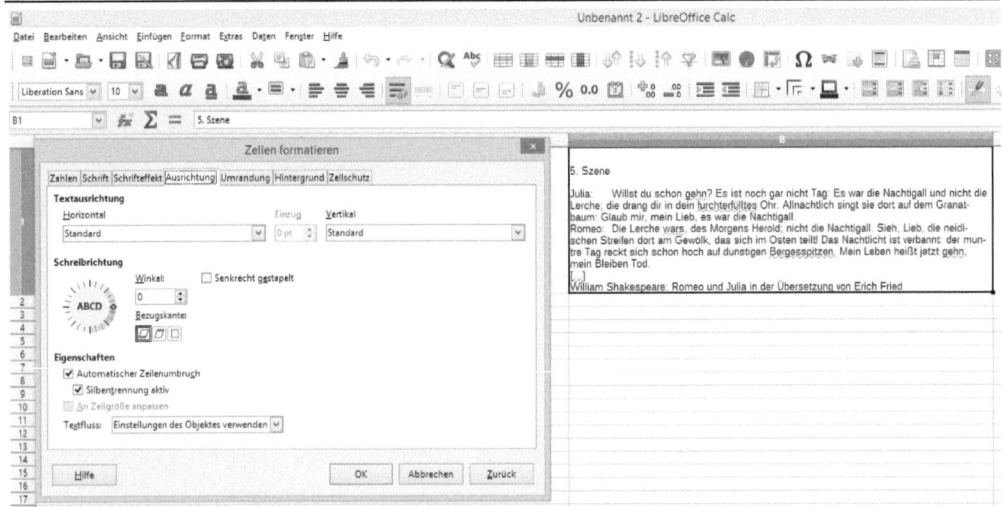

4.27. Heinrich! Mir graut's vor dir. (Goethe; Faust I)

Gestern in der Excelschulung kam eine Teilnehmerin mit einer Datei. Ob ich sie mir mal ansehen könne? - Klar! Mein erstes Erstaunen: Die Datei hatte eine Größe von fast 10 MByte!

Das Öffnen dauerte - wie befürchtet - sehr lange.

Ein Blick in die Statuszeile zeigte mir an, dass die Datei 58.300 Seiten lang war!

Mit [Strg] + [Ende] zur letzten Zelle U1048576. Diese Spalte war leer!

Also zurück zu U1. Von dort markierte ich mit [Shift]+[Strg]+[Ende] bis zur letzten Zelle und löschte Inhalt und Format der nicht benötigten Spalten.

Dateneingabe

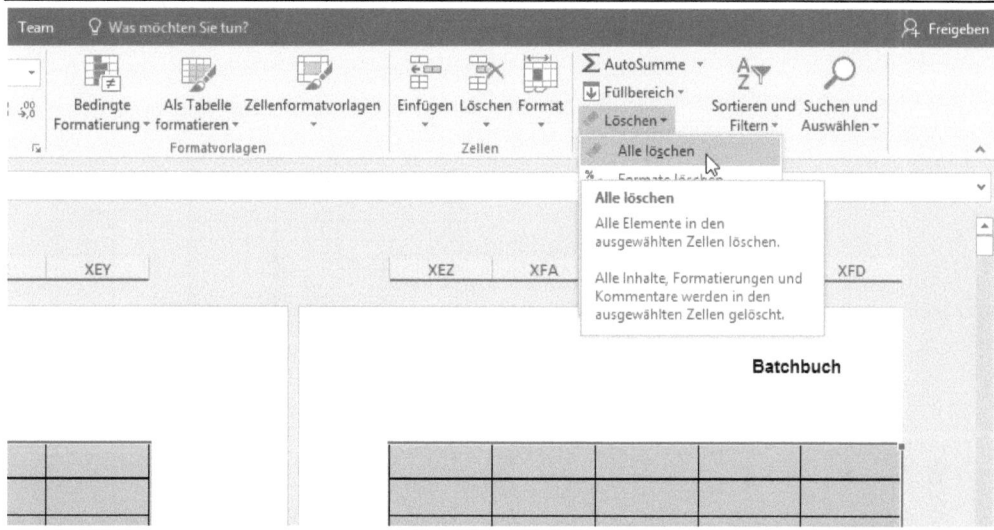

Ein Blick: „nur" noch 29.150 Seiten

4.27 Heinrich! Mir graut's vor dir. (Goethe; Faust I)

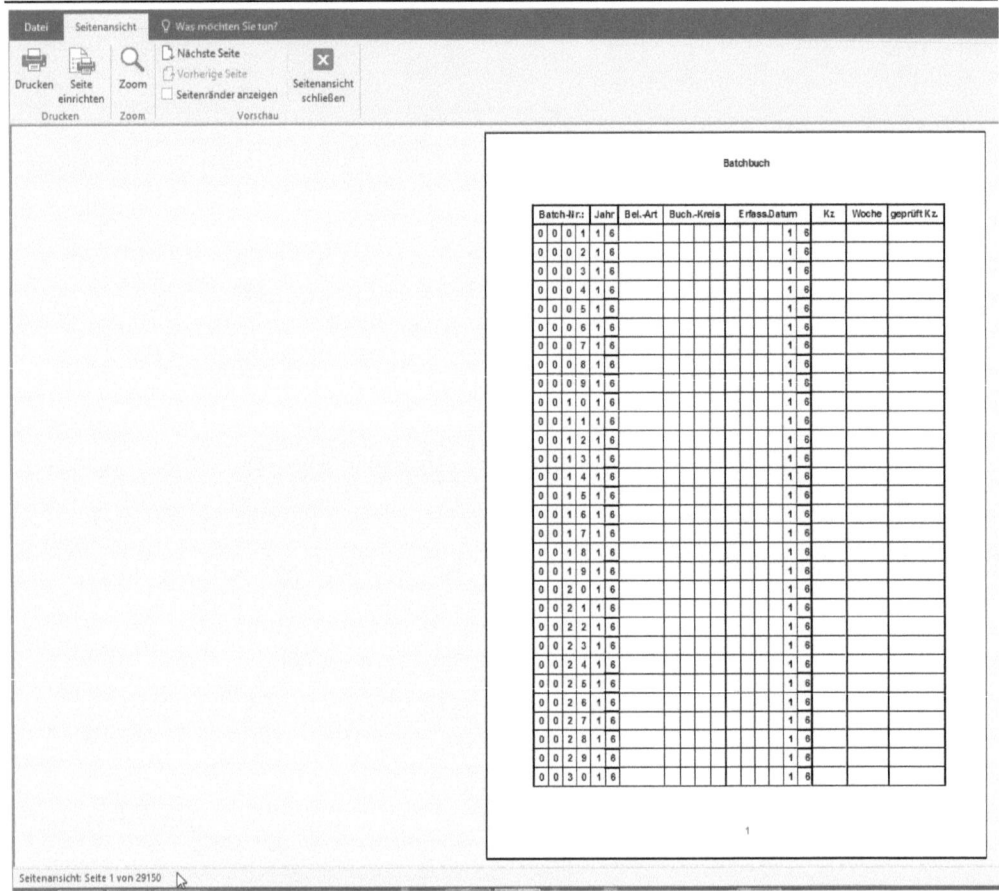

Meine Nachfrage, ob sie denn alle Blätter benötigt, wurde verneint. Also: Ab A10000 wurde der „Rest" der Tabelle nach unten markiert und ebenfalls gelöscht.

Und schließlich habe ich festgestellt, dass unterschiedliche Linienstärken und Zellformate verwendet wurden. Raus mit den Formaten; alles markieren und neu und einheitlich formatieren.

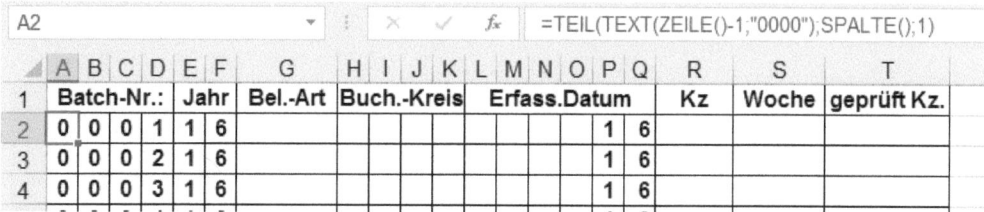

Und schließlich müssen nicht alle fortlaufenden Nummern der ersten vier Spalten bereits eingetragen sein - dies kann man mit Hilfe einer Formel erledigen, die man elegant runterziehen kann:

Das Ergebnis: 230 Seiten und eine Datei, die nur noch 610 Byte groß ist.

4.28 Und jedem Anfang wohnt ein Zauber inne (Hesse)

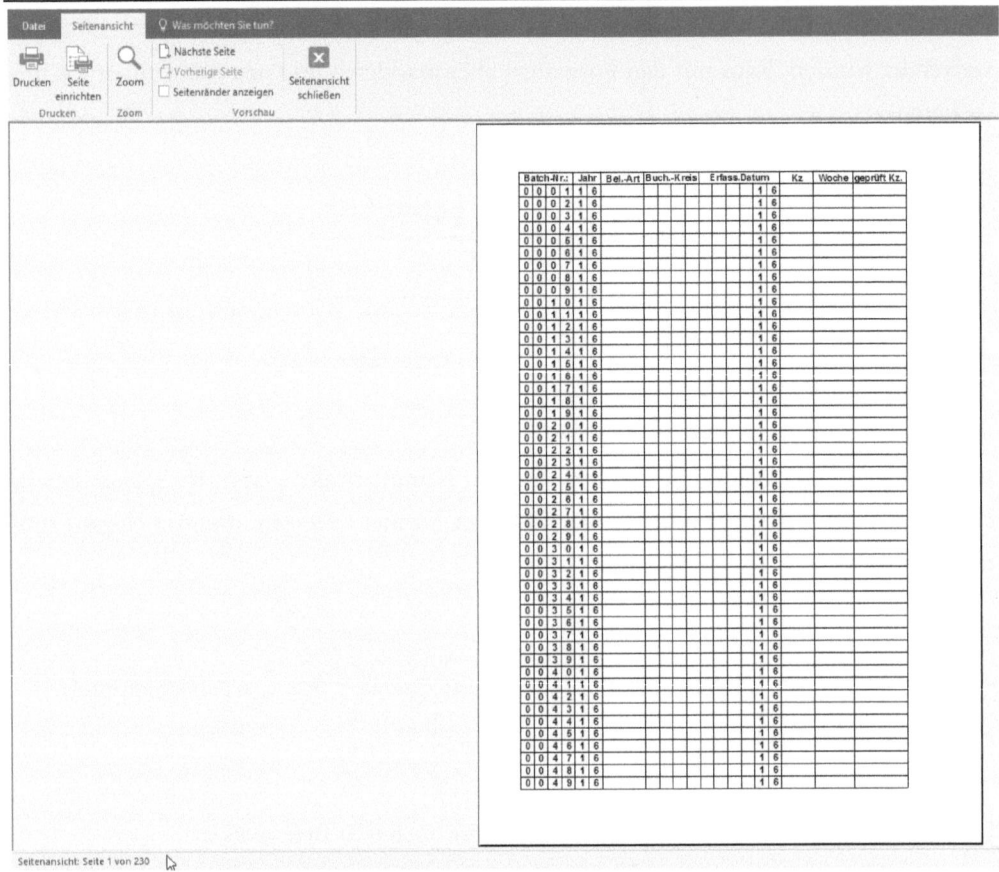

4.28. Und jedem Anfang wohnt ein Zauber inne (Hesse)

Hallo Herr Martin. Ich habe eine große Tabelle, bei ich Zeile 1 und Spalte A fixiert habe.

Wie gelange ich schnell in die linke, obere Ecke?

Dateneingabe

- Meine Antwort: Drücken Sie [Strg] + [Pos1]

- Ich weiß - allerdings landet der Cursor dann in der Zelle B2, weil ja Zeile 1 und Spalte A fixiert sind.

- Dann tippen Sie doch den Zellnamen A1 in das Namensfeld!

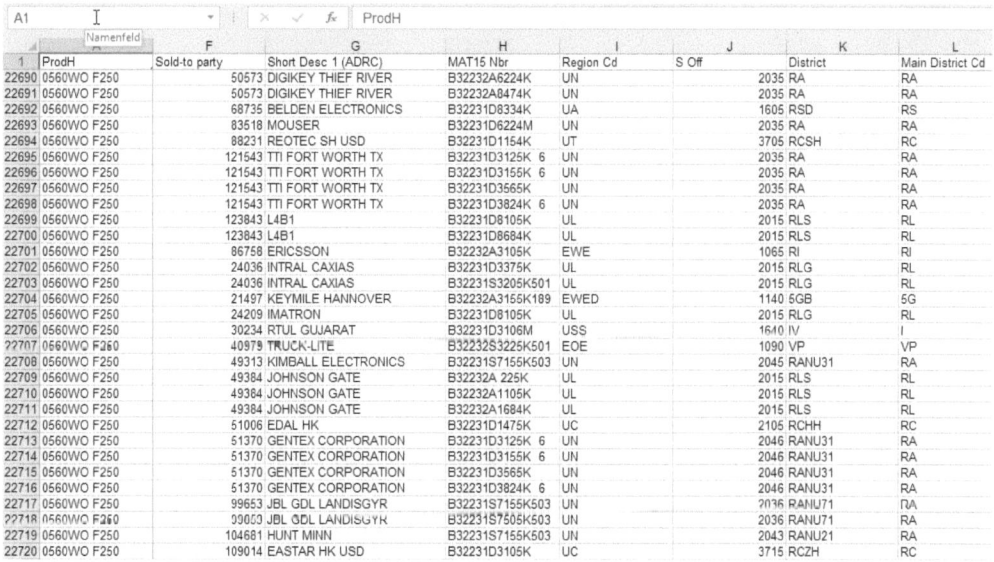

- Ich weiß - allerdings wird dann die Tabelle nicht nach links und nicht nach oben mitbewegt - ich würde dann auch gerne Spalte B und Zeile 2 sehen.

55

4.29 Kleine Übel?

- Sorry - aber ich glaube, DAFÜR gibt es keine Lösung!

4.29. Kleine Übel?

Hallo zusammen,

ich habe eine benutzerdefinierte Liste angelegt, die ich manchmal verwende. Allerdings schreibt Excel manchmal die Orte in Kleinbuchstaben. Warum?

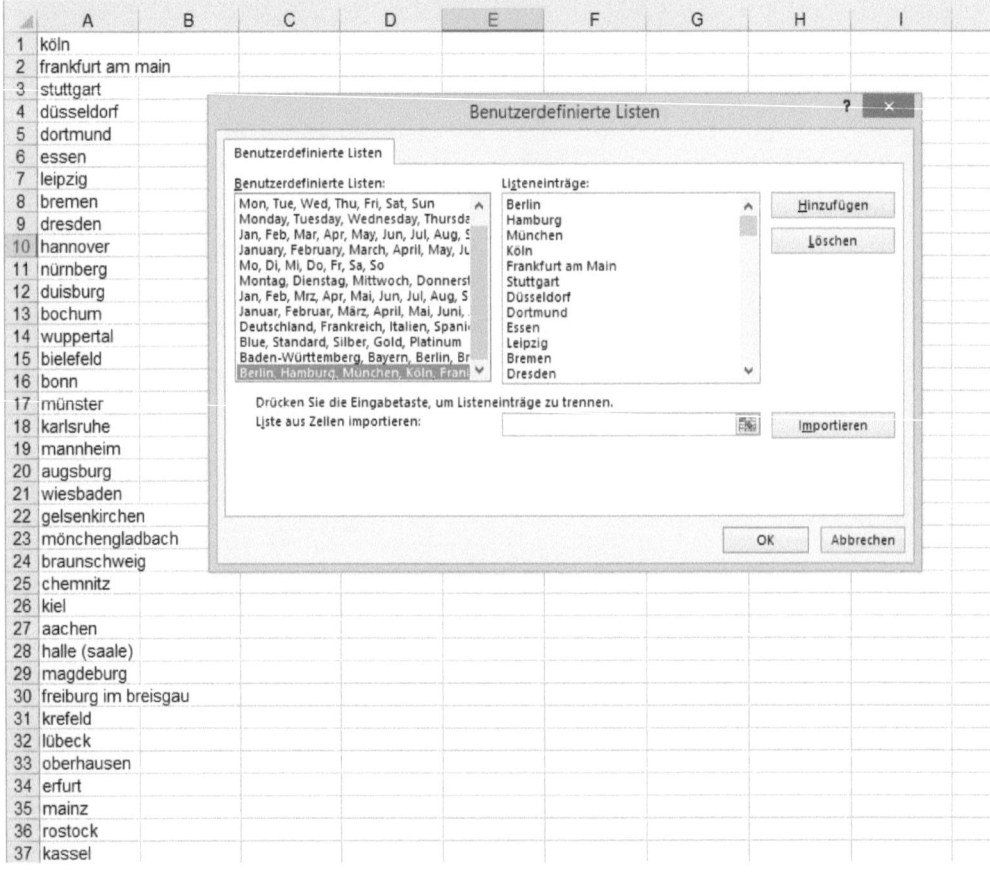

Die Antwort: Sie haben den ersten Ortsnamen („Köln") in Kleinbuchstaben eingetragen. Deshalb werden nun alle Texte in Minuskeln geschrieben.

4.30. Niveau sieht nur von unten betrachtet arrogant aus ....

Heute in der Excelschulung fragte mich ein Teilnehmer, warum seine Liste so merkwürdig weitergezählt wird:

1%	1%
2%	2%
	1%
	102%
	1%
	202%
	1%
	302%
	1%
	402%
	1%
	502%
	1%
	602%
	1%
	702%
	1%
	802%
	1%
	902%
	1%

Ich habe schnell entdeckt, was er gemacht hat: in der obersten Zelle stand nicht 1%, sondern =1%. In der zweiten dagegen 2%. Dadurch interpretiert Excel zwei unterschiedliche Dinge - eine Formel und einen Wert.

Beim Herunterziehen wiederholt Excel dieses Muster - abwechselnd Formel und Wert. Und der Wert wird weitergezählt. Den Sprung von 2% auf 102% erklärt man mit der Schrittweise 1 (=100%).

4.31 ich finde es nicht ...

f_x	=1%

E
1%
2%
1%
102%
1%
202%
1%
302%

Übrigens: amüsante Randbemerkung: Wenn Sie =1% in eine Zelle eintrage, wird das Ergebnis der Formel nicht formatiert - man sieht also 0,01, während in der Eingabezeile korrekt „=1%" steht.

4.31. ich finde es nicht ...

Ich habe eine Spalte, in der das Geschlecht angegeben wird. Dort habe ich mit Hilfe einer Datenüberprüfung eine Dropdownliste für männlich und weiblich erstellt. Klappt prima.

Dateneingabe

	A	B	C	D	E
1	Kundennum	Geschlecht	Titel	Name	Wert
2	1	m		Ali Mente	1
3	2	m		Till Gung	8
4	3	m	Dr.	Johannes Beer	2
5	7	m		Kurt Hose	3
6	8	m		Schwarzer Peter	1
7	9	w		Maria Zell	3
8	10	m		Johnny Walker	4
9	11	m		Rainer Ernst	2
10	12	w		Marie Juana	7
11	13	m		Reiner Zufall	7
12	14	w		Rosa Wurst	1
13	15	w		Wilma Spasshaben	6
14	16	w	Prof. Dr.	Maria Kron	8
15	17	m		Pomm Fritz	3
16	18	w		Rosa Weissschaedel	8
17	19	w		Rosa Roth	2
18	20	m		Rainer Wein	6
19	21	w		Heidi Kraut	9
20	22	m		Dr. Peter Petersilie	6

In einer anderen Spalte lege ich nun fest, dass dort nur die Zahlen zwischen (einschließlich) 1 und 10 eingetragen werden dürfen. Ich finde aber den Schalter nicht, mit dem ich eine Auswahlliste erhalte:

4.32 Ich lasse mich zum Pandabären umschulen. Wenn ich faul rumliege und immer dicker werde, finden mich alle niedlich.

Die Antwort: Diesen Schalter gibt es nicht. Entweder Liste oder ganze Zahl zwischen 1 und 10. Wenn Sie sich für „ganze Zahl" entscheiden, müssen Sie die Zahl eintragen und können nicht die Zahl über ein Dropdownfeld auswählen. Ist auch ein bisschen verständlich - man könnte ja schließlich auch die Grenzen zwischen 1 und 1.000.000 wählen. Dann müsste Excel eine Liste mit einer Million Zeilen zur Verfügung stellen …

4.32. Ich lasse mich zum Pandabären umschulen. Wenn ich faul rumliege und immer dicker werde, finden mich alle niedlich.

Wie hat denn das mein Kollege gemacht? In einer Tabelle befinden sich Formeln. Das Blatt ist nicht geschützt (die Namen darf ich beispielsweise ändern). Versuche ich jedoch die Formel zu ändern, erhalte ich eine Fehlermeldung:

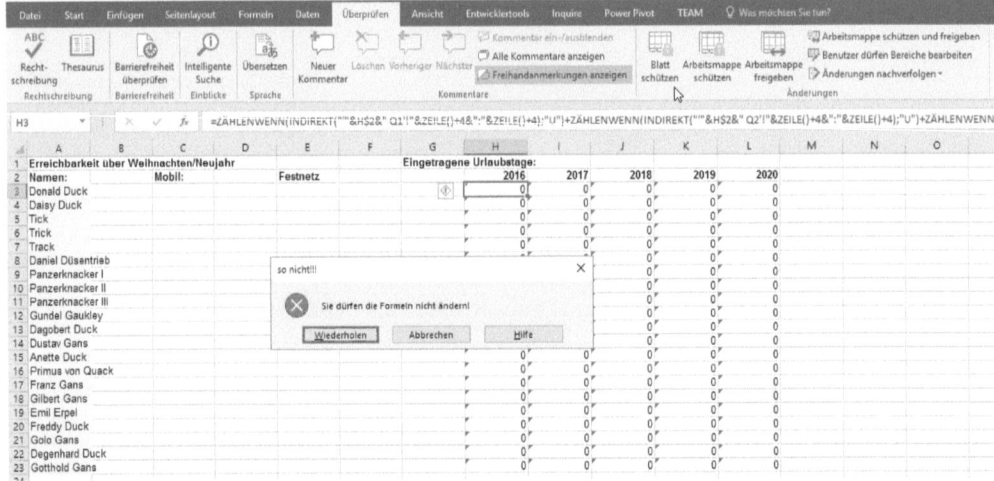

Die Antwort: Die Zellen, in denen sich Formeln befinden, wurden markiert und in der Datenüberprüfung die Formel <>"" eingegeben. So können sie nicht mehr geändert werden:

Übrigens: Das Löschen wird allerdings nicht verhindert!

4.33. Wer Excel versteht, kann auch durch Null teilen!

Es könnte alles so schön sein. Aber nein - ist es nicht. Doch von vorne.

Dateneingabe

Ich habe eine Liste. In dieser Liste befinden sich in Spalte B Bundesländer, in Spalte C einige Städte. Dummerweise befinden sich Lücken dazwischen: Also: für Baden-Württemberg sind vier Zeilen reserviert, für Bayern drei und so weiter:

	A	B	C	D	E
1	Nr	Bundesland	Stadt	Einwohnerzahl	
2	1.	Baden-Württemberg	Stuttgart	623.738	
3	2.		Karlsruhe	307.755	
4	3.		Mannheim	305.780	
5	4.		Freiburg im Breisgau	226.393	
6	5.	Bayern	München	1.450.381	
7	6.		Nürnberg	509.975	
8	7.		Augsburg	286.374	
9	8.	Berlin	Berlin	3.520.031	
10	9.	Brandenburg	Potsdam	167.745	
11	10.	Bremen	Bremen	557.464	
12	11.	Hamburg	Hamburg	1.787.408	
13	12.	Hessen	Frankfurt am Main	732.688	
14	13.		Wiesbaden	276.218	
15	14.		Kassel	197.984	
16	15.	Mecklenburg-Vorpommern	Rostock	206.011	
17	16.	Niedersachsen	Hannover	532.163	
18	17.		Braunschweig	251.364	
19	18.		Oldenburg	163.830	
20	19.		Osnabrück	162.403	
21	20.	Nordrhein-Westfalen	Köln	1.060.582	
22	21.		Düsseldorf	612.178	
23	22.		Dortmund	586.181	
24	23.		Essen	582.624	
25	24.		Duisburg	491.231	
26	25.		Bochum	364.742	
27	26.		Wuppertal	350.046	
28	27.		Bielefeld	333.090	
29	28.		Bonn	318.809	
30	29.		Münster	310.039	
31	30.		Gelsenkirchen	260.368	
32	31.		Mönchengladbach	259.996	
33	32.		Aachen	245.885	
34	33.		Krefeld	225.144	
35	34.		Oberhausen	210.934	
36	35.		Hagen	189.044	
37	36.		Hamm	179.397	
38	37.		Mülheim an der Ruhr	169.278	
39	38.		Leverkusen	163.487	
40	39.		Solingen	158.726	
41	40.	Rheinland-Pfalz	Mainz	209.779	
42	41.		Ludwigshafen am Rhein	164.718	
43	42.	Saarland	Saarbrücken	178.151	
44	43.	Sachsen	Leipzig	560.472	

4.33 Wer Excel versteht, kann auch durch Null teilen!

Ich hätte gerne die Spalte B durchgehend gefüllt, also Ba-Wü, Ba-Wü, Ba-Wü, Ba-Wü, BY, BY, BY und so weiter.

Eigentlich kein Problem. Man markiert die Spalte B und wählt den Befehl Start (Gruppe Bearbeiten) Suchen und Auswählen / Inhalte auswählen und dort die Option „Leerzellen":

Dateneingabe

Freundlicherweise markiert Excel nur die Leerzellen innerhalb des benötigten Bereichs:

43	42.	Saarland	Saarbrücken	178.151
44	43.	Sachsen	Leipzig	560.472
45	44.		Dresden	543.825
46	45.		Chemnitz1	248.645
47	46.	Sachsen-Anhalt	Halle (Saale)	236.991
48	47.		Magdeburg	235.723
49	48.	Schleswig-Holstein	Kiel	246.306
50	49.		Lübeck	216.253
51	50.	Thüringen	Erfurt	210.118
52				
53				

In diese wird die Formel

=B2

eingetragen. Da die Formel auf alle Zellen angewendet werden muss, wird sie mit [Strg] + [Enter] beendet:

	A	B	C	D	E
1	Nr	Bundesland	Stadt	Einwohnerzahl	
2	1.	Baden-Württemberg	Stuttgart	623.738	
3	2.	=B2	Karlsruhe	307.755	
4	3.		Mannheim	305.780	
5	4.		Freiburg im Breisgau	226.393	
6	5.	Bayern	München	1.450.381	
7	6.		Nürnberg	509.975	
8	7.		Augsburg	286.374	
9	8.	Berlin	Berlin	3.520.031	
10	9.	Brandenburg	Potsdam	167.745	
11	10.	Bremen	Bremen	557.464	
12	11.	Hamburg	Hamburg	1.787.408	
13	12.	Hessen	Frankfurt am Main	732.688	
14	13.		Wiesbaden	276.218	
15	14.		Kassel	197.984	
16	15.	Mecklenburg-Vorpommern	Rostock	206.011	
17	16.	Niedersachsen	Hannover	532.163	
18	17.		Braunschweig	251.364	
19	18.		Oldenburg	163.830	
20	19.		Osnabrück	162.403	
21	20.	Nordrhein-Westfalen	Köln	1.060.582	
22	21.		Düsseldorf	612.178	
23	22.		Dortmund	586.181	

4.33 Wer Excel versteht, kann auch durch Null teilen!

Nun stehen in allen Zellen die Werte, die sich darüber befinden. So weit so gut. Also nur noch kopieren und Inhalte als Werte einfügen.

Erster Schritt: die markierten Zellen kopieren und beispielsweise über das Kontextmenü Inhalte einfügen / Werte:

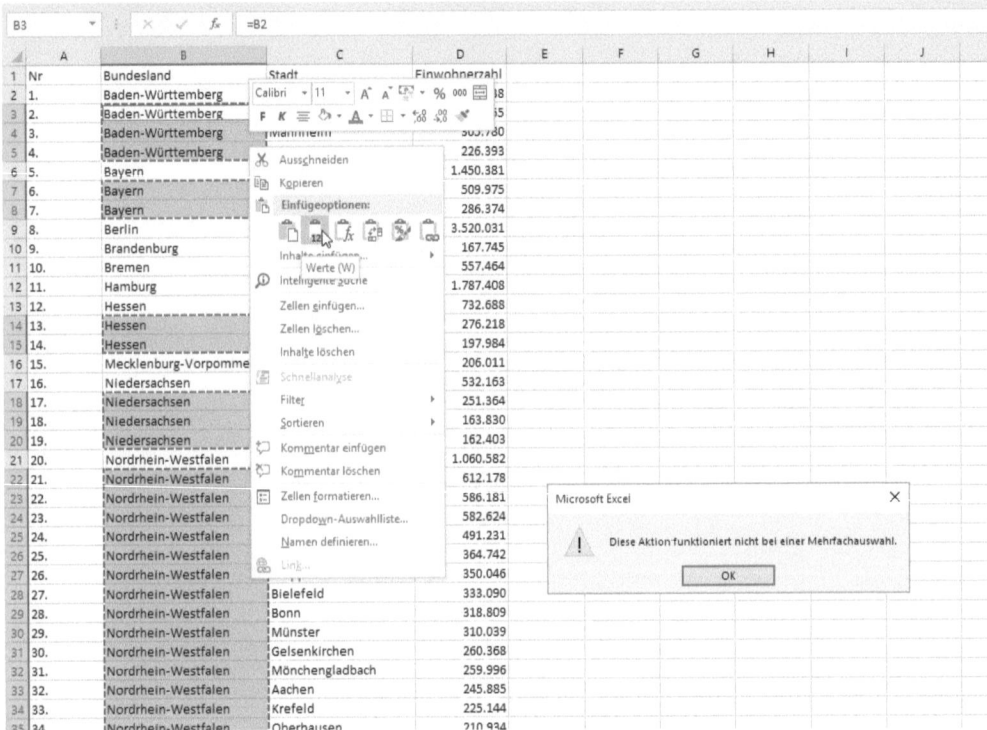

Padautz! „Diese Aktion funktioniert nicht bei einer Mehrfachauswahl!"

Ach, ja, ich erinnere mich.

Also: Ganze Spalte markieren, erneuter Versuch - und:

Nöööö! „Sie können dies hier nicht einfügen, da der Kopieren-Bereich und der Einfügebereich nicht die gleiche Größe haben":

Dateneingabe

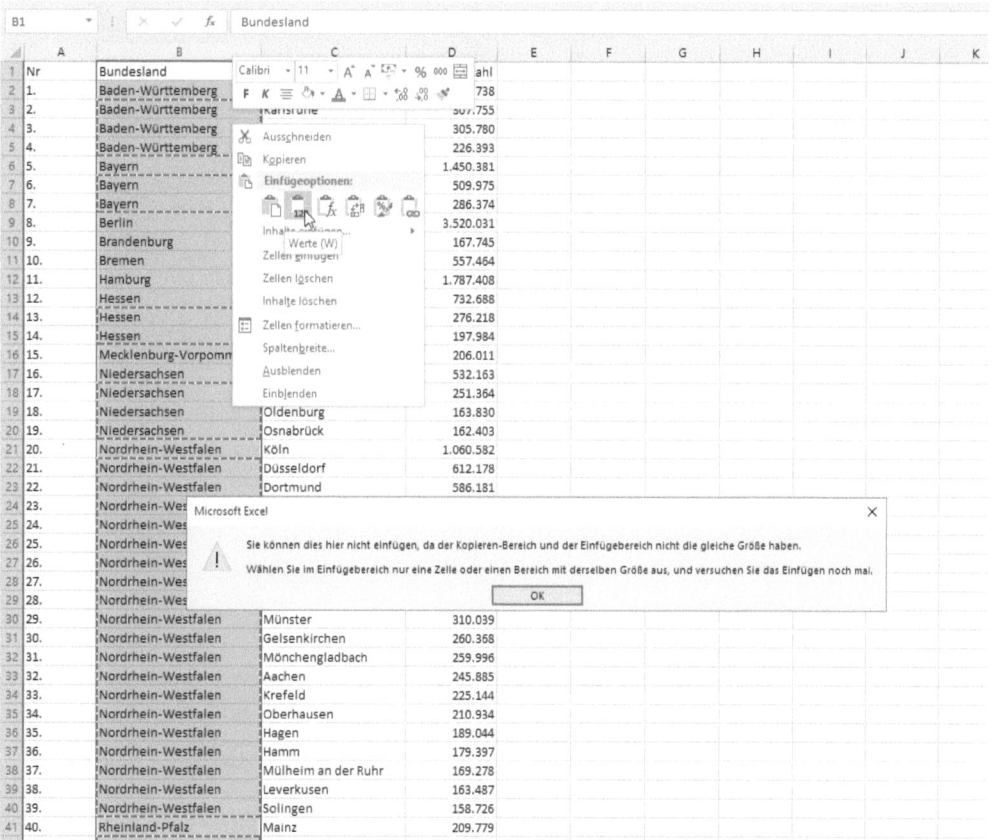

Excel und ich - wir sprechen einfach nicht die gleiche Sprache. Warum tut er nicht, was ich will. Drei Anläufe - beim dritten klappt es: Markierung auflösen, erneut die gesamte Spalte B markieren, kopieren - und nun endlich darf ich die Inhalte als Werte einfügen.

4.34 Excel nervt... wieder mal *grins*

	A	B	C	D
1	Nr	Bundesland	Stadt	Einwohnerzahl
2	1.	Baden-Württemberg	Stuttgart	623.738
3	2.	Baden-Württemberg	Karlsruhe	307.755
4	3.	Baden-Württemberg	Mannheim	305.780
5	4.	Baden-Württemberg		26.393
6	5.	Bayern		50.381
7	6.	Bayern	Nürnberg	509.975
8	7.	Bayern		286.374
9	8.	Berlin		3.520.031
10	9.	Brandenburg		167.745
11	10.	Bremen		557.464
12	11.	Hamburg		1.787.408
13	12.	Hessen		732.688
14	13.	Hessen		276.218
15	14.	Hessen		197.984
16	15.	Mecklenburg-Vorpom		206.011
17	16.	Niedersachsen		532.163
18	17.	Niedersachsen		251.364
19	18.	Niedersachsen		163.830
20	19.	Niedersachsen		162.403
21	20.	Nordrhein-Westfalen		1.060.582
22	21.	Nordrhein-Westfalen		612.178
23	22.	Nordrhein-Westfalen	Dortmund	586.181
24	23.	Nordrhein-Westfalen	Essen	582.624
25	24.	Nordrhein-Westfalen	Duisburg	491.231
26	25.	Nordrhein-Westfalen	Bochum	364.742
27	26.	Nordrhein-Westfalen	Wuppertal	350.046
28	27.	Nordrhein-Westfalen	Bielefeld	333.090
29	28.	Nordrhein-Westfalen	Bonn	318.809
30	29.	Nordrhein-Westfalen	Münster	310.039
31	30.	Nordrhein-Westfalen	Gelsenkirchen	260.368
32	31.	Nordrhein-Westfalen	Mönchengladbach	259.996
33	32.	Nordrhein-Westfalen	Aachen	245.885
34	33.	Nordrhein-Westfalen	Krefeld	225.144
35	34.	Nordrhein-Westfalen	Oberhausen	210.934
36	35.	Nordrhein-Westfalen	Hagen	189.044

4.34. Excel nervt... wieder mal *grins*

Guten Morgen Herr Martin,

gerade bin ich über Ihre sehr amüsante und auch informative Seite gestolpert. Klasse, gefällt mir sehr gut.

Aber Excel (2016) nervt… an einer Stelle, die schon weh tut. Haben Sie vielleicht einen Tipp?

Problem:

In einer Excel-Tabelle habe ich Text in einer Zelle, der Klassiker…

Wenn ich nun F2 drücke kann ich den gesamten bzw. Teile des Textes ins Clipboard kopieren, das funktioniert auch wie erwartet.

Das eigentlich nervige ist die Tatsache, dass der Teil des Textes, den ich markiert habe, nicht mehr farblich vom Hintergrund der Zelle zu unterscheiden ist, früher war der blau oder sowas. Da konnte man halt genau sehen, was gerade aktuell markiert ist.

Das tritt unabhängig davon auf, ob die Zelle eine Hintergrundfarbe hat oder nicht.

Haben Sie eine Idee?

Beste Grüße

M.

######

Hallo Herr R.,

danke für das Lob. Ich gestehe, einige Dinge kann ich nicht erklären, beziehungsweise nachvollziehen. Vor Kurzem hat mir eine Freundin einen Screenshot mit Kommentaren geschickt:

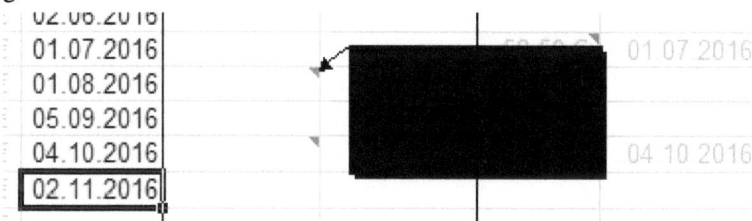

Bei mir sahen sie so aus:

4.34 Excel nervt... wieder mal *grins*

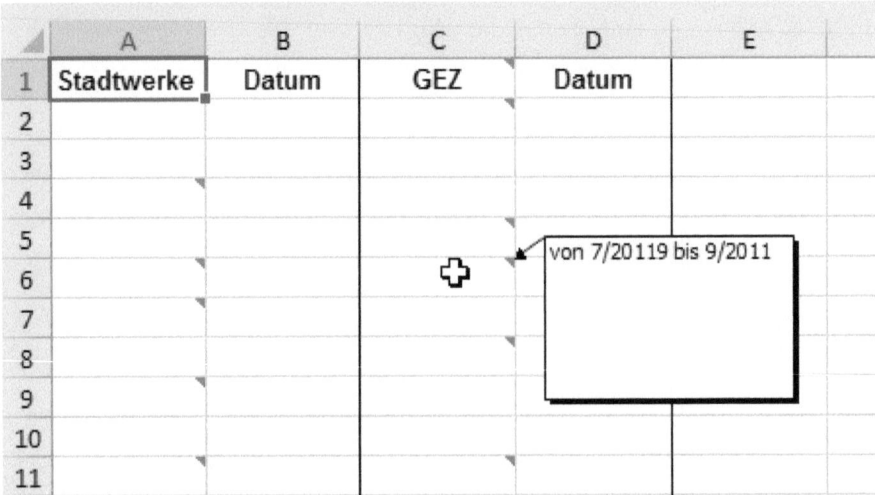

Dafür habe ich keine Erklärung, auch nicht für den Fehler, der an einigen Rechnern in Excel 2010 aufgetaucht ist:

beschrieben:

######

Guten Morgen Herr Martin,

Fehler gefunden, eigene Dusseligkeit (obwohl ich MS gern einen Teil zuschiebe).

Der markierte Bereich hat genau dieselbe Farbe wie mein globaler Fensterhintergrund. Das Grau habe ich nun etwas dunkler gemacht, Excel neu gestartet und die Markierung ist sichtbar.

5 Kommentare

5.1. Wie blöd ist das denn?

Ich habe in Visio eine Exceltabelle eingebettet. Wenn ich nun die Visio-Zeichnung als pdf speichere werden die grünen Ecken der Fehlerüberprüfung ausgedruckt. Übrigens: Die Kommentare mit ihren roten Ecken auch. Das will ich doch gar nicht!

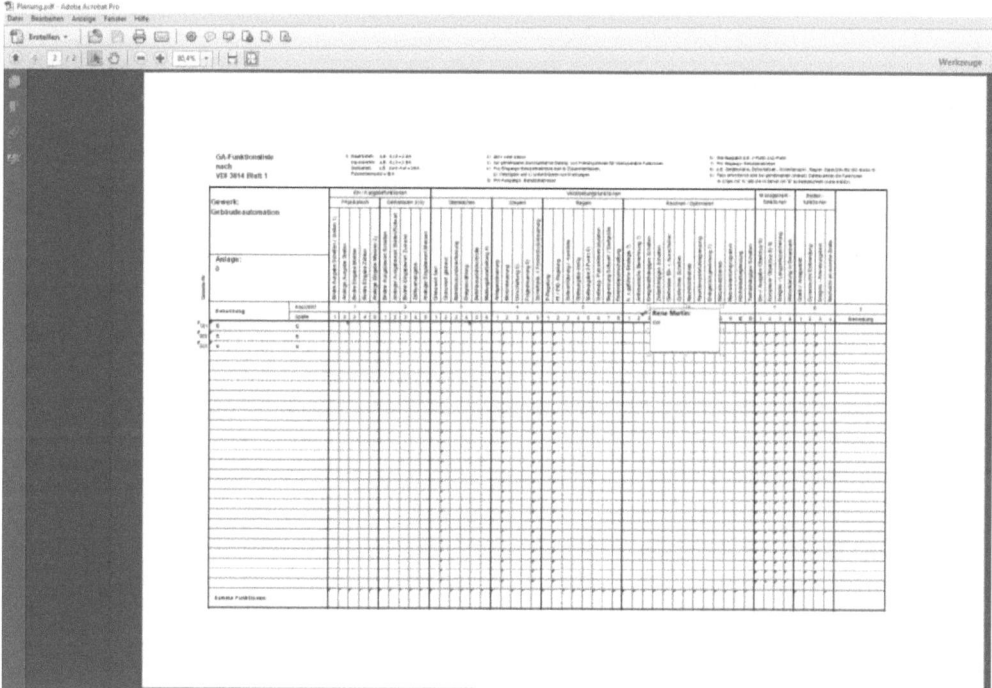

6 Datenaustausch

6.1. Und wo bleibt die Kompatibilität?

Eine unschöne Sache haben wir in der letzten Visio-Schulung festgestellt. Dort ist es möglich an Shapes (graphische Objekte) Daten zu hängen. Diese kann man definieren - beispielsweise als Currency.

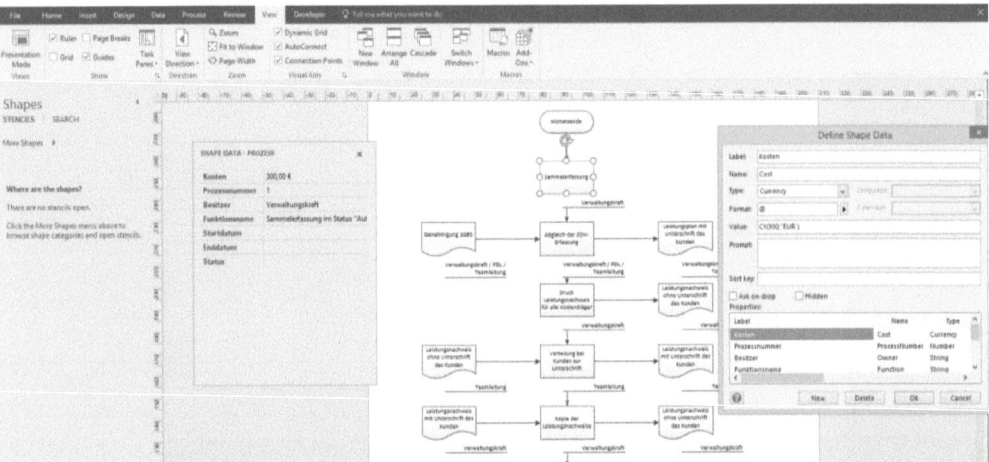

Normalerweise funktioniert der Datenexport hervorragen. Nicht jedoch, wenn die Daten im englischsprachigen Visio als Currency definiert werden, vom Typ „Euro" (€). Wird dann der Export durchgeführt, nimmt Visio das Euro-Symbol als Text mit; die Daten stehen nicht als Zahlen in Excel, sondern als Text. So kann eine Summe nicht gezogen werden.

Schade eigentlich, dass beim Datenaustausch auf internationale Unterschiede nicht geachtet wurde.

Dateneingabe

	fx	=SUM(D3:D19)		
	B	C	D	E
		Costs		
		Prozessnummer	Kosten	
		1	300,00 €	
		2	200,00 €	
		2	200,00 €	
		2	450,00 €	
		3	500,00 €	
		4	400,00 €	
		4	500,00 €	
		4	500,00 €	
		5	250,00 €	
		5	500,00 €	
		5	500,00 €	
		6	350,00 €	
		6	500,00 €	
		6	500,00 €	
		7	450,00 €	
		7	500,00 €	
		8	550,00 €	
	Total		0	

6.2. Komisches Grau

Warum darf ich einige Aktionen nicht auf das Tabellenblatt anwenden?

6.3 Ehe: gegenseitige Freiheitsberaubung im beiderseitigen Einvernehmen. (Oscar Wilde)

Die Antwort: Die Datei wurde freigegeben: Deshalb dürfen Sie nicht mehr alle Aktionen durchführen - möglicherweise arbeiten andere Kollegen auch mit dieser Datei.

6.3. Ehe: gegenseitige Freiheitsberaubung im beiderseitigen Einvernehmen. (Oscar Wilde)

Ist Ihnen das schon einmal aufgefallen:

Eine Datei wird freigegeben (Registerkarte „Überprüfen"). Nun werden nach Speicherung der Datei die Änderung der Zellinhalte und Formatierungen der anderen Kollegen angezeigt.

Allerdings nicht, wenn ein Kollege Zeilen und/oder Spalten fixiert. Eigentlich praktisch - aber es verwundert doch ein bisschen. Zuerst.

Dateneingabe

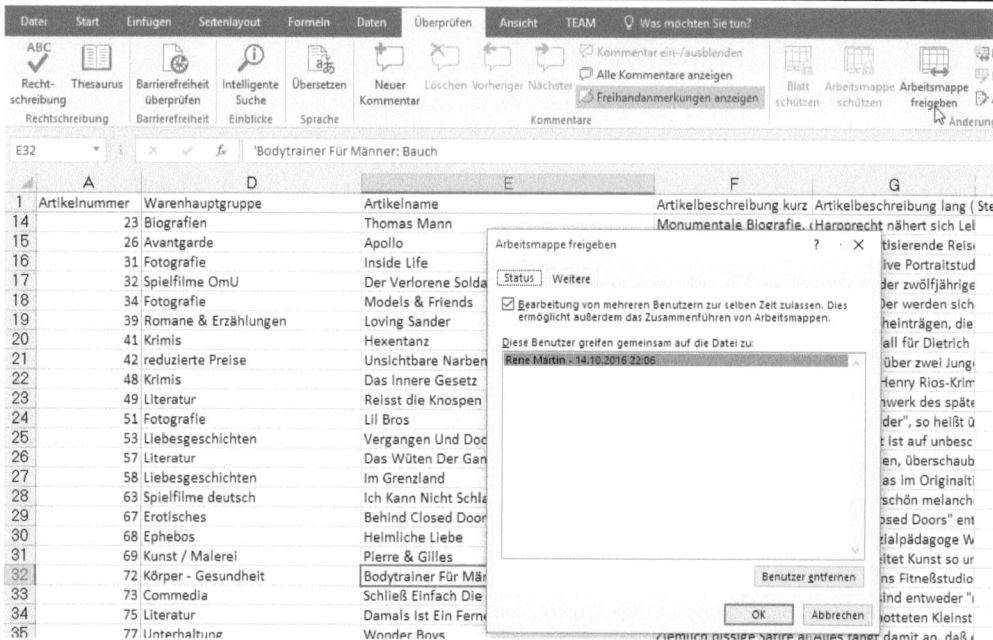

6.4. Das sind keine Augenringe, das sind Schatten großer Taten!

Ist das so gewollt?

Wenn man in OneNote eine Kalkulationstabelle, das heißt eine vorhandene Exceltabelle, als Tabelle einfügt, werden sämtliche verborgenen Blätter angezeigt. Auch die Blätter, die veryHidden sind. Ist das gewollt? Ich werde am Montag mal den OneNote-Experten fragen:

6.5 Ich glaube nicht an den Aberglauben; das bringt Unglück.

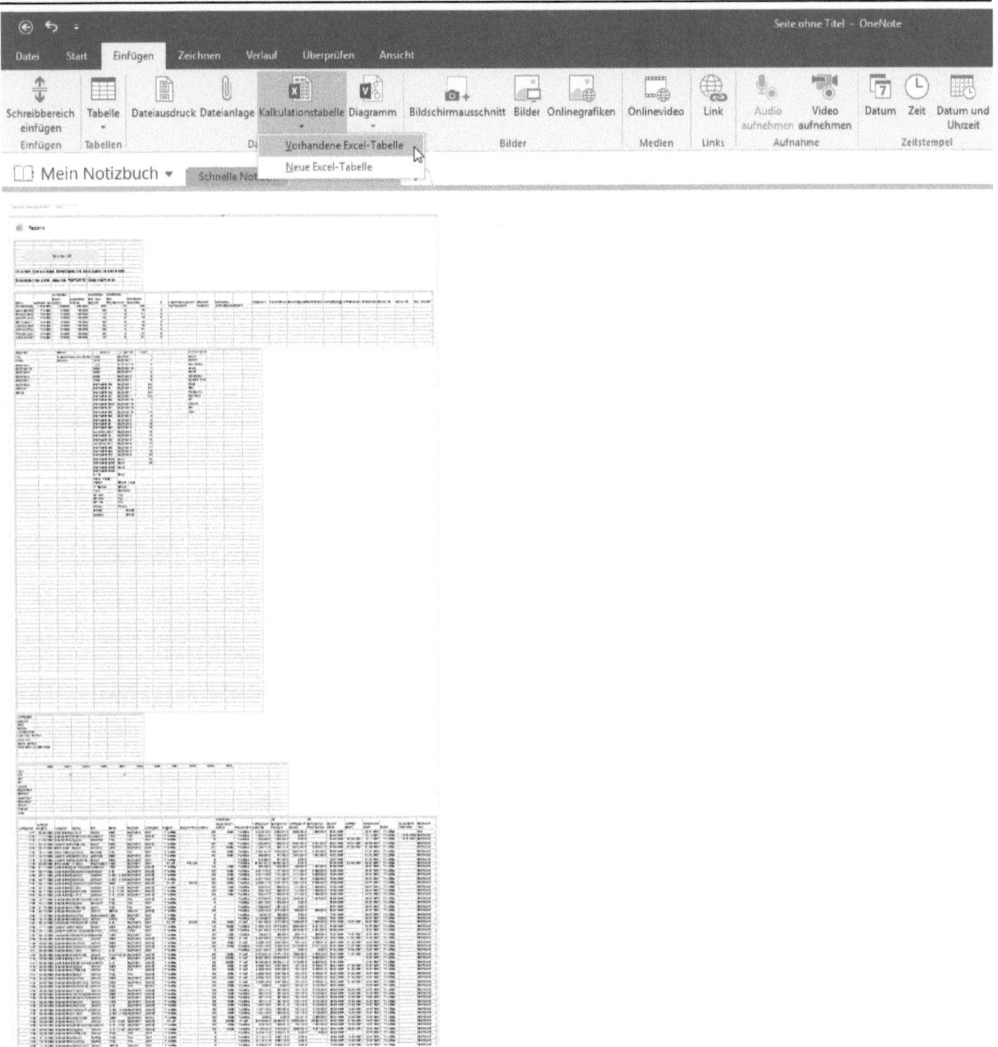

6.5. Ich glaube nicht an den Aberglauben; das bringt Unglück.

In Sharepoint-Listen kann man gruppieren und Daten zusammenfassen - beispielsweise Zwischensummen (Teilergebnisse) und Endsummen berechnen:

Dateneingabe

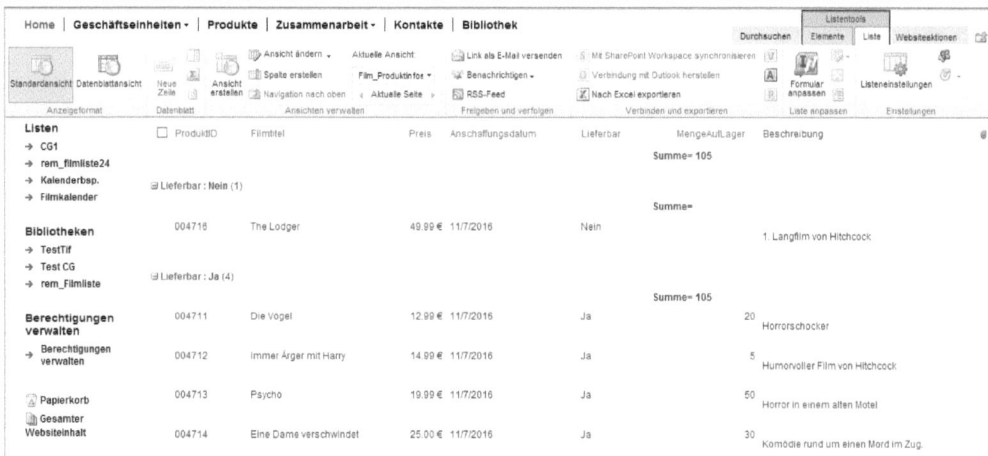

Schade, dass die Zwischensummen und Endergebnisse beim Export nach Excel verloren gehen ...

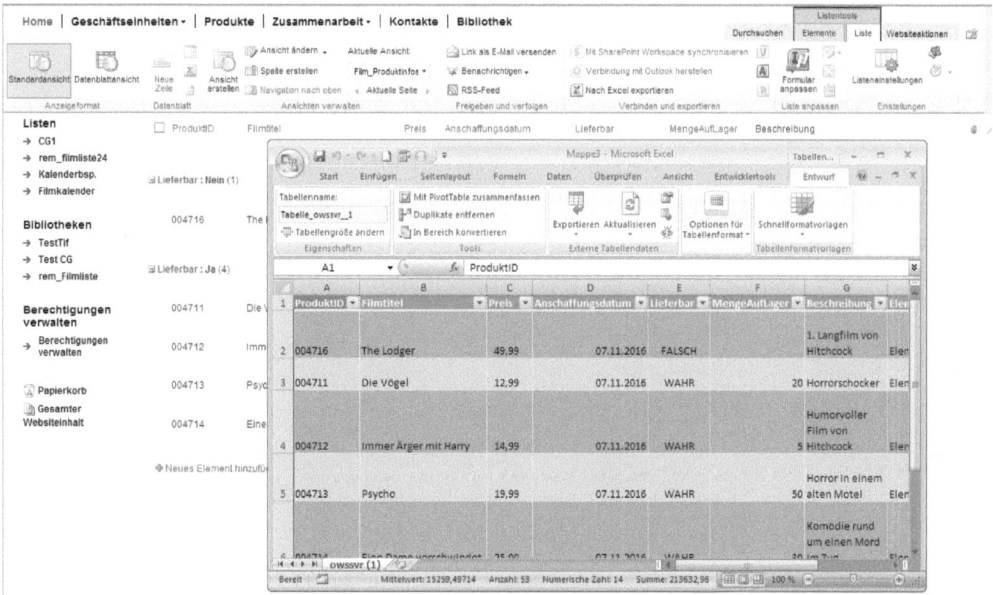

6.6. Ironie ist der Humor intelligenter Menschen.

Sharepoint arbeitet gut mit den anderen Office-Produkten von Microsoft zusammen. Warum sollte man eine andere Kalkulationstabelle als Excel verwenden?

6.6 Ironie ist der Humor intelligenter Menschen.

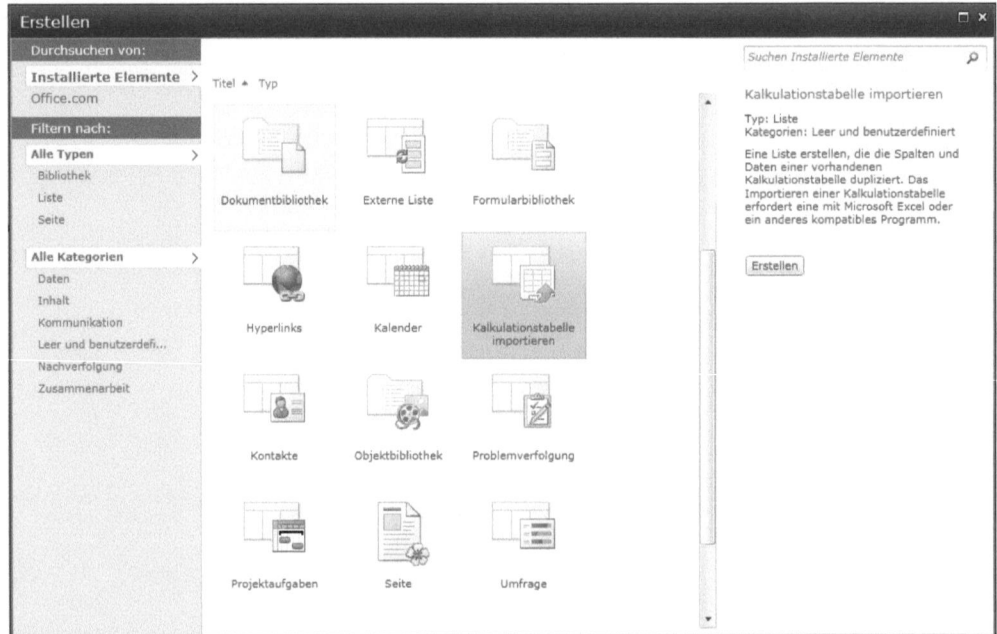

Oder will Microsoft zeigen, dass sie kompatibel mit anderen und offen für andere Programme sind?

Es käme auf einen Versuch an zu testen, wie gut LibreOffice Calc mit Sharepoint zusammen arbeitet ...

7 Merkwürdig übersetzt

7.1. Lächeln darf man

Ein großes Dankeschön an Dominik Petri für seinen Vortrag Power BI auf den Anwendertagen. Wer ihn und seinen Vortrag in Fulda am 15./16. Dezember 2016 erleben möchte findet weitere Informationen auf:

Heute hat er einige Male schmunzeln möchte, beispielsweise bei der Übersetzung von „city" und „place" zu „Ort". Etwas verwirrend - auf Deutsch:

Auch das Fehlen der Jahresangabe in einigen Diagrammen ist merkwürdig:

Immerhin: Microsoft beweist in Fehlermeldungen Humor mit „Stirnrunzeln senden":

7.2. Da lernt man Dreisatz und Wahrscheinlichkeitsrechnung und steht trotzdem grübelnd vor dem Backofen, welche der vier Schienen nun die Mittlere ist.

Erstaunlich: In Microsoft OneNote gibt es ein Symbol in der Multifunktionsleiste „Kalkulationstabelle". Okay - damit kann man „vorhandene Excel-Tabellen" öffnen und „neue Excel-Tabellen" erstellen.

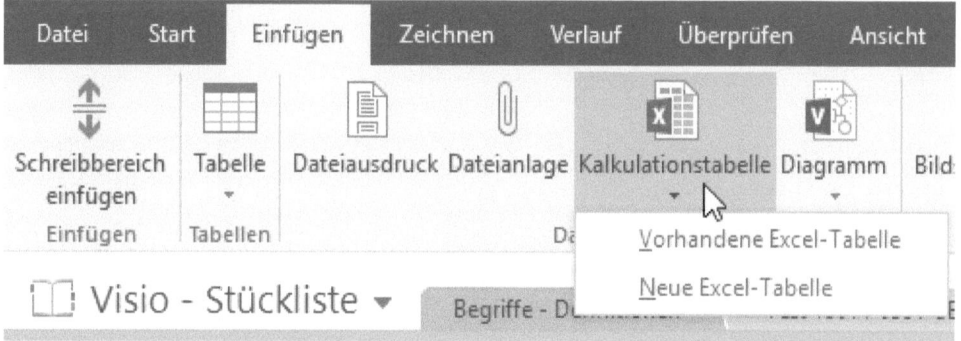

Ich habe es ausprobiert: Öffnet man eine LibreOffice (oder openOffice.org) *ODS-Datei, wird sie in Excel geöffnet. Excel kann sie (mehr oder weniger gut) konvertieren.

7.3 Pia ist sehr genervt. Und ich amüsiere mich. Nicht über Pia, sondern über Microsoft. Und über Excel.

7.3. Pia ist sehr genervt. Und ich amüsiere mich. Nicht über Pia, sondern über Microsoft. Und über Excel.

Pia hat mich darauf aufmerksam gemacht. Auf der Microsoft-Seite findet sich folgende amüsante Sortierung:

GAUSS 2013	Statistisch:	Gibt 0,5 weniger als die kumulierte Normalverteilung zurück.
GGT	Mathematik und Trigonometrie:	Gibt den größten gemeinsamen Teiler zurück.
GEOMITTEL	Statistisch:	Gibt das geometrische Mittel zurück.
GGANZZAHL	Technisch:	Überprüft, ob eine Zahl größer als ein gegebener Schwellenwert ist.
PIVOTDATENZUORDNEN	Nachschlagen und Verweisen:	Gibt die in einem PivotTable-Bericht gespeicherten Daten zurück.
VARIATION	Statistisch:	Gibt Werte zurück, die sich aus einem exponentiellen Trend ergeben.
HARMITTEL	Statistisch:	Gibt das harmonische Mittel zurück.
HEXINBIN	Technisch:	Wandelt eine hexadezimale Zahl in eine Binärzahl um.

Wieso findet man PIVOTDATENZUORDNEN, gefolgt von VARIATIONEN, bei dem Buchstaben G? Nicht nur dort – das ganze Alphabet ist „korrupt". Ein Blick auf die englischen Funktionsnamen (man erhält sie mit dem Makrorekorder oder auf der Seite Mit dem Excel Translator (https://de.excel-translator.de/) oder einer beliebigen anderen Seite, die die Begriffe mehrsprachig auflistet. Sie heißen: GETPIVOTDATA und GROWTH.

Kommentar: Und nebenbei: was soll eigentlich diese Schwachsinnsseite? Da kommt genau der gleiche Mini-Kurz-Text wie bei der Funktion. Das sind keine „Weiteren Hinweise", das ist überflüssig wie ein Kropf. WIE genervt ich bin!

Dateneingabe

Übrigens, es gibt eine weitere Methode die englischen Funktionsnamen zu ermitteln. Einfach ein internationales Makroblatt einfügen. Kopiert man Zelleninhalte aus einem Tabellenblatt in dieses internationale Makroblatt, werden die Funktionen mit ihrer englischen Bezeichnung angezeigt. (Ernst)

8 Symbole falsch beschriftet

8.1. Tastatur wurde nicht gefunden. Drücken Sie F1 um es nochmal zu versuchen.

Vielleicht hätte man besser die Ja - Nein - Abbrechen-Schaltflächen nehmen sollen (in VBA: vbYesNoCancel). Danke für den Hinweis an Dominik und Dimo.

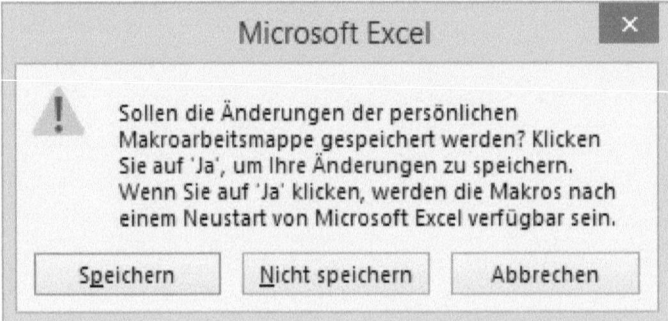

9 Zellformate

9.1. Rinks und lechts, das kann man nicht velwechsern.

Die meisten Fehler in Excel finde ich. Fast alle.

Hier nun einer, den ich nicht gefunden habe:

Eine sehr große Datei (10 MByte), mit mehreren Dutzend Tabellenblättern weist auf einem Blatt ein merkwürdiges Verhalten auf: die Zelle wird in der Ausrichtung zentriert formatiert - es passiert nichts! Kein Unterschied zwischen links und rechts und zentriert!

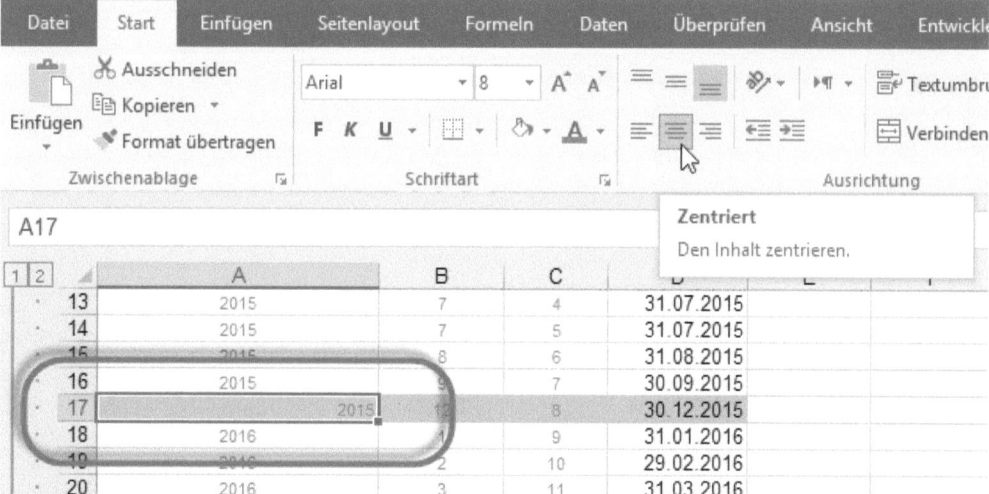

Nachgeschaut: dieses Phänomen tritt nur in den Zeilen auf, in denen eine graue Hintergrundformatierung mit Hilfe einer bedingten Formatierung eingeschaltet wurde (der letzte Monat des Jahres wird grau hinterlegt).

Ein weitere Blick: auf dem Tabellenblatt befinden sich viele (einige Dutzend) bedingte Formatierungen; mehrere dieser Formatierungen (so auch unser Grau) wurde nicht auf einen Bereich, sondern auf mehrere Bereiche
(=$A$10:$D$17;$A$18:$D$28;$A$29:$D$40;$A$41:$D$52 ...) angewendet.

Ich konnte nicht nachvollziehen, ab wann Excel diesen Fehler produziert - ich vermute, irgend etwas ist ihm zu viel. Kennst jemand dieses Phänomen?

9.2. Ein guter Zug?

Ich verstehe es mal nicht. Die ersten sechs Monatsnamen sind eingerückt. Aber ich finde weder Leerzeichen im Text noch Einzüge im Ausrichten-Dialog.

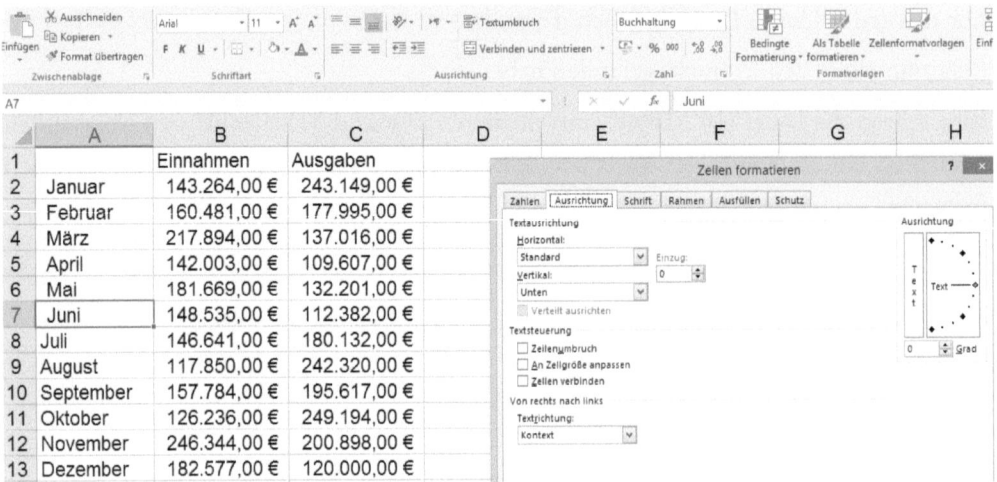

Die Antwort finden Sie etwas weiter oben - Die Zellen sind als Buchhaltung formatiert - ebenso wie die Zahlen daneben. Dies bewirkt den Einzug - auch beim Text.

9.3. „Bunt ist meine Lieblingsfarbe." (Walter Gropius)

Gestern in der Excelschulung wurde eine schöne Frage gestellt:

Warum formatiert er die Tabelle nicht mit der Farbe, dessen Schema ich auswähle? Beispielsweise Blau.

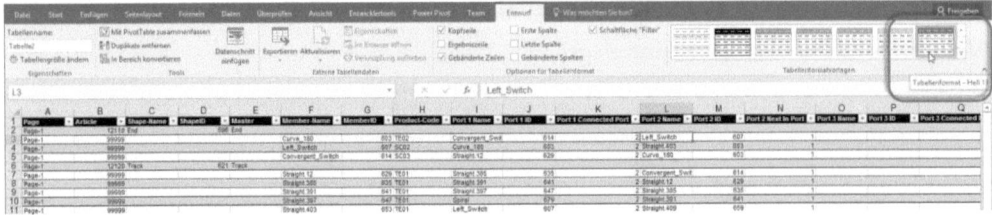

Die Antwort erhielt ich durch eine Gegenfrage:

„Haben Sie die Liste als Tabelle formatiert, dann wieder in einen Bereich konvertiert und anschließend wieder zu einer Tabelle gemacht?" - „Ja" - „Klar - beim Zurückkonvertieren bleiben die Farben erhalten - nun ist die Tabelle »hart« formatiert.

9.4. Humor ist der Knopf, der verhindert, dass uns der Kragen platzt. (Joachim Ringelnatz)

Nicht jede Formel darf sein!

Ich gestehe: Es ist mir lange Zeit nicht aufgefallen. Wahrscheinlich deshalb, weil ich die Symbole der Bedingten Formatierung in Excel nicht besonders schätze. Während man bei den Hintergrundfarben, Schriftfarben und Zellrahmen beliebige Formeln verwenden darf, ist dies bei den Skalen, Datenbalken und Symbolsätzen eingeschränkt. Genau:

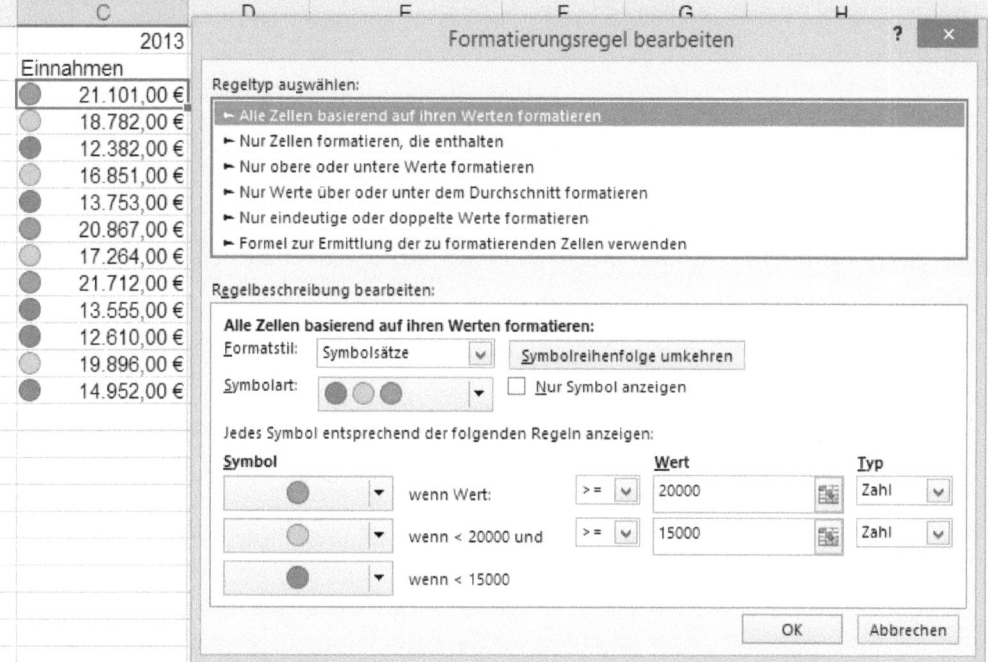

Den Inhalt einer Zelle mit einem festen Wert abzugleichen ist kein Problem.

9.4 Humor ist der Knopf, der verhindert, dass uns der Kragen platzt. (Joachim Ringelnatz)

Den Wert auszulagern und mit einem absoluten Bezug darauf zuzugreifen ist auch kein Problem.

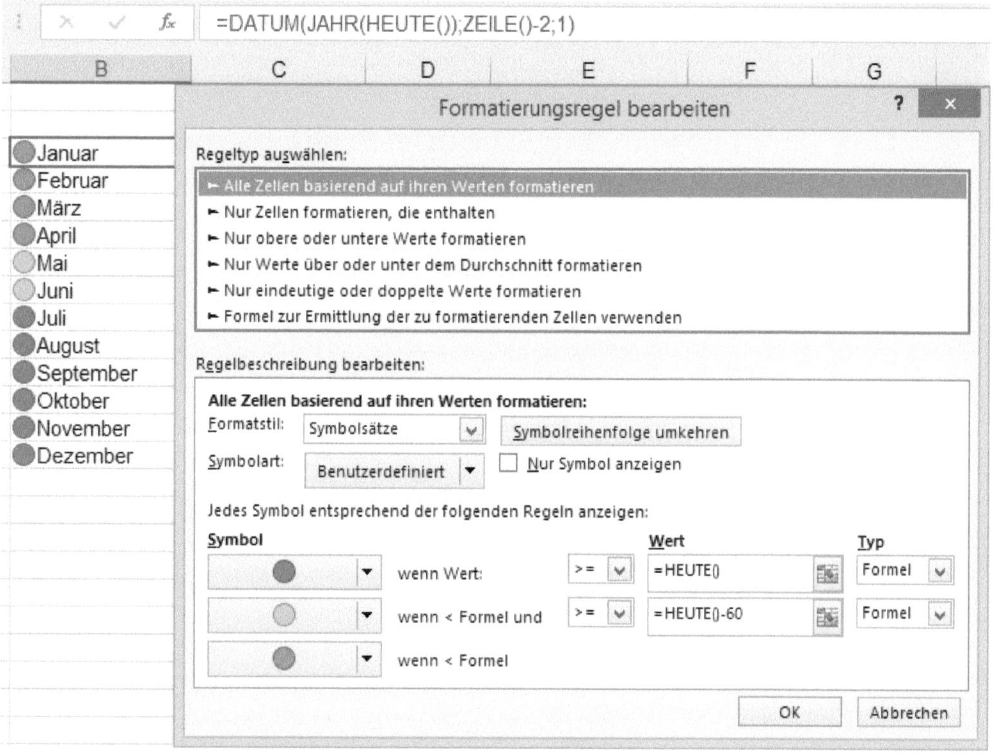

Dateneingabe

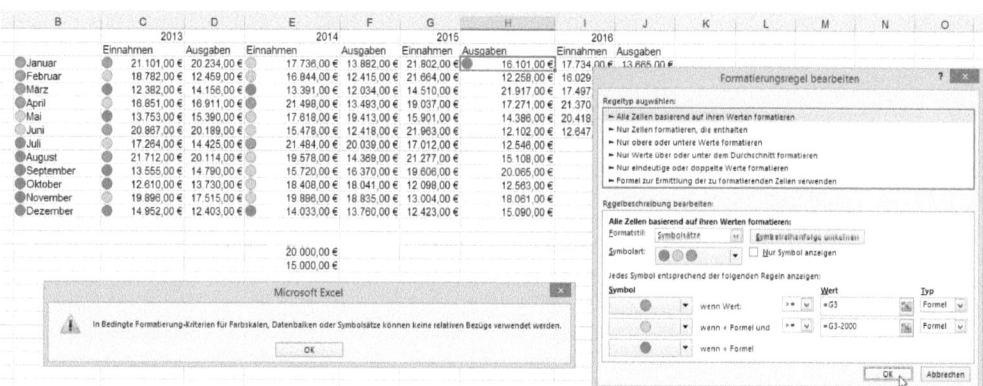

Auch Formeln wird HEUTE() stellen kein Problem dar.

Das Erstaunen ist groß, wenn man relative Bezüge verwendet. DAS ist verboten. Noch einmal hinschauen - das Kombination bietet „Formel" an und nicht „Formel mit absolutem oder keinem Bezug".

85

9.5 Das Leben ist wie eine Schachtel Pralinen, man weiß nie, was man bekommt. (aus: Forrest Gump)

Okay - wahrscheinlich eine Kurzschreibweise ...

9.5. Das Leben ist wie eine Schachtel Pralinen, man weiß nie, was man bekommt. (aus: Forrest Gump)

Und was läuft hier schon wieder schief?

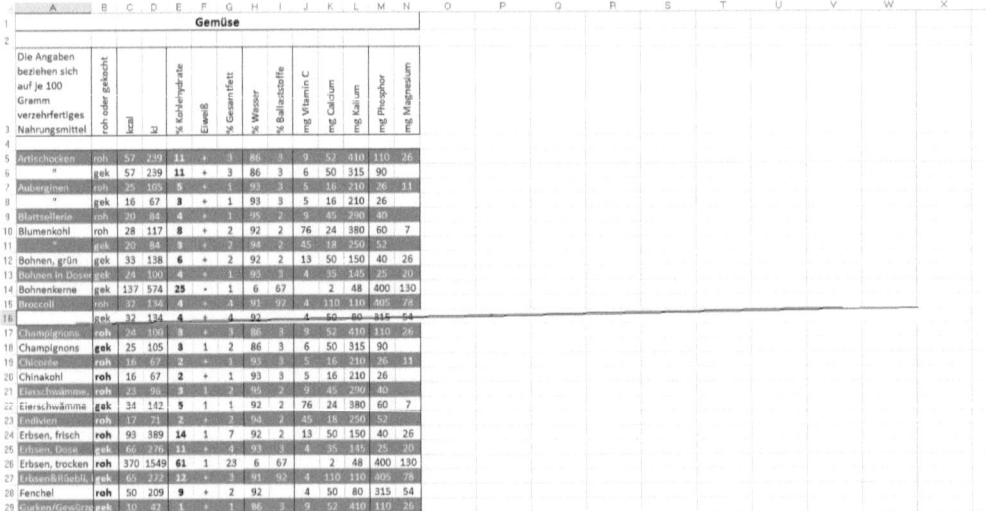

Die Antwort finden Sie, wenn Sie einen Blick in den Dialog „Zellen formatieren" werfen:

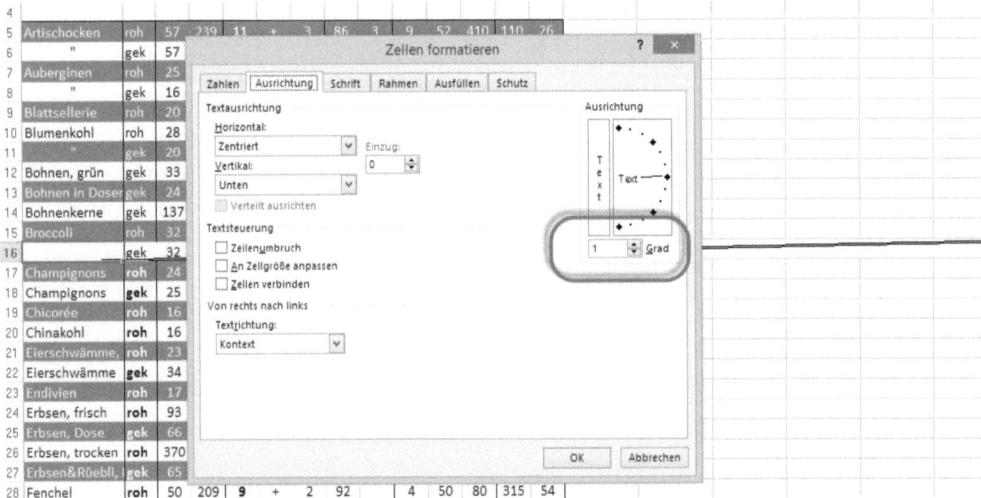

Des Rätsels Lösung: Die Ausrichtung wurde auf 1° gestellt ...

9.6. Die Seele der Ordnung ist ein großer Papierkorb.

Hallo Herr Martin,

warum stehen die "-Zeichen nicht in der Mitte der Zelle? Ich habe Sie doch zentriert?

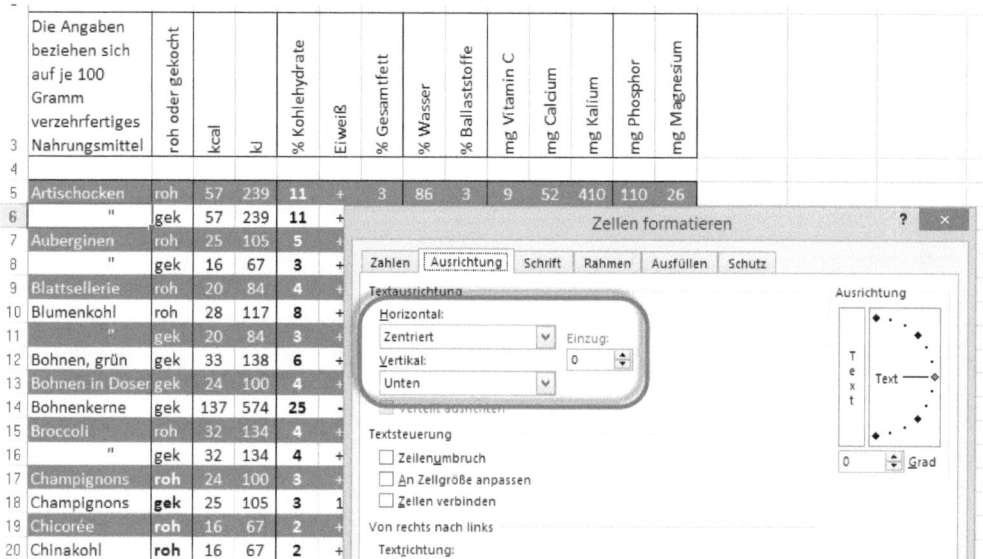

Die Antwort erhalten Sie, wenn Sie die Zellen linksbündig formatieren. Vor den Anführungszeichen befinden sich noch Leerzeichen - wahrscheinlich wollte jemand „per Hand" die Gänsefüßchen in die Litte der Zelle schieben.

9.7 Komm lieber Mai und mache ... bloß nicht!

	A	B	C	D	E	F	G	H	I	J	K	L	M	N
4														
5	Artischocken	roh	57	239	11	+	3	86	3	9	52	410	110	26
6	"	gek	57	239	11	+	3	86	3	6	50	315	90	
7	Auberginen	roh	25	105	5	+	1	93	3	5	16	210	26	11
8		gek	16	67	3	+	1	93	3	5	16	210	26	
9	Blattsellerie	roh	20	84	4	+	1	95	2	9	45	290	40	
10	Blumenkohl	roh	28	117	8	+	2	92	2	76	24	380	60	7
11	"	gek	20	84	3	+	2	94	2	45	18	250	52	
12	Bohnen, grün	gek	33	138	6	+	2	92	2	13	50	150	40	26
13	Bohnen in Dose	gek	24	100	4	+	1	93	3	4	35	145	25	20
14	Bohnenkerne	gek	137	574	25	-	1	6	67		2	48	400	130
15	Broccoli	roh	32	134	4	+	4	91	92	4	110	110	405	78
16	"	gek	32	134	4	+	4	92		4	50	80	315	54

9.7. Komm lieber Mai und mache ... bloß nicht!

Warum steht der Mai am rechten Rand? Ich habe ihn doch gar nicht rechtsbündig formatiert ...

Dateneingabe

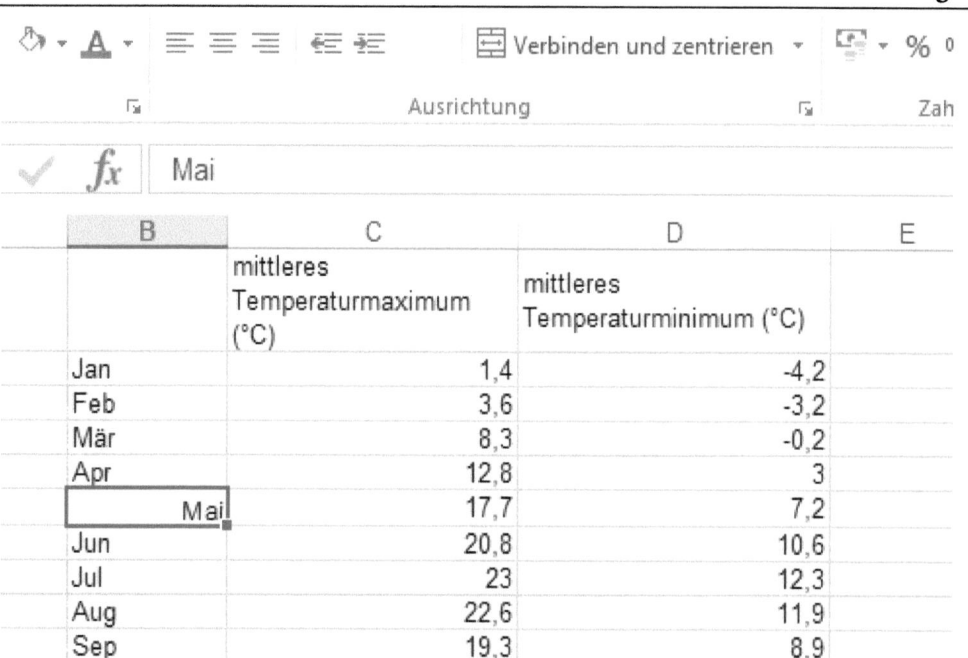

Die Antwort finden Sie im Dialog „Zellen formatieren / Ausrichtung"

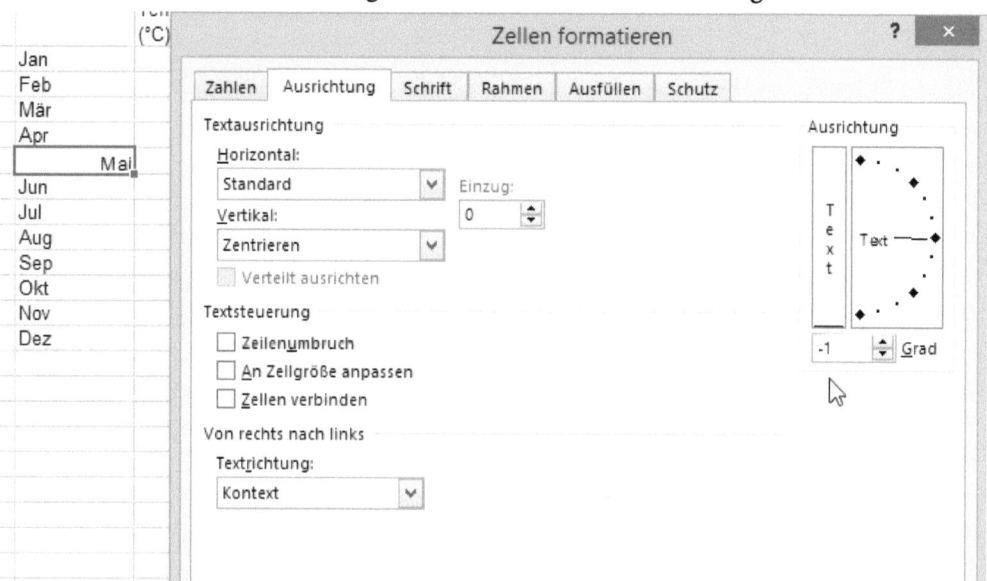

9.8 Wem das Wasser bis zum Halse steht, der sollte den Kopf nicht hängen lassen

Die Ausrichtung wurde auf -1° gestellt. Übrigens: Wenn Sie die Ausrichtung auf +1° einschalten und zusätzlich den Zeilenumbruch aktivieren, verschwindet der „ai" vom Wonnemonat:

B	C	D	E
	mittleres Temperaturmaximum (°C)	mittleres Temperaturminimum (°C)	
Jan	1,4	-4,2	
Feb	3,6	-3,2	
Mär	8,3	-0,2	
Apr	12,8	3	
M	17,7	7,2	
Jun	20,8	10,6	

9.8. Wem das Wasser bis zum Halse steht, der sollte den Kopf nicht hängen lassen

Warum klappt die Suche manchmal nicht?

Ich habe irgendwann entdeckt, dass man in Excel nach Farben suchen kann. Tolle Sache. Dennoch: Manchmal klappt es nicht. Dabei habe ich sogar die eine formatierte Zelle ausgewählt, um sicher zu sein, dass ich den korrekten Farbton treffe. Warum klappt es nicht?

Dateneingabe

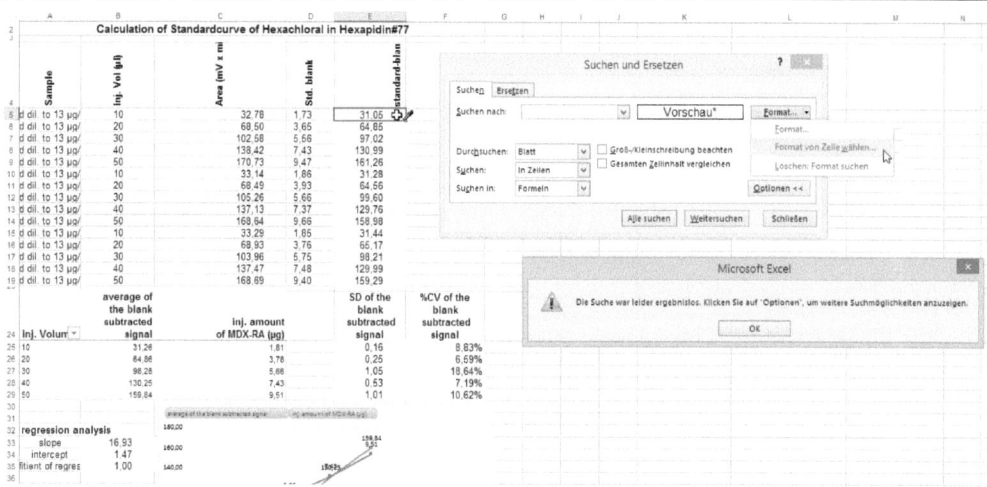

Die Antwort: Die Zelle ist nicht formatiert. Sie wurde mit der bedingten Formatierung formatiert. Da Excel nicht „erkennen" kann, welche Farbe die entsprechende Bedingung liefert, geht er von der Grundfarbe aus.

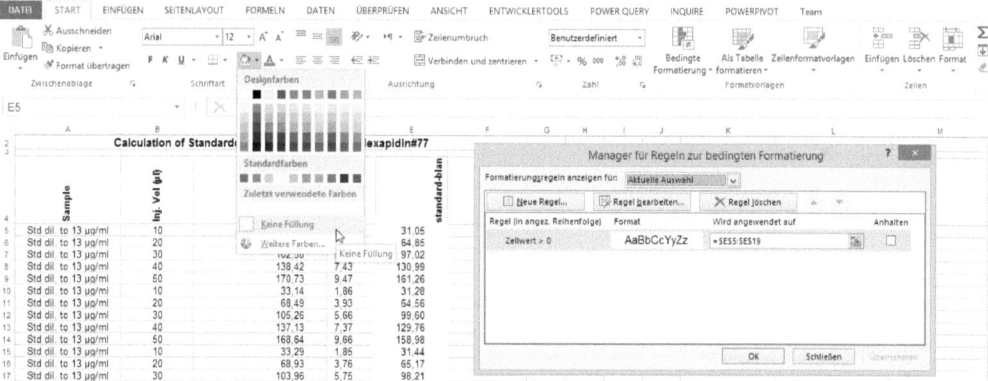

9.9. Toleranz ist der Verdacht, dass der andere Recht hat.

Ich werde regelmäßig gefragt, wie man Exceltabellen „kleiner" machen kann. Vor allem bis Excel 2003, in denen *.xls noch kein gezipptes XML-Archiv war, wurden Dateien schnell sehr groß.

Ich habe eine Reihe von Vorschlägen.

9.9 Toleranz ist der Verdacht, dass der andere Recht hat.

Einige davon nimmt Inquire mit seinem Werkzeug „Übermäßige Zellformatierung entfernen" ab. Auf der Seite

https://support.office.com/de-de/article/Verwendungsm%C3%B6glichkeiten-f%C3%BCr-Inquire-ebaf3d62-2af5-4cb1-af7d-e958cc5fad42

wird erklärt: „Haben Sie schon einmal eine Arbeitsmappe geöffnet und festgestellt, dass sie langsam geladen wird oder riesengroß geworden ist? Möglicherweise ist in der Arbeitsmappe auf Zeilen oder Spalten Formatierung angewendet, von der Sie nichts wissen. Verwenden Sie den Befehl „Übermäßige Zellformatierung bereinigen", um übermäßige Formatierung zu entfernen und die Dateigröße deutlich zu verringern. Hiermit können Sie ein „Arbeitsblattaufblähen" vermeiden, wodurch Excel schneller wird. Und auf

https://support.office.com/de-de/article/Bereinigen-von-%C3%BCberm%C3%A4%C3%9Figer-Zellformatierung-auf-einem-Arbeitsblatt-e744c248-6925-4e77-9d49-4874f7474738

lesen wir: „Das Bereinigen von übermäßiger Formatierung wird ausgeführt, indem Zellen vom jeweiligen Arbeitsblatt entfernt werden, die sich hinter der letzten nicht leeren Zelle befinden. Wird eine bedingte Formatierung beispielsweise auf eine gesamte Zeile angewendet und sind in der Zeile nur bis zur Spalte V Daten enthalten, wird die bedingte Formatierung aus den Zellen entfernt, die auf die Spalte V folgen."

Dateneingabe

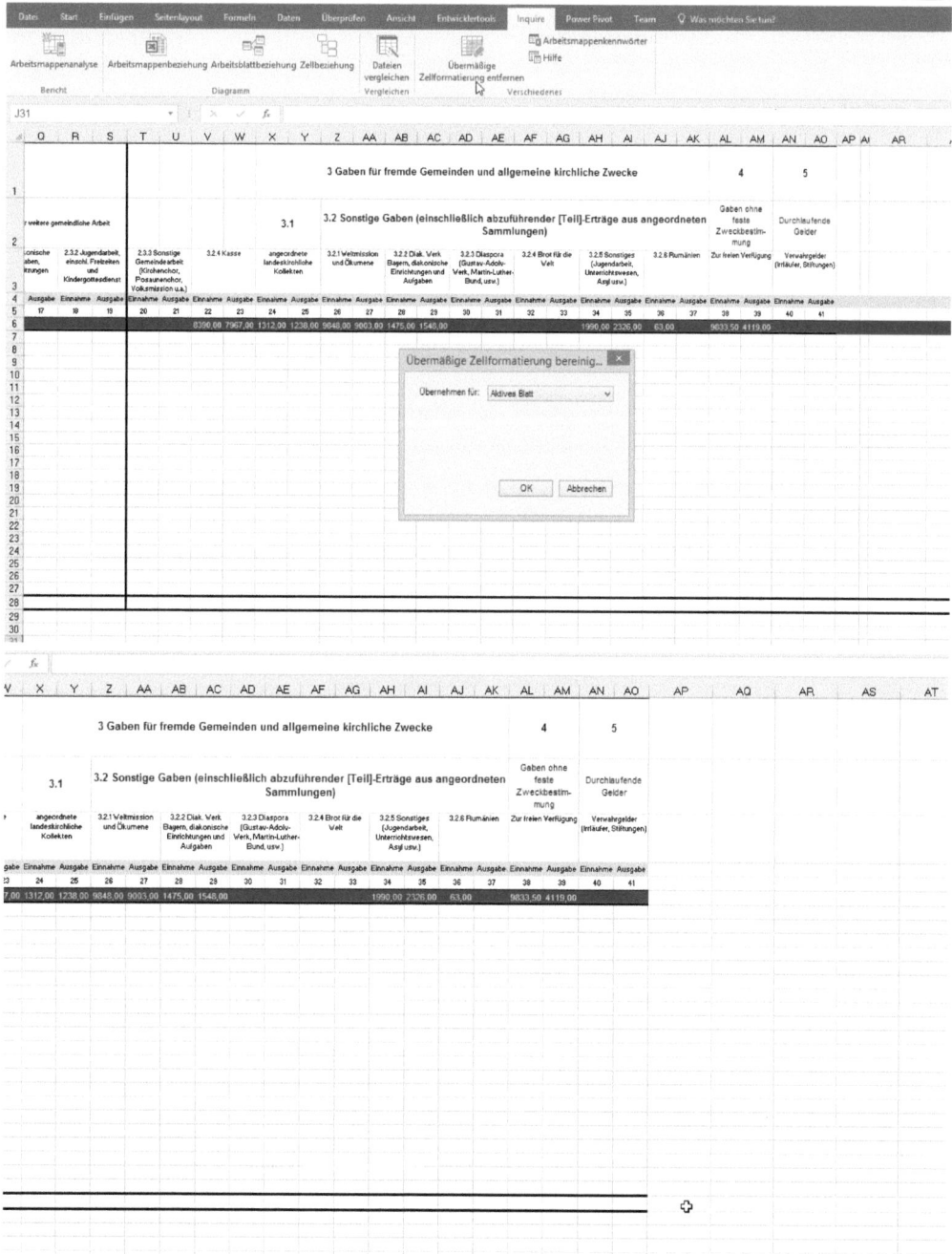

9.10 Ist das nur boshaft oder schon bösartig?

Ist das alles? Kein Putzen von doppelten Einträgen in der bedingten Formatierung? Kein Zusammenfassen von ähnlichen Farben? Kein Löschen von nicht verwendeten Formatvorlagen? Oder Zahlenformaten? Keine Vorschläge zum Verkleinern von Bildern? Da wäre noch einiges zu tun ...

9.10. Ist das nur boshaft oder schon bösartig?

Ich hätte es nicht geglaubt. Sehen Sie selbst:

In einer gestalteten Tabelle wurden mehrere Zellen verbunden - hier: die Zellen E1:E3:

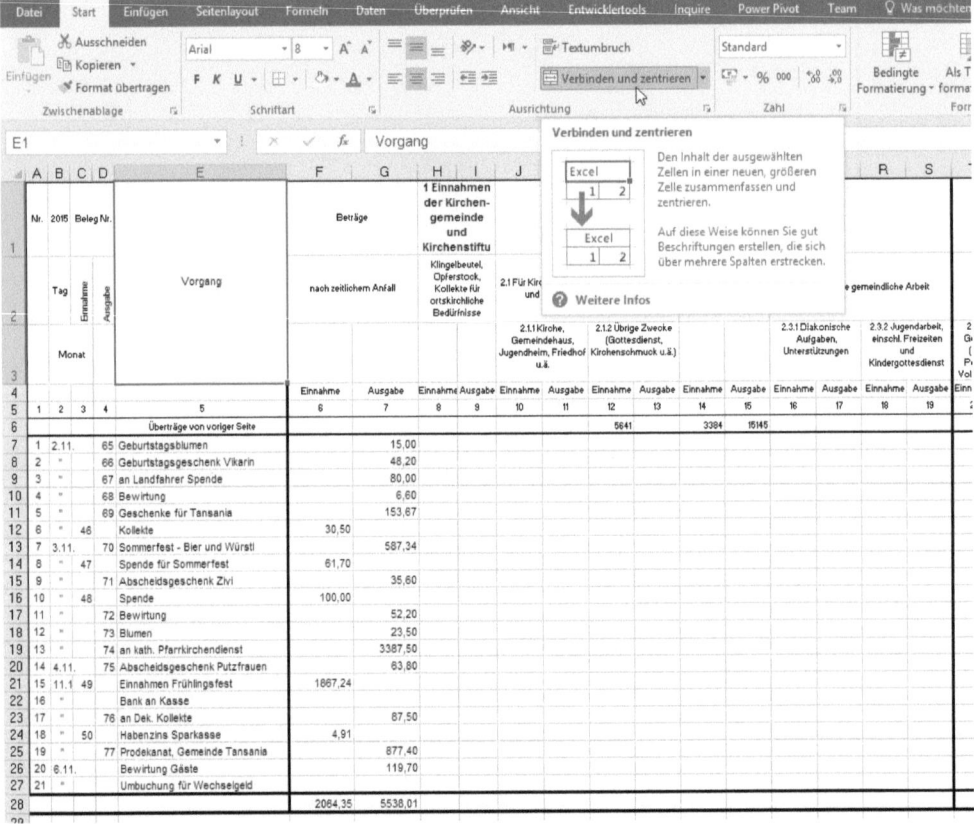

Wählt man nun das Werkzeug „Format übertragen"

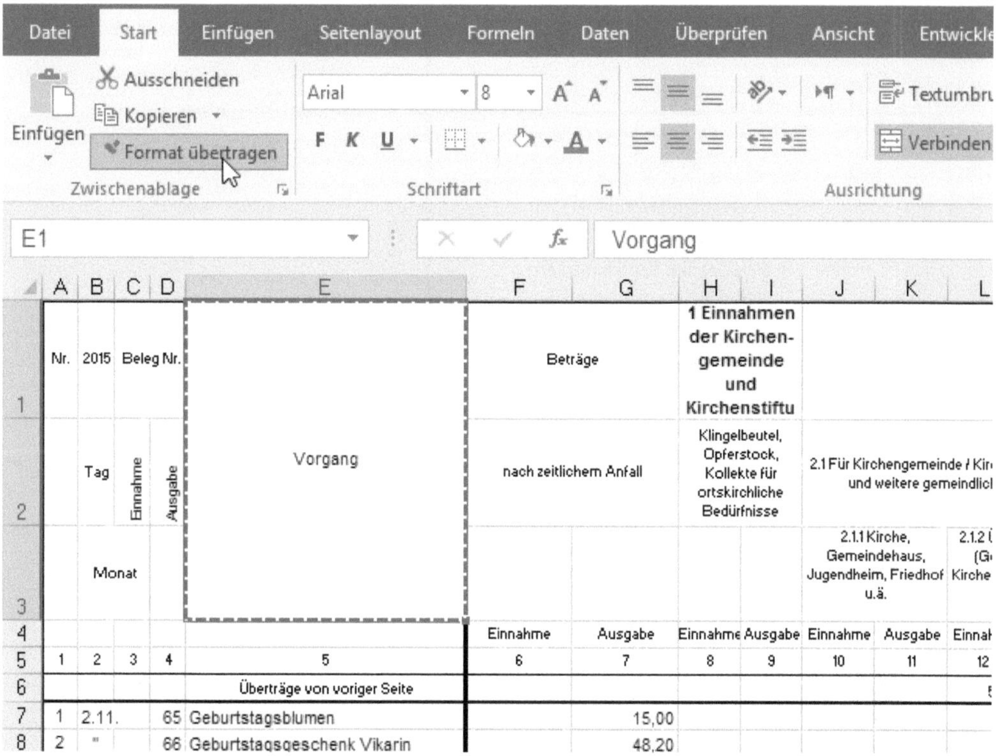

Dateneingabe

[Screenshot of Excel toolbar and spreadsheet showing "Format übertragen" (Format Painter) being used. The spreadsheet header rows contain columns: Nr., 2015, Beleg Nr., Vorgang (with Tag, Einnahme, Ausgabe, Monat), Beträge (nach zeitlichem Anfall), 1 Einnahmen der Kirchengemeinde und Kirchenstiftu (Klingelbeutel, Opferstock, Kollekte für ortskirchliche Bedürfnisse), 2.1 Für Kirchengemeinde / Kir... und weitere gemeindlich..., 2.1.1 Kirche, Gemeindehaus, Jugendheim, Friedhof u.ä., 2.1.2 Ü (G... Kirche. Row 4 shows column numbers Einnahme / Ausgabe / Einnahme / Ausgabe / Einnahme / Ausgabe / Einna... Row 5: 1 2 3 4 5 6 7 8 9 10 11 12. Row 6: Überträge von voriger Seite. Row 7: 1 2.11. 65 Geburtstagsblumen 15,00. Row 8: 2 " 66 Geburtstagsgeschenk Vikarin 48,20.]

und klickt (aus Versehen?) auf andere Zellen. Am besten solche, in denen Zahlen stehen:

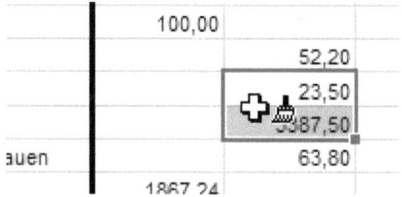

Die Zellen werden nun nicht zu einer Zelle verbunden, sondern der Inhalt der unteren Zelle wird lediglich ausgeblendet. Davon kann man sich mit einem Blick auf die Summe überzeugen - das Überschlagen der sichtbaren der Spalte G Zahlen kann niemals die Summe 5538 ergeben:

95

9.10 Ist das nur boshaft oder schon bösartig?

	1	2	3	4	5	Einnahme 6	Ausgabe 7	Einnahm 8
4								
5								
6					Überträge von voriger Seite			
7	1	2.11.		65	Geburtstagsblumen		15,00	
8	2	"		66	Geburtstagsgeschenk Vikarin		48,20	
9	3	"		67	an Landfahrer Spende		80,00	
10	4	"		68	Bewirtung		6,60	
11	5	"		69	Geschenke für Tansania		153,67	
12	6	"	46		Kollekte	30,50		
13	7	3.11.		70	Sommerfest - Bier und Würstl		587,34	
14	8	"	47		Spende für Sommerfest	61,70		
15	9	"		71	Abscheidsgeschenk Zivi		35,60	
16	10	"	48		Spende	100,00		
17	11	"		72	Bewirtung		52,20	
18	12	"		73	Blumen		23,5	
19	13	"		74	an kath. Pfarrkirchendienst			
20	14	4.11.		75	Abscheidsgeschenk Putzfrauen		63,80	
21	15	11.1	49		Einnahmen Frühlingsfest	1867,24		
22	16	"			Bank an Kasse			
23	17	"		76	an Dek. Kollekte		87,50	
24	18	"	50		Habenzins Sparkasse	4,91		
25	19	"		77	Prodekanat, Gemeinde Tansania		877,40	
26	20	6.11.			Bewirtung Gäste		119,70	
27	21	"			Umbuchung für Wechselgeld			
28						2064,35	5538,01	
29								

Der Grund: Deaktiviert man die Option „Zellen verbinden":

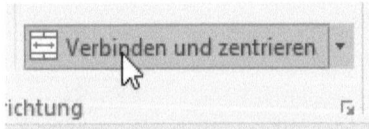

so taucht die verborgene (die verborgenen) Zelle(n) wieder auf - sie waren niemals gelöscht, sondern nur ausgeblendet:

	Einnahme 6	Ausgabe 7	Einnahme A(8
e			
		15,00	
l		48,20	
		80,00	
		6,60	
		153,67	
	30,50		
l		587,34	
	61,70		
		35,60	
	100,00		
		52,20	
		23,5	
		3387,5	
ien		63,80	
	1867,24		
		87,50	
	4,91		
nia		877,40	
		119,70	
	2064,35	5538,01	

Auf dieses unglaubliche Phänomen hat mich Andreas Thehos aufmerksam gemacht - danke dafür!

9.11. Ich hasse es, wenn Leute mitten im Satz.

Hallo,

Ich wollte doch nur einen kleinen Kalender erstellen. Warum sieht die „fünf" so komisch aus?

9.12 Auch sehr schön

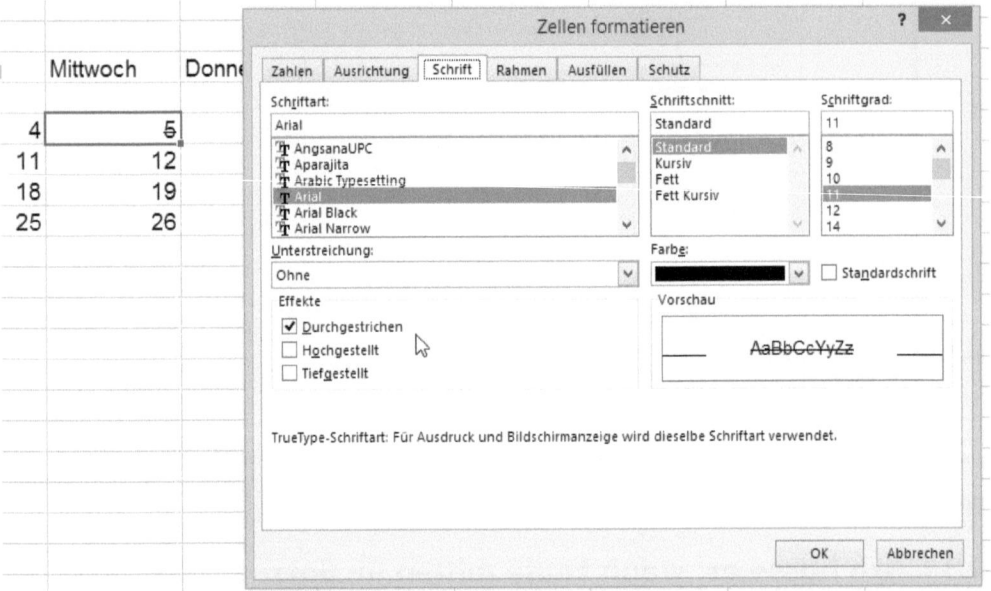

Die Antwort: Wahrscheinlich haben Sie Option „Durchgestrichen" aktiviert. Die Tastenkombination [Strg] + [5] aktiviert diese Formatierung. Vielleicht haben Sie sie fälschlicherweise gedrückt.

9.12. Auch sehr schön

Ich sehe unterschiedliche Schriftgrößen in verschiedenen Zellen. Ein Klick auf jede Zelle zeigt an, dass sie in Arial, 10 pt formatiert ist. Woher rührt der Unterschied zwischen B2 und C2?

Dateneingabe

Die Antwort: Man kann ein Zeichenformat „auf" eine Zelle legen oder auch die einzelnen Zeichen formatieren. Wahrscheinlich wurden bei den Zellen in der Spalte B die Zeichen einzeln mit 6 pt formatiert; die ganze Zelle jedoch mit 10 pt. Die „inneren" Formate gewinnen:

9.13 Ich brauche einen neuen Kopf. Der alte denkt zu viel.

9.13. Ich brauche einen neuen Kopf. Der alte denkt zu viel.

Was mache ich falsch?

Ich wollte mal schnell einen Kalender erzeugen und die Wochenende mit einer grauen Zellfarbe hinterlegen.

Dateneingabe

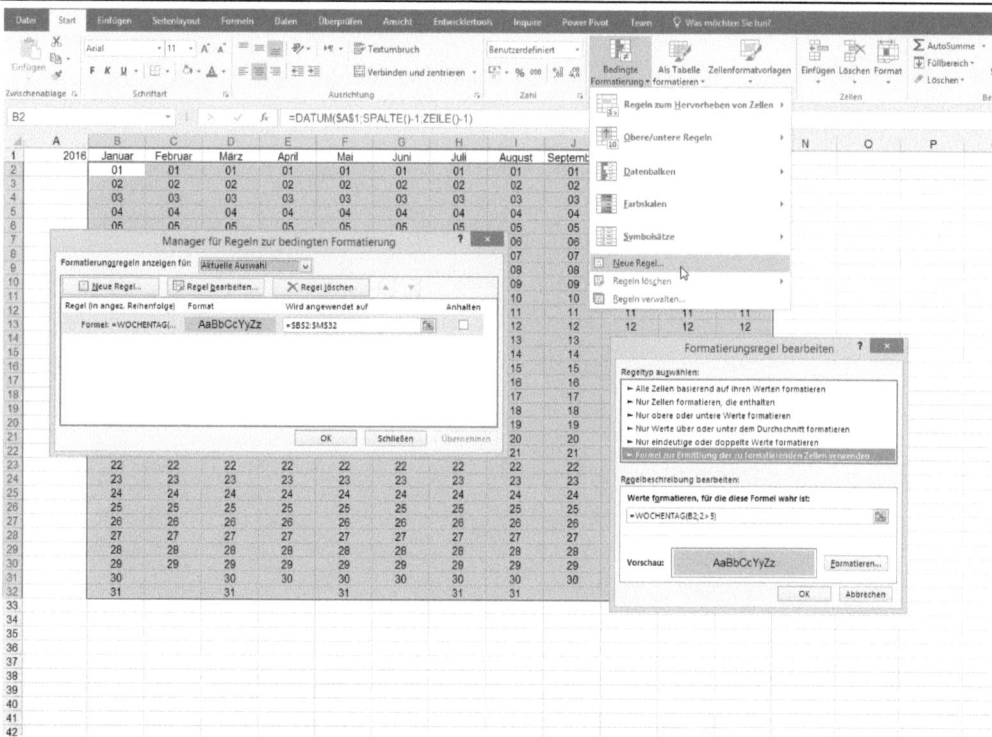

Die Antwort: Sie haben als Formel

=WOCHENTAG(B2;2>5)

geschrieben. Die Klammer wurde falsch gesetzt. Es muss heißen:

=WOCHENTAG(B2;2)>5

9.14 Es ist wirklich nicht einfach immer Recht zu haben, aber es läuft schon.

B2: `=DATUM($A$1;SPALTE()-1;ZEILE()-1)`

	A	B	C	D	E	F	G	H	I	J	K	L	M
1	2016	Januar	Februar	März	April	Mai	Juni	Juli	August	September	Oktober	November	Dezember
2		01	01	01	01	01	01	01	01	01	01	01	01
3		02	02	02	02	02	02	02	02	02	02	02	02
4		03	03	03	03	03	03	03	03	03	03	03	03
5		04	04	04	04	04	04	04	04	04	04	04	04
6		05	05	05	05	05	05	05	05	05	05	05	05
7		06	06	06	06	06	06	06	06	06	06	06	06
8		07	07	07	07	07	07	07	07	07	07	07	07
9		08	08	08	08	08	08	08	08	08	08	08	08
10		09	09	09	09	09	09	09	09	09	09	09	09
11		10	10	10	10	10	10	10	10	10	10	10	10
12		11	11	11	11	11	11	11	11	11	11	11	11
13		12	12	12	12	12	12	12	12	12	12	12	12
14		13	13	13	13	13	13	13	13	13	13	13	13
15		14	14	14	14	14	14	14	14	14	14	14	14
16		15	15	15	15	15	15	15	15	15	15	15	15
17		16	16	16	16	16	16	16	16	16	16	16	16
18		17	17	17	17	17	17	17	17	17	17	17	17
19		18	18	18	18	18	18	18	18	18	18	18	18
20		19	19	19	19	19	19	19	19	19	19	19	19
21		20	20	20	20	20	20	20	20	20	20	20	20
22		21	21	21	21	21	21	21	21	21	21	21	21
23		22	22	22	22	22	22	22	22	22	22	22	22
24		23	23	23	23	23	23	23	23	23	23	23	23
25		24	24	24	24	24	24	24	24	24	24	24	24
26		25	25	25	25	25	25	25	25	25	25	25	25
27		26	26	26	26	26	26	26	26	26	26	26	26
28		27	27	27	27	27	27	27	27	27	27	27	27
29		28	28	28	28	28	28	28	28	28	28	28	28
30		29		29	29	29	29	29	29	29	29	29	29
31		30		30	30	30	30	30	30	30	30	30	30
32		31		31		31		31	31		31		31

Ah, danke - jetzt funktioniert es!

Übrigens: 2>5 liefert den Wert FALSCH. FALSCH entspricht in Excel der Zahl 0. Hier wurde versucht Wochentag(B2;0) zu berechnen. Excel verlangt allerdings die Parameter 1, 2 oder 3 und liefert bei 0 einen Fehler. Da Fehler in der Bedingten Formatierung nicht angezeigt, sondern stillschweigend übergangen werden, wird keiner der Tage grau formatiert.

9.14. Es ist wirklich nicht einfach immer Recht zu haben, aber es läuft schon.

Hallo zusammen,

ich schalte in Excel häufig den Textumbruch ein. Früher hier er Zeilenumbruch.

An manchen Stellen, wie beispielsweise „Endpreis" oder „Bestellmenge" bricht er jedoch nicht in die nächste Zeile um. Warum?

Dateneingabe

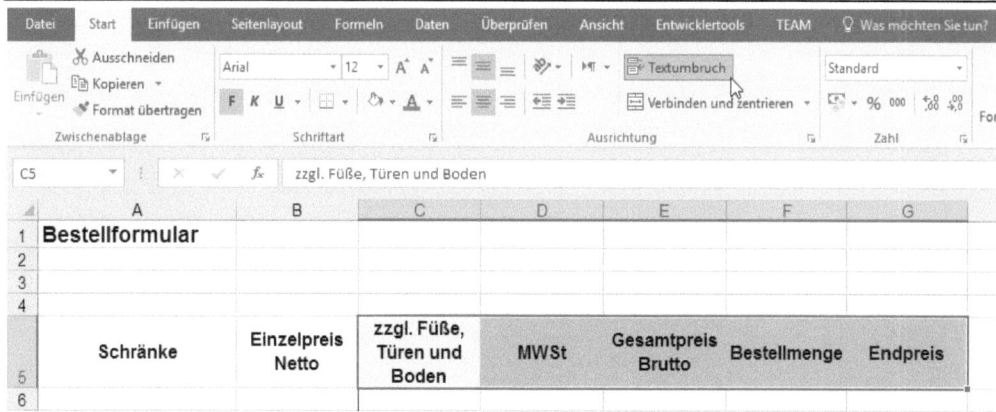

Die Antwort: Der Text ist zu kurz. Er passt in die Zelle. Warum also umbrechen?

9.15. Realität ist was für Menschen, die Angst vor Einhörnern haben.

Ich weiß, dass ich nicht zwei Datenüberprüfungen verketten kann oder - wie bei der bedingten Formatierung - nacheinander anwenden kann. Trotzdem - es wäre doch schön, wenn der Anwender aus einer Liste bestimmte Werte eintragen darf (Liste) - jedoch nur, wenn kein Feiertag und kein Wochenende ist:

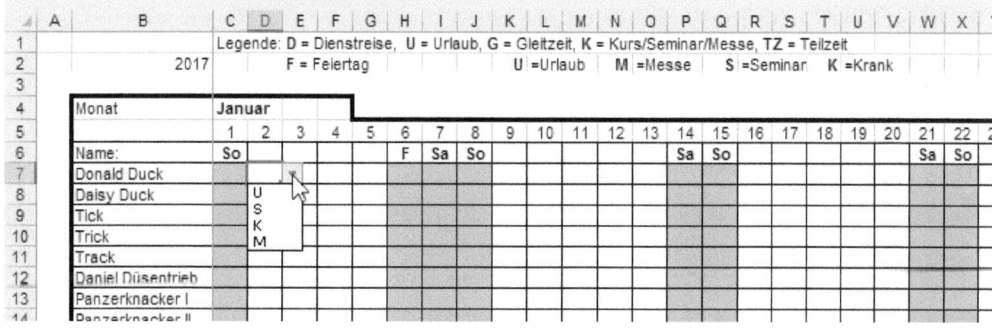

Die Antwort: Wenn Sie mit der Datenüberprüfung eine benutzerdefinierte (Formel) eingeben, dann funktioniert es. Beispielsweise so:

=UND(ZÄHLENWENN(Feiertage!$B$1:$J$20;DATUM($B$2;$C$2;D$5))=0;WOCHENTAG(D$5;2)<=5;ODER(D7="U";D7="M";D7="S";D7="K";D7="TZ"))

Das Ergebnis:

9.16 Ich kenne Zebras, die freiwillig hinter Gittern sitzen, um wie weiße Pferde auszusehen.

Zur Erklärung:

ZÄHLENWENN überprüft die Anzahl der berechneten Datumsangaben

DATUM($B$2;$C$2;D$5)

auf dem Tabellenblatt Feiertage. Die Zahl muss 0 sein, das heißt, sie ist nicht vorhanden - also ist das Datum kein Feiertag.

WOCHENTAG ermittelt, ob es sich um einen Tag von 1 - 5, also um einen Tag von Montag bis Freitag handelt.

ODER(D7="U";D7="M" ...

prüft, ob wirklich nur einer der Texte eingegeben wurde.

Da alle drei Bedingungen gleichzeitig erfüllt sein müssen, werden mit der Funktion UND verkettet.

9.16. Ich kenne Zebras, die freiwillig hinter Gittern sitzen, um wie weiße Pferde auszusehen.

Verblüfft war ich schon. Ein Teilnehmer der letzten Excel-Schulung zeigte mit eine Datei, die er aus dem USA erhalten hat. Darin befanden sich mehrere Zellen mit bedingten Formatierungen:

Dateneingabe

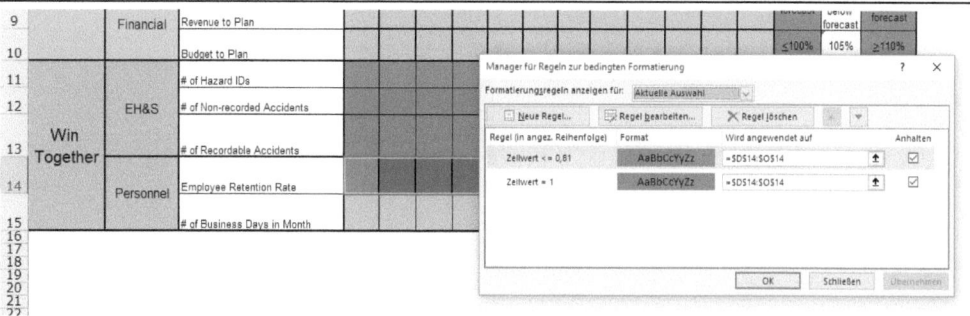

Ein Klick auf die „rote" Bedingung (Zellwert<=0,81) zeigte allerdings die „grüne" Bedingung (Zellwert = 1) an. Ich war verblüfft!

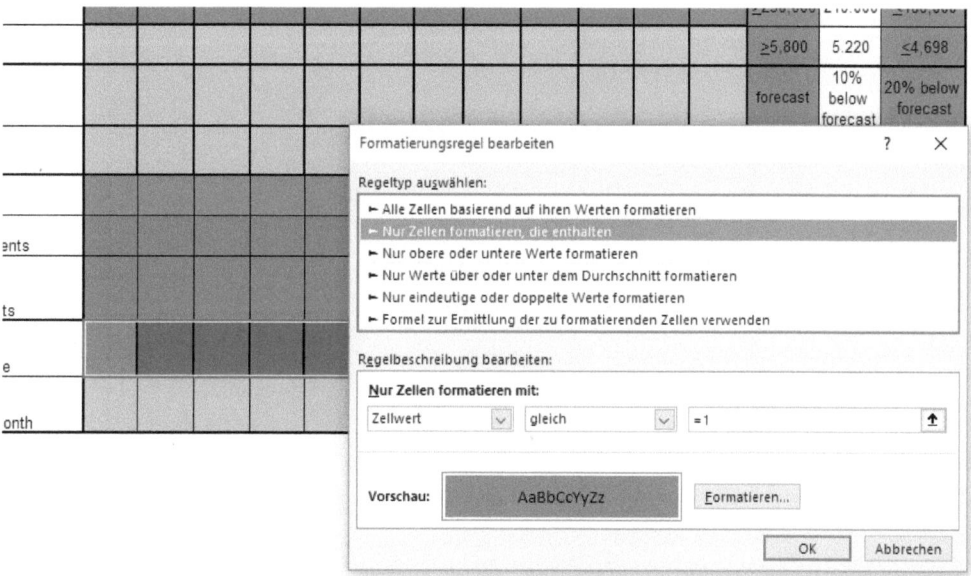

Die Lösung fand ich als ich das Dokument entzippte und mit die Datei sheet1.xml im Ordner xl\worksheets anschaute. Dort war bei mehreren Bedingungen (nicht bei allen!) das Attribut priority auf den gleichen Wert gesetzt: mehrmals auf 4, auf 5, auf 6, ... Natürlich müssen dort unterschiedliche Werte stehen. Per Hand geändert, die Dateien gezippt - und schon lief die bedingte Formatierung wieder.

105

9.16 Ich kenne Zebras, die freiwillig hinter Gittern sitzen, um wie weiße Pferde auszusehen.

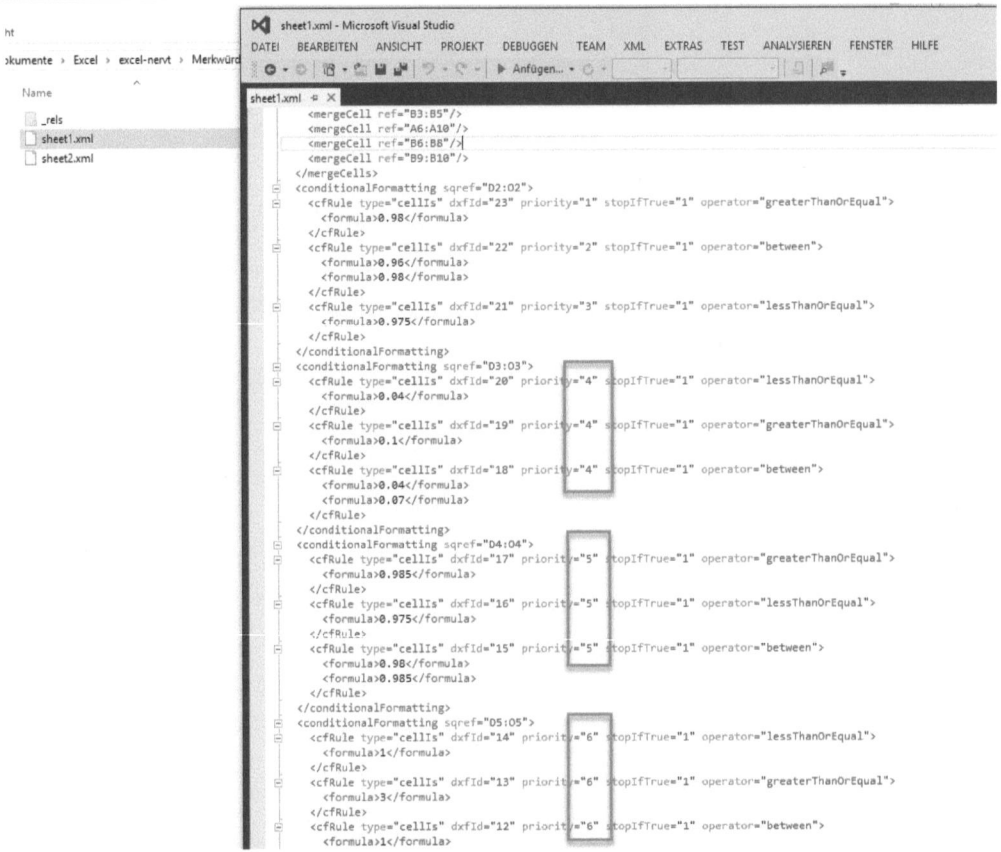

Ich weiß zwar nicht, wann das Problem entstanden ist (USA - Deutschland) oder Excel 2007 - 2010, ... aber immerhin - Problemursache gefunden und Problem gelöst.

10 Zahlenformate

10.1. Frage an Radio Eriwan

Excel-Schulungen sind klasse. Vor allem, wenn andere Trainer und Gruppen vor mir im Schulungsraum waren und die Rechner nicht zurückgesetzt wurden. Oder auch wenn Teilnehmer irgendwo rumklicken und dann behaupten, dass sie nichts gemacht haben.

Heute fragte mich ein Teilnehmer, warum bei ihm nicht „Datum, kurz" und „Datum, lang" in der Liste der Zahlenformate steht. Ich glaubte ihn zuerst nicht - aber er hatte recht:

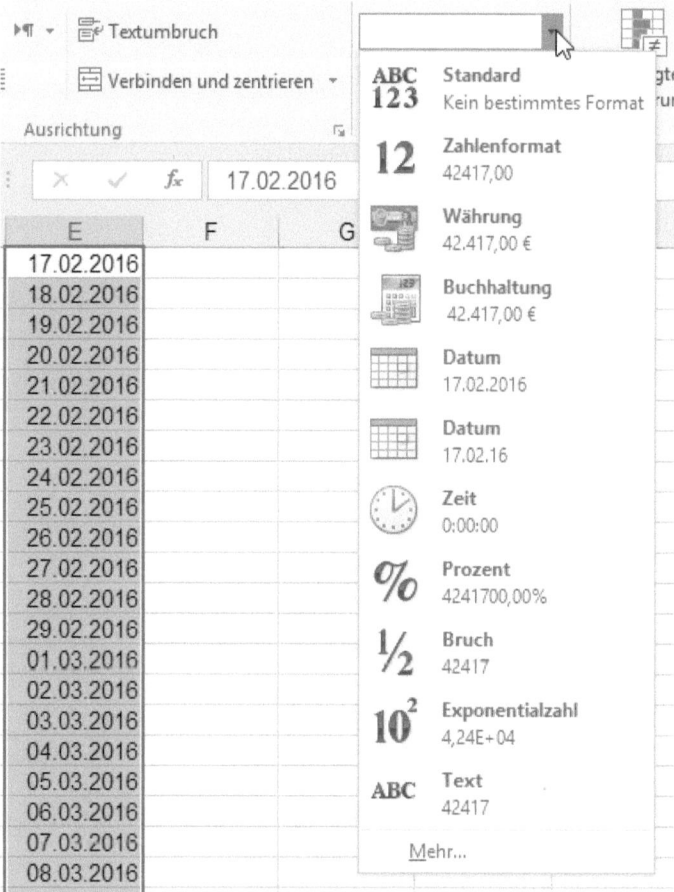

10.1 Frage an Radio Eriwan

Die Ursache dieses merkwürdigen Phänomens war schnell gefunden: jemand hatte das Gebietsschema auf „Armenien" umgestellt ...

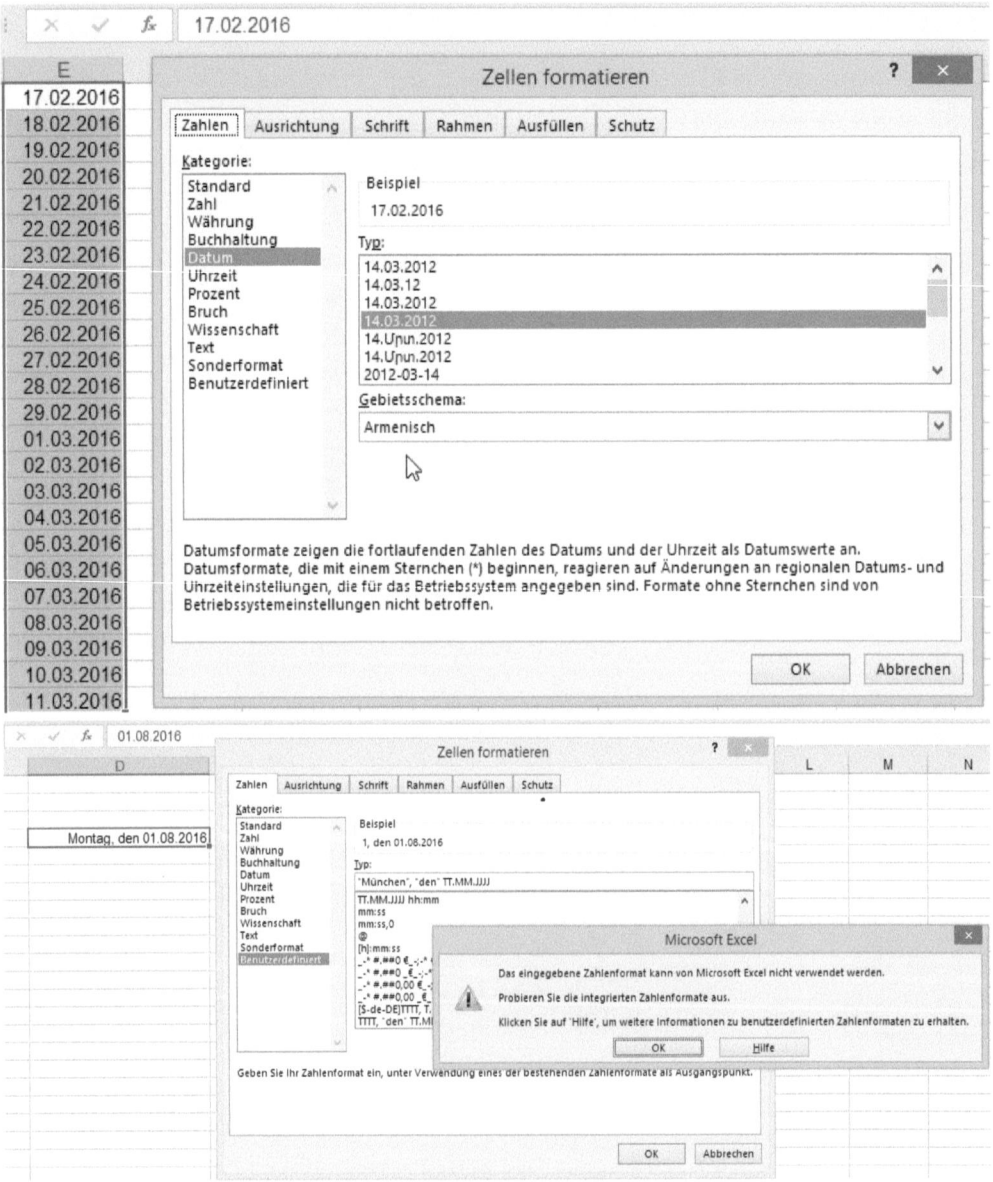

10.2. Excel kann alles - außer Kaffee kochen und rechnen.

Kennen Sie den?

Tragen Sie in eine Spalte die Uhrzeiten 0:00 und 0:01 untereinander ein, markieren beide Zellen und ziehen sie herunter. Tragen Sie daneben die Uhrzeiten 8:00 und 8:01 ein, markieren beide und ziehen sie ebenfalls herunter. Berechnen Sie daneben die Differenz:

D	E	F
00:00	08:00	08:00
00:01	08:01	08:00
00:02	08:02	08:00
00:03	08:03	08:00
00:04	08:04	08:00
00:05	08:05	08:00
00:06	08:06	08:00
00:07	08:07	08:00
00:08	08:08	08:00
00:09	08:09	08:00
00:10	08:10	08:00
00:11	08:11	08:00
00:12	08:12	08:00
00:13	08:13	08:00
00:14	08:14	08:00
00:15	08:15	08:00
00:16	08:16	08:00
00:17	08:17	08:00
00:18	08:18	08:00
00:19	08:19	08:00
00:20	08:20	08:00
00:21	08:21	08:00
00:22	08:22	08:00
00:23	08:23	08:00
00:24	08:24	08:00

Formel: =E1-D1

10.2 Excel kann alles - außer Kaffee kochen und rechnen.

Lassen Sie sich mit der Formel

=F2=F1

anzeigen, ob die Werte der beiden übereinanderliegenden Zellen identisch ist:

D	E	F	G
00:00	08:00	08:00	
00:01	08:01	08:00	WAHR
00:02	08:02	08:00	WAHR
00:03	08:03	08:00	FALSCH
00:04	08:04	08:00	FALSCH
00:05	08:05	08:00	FALSCH
00:06	08:06	08:00	FALSCH
00:07	08:07	08:00	FALSCH
00:08	08:08	08:00	FALSCH
00:09	08:09	08:00	FALSCH
00:10	08:10	08:00	WAHR
00:11	08:11	08:00	WAHR
00:12	08:12	08:00	WAHR
00:13	08:13	08:00	WAHR
00:14	08:14	08:00	WAHR
00:15	08:15	08:00	WAHR
00:16	08:16	08:00	WAHR
00:17	08:17	08:00	WAHR
00:18	08:18	08:00	WAHR
00:19	08:19	08:00	FALSCH
00:20	08:20	08:00	FALSCH
00:21	08:21	08:00	FALSCH
00:22	08:22	08:00	FALSCH
00:23	08:23	08:00	FALSCH
00:24	08:24	08:00	FALSCH
00:25	08:25	08:00	FALSCH
00:26	08:26	08:00	FALSCH
00:27	08:27	08:00	FALSCH
00:28	08:28	08:00	WAHR
00:29	08:29	08:00	WAHR
00:30	08:30	08:00	WAHR

Das Ergebnis erstaunt. Warum ist manchmal 08:00 = 08:00, manchmal jedoch nicht?

Die Antwort auf die Frage erhält man, wenn man die Differenzen als Standard formatiert und sich die Nachkommastellen anzeigen lässt:

Dateneingabe

D	E	F	G
00:00	08:00	0,333333333333333000000000000000	
00:01	08:01	0,333333333333333000000000000000	WAHR
00:02	08:02	0,333333333333333000000000000000	WAHR
00:03	08:03	0,333333333333334000000000000000	FALSCH
00:04	08:04	0,333333333333333000000000000000	FALSCH
00:05	08:05	0,333333333333334000000000000000	FALSCH
00:06	08:06	0,333333333333333000000000000000	FALSCH
00:07	08:07	0,333333333333334000000000000000	FALSCH
00:08	08:08	0,333333333333333000000000000000	FALSCH
00:09	08:09	0,333333333333334000000000000000	FALSCH
00:10	08:10	0,333333333333334000000000000000	WAHR
00:11	08:11	0,333333333333334000000000000000	WAHR
00:12	08:12	0,333333333333334000000000000000	WAHR
00:13	08:13	0,333333333333334000000000000000	WAHR
00:14	08:14	0,333333333333334000000000000000	WAHR
00:15	08:15	0,333333333333334000000000000000	WAHR
00:16	08:16	0,333333333333334000000000000000	WAHR
00:17	08:17	0,333333333333334000000000000000	WAHR
00:18	08:18	0,333333333333334000000000000000	WAHR
00:19	08:19	0,333333333333335000000000000000	FALSCH
00:20	08:20	0,333333333333334000000000000000	FALSCH
00:21	08:21	0,333333333333335000000000000000	FALSCH
00:22	08:22	0,333333333333334000000000000000	FALSCH
00:23	08:23	0,333333333333335000000000000000	FALSCH
00:24	08:24	0,333333333333334000000000000000	FALSCH
00:25	08:25	0,333333333333335000000000000000	FALSCH
00:26	08:26	0,333333333333334000000000000000	FALSCH
00:27	08:27	0,333333333333335000000000000000	FALSCH
00:28	08:28	0,333333333333335000000000000000	WAHR
00:29	08:29	0,333333333333335000000000000000	WAHR
00:30	08:30	0,333333333333335000000000000000	WAHR
00:31	08:31	0,333333333333335000000000000000	WAHR
00:32	08:32	0,333333333333335000000000000000	WAHR
00:33	08:33	0,333333333333335000000000000000	WAHR
00:34	08:34	0,333333333333335000000000000000	WAHR
00:35	08:35	0,333333333333335000000000000000	WAHR
00:36	08:36	0,333333333333335000000000000000	WAHR

Das Problem der 15 Nachkommastellen wurde schon häufig beschrieben - auch hier taucht es auf.

Danke an Andreas Thehos für diesen Hinweis.

10.3. Calc nervt auch - sogar noch mehr!

Letzte Woche habe ich LibreOffice Calc unterrichtet. Dort gibt es wohl noch mehr Bugs, Ungereimtheiten, Merkwürdigkeiten und sonderbare Phänomene als in Excel.

Beispielsweise existiert in Calc ein Zahlenformat „Wahrheitswert". Und ähnlich wie in Excel schiebt auch Calc bei einigen Aktionen nach bestimmten Regeln dieses Format unter die Zellen. Das bewirkt, dass nicht die Ergebniszahl 50 angezeigt wird, sondern „WAHR". Man wundert sich:

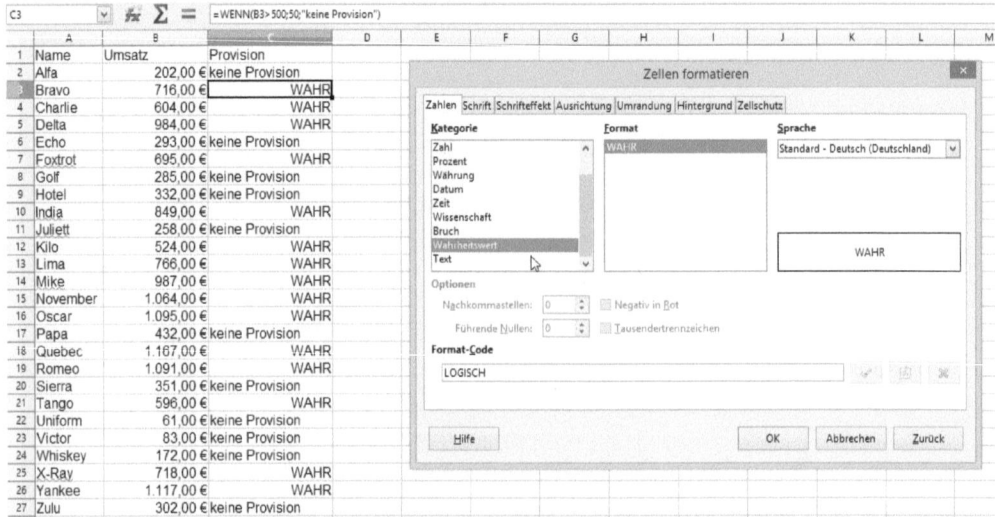

Als freuen wir uns über das kleinere Übel Excel und leben mit seinen Fehlern und Schwächen. Und hoffen, dass Excel DAS nicht übernimmt.

10.4. Man hat nie zu viele Kleider, sondern immer zu wenig Schrank.

Hallo Herr Martin,

seit mein Kollege an meinem Rechner war, zeigt er nicht mehr 6.000,00 an sondern 6 000,00. Ist zwar auch hübsch, aber so möchte ich das nicht. Was hat er gemacht?

Dateneingabe

	C	D	
	Eigenkapital - Equity (T€)	Ergebnis -Result (T€)	Direkte Beteiligu share by group co
	263,80	183,50	
	6 000,00	0,00	
	6 800,00	-7 500,00	
	770,30	221,90	
	0,00	0,00	
	0,00	0,00	
	50 700,00	643,50	
	958,60	259,20	
	32 900,00	643,50	
	-503,10	-2 862,40	
	1 961,60	-246,30	
	-146,60	0,00	
	42 200,00	11 300,00	
	0,00	0,00	
	575,30	606,30	
	90 200,00	28 700,00	
	839,40	720,00	

Die Ursache kann entweder in der Systemsteuerung liegen. Schauen Sie mal unter „Region" nach, welches Tausendertrennzeichen dort eingestellt ist:

10.4 Man hat nie zu viele Kleider, sondern immer zu wenig Schrank.

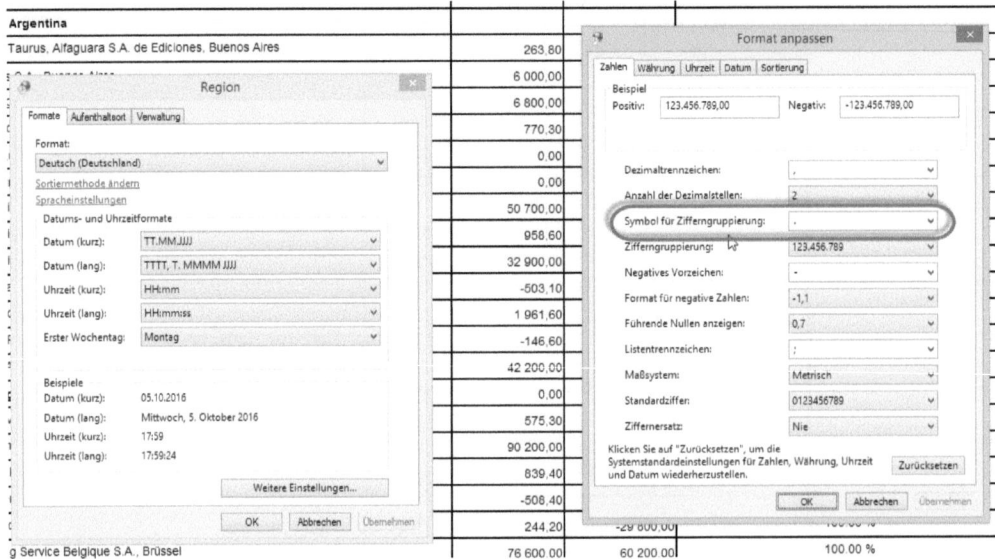

Falls dies korrekt ist, werfen Sie einen Blick in die Excel-Optionen - genauer: in „Erweitert". Dort muss eingestellt sein, dass das „Trennzeichen vom Betriebssystem übernommen" wird.

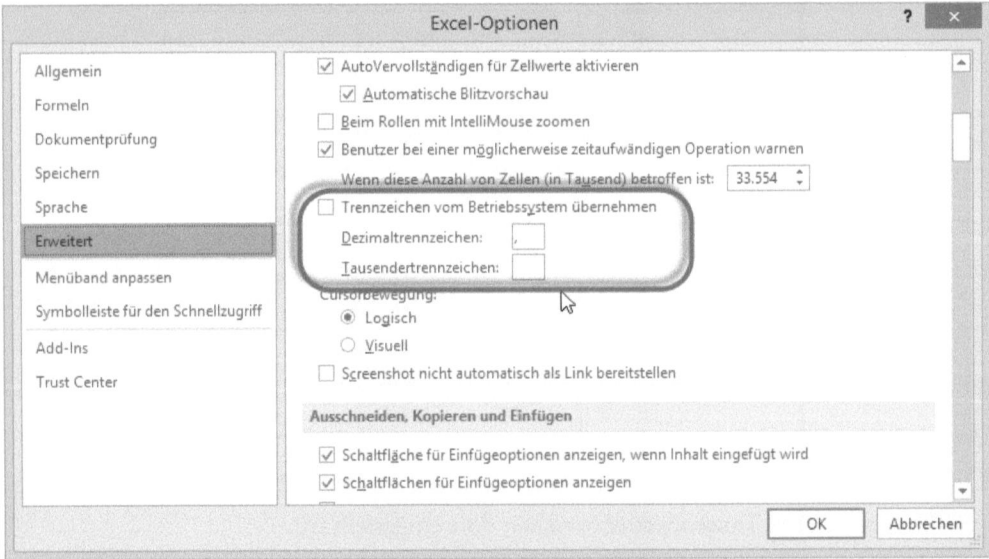

10.5. Ich hätte es nicht geglaubt

Manchmal bin ich selbst verblüfft. Heute habe ich Excel 2007 unterrichtet. Doch, doch, es gibt viele Firmen in Deutschland und anderen Ländern, die Office 2007 einsetzen.

Und ich hätte felsenfest behauptet, dass es nicht stimmt, was eine Teilnehmerin behauptete. Sie fragte mich: In einer Spalten stehen Mengenangaben, in einer anderen Preise. Die Preise sind als Euro formatiert. Warum wird bei =B4*D4 das Ergebnis nicht auch als Währung oder Buchhaltung formatiert?

	A	B	C	D	E	F
1	Rechnung					
2						
3	Nr.	Menge	Bezeichnung	Einzelpreis	Endpreis	
4	1	1	Titelbild	270,00 €	270	
5	2	6	A6 Litho	146,00 €		
6	3	25	sw Minis	18,00 €		
7	4	1	sw Litho A6	30,00 €		
8	5	16	c4 Litho	142,00 €		
9	6	2	Bilder einsetzen	120,00 €		
10	7	12	4c Seiten belichten	70,00 €		

Tatsächlich: Während in „meinem" Excel 2016 das Ergebnis korrekt formatiert wird, war dies in Excel 2007 noch nicht der Fall. Übrigens: bei =B4+D4 wurde das Ergebnis mit einem Eurozeichen angezeigt. Schön, dass dieses Fehlen behoben wurde.

10.6. Ich weiß nicht was soll es bedeuten | Dass ich so traurig bin; (Heine)

Nö, gar nicht traurig - geht doch!

Hallo Michaela,

manchmal bin ich selbst verblüfft - aber es geht:

Wenn in einer Zelle die Zahl 17 steht, kannst Du sie mit

0,0000.

10.7 Früh aufstehen ist der erste Schritt in die falsche Richtung!

in 0,0170 formatieren – der Punkt verschiebt die Kommastellen drei Positionen nach links

Liebe Grüße

Rene

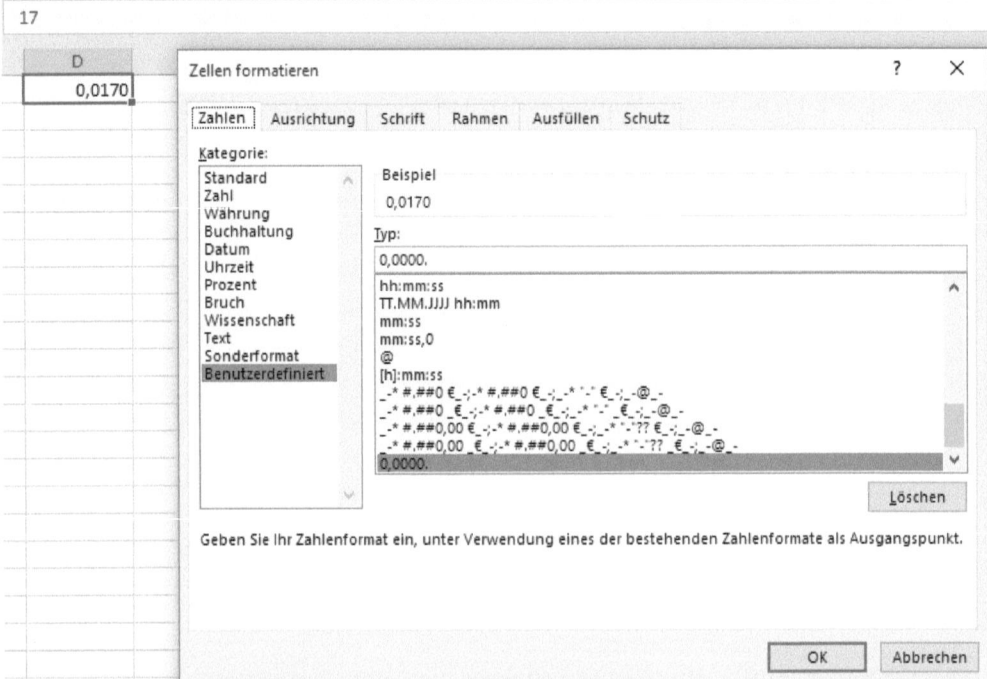

10.7. Früh aufstehen ist der erste Schritt in die falsche Richtung!

Erstaunlich: aus der Dropdownliste „Zahlenformat" kann etwas ausgewählt werden oder man kann etwas eintragen:

Dateneingabe

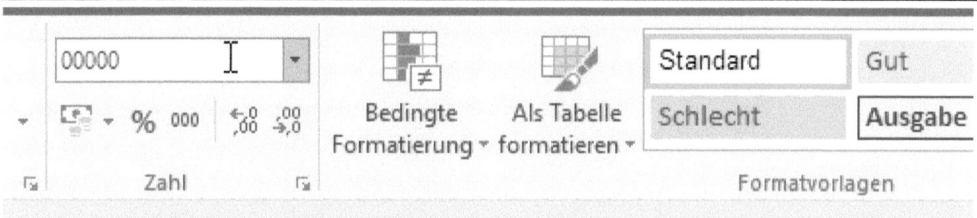

B	C	D	
plz	ort	kreisschlüssel	
1067	Dresden	14262	Dresde
1069	Dresden	14262	Dresde
1097	Dresden	14262	Dresde
1099	Dresden	14262	Dresde
1108	Dresden	14262	Dresde
1109	Dresden	14262	Dresde
1127	Dresden	14262	Dresde
1129	Dresden	14262	Dresde
1139	Dresden	14262	Dresde
1156	Dresden	14262	Dresde
1157	Dresden	14262	Dresde
1159	Dresden	14262	Dresde
1169	Dresden	14262	Dresde
1187	Dresden	14262	Dresde
1189	Dresden	14262	Dresde
1217	Dresden	14262	Dresde
1219	Dresden	14262	Dresde
1237	Dresden	14262	Dresde
1239	Dresden	14262	Dresde

Und was passiert danach? Nach der Eingabe? - Nichts!

10.8 Radfahrer aller Länder vereinigt Euch! Ihr habt nichts zu verlieren, außer Euren Ketten!

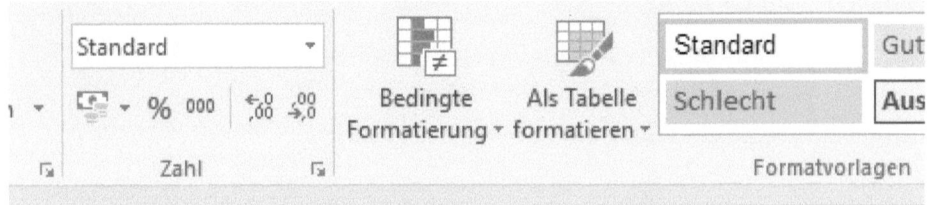

10.8. Radfahrer aller Länder vereinigt Euch! Ihr habt nichts zu verlieren, außer Euren Ketten!

Böses Excel! Oder besser: Böser Excel-Anwender!

Ich wundere mich: in einer Liste steht der Text „Umsatz" als Überschrift. Zwischen dem Zellrand und dem ersten Buchstaben klafft allerdings eine kleine Lücke:

Dateneingabe

Das Editieren der Zelle hilft nicht weiter - vor dem „U" befindet sich kein Leerzeichen:

Also gehe ich auf die Suche. Ein Format? Ein Einzug? Ein Blick in den Dialog bringt auch keine Lösung des Problems:

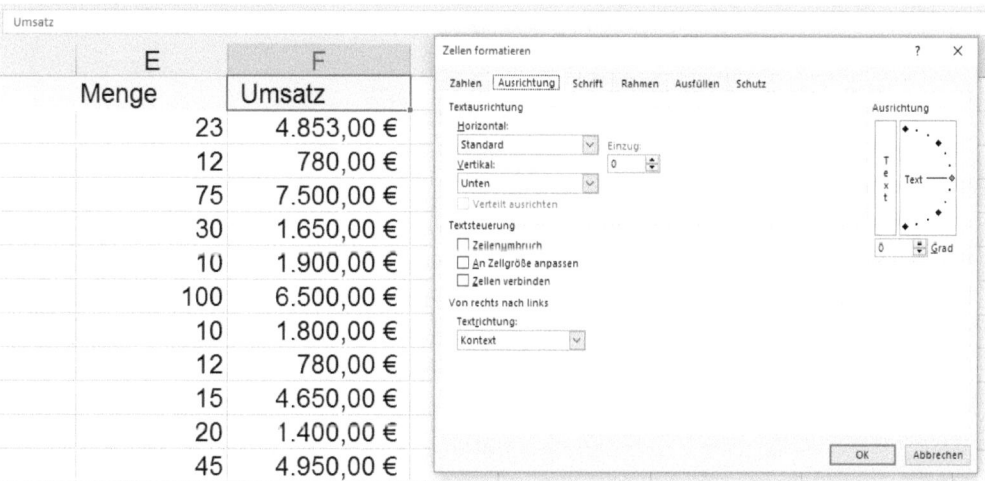

10.8 Radfahrer aller Länder vereinigt Euch! Ihr habt nichts zu verlieren, außer Euren Ketten!

Plötzlich entdecke ich das Zahlenformat. Die Zelle mit dem Text ist als „Buchhaltung" formatiert. Wahrscheinlich hat der Anwender die ganze Spalte (also mit der Überschrift) so formatiert:

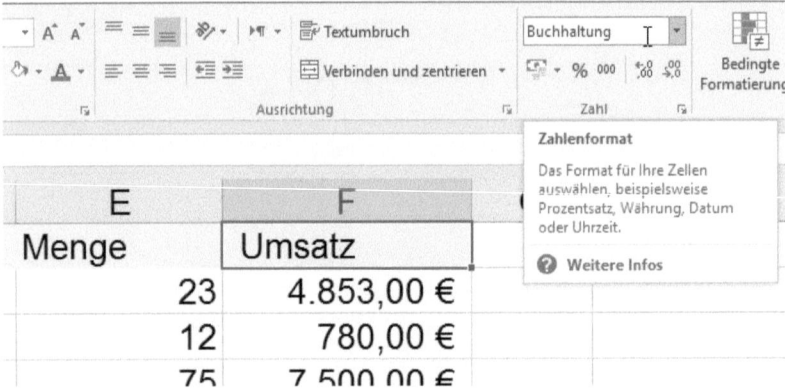

Zahlenformat „Standard" - und schon funktioniert es! Der Text sitzt am linken Rand. Ohne Lücke.

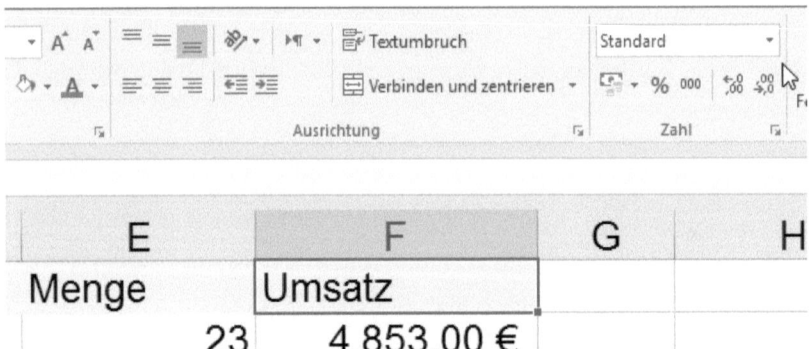

11 Zeilen und Spalten

11.1. Keine gute Kopie?

Heute in der Schulung: Wir duplizieren Formen und beschriften sie. Ein Teilnehmer rief mich zu seinem Platz und fragte mich, warum er eine Form nicht beschriften kann. Bei der ersten war es kein Problem, die anderen lassen sich auch beschriften - lediglich die letzte - dort ließ Excel keinen Text zu:

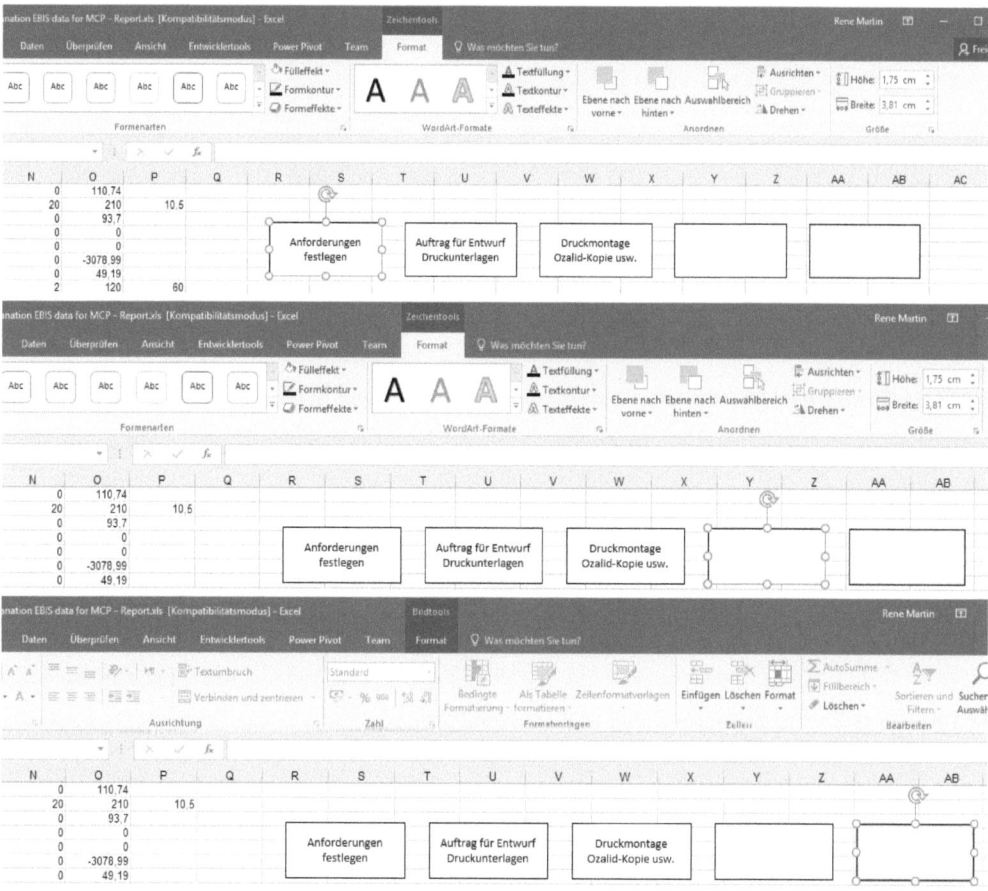

Mir fiel schnell auf, dass die ersten Formen die Registerkartengruppe „Zeichentools" aufweisen, die letzte jedoch „Bildtools". Wie war das möglich? Wurde doch nur kopiert ...

Die Antwort lieferte der Anwender selbst:

11.2 Manchmal klappt es und manchmal nicht

Ich glaube, ich habe beim Kopieren und Einfügen die Option „Einfügen" gewählt ...

Wusste ich auch nicht, dass man so aus einer Form ein nicht beschreibbares Bild machen kann.

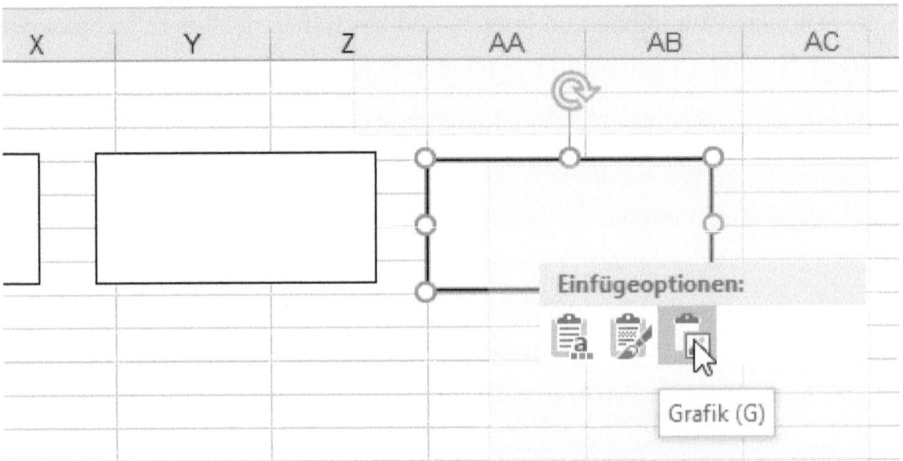

11.2. Manchmal klappt es und manchmal nicht

Wenn ich mehrere Spalten markieren und einen Doppelklick zwischen zwei Spalten in den Spaltenkopf mache, werde manchmal alle Spalten optimal breit, manchmal nur eine. Warum?

Die Antwort: Das hängt davon ab, wie Sie markieren. Wenn Sie einen Bereich markieren macht Excel etwas Anderes als bei markierten Spalten:

Dateneingabe

	A	B	C	D	E
93	deutsch	Kein Standardname	Kein Standardname		
94	deutsch	Die E-Mail-Adresse ist nicht	Die Email-Adresse ist nicht korrekt.		
95	deutsch	Die Faxnummer ist nicht ko	Die Faxnummer ist nicht korrekt.		
96	deutsch	Sie duerfen nicht den erster	Sie duerfen nicht den ersten Eintrag Loeschen!		
97	deutsch	Bitte markieren Sie einen E	Bitte markieren Sie einen Eintrag!		
98	deutsch	Bitte geben Sie einen Wert	Bitte geben Sie einen Wert ein!		
99	deutsch	Moechten Sie einen neuen l	Moechten Sie einen neuen Fachverkaeufer anlegen?		
100	englisch	Personal templates	Eigene Vorlagen		
101	englisch	Forms	Formulare		
102	englisch	Default settings	Grundeinstellung		
103	englisch	User	Benutzer		
104	englisch	List	Liste		
105	englisch	Favorites	Favoriten		
106	englisch	Open Favorites	Favoriten öffnen		
107	englisch	Add to Favorites	Zu den Favoriten		
108	englisch	Do you want to remove the f	FavLöschen1		
109	englisch	from Favorites?	FavLöschen2		
110	englisch	Do you want to add the file	FavHinzu1		
111	englisch	to Favorites?	FavHinzu2		
112	englisch	Delete Favorites	Favoriten löschen		
113	englisch	This Favorite	Der Favorit		
114	englisch	already exists.	ist bereits vorhanden.		
115	englisch	Do you want to read the file	Soll die Datei erneut in die Liste der Favoriten aufgenommen werden?		
116	englisch	No Favorites exist.	Es existieren keine Favoriten		

	A	B	C	D	E
93	deutsch	Kein Standardname	Kein Standardname		
94	deutsch	Die E-Mail-Adresse ist nicht	Die Email-Adresse ist nicht korrekt.		
95	deutsch	Die Faxnummer ist nicht ko	Die Faxnummer ist nicht korrekt.		
96	deutsch	Sie duerfen nicht den erster	Sie duerfen nicht den ersten Eintrag Loeschen!		
97	deutsch	Bitte markieren Sie einen E	Bitte markieren Sie einen Eintrag!		
98	deutsch	Bitte geben Sie einen Wert	Bitte geben Sie einen Wert ein!		
99	deutsch	Moechten Sie einen neuen l	Moechten Sie einen neuen Fachverkaeufer anlegen?		
100	englisch	Personal templates	Eigene Vorlagen		
101	englisch	Forms	Formulare		
102	englisch	Default settings	Grundeinstellung		
103	englisch	User	Benutzer		
104	englisch	List	Liste		
105	englisch	Favorites	Favoriten		
106	englisch	Open Favorites	Favoriten öffnen		
107	englisch	Add to Favorites	Zu den Favoriten		
108	englisch	Do you want to remove the f	FavLöschen1		
109	englisch	from Favorites?	FavLöschen2		
110	englisch	Do you want to add the file	FavHinzu1		
111	englisch	to Favorites?	FavHinzu2		
112	englisch	Delete Favorites	Favoriten löschen		
113	englisch	This Favorite	Der Favorit		
114	englisch	already exists.	ist bereits vorhanden.		
115	englisch	Do you want to read the file	Soll die Datei erneut in die Liste der Favoriten aufgenommen werden?		
116	englisch	No Favorites exist.	Es existieren keine Favoriten		

11.3. Wenn das Leben dir eine Zitrone gibt, frage nach Salz und Tequila!

Hallo Herr Martin,

ich habe eine sehr große Datei in Excel für meine Projekte. Ich kopiere neben der Überschrift immer eine Zeile heraus, die ich in Outlook einfüge. Dort ist es allerdings nicht möglich, die Spaltenbreite zu ändern, obwohl er den Mauszeiger korrekt anzeigt. Gibt es hierfür einen Trick?

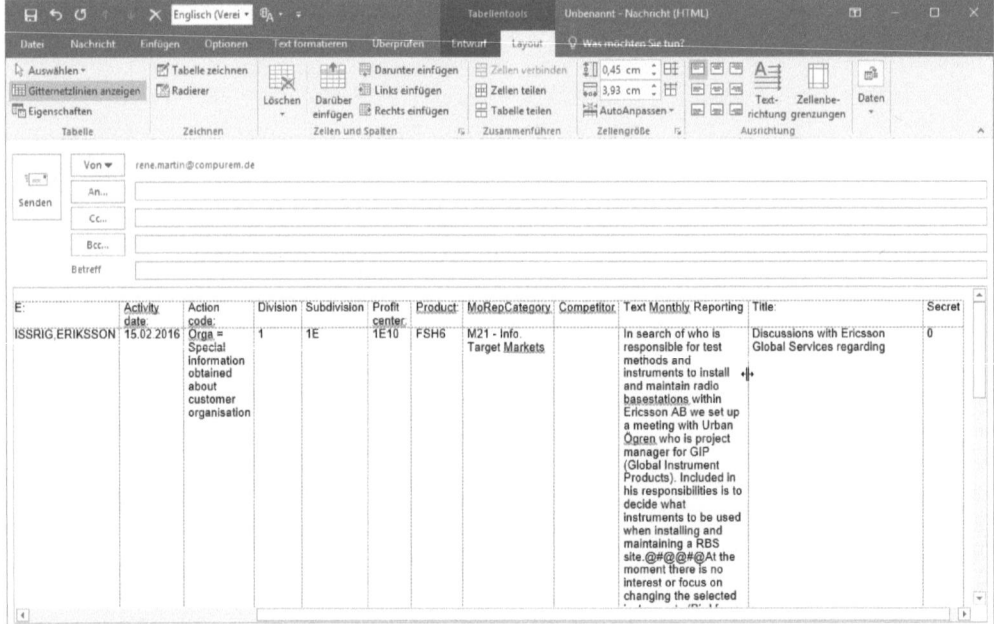

Die Antwort: Wenn Sie in den Tabellentools / Layout in der Gruppe „Zellengröße" die Spaltenbreite numerisch eintragen - beispielsweise aus 3 cm 8 cm machen, wird die Spalte breiter. Obwohl Outlook es nicht anbietet.

Dateneingabe

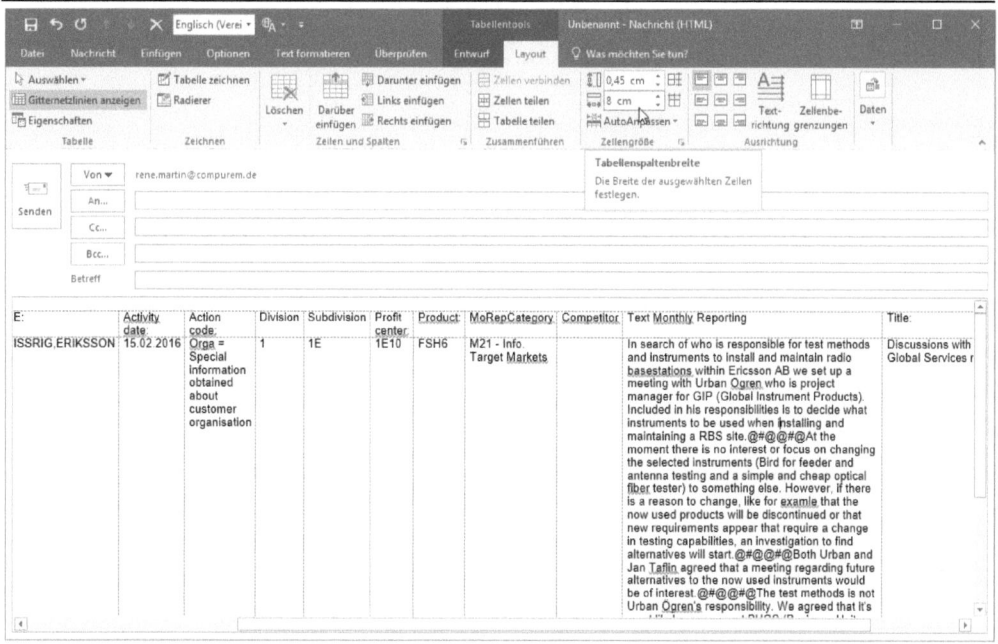

125

12.1 Zeigt her eure Füße, zeigt her eure Schuh ...

12 Drucken und Seitenlayout

12.1. Zeigt her eure Füße, zeigt her eure Schuh ...

Hallo Herr Martin!

Ich habe wieder einmal eine Frage an Sie im Bereich Excel.

Kann man ein Dokument so einrichten, dass die Fusszeile nur auf der letzten Seite erscheint (UnterschriftenZeile)

Mit freundlichem Gruss

Hallo Herr Winter,

das geht nicht. Man kann es programmieren. Aber - anders als Word - hat Excel keine Formeln in Kopf- und Fußzeile (in Word kann man festlegen:

Wenn(Seitennummer = Anzahl der Seiten;dann: zeige Text xy) - das geht in Excel nicht.

Heißt: Entweder Sie positionieren die Unterschriftenzeile auf dem letzten Blatt, oder machen ganz neues Tabellenblatt nur für die Unterschrift oder programmieren.

schöne Grüße

Rene Martin

12.2. Die Idee ist gut - man kann es ja versuchen ...

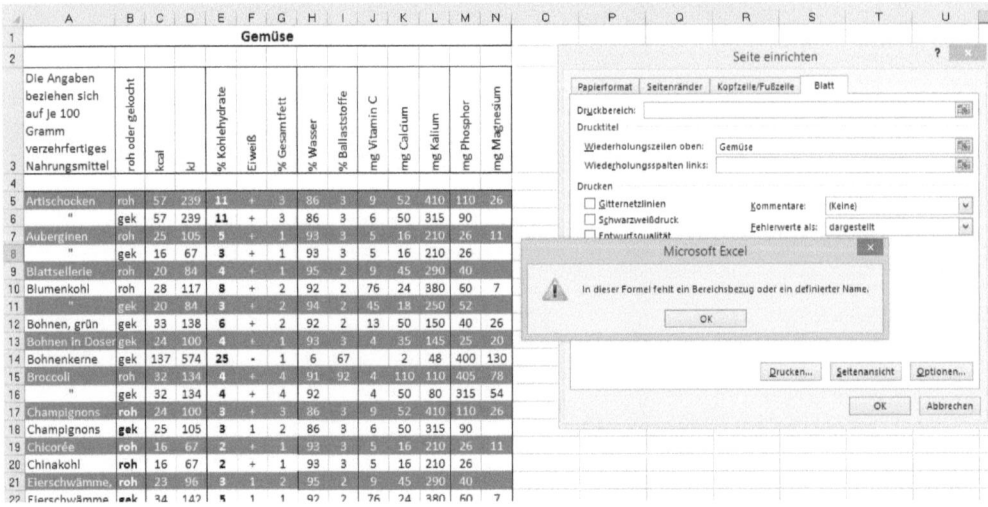

Was wollte der Teilnehmer der Excel-Schulung hier machen?

Klar: die Zeile, in der das Gemüse steht als Überschriftszeile definieren. Auf jeder Seite ausdrucken. Nur darf er nicht „Gemüse" eintragen, sondern muss die Zeile markieren, in der das Gemüse steht (Hier: Zeile 1). Dann klappt es auch.

12.3. Nie sollst du mich befragen, noch Wissens Sorge tragen ...

Warum darf ich keinen Druckbereich festlegen?

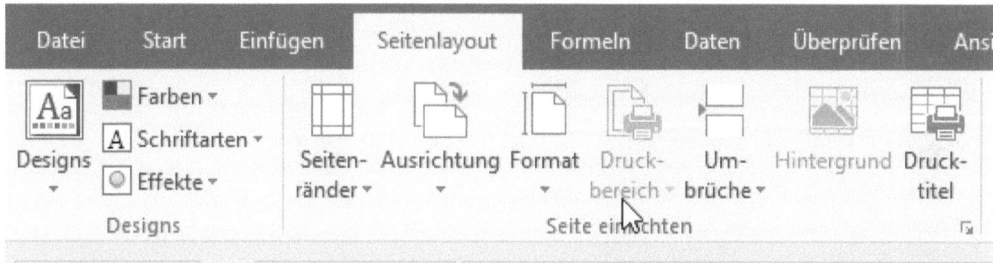

Die Antwort: Sie haben mehrere Tabellenblätter markiert. Man kann zwar Seiteneinstellungen auf mehreren Tabellenblättern vornehmen, allerdings nicht den Druckbereich auf mehreren Tabellenblättern festlegen:

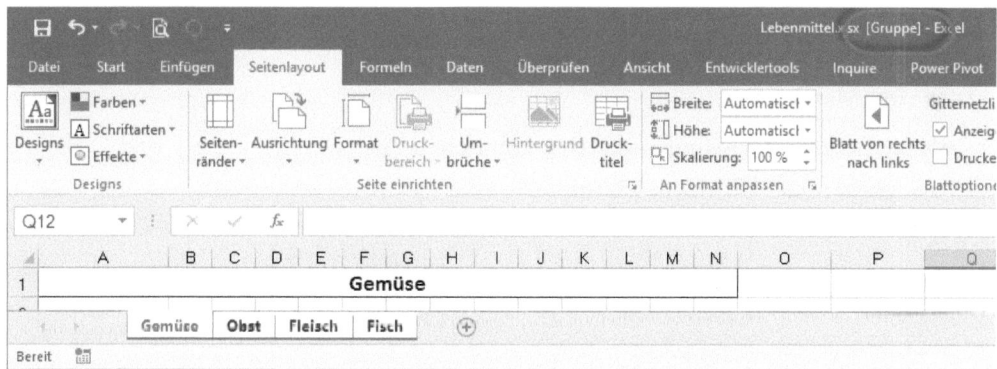

Übrigens dürfen Sie auch nicht auf mehrere Tabellenblättern gleichzeitig Wiederholungszeilen einschalten:

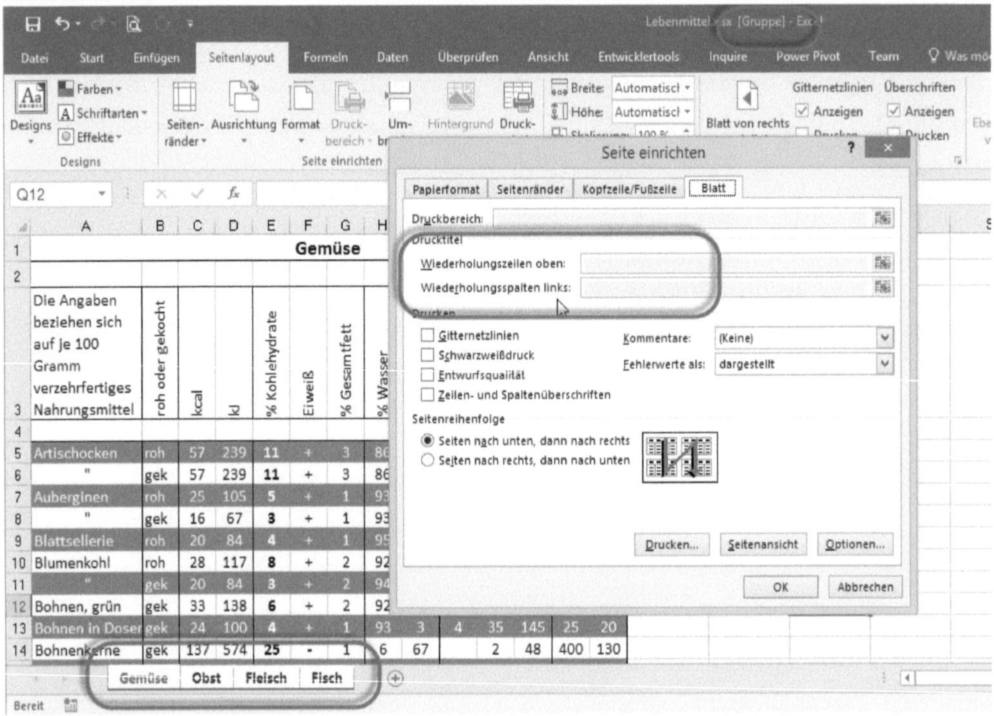

12.4 Line (of fire?)

12.4. Line (of fire?)

Hallo Herr Martin,

in meiner Exceltabelle befindet sich eine komische Linie zwischen Zeile 1 und 2, die ich nicht wegbekomme. Was kann ich tun?

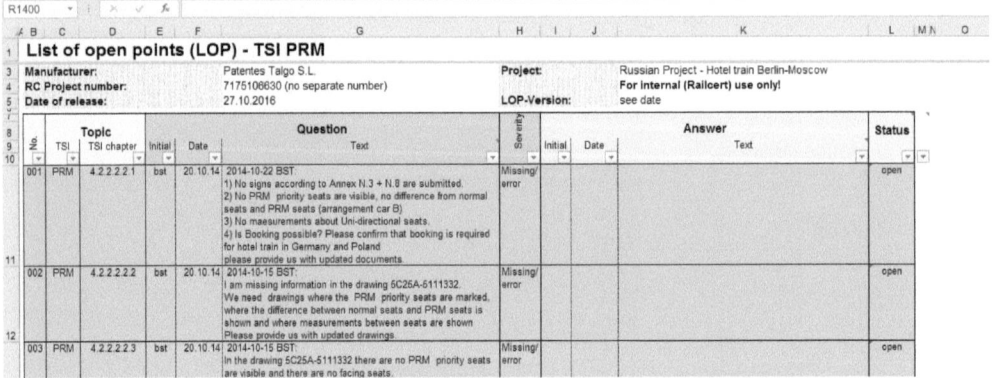

Dateneingabe

Die Antwort: Die „komische Linie" ist ein Trennzeichen, die Sie beim Teilen eingeschaltet haben. Vielleicht nicht absichtlich. Sie können die Linie wieder über Ansicht / Fenster / Teilen ausschalten.

12.5. Alle dürfen - nur ich nicht

Warum darf ich in der Seitenansicht nicht zoomen?

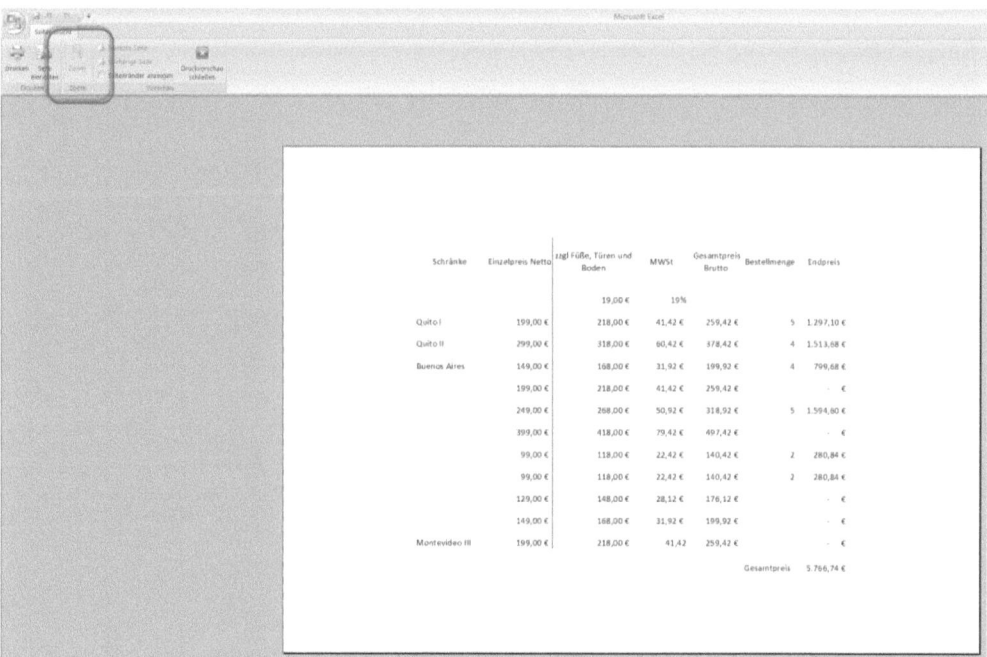

Die Antwort: die Tabelle ist so klein, dass man sie nicht „hochzoomen" kann - sie passt komplett bei dieser Bildschirmauflösung auf die Seite.

12.6. Wer den Kopf in den Sand steckt, knirscht danach mit den Zähnen.

Sehr geehrter Herr Martin,

ich habe ein Problem mit Excel und bin bei meiner Internetrecherche auf Ihre Seite gestoßen. Sie gefällt mir sehr gut.

12.6 Wer den Kopf in den Sand steckt, knirscht danach mit den Zähnen.

Da ich leider keine Info zu meinem Fehler gefunden habe hoffe ich das Sie mir weiterhelfen können.

Hier mein Fehler:

Wenn ich in der Kopf- oder Fußzeile eine Zahl als erstes Zeichen einsetze macht mir Excel automatisch ein Leerzeichen davor. Wenn ich einen Buchstaben als erste Zeichen habe dann wird nichts eingefügt. Ich habe keine Ahnung warum und wie man diesen Automatismus deaktiviert.

Unter Seitenlayout/Seite einrichten ändert sich auch nichts.

Ich hoffe Sie haben eine Lösung

Hallo Frau H.,

was bekomme ich für die Antwort? *lach*

Im Ernst:

*DAS habe noch nie gesehen. Ich grenze Ihr Problem ein. Ich trage in Kopfzeile einen Text ein, der mit einer Nummer beginnt. Klappt.

Ich ändere die Schriftgröße. Padautz – Sie haben das Leerzeichen.

*Ich füge in die Datei (in Visual Basic) ein Makro ein, das mir den Inhalt der Kopfzeile ausliest (was steht denn da wirklich drin):

```
Sub Kopfzeile()
MsgBox ActiveSheet.PageSetup.LeftHeader
End Sub
```

Es liefert:

```
"&"ITC Quay Sans Book,Standard"1. Quartal
GWEGH"
```

*Ich lerne: Die Schriftart und -größe ist Teil der Kopfzeile und keine eigene Eigenschaft. Sie wird mit „&"+Schriftgröße vor den Text gesetzt. So wie Seitennummer und Dateiname auch mit & + Info codiert wird. Aus irgend einem Grund kollidiert nun & + Zahl. Keine Ahnung warum

*Ich probiere ein bisschen – wenn Sie ein „&" gefolgt von einem Leerzeichen vor Ihren Text eintragen, übergeht Excel diesen Fehler.

PS: DIESER Bug in Excel hat mich wirklich sehr irritiert. DARÜBER bin ich nämlich noch nie gestolpert.

12.7. Es geht einfach. Oder es geht einfach nicht.

Ich hätte gerne nach den Februar-Daten einen Seitenumbruch eingefügt.

12.7 Es geht einfach. Oder es geht einfach nicht.

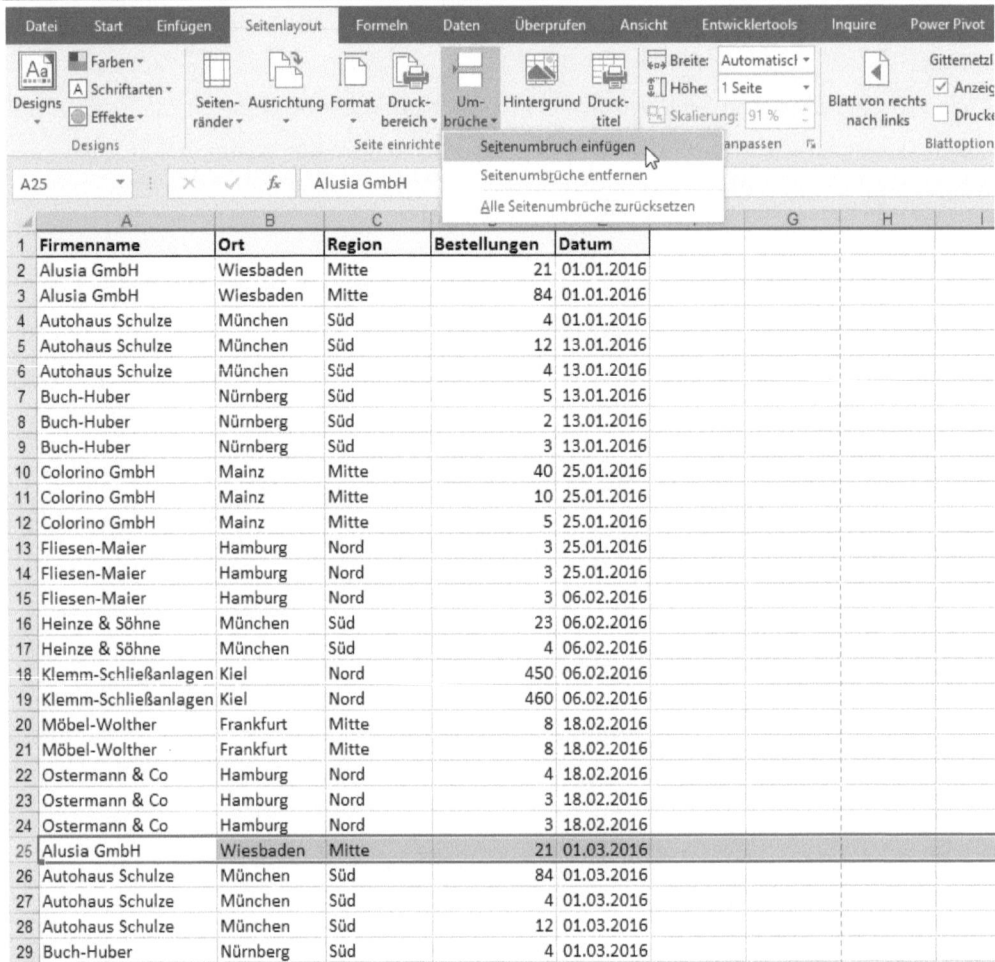

Aber irgendwie geht das nicht. Eine Idee, warum?

Dateneingabe

	A	B	C	D	E
1	Firmenname	Ort	Region	Bestellungen	Datum
2	Alusia GmbH	Wiesbaden	Mitte	21	01.01.2016
3	Alusia GmbH	Wiesbaden	Mitte	84	01.01.2016
4	Autohaus Schulze	München	Süd	4	01.01.2016
5	Autohaus Schulze	München	Süd	12	13.01.2016
6	Autohaus Schulze	München	Süd	4	13.01.2016
7	Buch-Huber	Nürnberg	Süd	5	13.01.2016
8	Buch-Huber	Nürnberg	Süd	2	13.01.2016
9	Buch-Huber	Nürnberg	Süd	3	13.01.2016
10	Colorino GmbH	Mainz	Mitte	40	25.01.2016
11	Colorino GmbH	Mainz	Mitte	10	25.01.2016
12	Colorino GmbH	Mainz	Mitte	5	25.01.2016
13	Fliesen-Maier	Hamburg	Nord	3	25.01.2016
14	Fliesen-Maier	Hamburg	Nord	3	25.01.2016
15	Fliesen-Maier	Hamburg	Nord	3	06.02.2016
16	Heinze & Söhne	München	Süd	23	06.02.2016
17	Heinze & Söhne	München	Süd	4	06.02.2016
18	Klemm-Schließanlagen	Kiel	Nord	450	06.02.2016
19	Klemm-Schließanlagen	Kiel	Nord	460	06.02.2016
20	Möbel-Wolther	Frankfurt	Mitte	8	18.02.2016
21	Möbel-Wolther	Frankfurt	Mitte	8	18.02.2016
22	Ostermann & Co	Hamburg	Nord	4	18.02.2016
23	Ostermann & Co	Hamburg	Nord	3	18.02.2016
24	Ostermann & Co	Hamburg	Nord	3	18.02.2016
25	Alusia GmbH	Wiesbaden	Mitte	21	01.03.2016
26	Autohaus Schulze	München	Süd	84	01.03.2016
27	Autohaus Schulze	München	Süd	4	01.03.2016
28	Autohaus Schulze	München	Süd	12	01.03.2016
29	Buch-Huber	Nürnberg	Süd	4	01.03.2016
30	Buch-Huber	Nürnberg	Süd	5	13.03.2016
31	Buch-Huber	Nürnberg	Süd	2	13.03.2016
32	Colorino GmbH	Mainz	Mitte	3	13.03.2016
33	Colorino GmbH	Mainz	Mitte	40	13.03.2016
34	Colorino GmbH	Mainz	Mitte	10	13.03.2016
35	Fliesen-Maier	Hamburg	Nord	5	25.03.2016
36	Fliesen-Maier	Hamburg	Nord	3	25.03.2016

12.8 Das Problem will ich nicht, zeig mir das Nächste!

Die Antwort: Werfen Sie einen Blick in die Gruppe „An Format anpassen" in der Registerkarte „Seitenlayout". Dort wurde bei Höhe (gemeint ist die Anzahl der ausgedruckten Seiten) die Zahl 1 (1 Seite) eingegeben. Deshalb dürfen Sie keine weiteren Seiten(umbrüche) einfügen.

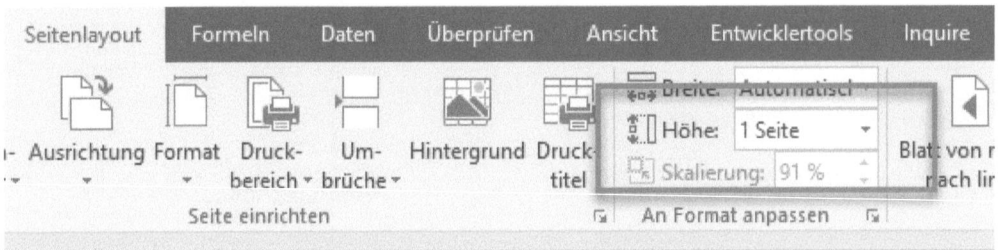

12.8. Das Problem will ich nicht, zeig mir das Nächste!

Ich habe in einer Datei mehrere Tabellenblätter. Ich arbeite gerne mit dem Gruppierungsmodus: markiere mehrere Blätter und ändere nun blattübergreifend Spaltenbreite, Zellformate, Kopf- und Fußzeile, etc. Leider ist es mir nicht möglich in der Umbruchvorschau die Seitenbreite zu verändern.

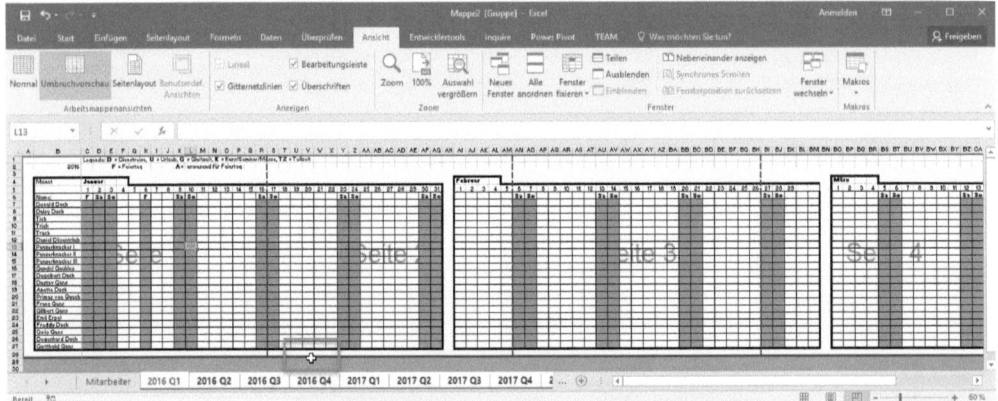

Die Antwort: Sorry, DAS geht leider nicht. Ebenso wenig wie mehrere Blätter gleichzeitig schützen nicht funktioniert. Sie können allerdings Einstellungen über Seitenlayout / Seite einrichten vornehmen.

13 Excel rechnet falsch

13.1. Vier von drei Leuten können nicht rechnen.

Heute in der Excel-Schulung. Eine Teilnehmerin zeigte mit eine Datei. Mit fiel auf, dass der Filter (hier: Black-Mitglieder) eine andere Zahl lieferte als die Funktion ZÄHLEN-WENN. Eine Pivottabelle lieferte das gleiche Ergebnis wie der Filter. Die Ergebnisse von ZÄHLENWENN waren um 1 zu groß.

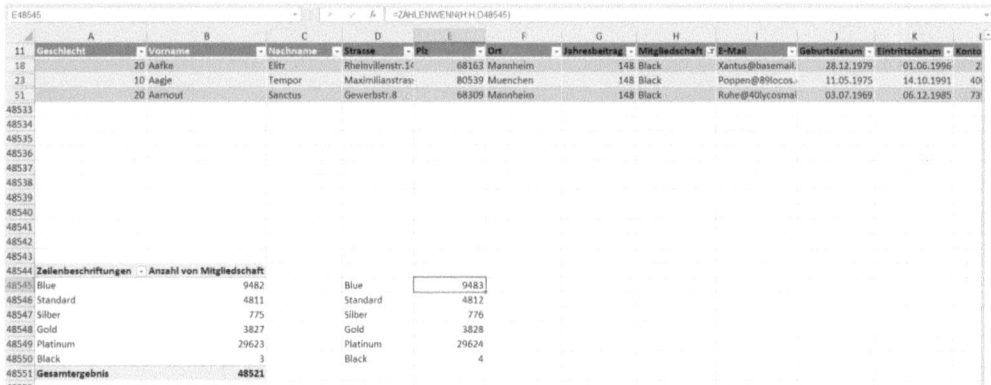

Ich gestehe - ich habe eine Weile gesucht. Bis ich entdeckt hatte, dass über der Tabelle einige Zellen ausgeblendet waren. Und: richtig - dort stand die Liste, die als Bereich für die Datenüberprüfung verwendet wurde. Da ZÄHLENWENN die ganze Spalte zählte ... Tja - halt einer zu viel.

13.2 Ein Kompromiss ist nur dann gerecht, brauchbar und dauerhaft, wenn beide Parteien damit gleich unzufrieden sind. (Henry Kissinger)

ZELLE						=ZÄHLENWENN(H:H;D48545)			
	A	B	C	D	E	F	G	H	
1	10							Blue	
2	20							Silber	
3								Gold	
4								Platinum	
5								Standard	
6								Black	
7									
8									
9									
10									
11	Geschlecht	Vorname	Nachname	Strasse	Plz	Ort	Jahresbeitrag	Mitgliedschaft	E-Mail
18	20	Aafke	Elitr	Rheinvillenstr.14	68163	Mannheim	148	Black	Xantus
23	10	Aagje	Tempor	Maximilianstras	80539	Muenchen	148	Black	Poppen
51	20	Aarnout	Sanctus	Gewerbstr.8	68309	Mannheim	148	Black	Ruhe@
48533									
48534									
48535									
48536									
48537									
48538									
48539									
48540									
48541									
48542									
48543									
48544	Zellenbeschriftungen	Anzahl von Mitgliedschaft							
48545	Blue	9482		Blue	=ZÄHLENWENN(H:H;D48545)				
48546	Standard	4811		Standard	4812				
48547	Silber	775		Silber	776				
48548	Gold	3827		Gold	3828				
48549	Platinum	29623		Platinum	29624				
48550	Black	2		Black	4				

13.2. Ein Kompromiss ist nur dann gerecht, brauchbar und dauerhaft, wenn beide Parteien damit gleich unzufrieden sind. (Henry Kissinger)

Wir wissen, dass Excel eine Rechenungenauigkeit hat. Aber so ungenau?

Man nehme drei Zahlen (beispielsweise Körpergrößen) und berechne den Mittelwert (C6). Von jeder der drei Körpergrößen wird die Differenz zum Durchschnitt berechnet (D2:D4). Diese drei Zahlen werden summiert (D6) - das Ergebnis sollte eigentlich 0 ergeben. Eigentlich ...

Dateneingabe

13.3. Excel hat es nicht so mit den Zahlen, oder?

Wie kann denn so etwas sein? Ich erhalte einen Download aus SAP, bewegen mich mit [Strg] + [↓] ans Ende der Liste (Zeile 572), markiere die Spalte (C) und lese in der Statuszeile Anzahl: 636. Wer kann hier nicht zählen?

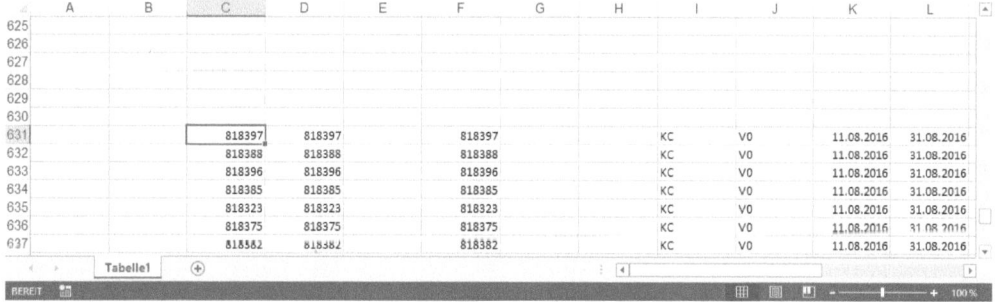

Die Antwort: Drücken Sie erneut [Strg] + [↓]. Weiter unten auf dem Tabellenblatt befindet sich ein weiterer Bereich, der auch mitgezählt wird, den Sie aber nicht sehen …

137

13.4 Ich freue mich, wenn es regnet. Denn wenn ich mich nicht freue, regnet es auch. (Karl Valentin)

13.4. Ich freue mich, wenn es regnet. Denn wenn ich mich nicht freue, regnet es auch. (Karl Valentin)

Sehr geehrter Herr Dr. Martin,

zu Ihrem obigen Buch habe ich eine kurze Frage. Auf Seite 125 habe ich die Aufgabe 7.2.1 gelöst. Mit der Zielwertsuche komme ich auf zwei Lösungen, wie Sie anhand der beigefügten Tabelle sehen können.

Gibt es zwei Lösungsmöglichkeiten?

Freundliche Grüße

CR

	A	B	C	D	E
1					
2	Runde	Einsatz	Croupier	Gewinn	
3	1	187,5	-100	87,5	
4	2	87,5	-100	75	
5	3	75	-100	50	
6	4	50	-100	0	
7					
8					
9					
10		Beginn	Gewinn	Ende	
11	Runde 1	93,75	187,5	87,5	
12	Runde 2	87,5	175	75	
13	Runde 3	75	150	50	
14	Runde 4	50	100	0	
15					

Hallo Herr R.,

in D3 steht die Formel =B3+C3 // in E3 jedoch =(B4*2)+C4.

Deshalb kommen zwei unterschiedliche Ergebnisse raus. Die zweite Tabelle ist korrekt durchgerechnet.

schöne Grüße

Rene Martin

	A	B	C	D
1				
2	Runde	Einsatz	Croupier	Gewinn
3	1	187,5	-100	=B3+C3
4	2	=D3	-100	=(B4*2)+C4
5	3	=D4	-100	=(B5*2)+C5
6	4	=D5	-100	=(B6*2)+C6
7				
8				
9				
10		Beginn	Gewinn	Ende
11	Runde 1	93,75	=B11*2	=C11-100
12	Runde 2	=D11	=B12*2	=C12-100
13	Runde 3	=D12	=B13*2	=C13-100
14	Runde 4	=D13	=B14*2	=C14-100
15				

13.5. Nett kann ich auch - bringt aber nix!

Microsoft hat in Excel 2013 das Analysewerkzeug „Inquire" eingeführt, das in Excel 2016 nicht geändert wurde. Damit erspart man sich die umständlich Suche, ob es Verknüpfungen, ausgeblendete Zeilen, Spalten, Blätter gibt, ob Zahlen als Text formatiert wurden, wo Formeln stecken, die einen Fehler liefern, wo Zirkelbezüge zu finden sind, ...

13.5 Nett kann ich auch - bringt aber nix!

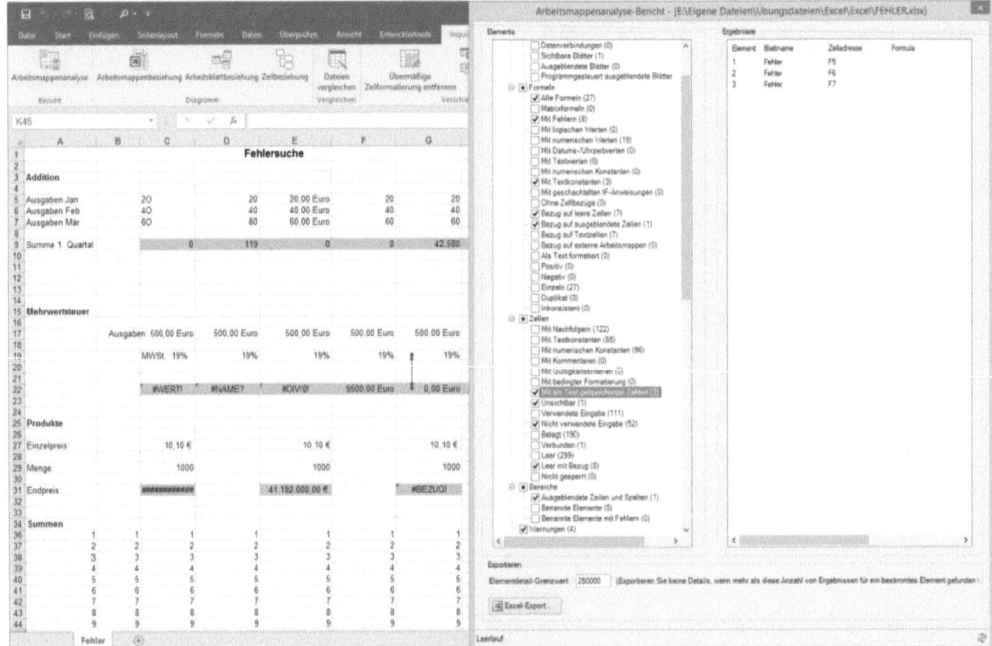

Damit ist Microsoft auf dem richtigen Weg. Für alle, die fremde Dateien analysieren möchten („Was hat der Kollege denn da gemacht?") oder die zwei Dateien miteinander vergleichen möchten - ein richtiger Schritt in die richtige Richtung. Jedoch mir fehlen:

* eine Anzeige für „Genauigkeit wie anzeigen"

* Überhaupt einige Optionen, die Anwender zur Verzweiflung bringen können: „in Zellen mit Nullwerten eine Null anzeigen", „anstelle der berechneten Werte Formeln anzeigen", „Dezimalkomma automatisch einfügen", „1904-Datumswert, „Iterative Berechnung aktivieren", „manuelle Arbeitsmappenberechnung" und einige andere hübsche Optionen

* ausgeblendete Zeilen und Spalten zu finden ist klasse - was aber, wenn die Zeilenhöhe auf 0,1 pt gesetzt wurde?

* zu schmale Spalten - Zahlen werden mit dem Zahlenzeichen ########## dargestellt.

* zu viele oder widersprüchliche bedingte Formatierungen

* Rundungsfehler bei Zahlenformaten

* Unsinnige Zahlenformate (beispielsweise 0,0 "%"). Allerdings: Wer entscheidet, was unsinnig ist?

* Zahlenformate wie ;;

* Zellen mit Leerzeichen

* Zellen, die Text enthalten mit einem Leerzeichen am Ende: "Rene Martin" ist etwas anderes als "Rene Martin "

* Und schließlich: Objekte: Diagramme, die auf ein Pixel verkleinert wurden, Bilder, die auf Zellen liegen und so aussehen, als wären es Elemente der Zelle oder auch weiße Rechtecke, die auf einer Zelle liegen:

	Summen	
34		
36		1
37		2
38		3
39		4
40		5
41		6
42		7
43		8
44		9
45		
46		
47		3042

Fazit: Guter Ansatz, muss jedoch erweitert werden. Wenn Microsoft mich fragen würde - ich könnte Ihnen viele Dinge nennen, die Anwendern Probleme verursachen.

Und: ein dankeschön an Stefan, der mir geholfen hat, das Teilchen auseinanderzunehmen.

13.6. Hoffnung ist nicht die Gewissheit, dass alles gut wird. Sondern der Glaube daran, dass etwas Sinn macht.

Uff!

In einer Liste stehen Zahlenwerte. Daneben eine Spalte mit Berechnungen, beispielsweise die Mehrwertsteuer:

13.6 Hoffnung ist nicht die Gewissheit, dass alles gut wird. Sondern der Glaube daran, dass etwas Sinn macht.

G	H	I	J
Bild Dateiname	Preis	MWSt:	Menge
messana.jpg	24,95 €	=Liste!H2/1,19*0,19	
desert.jpg	26,95 €	4,30 €	
maennerakt_vol2	49,80 €	7,95 €	
three.jpg	49,95 €	7,98 €	
werk.jpg	228,00 €	36,40 €	
nilpferd.jpg	14,90 €	2,38 €	
dixie.jpg	34,00 €	5,43 €	
berliner.jpg	24,80 €	3,96 €	
moments.jpg	49,95 €	7,98 €	
maske.jpg	19,90 €	3,18 €	
herzschuss.jpg	32,00 €	5,11 €	
wer_wusste.jpg	14,80 €	2,36 €	
thomas_mann.jpg	49,90 €	7,97 €	
tja.jpg	14,90 €	2,38 €	

Trägt man nun statt der Zelle H2 den Tabellennamen und den Zellnamen ein (dies passiert, wenn man beispielsweise bei der Formeleingabe auf ein anderes Blatt wechselt), dann hat Excel kein Problem damit.

Jedoch: Sortiert man die Liste, so erstaunt das Ergebnis: Die Werte sind falsch. Schaut man sich die Formeln an, stellt man fest, dass die Bezüge nicht sortiert wurden. Anders wenn man statt Blattname!Zellname nur Zellname eingegeben hätte.

Dateneingabe

G	H	I	J
Bild Dateiname	Preis	MWSt:	Menge
	32,00 €	=Liste!H101/1,19*0,19	
weihnacht-schen|	28,00 €	4,47 €	
menonmen6.jpg	27,00 €	3,16 €	
out_of_blue.jpg	42,00 €	6,35 €	
hyper.jpg	19,90 €	2,70 €	
Landkarte-der-Zer	24,80 €	5,75 €	
Lieblingsminne.jp	29,80 €	7,95 €	
men-on-men-7.jp|	29,80 €	10,05 €	
hildegard-storno.	29,80 €	4,76 €	
die-engel-sind-ec	26,00 €	3,99 €	
hotelgeschichten.	16,90 €	3,96 €	
best-literaturprei	5,00 €	5,75 €	
namenlose-liebe.	30,00 €	5,43 €	
Engelmann_Luftra	38,80 €	2,06 €	
Davidson_Some-t	31,00 €	3,18 €	
Green_Tagebüche	98,00 €	4,76 €	
geschichte_todes	14,90 €	3,51 €	
Mahlsdorf_Eigen|	14,90 €	2,68 €	
Aretz_Notate.jpg	29,80 €	3,51 €	
haag_eine-frau-u	39,90 €	36,40 €	
paris_gorilla-sui|	34,00 €	2,38 €	
pierre_seel.jpg	39,80 €	5,03 €	
palimpsest.jpg	24,00 €	5,75 €	
jagdverbot.jpg	18,90 €	1,72 €	
gad-ging-zu-davic	16,90 €	6,19 €	
Benderson_Apoll|	27,80 €	4,95 €	
Feks_die-leere-Mi	24,80 €	7,03 €	
foelske_wahnsinr	29,80 €	5,75 €	
Coup_der_Berdac	44,00 €	4,63 €	
Murr_Esnähmemi	34,00 €	4,47 €	
Stenten_Großer-G	32,00 €	3,96 €	
Winkler_Wenn_s	38,00 €	8,30 €	
cooper_fort.jpg	38,00 €	3,51 €	
Jungfernpergame|	46,00 €	3,51 €	

Danke an Andreas Thehos für diesen wunderbaren Hinweis!

13.7. Gestern bei offenem Fenster geschlafen. 10.569 Mücken gefällt das.

Hallo Herr Martin,

ich habe eine Liste, bei der ich Auswertungen erstellen soll. Es geht dabei um eine Gewichtung. Folgender Schlüssel liegt der Tabelle zugrunde:

	Gewichtung
x = Gesamtfunktion (Planung + Ausführung + Kontrolle)	1
P = Planung	2
Eg = Grundsatzentscheidung	3
En = Entscheidung im Normalfall	4
Ew = Entscheidungsvorbehalt f. wichtige Fälle	5
Ek = Kollektiventscheidung	2
Em = Mitentscheidungsrecht	3
B = Beratungs- und Vorschlagsrecht	4
A = Ausführung	4
Aw = Ausführungsvorbehalt f. wichtige Fälle	4
K = Ergebniskontrolle u. Auswertung	1
V = Vertretung	1
U = Unterschriftsberechtigung	1

Ich erstelle eine Formel:

=ZÄHLENWENN(C5:C70;"*x*")*1+ZÄHLENWENN(C5:C70;"*P*")*2+ZÄHLENWENN(C5:C70;"*EG*")*3+

ZÄHLENWENN(C5:C70;"*En*")*4+ZÄHLENWENN(C5:C70;"*Ew*")*5+ZÄHLENWENN(C5:C70;"*Ek*")*2+

ZÄHLENWENN(C5:C70;"*Em*")*3+ZÄHLENWENN(C5:C70;"*B*")*4+ZÄHLENWENN(C5:C70;"*A*")*4+

N("ZÄHLENWENN(C5:C70;""*Aw*""")*4")+ZÄHLENWENN(C5:C70;"*K*")*1+ZÄHLENWENN(C5:C70;"*V*")*1+ZÄHLENWENN(C5:C70;"*U*")*1

Vielleicht nicht clever - aber nachvollziehbar. Der Wert „Aw" wurde auskommentiert - deshalb die Funktion „N". Allerdings - an einer Stelle rechnet er nicht richtig - ich finde den Fehler nicht:

Dateneingabe

Die Antwort: Man muss schon genau hinschauen. Sie haben in die Matrix weitere Informationen eingetragen. Bei Frau Weiß finden sich die beiden Texte SPX. Dort wird das „x" natürlich auch mitgezählt. Diese Texte dürfen Sie nicht in die Tabelle schreiben.

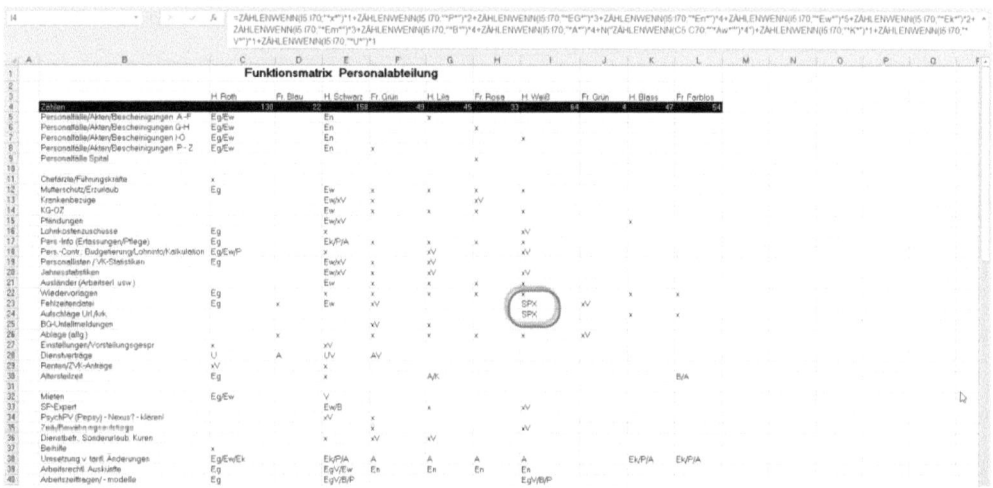

14 Fehlermeldungen, Formeln und Funktionen

14.1. Was denn Excel zusammengefügt hat, soll ein Mensch nicht scheiden.

Hallo. Ich brauche einen Tipp. Ich erhalten einige Male im Jahr eine Tabelle mit vielen Zahlen. Da die Zeilen keine eindeutige ID haben, habe ich mit der Funktion VERKETTEN mehrere Felder konkateniert (zusammengefasst), so dass ich eine ziemlich eindeutige ID habe. Ich wollte diese Formel weiter runterziehen, weil sich die Liste ab und zu erweitert. Jedoch - Excel zeigt in den leeren Zeilen Fehler. Das verstehe ich nicht: leer & leer & leer müsste doch leer sein, oder?

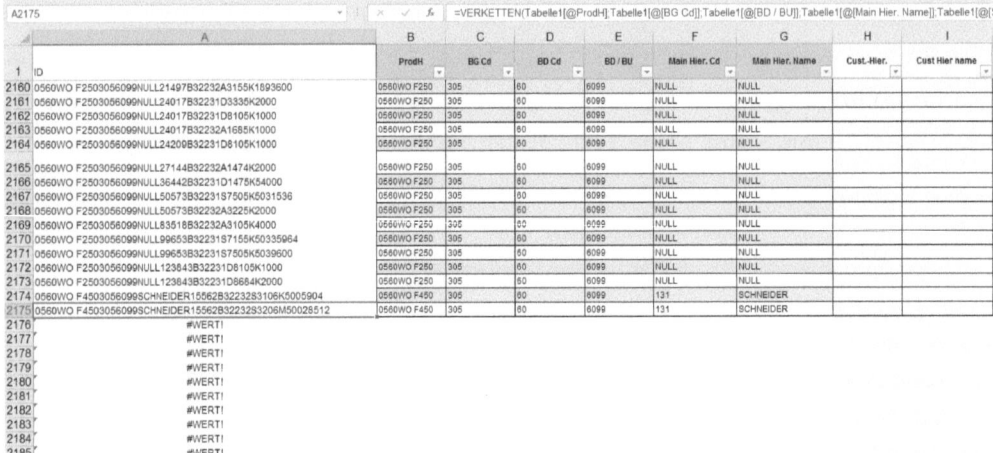

Die Antwort: Sie haben die Tabelle in eine „intelligente Tabelle" verwandelt (Einfügen / Tabellen / Tabelle). Die Formel in der Zelle lautet:

=VERKETTEN(Tabelle1[@ProdH];Tabelle1[@[BG Cd]];Tabelle1[@[BD / BU]];Tabelle1[@[Main Hier. Name]];Tabelle1[@[Sold-to party]];Tabelle1[@[MAT15 Nbr]];Tabelle1[@[DQ Conf]])

also: Tabellenname Tabelle1[Spaltenname]. Das impliziert: gleiche Zeile wie Formelzelle.

Allerdings befindet sich keine Tabelle neben den neuen Zellen unterhalb der Tabelle. Wenn es Sie stört, können Sie um die Funktion die Formel WENNFEHLER bauen, also:

=WENNFEHLER(VERKETTEN(Tabelle1[@ProdH];Tabelle1[@[BG Cd]];Tabelle1[@[BD / BU]];Tabelle1[@[Main Hier. Name]];Tabelle1[@[Sold-to party]];Tabelle1[@[MAT15 Nbr]];Tabelle1[@[DQ Conf]]);"")

Oder Sie schreiben den Zellbezug „per Hand" in die Formel:

=VERKETTEN(B1;C1;D1;G1;J1;L1;T1)

Dann erhalten Sie auch keine Fehler.

14.2. kon·se·quent [ˌkɔnzeˈkvɛnt]

Nein, konsequent ist Excel nicht. An einigen Stellen muss man bei Texten Anführungszeichen eintragen, bei einigen kann man an anderen Stellen wiederum darf man nicht.

Ich habe im Artikel

darauf hingewiesen. Bei der Funktionseingabe ist Excel auch inkonsequent:

Während man bei Tippen einer Funktion immer die Anführungszeichen eingeben muss, muss man es im Funktions-Assistenten nicht. Das Wort Achtung wird beim Verlassen des Textfeldes umgewandelt in „Achtung". Jedoch: Wenn man im Funktionsassistenten eine innere Funktion einträgt, beispielsweise

und(B2=Fotografie;G2>100)

wird dies mit einer Fehlermeldung quittiert. Nicht konsequent, oder?

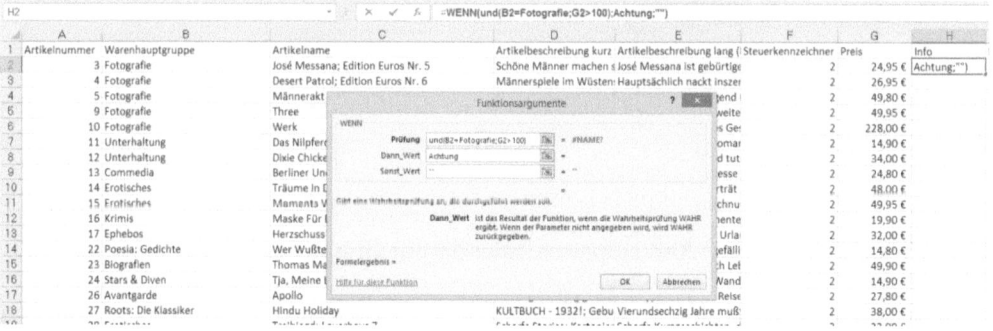

Meine Empfehlung: Wenn Sie nicht wissen, ob man muss oder nicht: Tragen Sie die Anführungszeichen ein.

14.3. Excel hält sich nicht an die Theoreme der Prädikatenlogik

Kennen Sie das: Ich benötige eine Liste, die sich dynamisch fortsetzt. In einer Zelle wird ein Wert eingetragen - die Nummer eines Zählers soll nur bis nur eingetragenen Nummer angezeigt werden.

Die Formel:

=WENN(A9=$B$4;A9+1;"")

funktioniert problemlos -

=WENN(A9=$B$4;"";A9+1)

jedoch nicht.

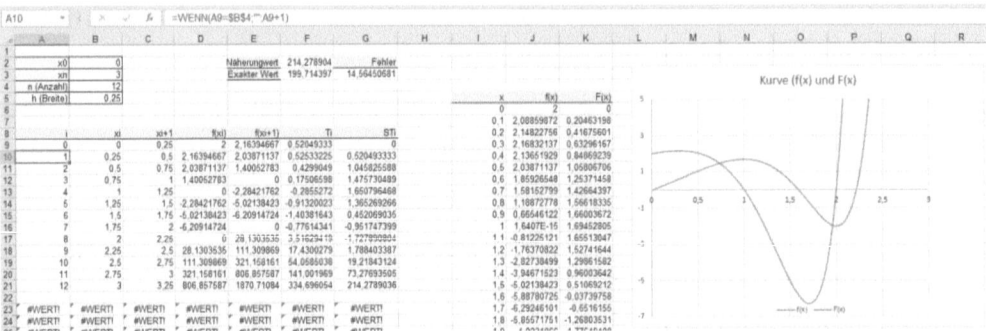

Der Grund ist offensichtlich. Befindet sich in einer Zelle ein leerer String (""), kann Excel zwar problemlos den Ausdruck

12 = ""

auswerte und FALSCH zurückgeben. Jedoch bei den Operatoren der Ungleichheit (<, >, <= und >=):

12 < ""

liefert Excel einen Fehler. Also aufpassen: man darf nicht immer einfach rumdrehen!

14.4. Man hat nie zu viele Kleider, sondern immer zu wenig Schrank.

Ich verstehe es nicht. In einer Datei zeigt Excel im Projektfenster von VBA sämtliche Tabellenblätter als Worksheet und als Datei. Obwohl Intellisense beim Tabellenname alle

Dateneingabe

Methoden und Eigenschaften anzeigt, führt das Ausführen zu einem „schwerwiegenden Fehler". Ich stehe ratlos davor ...

14.5 Ich brauche keinen Mittelfinger, ich kann das mit den Augen.

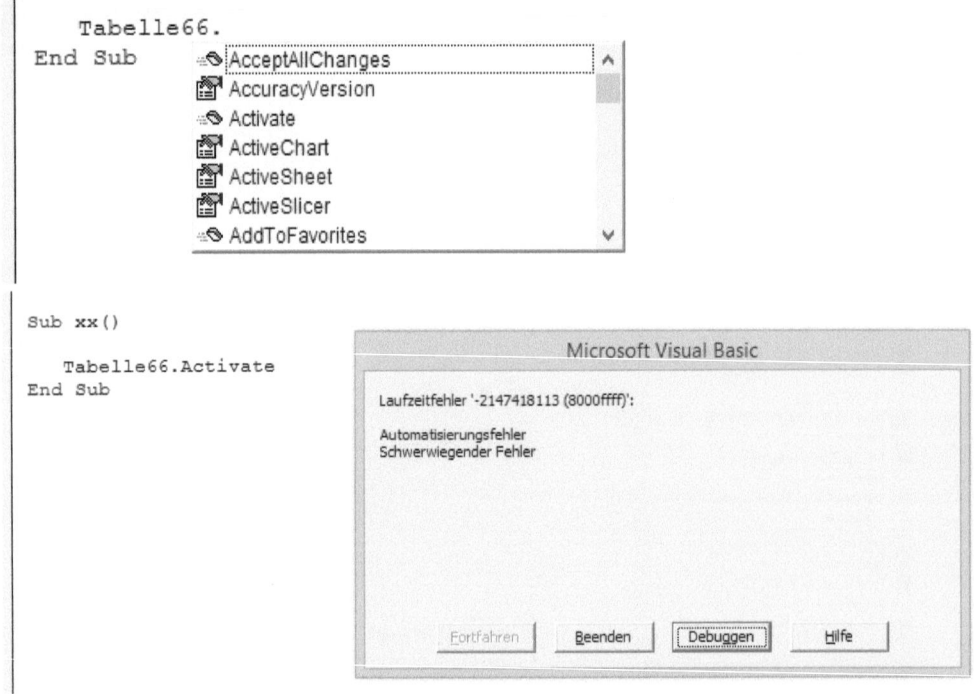

14.5. Ich brauche keinen Mittelfinger, ich kann das mit den Augen.

Heute in der Excel-Schulung. Ein Teilnehmer zeigt mir seine Lösung, wie er die Anzahl der Zahlen im 90er-Bereich ermittelt hat: Er berechnet die Differenz zweier ZÄHLEN-WENN-Funktionen:

=ZÄHLENWENN(C8:C37;"<100")-ZÄHLENWENN(C8:C37;"<90")

Ich zeige seinen Ansatz der Gruppe. Mit dem Funktionsassistenten rufe ich ZÄHLEN-WENN auf:

Dateneingabe

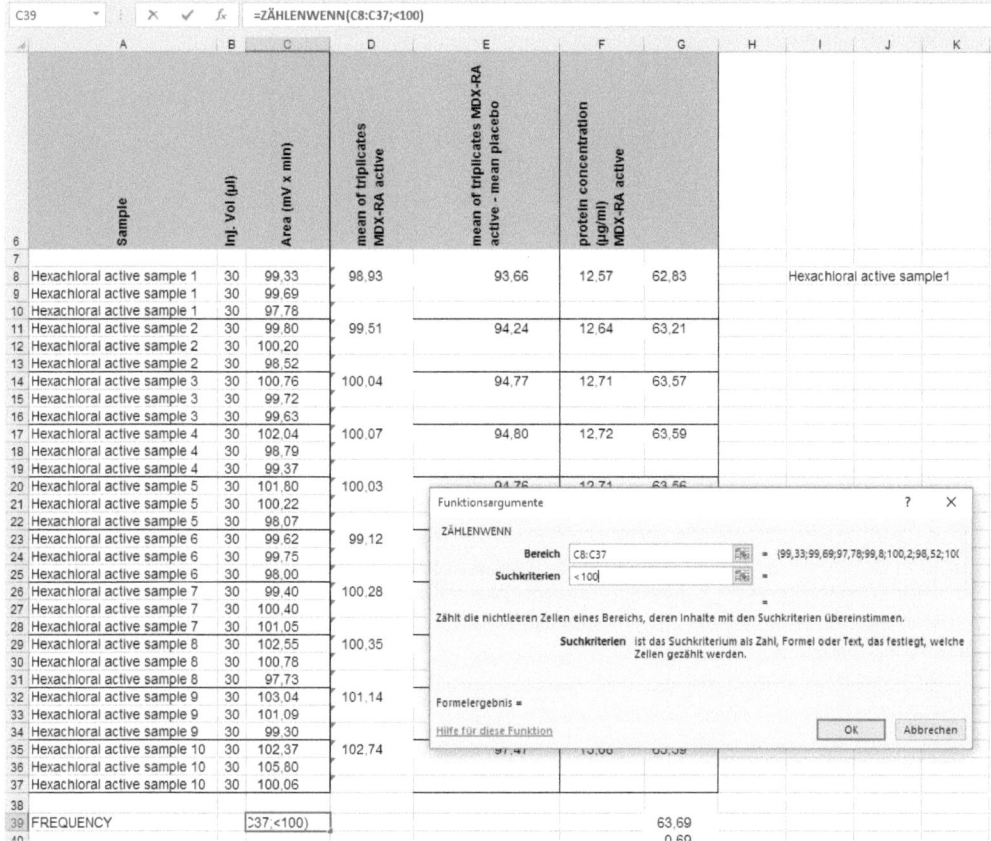

Normalerweise trägt Excel im Funktionsassistenten um die Bedingung <100 automatisch die Anführungszeichen ein. Jedoch ein Klick in die Bearbeitungsleiste lehrt mich eines Besseren:

14.5 Ich brauche keinen Mittelfinger, ich kann das mit den Augen.

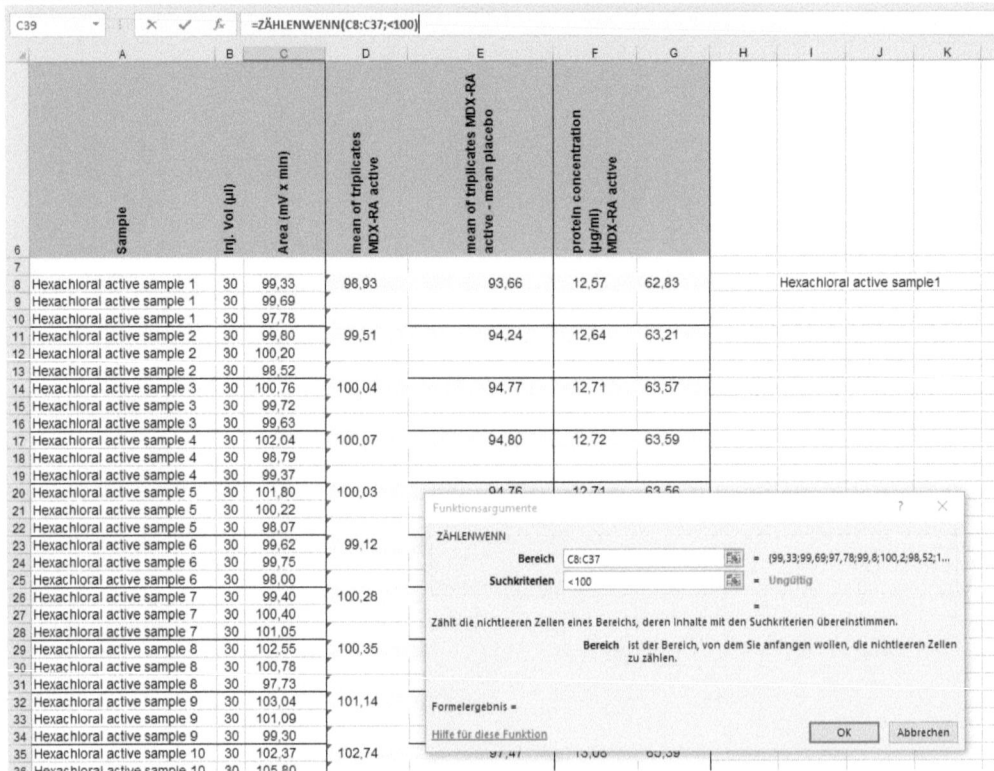

Ich fahre fort: tippe ein Minus und rufe erneut den Funktionsassistenten auf:

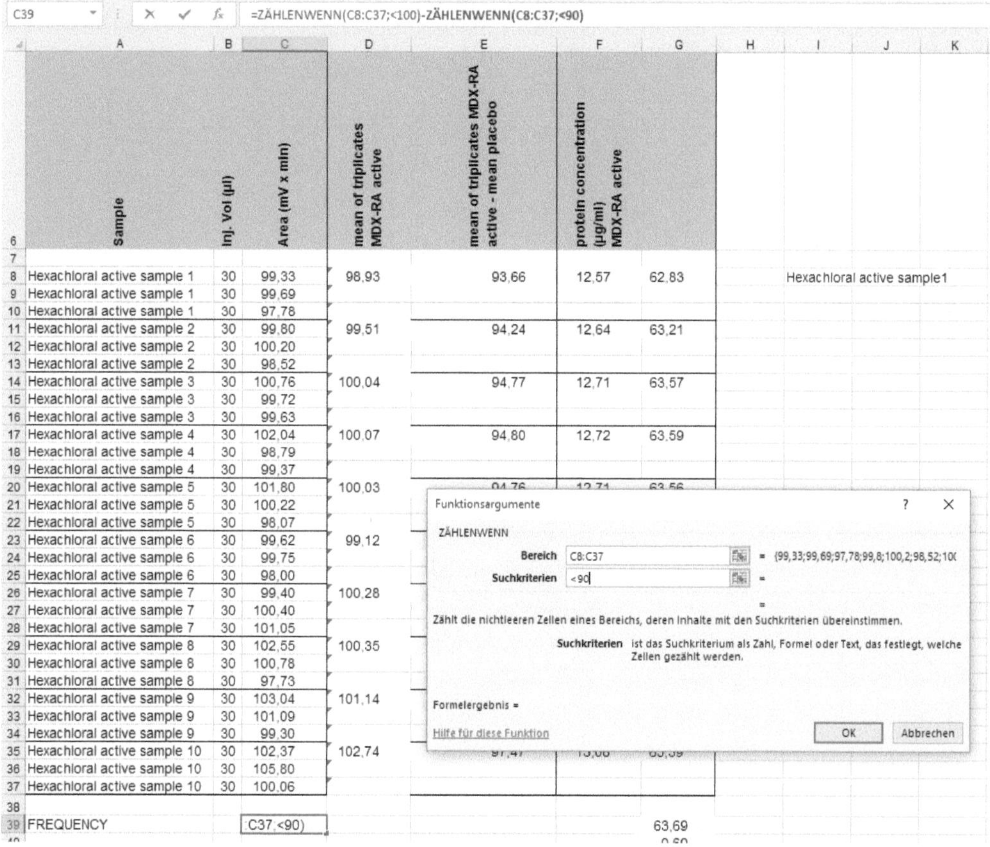

Dateneingabe

[Excel-Screenshot mit Funktionsargumente-Dialog für ZÄHLENWENN, Formel =ZÄHLENWENN(C8:C37;<100)-ZÄHLENWENN(C8:C37;<90)]

Der Blick in die Bearbeitungsleiste zeigt mir, dass die Anführungszeichen in der ersten Funktion fehlen. Und richtig: Das Bestätigen der Funktion wird mit einer Fehlermeldung quittiert:

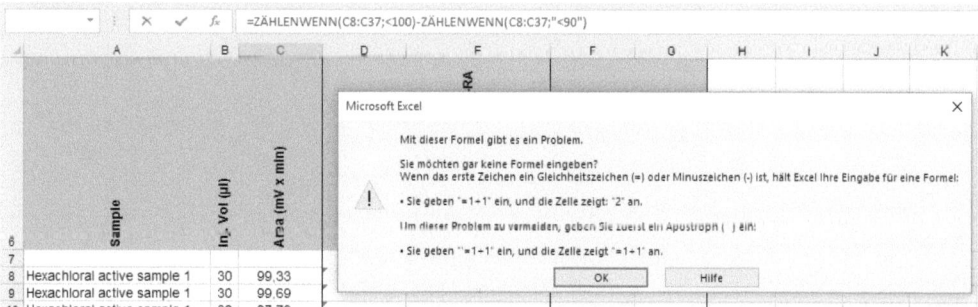

153

14.5 Ich brauche keinen Mittelfinger, ich kann das mit den Augen.

Schade - denn gerade der Funktionsassistent nimmt Anwendern und Anwenderinnen, die mit Formeln noch nicht so sehr geübt sind, die Arbeit an vielen Stellen ab ...

Also doch: Ich zeige dem Teilnehmer ZÄHLENWENNS, die ihm sehr gut gefällt ...

15 Merkwürdige Formeln

15.1. Feiertage wären klasse

Vor ein paar Tagen erreichte mich folgende Anfrage:

Sehr geehrte Damen und Herren,

zu dem in Betreff genannten Thema haben wir noch eine Frage: Die Videoanleitung zum Erstellen eines Internationalen Kalenders konnten wir gut nutzen. In dieser Anleitung wird u.a. geschildert, wie man Feiertage durch eine bedingte Formatierung farblich hervorhebt. Ganz schick wäre es noch, wenn zu diesem farblich markierten Feiertage auch automatisch der Feiertagsname mit angezeigt werden könnte. Ein entsprechendes Tabellenblatt mit diesen Informationen wurde im Verlaufe der Anleitung angelegt. Bei festen Feiertagen wie Neujahr. 1. Mai etc, könnte man dies händisch lösen, doch bei variablen Feiertagen wie Ostern und Pfingsten etc. wäre es wünschenswert, wenn diese gleich automatisch mit angezeigt werden. Leider wurde in dieser Videoanleitung nicht darauf eingegangen. Mit welcher Funktion kann der Feiertagsname automatisch angezeigt werden?

Danke schon vorab für Ihre Hilfe.

Mit freundlichen Grüßen / with best regards

#####

Zur Info: Ich habe einen Kalender erstellt, der - nach Änderung des Jahres die Feiertage farblich kennzeichnet. Das klappt mit der bedingten Formatierung und der Funktion ZÄHLENWENN gut und einfach. Die Feiertage (hier: die bayrischen) habe ich auf ein zweites Tabellenblatt ausgelagert.

Ich habe zirka eine halbe Stunde benötigt, damit die Feiertage angezeigt werden - eine hübsche kleine Fingerübung:

Viel Spaß im neuen Jahr mit Excel.

Rene

15.2. Day after day - oder: So vergeht Jahr um Jahr, und es bleibt wie es war ...

Anwender reiben sich verwundert die Augen: In Excel 2013 wurde die Funktion TAGE eingeführt. Damit kann man die Differenz zweier Datumsangaben in Tagen berechnen. Warum diese Funktion? Keine Ahnung - Excel kann doch seit Beginn seiner Existenz Datum2 - Datum1 berechnen. Da Datumsangaben intern als serielle Zahlen verwaltet werden, war das nie ein Problem in Excel. Auch die Funktion =DATEDIF(Anfangsdatum;Enddatum;"D") konnte dies und hat das Gleiche erledigt. Ein Blick in die Liste der Funktionen: Nein, Excel 2013 hat leider keine Funktion MONATE und auch keine JAHRE. Vielleicht haben sie es vergessen. Wir warten auf die Version 2016. Erstaunt reiben wir uns hier die Augen - nein, sorry, auch in der aktuellen Version 2016 gibt es keine Funktion MONATE oder JAHRE. Geduld ... vielleicht in der nächsten Version.

15.3. Wer nichts findet, sucht am falschen Ort. (Walter Ludin)

Verblüffend - ich kann es nicht nachvollziehen. Es gibt Anwender, die tragen eine Formel in das Suchen-Feld des Funktionsassistenten ein. Manchmal findet er sie allerdings nicht. Ich kann das Phänomen nicht immer nachvollziehen; meisten klappt die Suche.

15.4 Datum gesucht

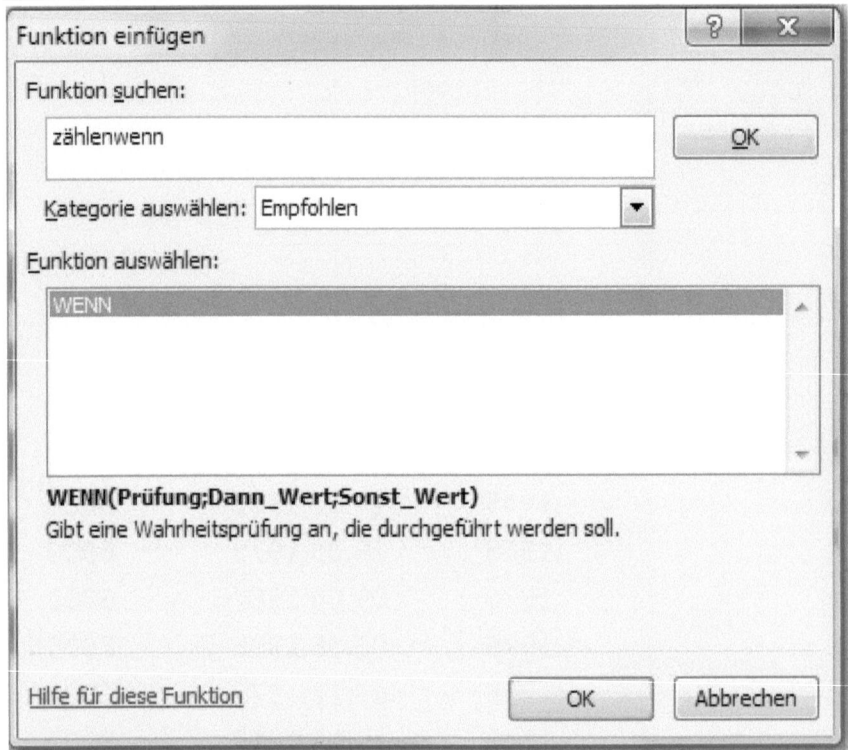

15.4. Datum gesucht

Ich weiß; ich bin ja auch nicht glücklich darüber. Wir haben eine Liste, in der in einer Spalte dummerweise Datumsangaben, Texte, Zahlen (Kennziffern) und gar nichts eingetragen wird. Ich habe nun die Aufgabe, über eine Hilfsspalte die Zellen herauszufinden, in denen ein Datum steht. Allerdings: Wenn ich die Funktion ISTZAHL verwende, werden auch die „echten" Zahlen gefunden. Die will ich aber nicht. Gibt es wirklich keine Funktion „ISTDATUM"? Auch nicht in Excel 2016?

Dateneingabe

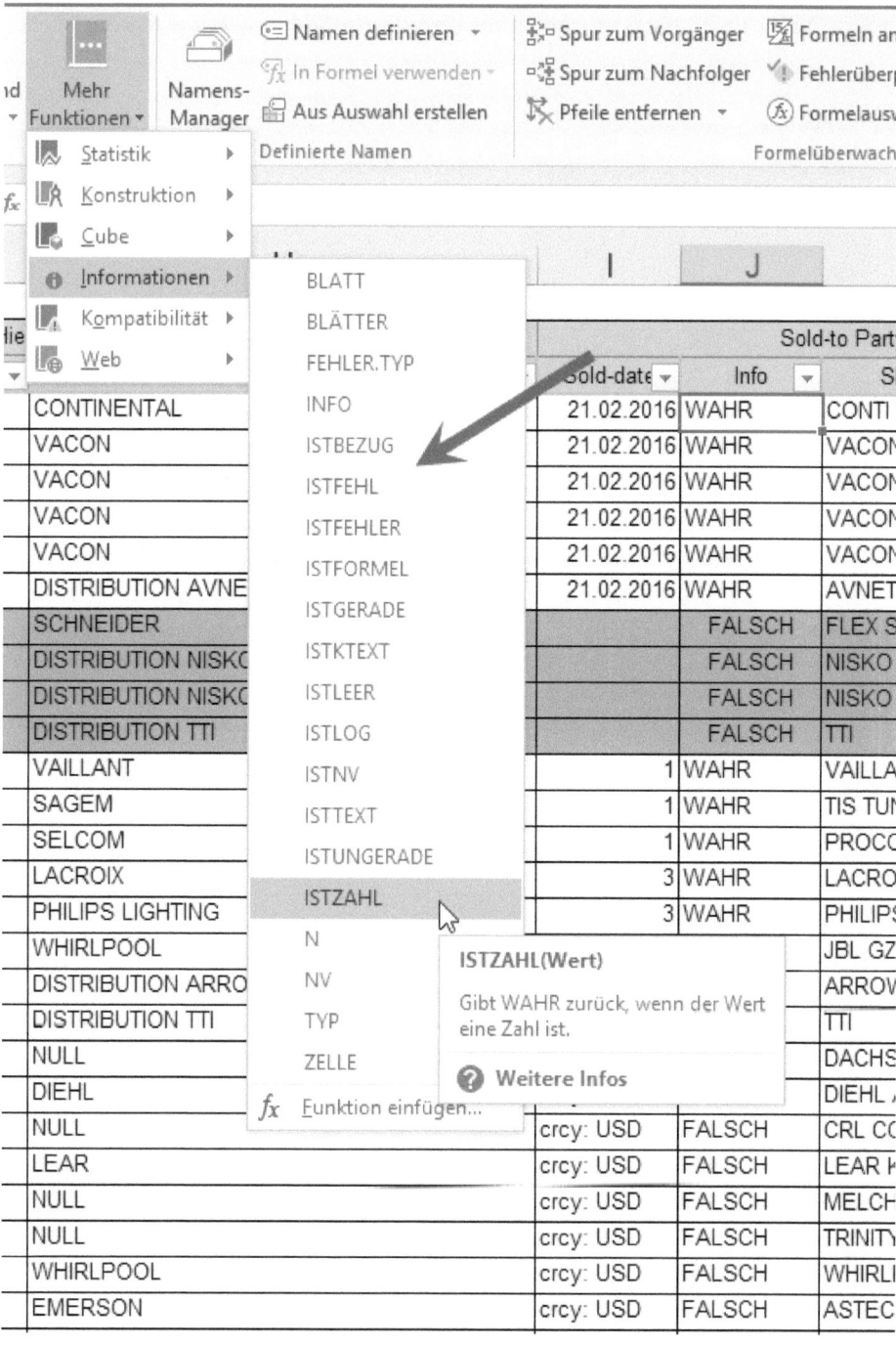

15.5 Wenn das Wörtchen WENN nicht wär' ...

Die Antwort: Wenn es möglich ist, prüfen Sie die interne Zahl, also beispielsweise:

=UND(I4>40000;ISTZAHL(I4))

Oder Sie verwenden die Funktion ZELLE. Sie liefert mit dem Parameter „format" den Wert D1, der anzeigt, dass es sich um ein Datum handelt:

15.5. Wenn das Wörtchen WENN nicht wär' ...

Sehr geehrter Herr Dr. Martin,

Wahrscheinlich haben Sie wesentlich schneller eine Lösung parat als ich, die ich nun schon stundenlang damit rummache und jetzt irgendwie aufgebe.

Dateneingabe

Es geht um dieselbe Tabelle, also diese Zeitberechnung.

Nun soll aber noch folgendes dazu berechnet werden.

Wenn die Stundenanzahl >= 6 Stunden sollen 0,5 Stunden abgezogen werden, wenn die Stundenanzahl >= 10 Stunden soll eine Stunde abgezogen werden.

Ich habe versucht, mich langsam heran zu tasten und habe sogar die > 6 Stunden und >10 Stunden einzeln herausbekommen. Allerdings bekomme ich nun beim besten Willen diese ganzen Schachteln nicht zusammengesetzt…(Das mit dem „=" dazu hat auch nicht so funktioniert…)

Haben Sie eine (schnelle) Lösung oder eine passende Erklärung mit einem Link?

Die Tabelle mit meinen Versuchen ist angehängt. Wie ich gelesen hatte, muss man dazu die Uhrzeit wieder in eine normale Zahl formatieren, was ich getan habe.

Herzlichen Dank für Ihre Bemühungen.

####

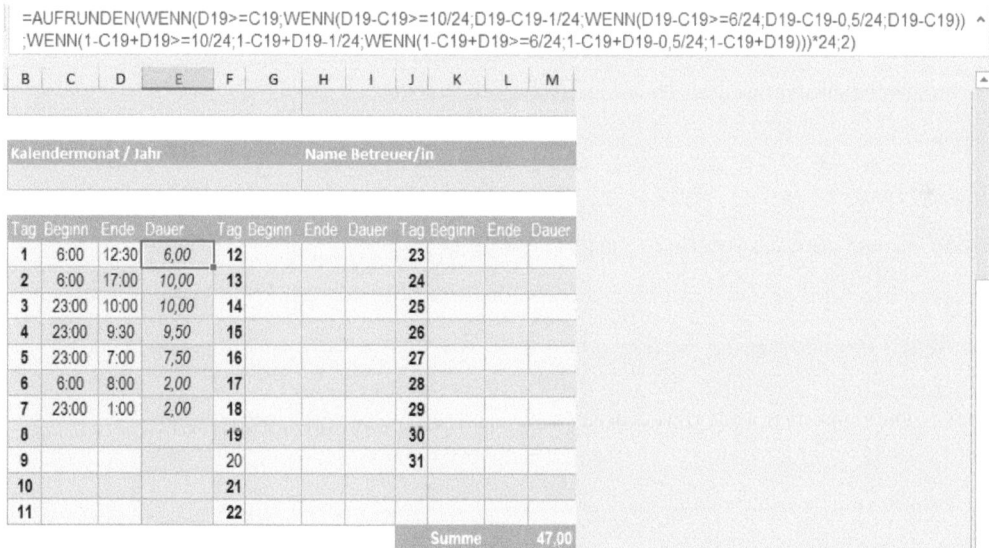

Hallo Frau P.,

Ich denke, Ihr Problem resultiert aus Folgendem: Sie sollten sich einen Baum malen, der die verschiedenen Fälle auflistet: tagsüber gearbeitet oder nachts? In beiden Fälle: mehr als

15.5 Wenn das Wörtchen WENN nicht wär' ...

10 Stunden - > ja: eine Stunde abziehen. Nein: - > wenn mehr als sechs Stunden: -> ja, 0,5 Stunden abziehen – sonst nichts.

Und so müssen Sie die Formel eingeben.

Kommen Sie damit klar?

####

Hallo Herr Dr. Martin,

Jetzt habe ich gesehen, dass Sie die Sachen ja alle schon richtig ausgefüllt haben.

Das Resultat ist in „Zahl" formatiert. Ich glaube, es wäre auch mit der „Uhrzeit 37:..." gegangen. Allerdings nicht mehr in dieser Version.

Ich kann es nur hinnehmen und Ihnen danken, dass Sie es eingerichtet haben. Vom Verständnis bin ich leider noch etliches entfernt.

Aber ich denke, meine Kolleginnen werden sich freuen, endlich eine funktionierende Zeitberechnung zu haben. Bleibt zu hoffen, dass ihnen nicht noch etwas Neues einfällt...

Also noch einmal: Herzlichen Dank!

Ich wünsche Ihnen noch einen schönen Tag.

####

Gerne, Frau P.,

wenn Sie es verstehen möchten, machen Sie Folgendes:

Klicken Sie auf eine Zelle mit einer Formel. Klicken Sie auf den Funktionsassistenten.

Sie sehen die Bedingung. Klicken Sie nun in die Bearbeitungszeile auf den Teil den Sie sehen möchten. So können Sie sich den Baum entlanghangeln:

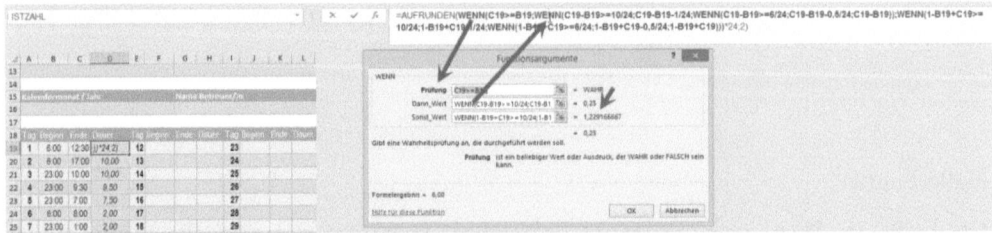

Umgekehrt: gehen Sie an ein solches Problem mit einem Blatt Papier und einem Stift ran. Ich „mal gerne Bäume". Sicherlich kennen Sie diese Ablaufdiagramme: sie helfen:

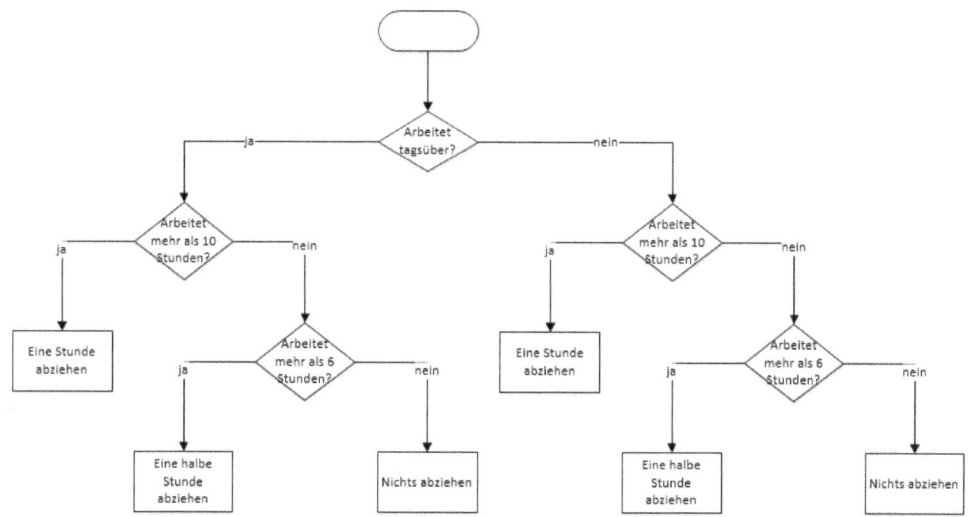

15.6. Nomen est omen?

Eigentlich sind Namen in Excel ein prima Sache:

Man kann einer Zelle einen Namen geben und verweist nun in Formeln auf diesen Namen und damit auf die Zelle.

Man kann einem Bereich einen Namen geben und kann nun mit dem Namen rechnen.

Man kann über den Namensmanager einem Namen einen festen Wert als Konstante zuweisen.

Man kann über den Namensmanager einem Namen einen dynamischen Bereich zuweisen, der mit einer Formel ermittelt wird.

Vor allem: Name sind sprechend und können so leicht verwendet werden, wenn man das Konzept verstanden hat. Jedoch das Konzept hat einen großen Haken:

Namen können sowohl an die Datei gebunden sein als auch an das Tabellenblatt. Wenn Sie VBA können, wissen Sie sicherlich, dass sowohl das Workbook-Objekt als auch das Worksheet-Objekt einen Namen haben können.

Kostprobe gefällig: Markieren Sie ein Zelle oder einen Bereich auf einem Tabellenblatt. Geben Sie ihm einen Namen. Kopieren das Blatt in eine andere Datei. Kopieren Sie das

15.6 Nomen est omen?

Blatt noch einmal in dieselbe, andere Datei. Was passiert? Nicht die Datei, sondern die beiden Tabellenblätter haben eine Zelle oder einen Bereich, die den gleichen Namen tragen. Wenn man nun eine Formel verwendet:

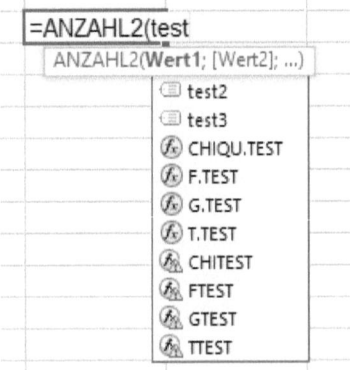

ist nicht klar, von welchem Blatt sich Excel den Bereich zieht. Der Namensmanager zeigt es deutlich an:

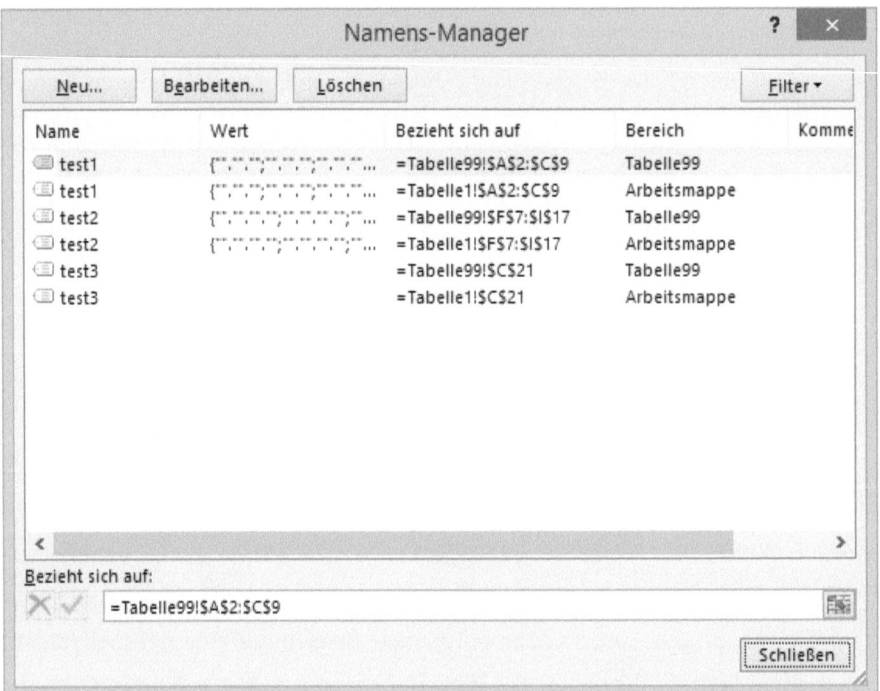

Dateneingabe

Die zuerst erstellten (hinüberkopierten) Namen gelten global für die Arbeitsmappe (und darauf nimmt test1, test2 und test3 Bezug), die danach erstellten Namen gelten nur lokal für das Blatt.

Das heißt ganz einfach: Höllisch aufpassen mit den Namen! Und: bloß keine Namen mehrmals verwenden! Sonst ist Chaos vorprogrammiert.

Das heißt auch: gutes Konzept, aber leider nicht ganz durchdacht.

15.7. Und wo ist das bei mir?

Kennen Sie folgendes Phänomen? In Excel-Schulungen werde ich ab und zu gefragt:

Ich zeige die Funktion SUMMEWENNS, die Teilnehmer schauen mir zu. machen anschließend mit und fragen mich nun, wo denn die Eingabefelder bei Ihnen verborgen sind.

Richtig, wenn man mit dem Funktionsassistent die Funktion SUMMEWENNS öffnet, sieht sie folgendermaßen aus:

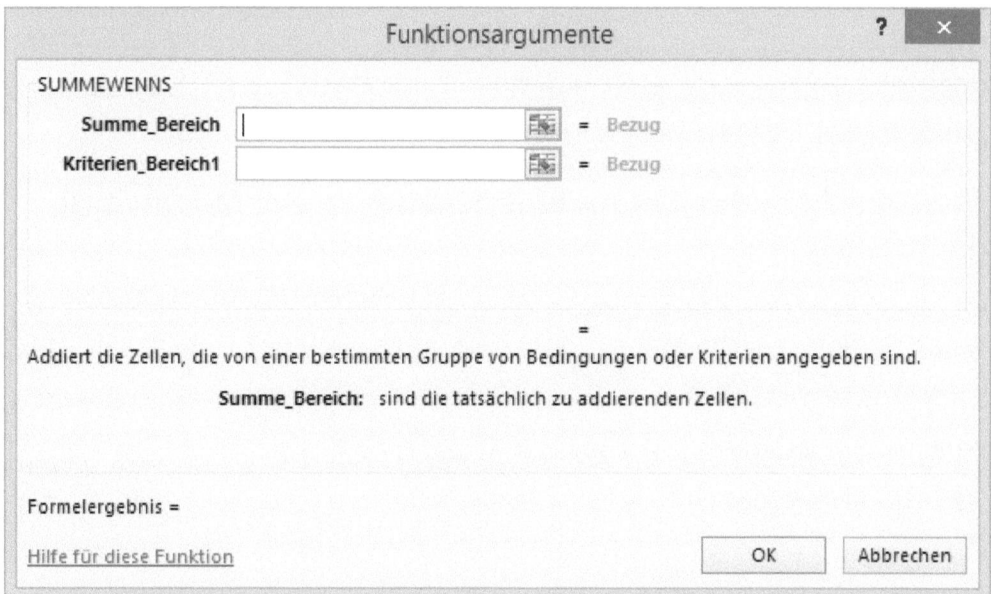

Trägt man die Informationen ein, öffnet sich ein weiteres Pflichtfeld - allerdings erst dann:

165

15.8 Am Ende des Geldes bleibt immer so viel Monat übrig

[Screenshot: Dialogfenster "Funktionsargumente" für SUMMEWENNS mit Summe_Bereich J:J, Kriterien_Bereich1 B:B, Kriterien1 "Fachreferent", Formelergebnis = 186818]

Das ist wirklich nicht clever programmiert; es ist nicht schön, dass nicht die ersten DREI Parameter angezeigt werden. Kein Trost: Während bei ZÄHLENWENNS die Parameter korrekt angezeigt werden, fehlen sie bei MITTELWERTWENNS ebenso.

15.8. Am Ende des Geldes bleibt immer so viel Monat übrig

Hallo Herr Martin,

ich finde in Excel einfach keine Funktion QUARTALSENDE. Konkret: Ich benötige den letzten Tag (als Datum) des Quartals, in dem sich ein Datum befindet. Also beispielsweise:

1.1.2016 -> 31.03.2016

2.2.2016 -> 31.03.2016

5.5.2016 -> 30.06.2016

und so weiter.

Dateneingabe

Datum u. Uhrzeit | Nachschlagen und Verweisen | Mathe Trigor

- ARBEITSTAG
- ARBEITSTAG.INTL
- BRTEILJAHRE
- DATUM
- DATWERT
- EDATUM
- HEUTE
- ISOKALENDERWOCHE
- JAHR
- JETZT
- KALENDERWOCHE
- MINUTE
- MONAT
- MONATSENDE
- NETTOARBEITSTAGE
- NETTOARBEITSTAGE.INTL
- SEKUNDE
- STUNDE
- TAG
- TAGE
- TAGE360
- WOCHENTAG
- ZEIT
- ZEITWERT

fx Funktion einfügen...

15.9 Wie heißt die Formel?

Das ist richtig: DIESE Funktion gibt es in Excel leider nicht. Man muss sie zusammenbauen. Wenn in A1 das Datum steht, dann beispielsweise so:

=DATUM(JAHR(A1);MONAT(A1)-REST(MONAT(A1)+2;3)+3;1)-1

oder so:

=DATUM(JAHR(A1);OBERGRENZE(MONAT(A1);3)+1;1)-1

(beide Funktionen suchen den letzten Monat des Quartals, addieren 1 (also verwenden den nächsten Monat) und von diesem Monat den ersten Tag. Davon wird 1 abgezogen. Oder auch so:

=MONATSENDE(A1;REST(3-MONAT(A1);3))

Man ermittelt die Anzahl der Monate, die zu dem Datum dazu gezählt werden muss.

15.9. Wie heißt die Formel?

Hallo Herr Martin,

ich habe ein Problem. Ich habe in einer Spalte Zahlen. Ich möchten von diesen Zahlen die letzten drei Stellen, also die drei Ziffern vor dem Komma abschneiden. Der Rest soll gerundet werden. Mit welcher Formel mache ich das?

f_x	=RUNDEN(G2;-3)/1000	
G	H	I
Beitrag		
8.009.205,00	8.009,00	
9.160.750,00	9.161,00	
4.955.050,00	4.955,00	
3.219.328,00	3.219,00	
7.651.416,00	7.651,00	
5.500.086,00	5.500,00	

Die Antwort: Dafür gibt es leider keine Formel. Aber wenn in G2 der Wert stehen, dann erhalten Sie den gewünschten Wert mit der Formel:

=RUNDEN(G2;-3)/1000

Enttäuscht?

15.10. Ich verstehe es nicht: Heute bin ich früh aufgestanden. Aber da war kein Wurm.

Ich bin nicht der einzige Nörgler.

Bei den Vorbereitungen zum einem Seminar „Excel und Statistik" stoße ich auf der Microsoft-Seite

https://support.office.com/de-de/article/Verwenden-der-Analyse-Funktionen-um-komplexe-Datenanalysen-auszuf%C3%BChren-6c67ccf0-f4a9-487c-8dec-bdb5a2cefab6#__toc309744619

auf eine Erklärung des Zwei-Stichproben F-Tests:

„In dem Tool wird der Wert f einer F-Statistik (oder F-Verhältnis) berechnet. Ein f-Wert nahe 1 beweist, dass die Varianzen der Grundgesamtheiten gleich sind. In der Ausgabetabelle: Wenn f < 1 ist, gibt "P(F <= f) einseitig" die Wahrscheinlichkeit an, dass ein Wert der F-Statistik beobachtet wird, der kleiner als f ist, wenn die Varianzen der Grundgesamtheiten gleich sind und "Kritischer F-Wert bei einseitigem Test" einen kritischen Wert kleiner als 1 für die ausgewählte Irrtumswahrscheinlichkeit Alpha angibt. Wenn f > 1 ist, gibt "P(F <= f) einseitig" die Wahrscheinlichkeit an, dass ein Wert der F-Statistik beobachtet wird, der größer als f ist, wenn die Varianzen der Grundgesamtheiten gleich sind und "Kritischer F-Wert bei einseitigem Test" einen kritischen Wert größer als 1 für Alpha angibt."

Conrad Carlberg kommentiert diese Erläuterungen in seinem Buch „Statistical Analysis: Microsoft Excel 2010" auf Seite 157:

Got it? Neither did I.

15.11. Formel tippen oder Funktionsassistent?

Bei unserem letzten Excel-Stammtisch haben wir uns darüber unterhalten, wann eine Formel einfacher zu verstehen ist: beim Tippen oder wenn man den Funktionsassistenten zu Hilfe nimmt. Es gibt eine Reihe von Funktionen, da erhalten Sie Informationen beim Tippen, beispielsweise SVERWEIS, TEILERGEBNIS oder WOCHENTAG:

15.11 Formel tippen oder Funktionsassistent?

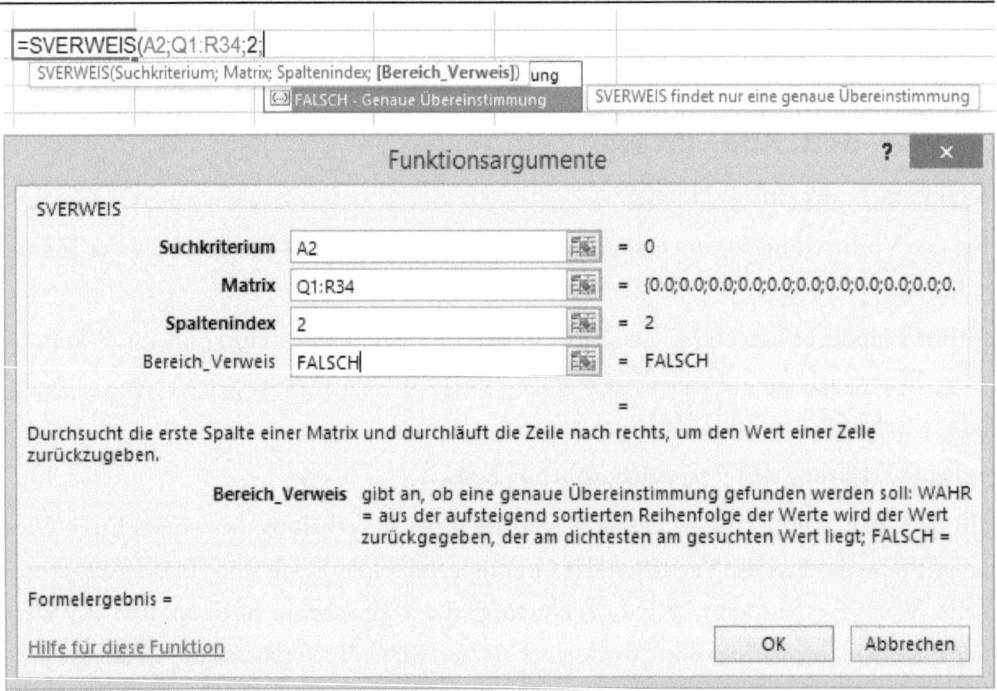

Bei anderen Funktionen ist es umgekehrt, beispielsweise RUNDEN:

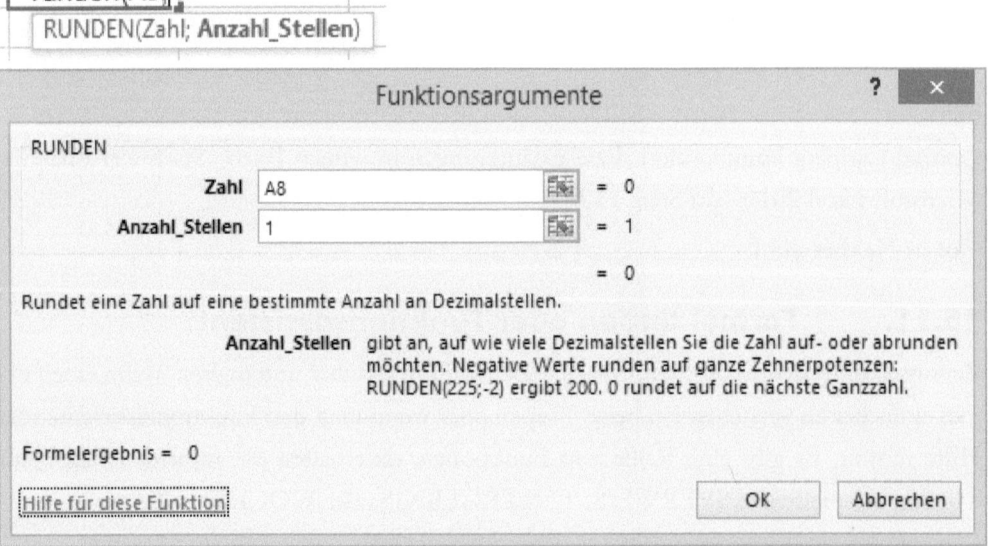

Dateneingabe

Heute habe ich mir die Funktion RÖMISCH angesehen und musste schmunzeln:

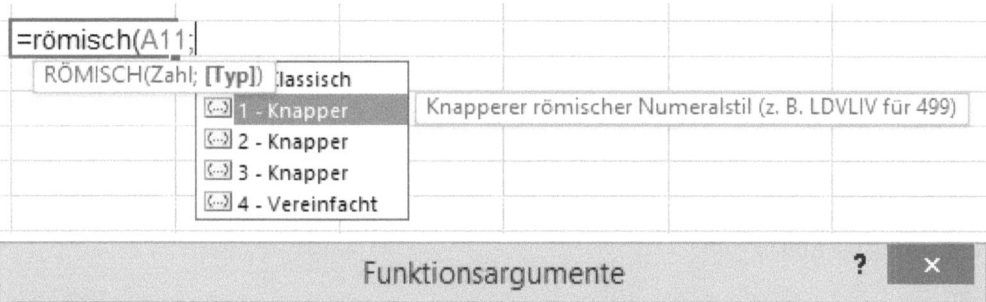

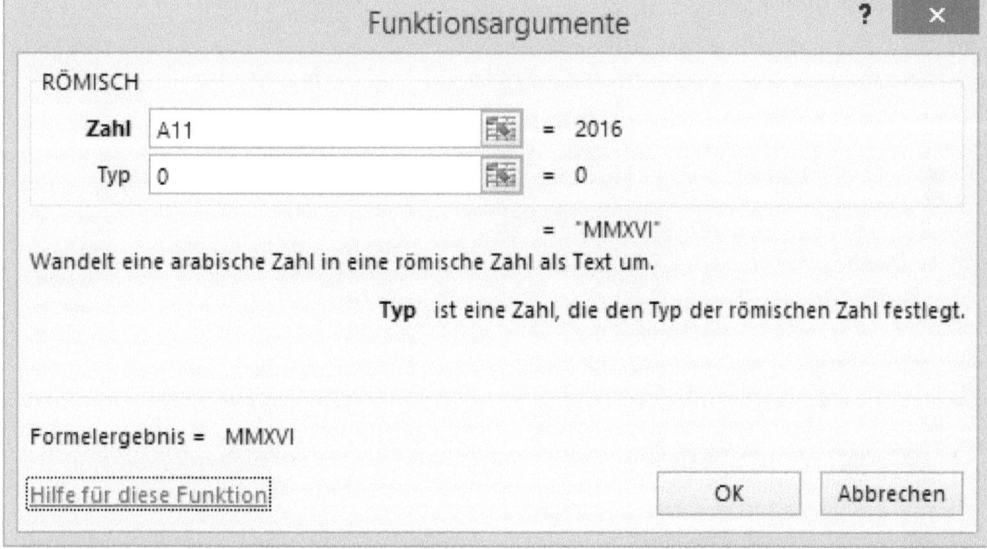

„Typ ist eine Zahl, …" ist völlig aussagelos.

„Knapper, knapper und knapper" ist auch nicht sehr (vielver-)sprechend und wenig aussagekräftig.

Zur Ehrenrettung von Excel (und denen, die Hilfetexte erstellen) muss gesagt werden, dass das QuickInfo erläutert, dass:

Erstes Knapper: LDVLIV für 499

Zweites Knapper: XDIX für 499

Drittes Knapper: VDIV für 499

Alles klar?

15.12. Manchmal wäre ein bisschen weniger doch ein bisschen hilfreicher

Excel-Schulung. Ich erkläre die Funktion SUMME. Anschließend eine Übung. Unter der Spalte mit den laufenden Nummern soll die Summe der Preise gezogen werden. Die Preise befinden sich jedoch in einer anderen Spalte.

Ich schaue einer Teilnehmerin über die Schulter: Sie klickt auf die leere Zelle, in der sich die Summe befinden soll:

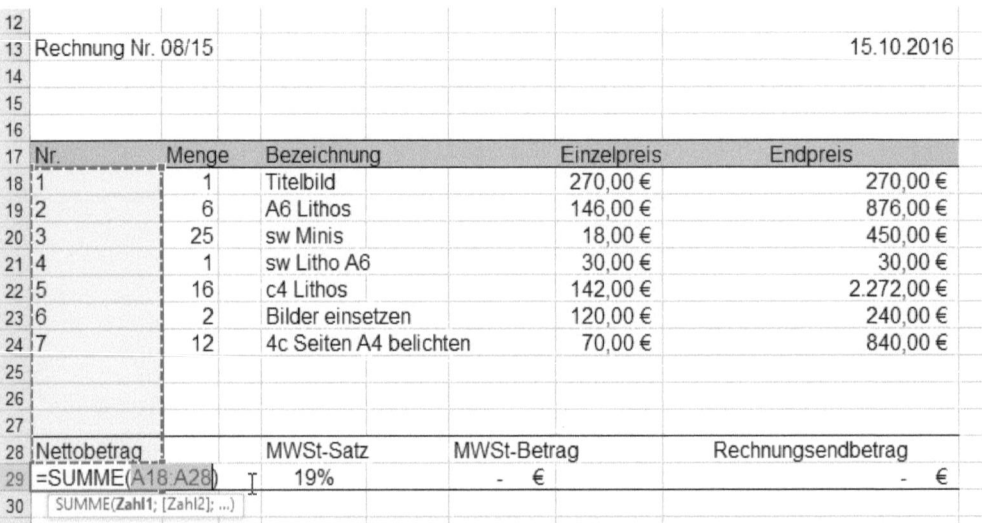

Der Vorschlag wird verworfen, indem sie auf der erste Zelle der Zahlenkolonne klickt:

Dateneingabe

12					
13	Rechnung Nr. 08/15				15.10.2016
14					
15					
16					
17	Nr.	Menge	Bezeichnung	Einzelpreis	Endpreis
18	1	1	Titelbild	270,00 €	270,00 €
19	2	6	A6 Lithos	146,00 €	876,00 €
20	3	25	sw Minis	18,00 €	450,00 €
21	4	1	sw Litho A6	30,00 €	30,00 €
22	5	16	c4 Lithos	142,00 €	2.272,00 €
23	6	2	Bilder einsetzen	120,00 €	240,00 €
24	7	12	4c Seiten A4 belichten	70,00 €	840,00 €
25					
26					
27					
28	Nettobetrag		MWSt-Satz	MWSt-Betrag	Rechnungsendbetrag
29	=SUMME(H18)		19%	- €	- €
30	SUMME(**Zahl1**; [Zahl2]; ...)				

Anschließend tippt sie einen Doppelpunkt:

12					
13	Rechnung Nr. 08/15				15.10.2016
14					
15					
16					
17	Nr.	Menge	Bezeichnung	Einzelpreis	Endpreis
18	1	1	Titelbild	270,00 €	270,00 €
19	2	6	A6 Lithos	146,00 €	876,00 €
20	3	25	sw Minis	18,00 €	450,00 €
21	4	1	sw Litho A6	30,00 €	30,00 €
22	5	16	c4 Lithos	142,00 €	2.272,00 €
23	6	2	Bilder einsetzen	120,00 €	240,00 €
24	7	12	4c Seiten A4 belichten	70,00 €	840,00 €
25					
26					
27					
28	Nettobetrag		MWSt-Satz	MWSt-Betrag	Rechnungsendbetrag
29	=SUMME(H18:H18)		19%	€	- €
30	SUMME(**Zahl1**; [Zahl2]; ...)				

Und schaut mich nun erstaunt an, was Excel „tut". Zugegeben: Excel schlägt eine Zelle vor bis zu der der Bereich ausgedehnt werden könnte. Jedoch ist die Anfängerin überfordert, weil nach der Eingabe eines Doppelpunktes etwas „anderes" in der Formel steht.

Vielleicht wäre hier keine Hilfe besser gewesen.

16 Tabellen / Intelligente Tabellen

Excel bringt mich noch zum Wahnsinn! - Warum eigentlich „noch"?

Ich verstehe es nicht. Ich wollte in einer Liste eine Überschrift ändern und habe nun dort den Text „Datum" eingetragen. Tippen darf ich ja, aber sobald ich die Zelle verlasse steht plötzlich „Datum2" drin. Ich habe es nicht reingeschrieben. Ich schwör's!

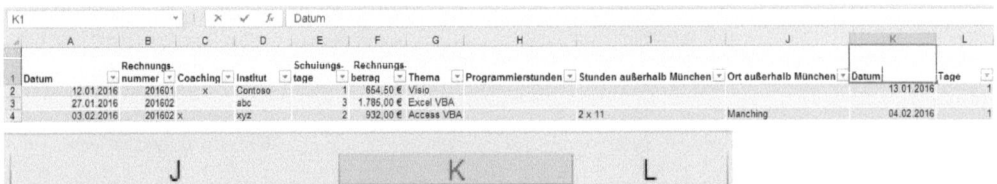

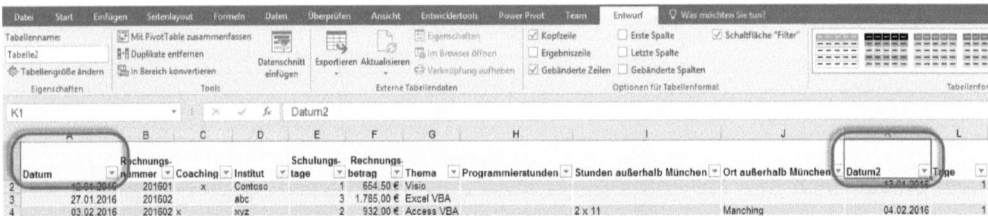

Sie müssen genau hinschauen. Ihre Liste ist als Tabelle formatiert. Das erkenne ich an der Registerkarte Tabellentools / Entwurf. Und ich sehe, dass es bereits eine Spalte Datum gibt (Spalte A). Tabellen (oder intelligente Tabellen) erlauben jeweils nur eindeutige Feldnamen - das heißt: Sie dürfen nicht zwei Spalten mit der Überschrift „Datum" versehen. Sonst greift Excel ein!

16.1. Gehen Sie zurück auf Los! Ziehen Sie keine 4.000 ein! – Oder: mehr als drei Athleten geht nicht.

Ich verstehe es nicht. Ich habe eine kleine Liste erstellt und ein Diagramm aufgesetzt. Damit das Diagramm sich die aktuellen Zahlen holt, habe ich den Datenbereich über Einfügen / Tabelle in eine intelligente Tabelle verwandelt. Normalerweise - wenn ich in der letzten Zelle rechts unten den Cursor platziere und dort die Tabulatortaste drücke wird eine neue Zeile angefügt und die Daten werden in das Diagramm übernommen. Bei mir jedoch nicht - nach dem dritten Athleten ist Schluss. Er hüpft wieder zurück in Zelle A97. Warum?

Die Antwort könnten Sie auch alleine finden. Unter Ihrer Liste ist Zeile 101 ausgeblendet. Da Excel vorhandene Zellen zur Liste (Tabelle) hinzufügt, kann er das in Ihrem Fall nicht, weil die Daten sichtbar sein müssen. Deshalb erfolgt der Sprung „zurück zum Anfang" auf A97.

16.2. „Bunt ist meine Lieblingsfarbe." (Walter Gropius)

Gestern in der Excelschulung wurde eine schöne Frage gestellt:

Warum formatiert er die Tabelle nicht mit der Farbe, dessen Schema ich auswähle? Beispielsweise Blau.

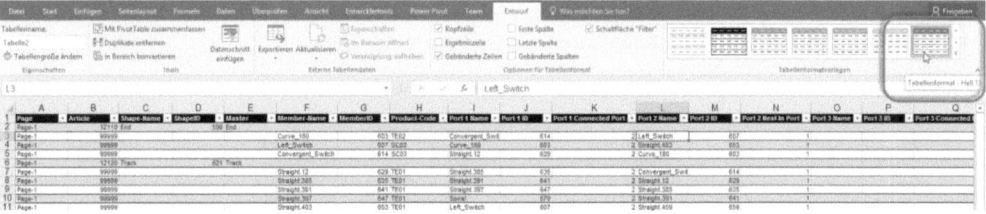

Die Antwort erhielt ich durch eine Gegenfrage:

„Haben Sie die Liste als Tabelle formatiert, dann wieder in einen Bereich konvertiert und anschließend wieder zu einer Tabelle gemacht?" - „Ja" - „Klar - beim Zurückkonvertieren bleiben die Farben erhalten - nun ist die Tabelle »hart« formatiert.

16.3. Können die nicht oder wollen die nicht?

Microsoft kann einfach nicht einheitlich:

16.3 Können die nicht oder wollen die nicht?

Erstellt man aus einer Excelliste eine Tabelle (eine intelligente Tabelle; eine formatierte Tabelle) über Einfügen / Tabelle (um daraus anschließend mit PowerPivot zu arbeiten), schlägt Excel vor, dass die Liste eine Überschrift hat.

Wählt man den direkten Weg, erstellt also eine PowerPivot-Tabelle aus einer Liste (Power-Pivot / Zu Datenmodell hinzufügen), fragt Excel nicht, ob die Liste eine Überschrift enthält.

Hätte man ja auch einheitlich machen können …

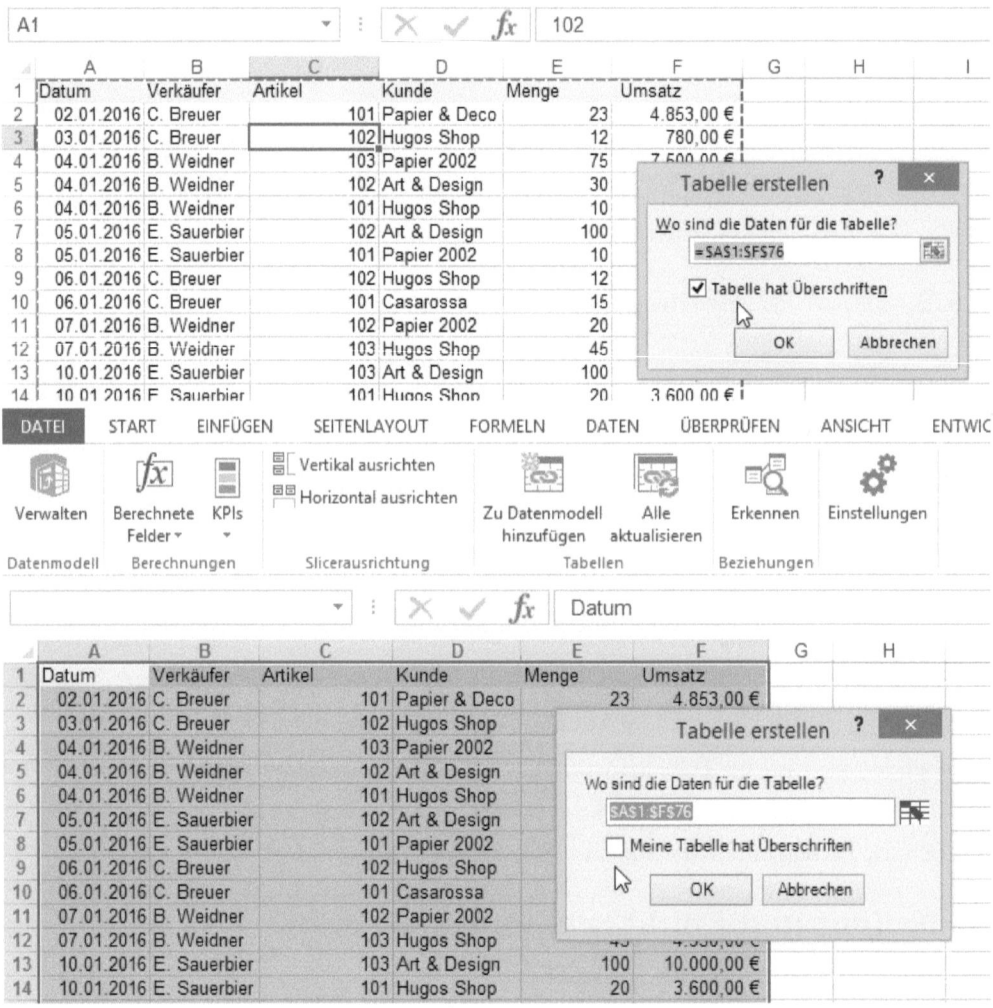

16.4. Ein dummer Mensch macht zu allem eine Bemerkung ... ein Kluger bemerkt alles.

Ich versuche mich mit den „intelligenten Tabellen" (den formatierten Tabellen) anzufreunden. Aber sie machen es mir verdammt schwer.

Ich habe eine Artikelliste - umgewandelt als „intelligente Tabelle". Soweit, so gut. Wenn ich neue Daten unterhalb der Liste eintrage, wird die Liste automatisch erweitert. Prima.

Wenn ich allerdings statt eines Wertes eine Formel eintrage - beispielsweise um aus dem Bruttowert den Nettowert zu berechnen, so beendet Excel die Liste und zeigt mir die Formale als Formel unterhalb der Tabelle an. Das will ich aber nicht!

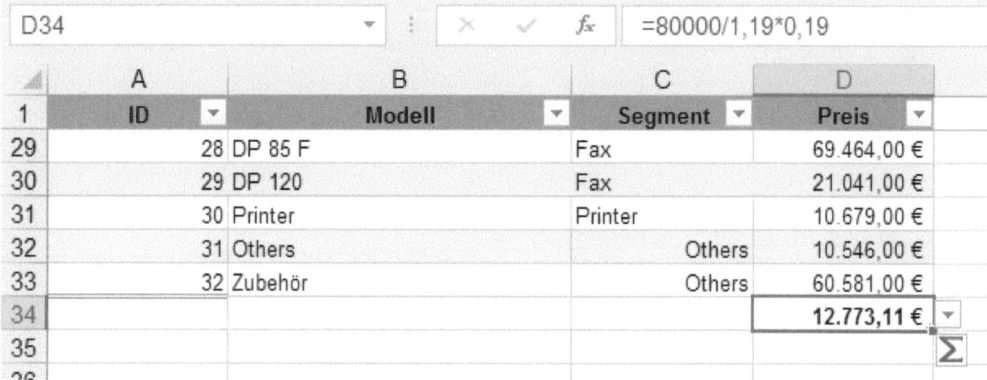

Excel zwingt mich zuerst mindestens einen Wert in die neue Zeile einzutragen - DANN erst erlaubt er Formeln ...

16.5. Wenn Plan A nicht klappen sollte, keine Sorge – das Alphabet hat noch 25 andere Buchstaben.

Ist Ihnen das aufgefallen? Sie haben eine intelligente Tabelle (Einfügen / Tabelle) und möchten diese transponieren. Geht nicht!

16.6 Ich kann auch nett - bringt aber nix!

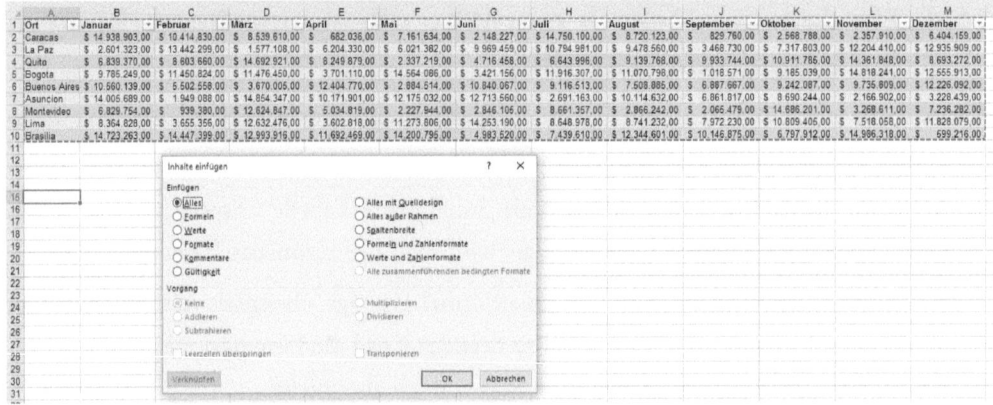

Es geht dann, wenn Sie die Tabelle ohne Überschrift markieren und kopieren:

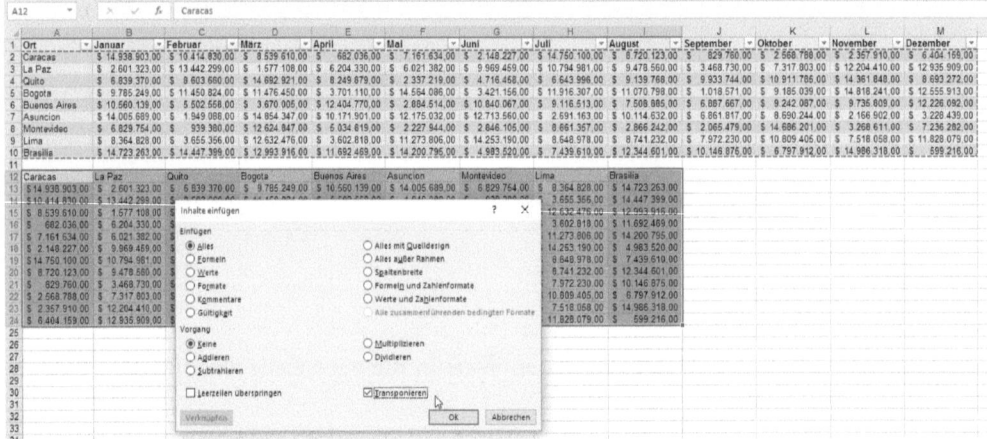

16.6. Ich kann auch nett - bringt aber nix!

Doch, manche Dinge begeistern mich:

Wird in einer intelligenten Tabelle (in einer formatierten Tabelle) eine ganze Zeile markiert und diese am Rand heruntergezogen, wird die darunterliegende Zeile überschrieben. Abhilfe schafft das Drücken der Shift-Taste:

Markiert man dagegen nur die Zellen einer Zelle bis zum Ende der Tabelle, kann man ohne weitere Taste diese Zeile herunterziehen:

	A	B	C	D	E	F	G
1	Event Date	Description	Detail	Message	Card Number	Badge Holder Name	Spalte1
2	03.02.2016 11:20	3.3 Kantine Kasse - Reader	Local Grant		87883552		
3	03.02.2016 11:21	3.3 Kantine Kasse - Reader	Local Grant		88357259		
4	03.02.2016 11:21	3.3 Kantine Kasse - Reader	Local Grant		87921549		
5	03.02.2016 11:21	3.3 Kantine Kasse - Reader	Local Grant		89907375		
6	03.02.2016 11:25	3.3 Kantine Kasse - Reader	Local Grant		89903331		
7	03.02.2016 11:44	3.3 Kantine Kasse - Reader	Local Grant		88345204		
8	03.02.2016 12:08	3.3 Kantine Kasse - Reader	Local Grant		89900716		
9	03.02.2016 12:10	3.3 Kantine Kasse - Reader	Local Grant		89905658		
10	03.02.2016 12:11	3.3 Kantine Kasse - Reader	Local Grant		89909671		
11	03.02.2016 12:14	3.3 Kantine Kasse - Reader	Local Grant		89895329		
12	03.02.2016 12:14	3.3 Kantine Kasse - Reader	Local Grant		87887423		
13	03.02.2016 12:14	3.3 Kantine Kasse - Reader	Local Grant		87929951		
14	03.02.2016 12:15	3.3 Kantine Kasse - Reader	Local Grant		87882562		
15	03.02.2016 12:15	3.3 Kantine Kasse - Reader	Local Grant		87936429		
16	03.02.2016 12:15	3.3 Kantine Kasse - Reader	Local Grant		87886655		
17	03.02.2016 12:16	3.3 Kantine Kasse - Reader	Local Grant		87887931		

16.7. Sport gibt dir das Gefühl nackt besser auszusehen. Tequila übrigens auch.

Zugegeben: ein bisschen suspekt sind mit die Tabellen, die intelligente Tabellen oder formatierte Tabellen immer noch. Wenn Sie beispielsweise eine fortlaufende Nummerierung erzeugen möchten, können Sie auf eine Zahlenspalte zugreifen und dort beispielsweise die Formel eintragen:

=ANZAHL($C$1:C2)

16.7 Sport gibt dir das Gefühl nackt besser auszusehen. Tequila übrigens auch.

A2 =ANZAHL($C$1:C2)

	A	B	C
1	Nr.	**Gallier**	Alter
2	1	Amnesix	76
3	2	Asterix	50
4	3	Augenblix	20
5	4	Automatix	27
6	5	Barometrix	86
7	6	Berlix	49
8	7	Bossix	98
9	8	Cäsar Kneipix	82

Die Liste wird korrekt gefüllt:

B36

	A	B	C
25	24	Obelix	67
26	25	Odalix	28
27	26	Plaintcontrix	78
28	27	Praktifix	81
29	28	Prognostix	16
30	29	Saingesix	40
31	30	Schönfix	28
32	31	Spürnix	63
33	32	Stupidix	118
34	33	Talentix	36
35	34	Troubadix	101
36			
37			

Wird jedoch ein neuer Datensatz eingetragen, dann „zerschießt" Excel die vorletzte Formel:

Dateneingabe

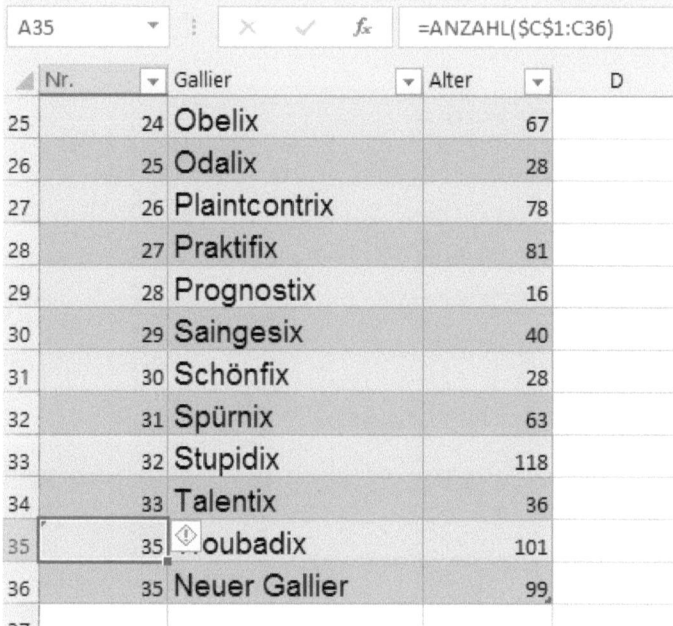

Abhilfe schafft bei der Eingabe der Formel

=ANZAHL($C$1:C2)

anstelle des Zellnamens C2 ein Klick auf die Zelle C2. Dann wird aus der Formel:

=ANZAHL($C$1:[@Alter])

Und damit funktioniert es.

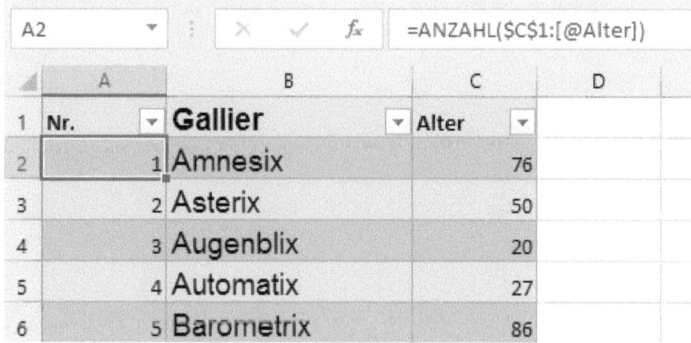

Ein großes Dankeschön an Christian für diesen Hinweis.

17 Text in Spalten

17.1. Es könnte alles so schön sein ...

Sehr geehrter Herr Martin,

Außerdem habe ich noch eine Frage bezüglich Excel 2013. Ich möchte einen Text mit „Text in Spalten" trennen. Unter Zielbereich würde ich gerne ein neues Tabellenblatt angeben. Dies ist aber leider nicht möglich. Ich bekomme immer die Meldung „Zielbezug ist ungültig".

Wie kann ich die zu trennenden Daten in ein neues Tabellenblatt schreiben lassen.

Über eine Antwort würde ich mich sehr freuen.

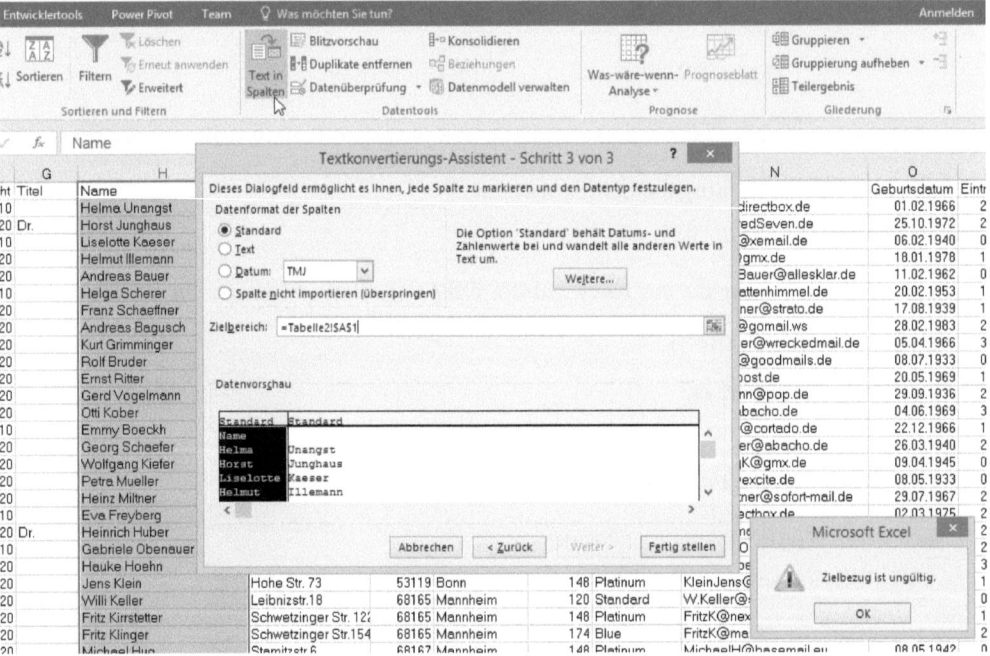

Hallo Frau N.,

Sie haben recht: der Assistent Daten / Text in Spalten verlangt, dass die Daten auf dem gleichen Blatt stehen müssen. Ich habe mal mit dem Makrorekorder diesen Assistenten

Dateneingabe

aufgezeichnet. Und dann den Befehl Range("U1") (gemeint ist die Zelle U1 auf dem Blatt, auf dem ich mich befinde)

geändert in:

```
Selection.TextToColumns _
Destination:=Worksheets("Tabelle2").Range("U1"), _
DataType:=xlDelimited, _
TextQualifier:=xlDoubleQuote, ConsecutiveDelimiter:=True, Tab:=True, _
Semicolon:=False, Comma:=False, Space:=True, Other:=False, _
FieldInfo:=Array(Array(1, 1), Array(2, 1)), TrailingMinusNumbers:=True
```

Was passiert? Excel übergeht einfach „Tabelle2" und schreibt die Daten auf das Blatt, auf dem sich der Cursor befindet.

Heißt für Sie: sorry: erst in einen leeren Bereich einfügen; dann ausschneiden und auf ein neues Blatt einfügen.

schöne Grüße

Rene Martin

17.2. Soll ich nur tun oder sogar als ob?

Amüsant: Ich verwende den Assistenten Daten / Text in Spalten, um die Postleitzahl vom Ort zu trennen. Die erste Zeile - Frankfurt am Main habe ich vergessen:

	A	B	C	D	E	F
1	Straße					
2	Hochstrasse 4	60313 Frankfurt am Main				Deutschland
3	Uhlandstraße 188-189		10623	Berlin		Deutschland
4	Mohrenstraße 30		10117	Berlin		Deutschland
5	Hardenbergstrasse 28		10623	Berlin		Deutschland
6	Berliner Freiheit 2		53111	Bonn		Deutschland
7	Marzellenstrasse 13-17		50668	Köln		Deutschland
8	An der Frauenkirche 5		01067	Dresden		Deutschland
9	Georg-Glock-Straße 20		40474	Düsseldorf		Deutschland
10	Kirchenallee 54-56		20099	Hamburg		Deutschland
11	Rheinstraße 68		55116	Mainz		Deutschland
12	Rosenheimer Strasse 15		81667	München		Deutschland
13	Am Tucherpark 7		80538	München		Deutschland
14	Valznerweiher Strasse 200		90480	Nürnberg		Deutschland
15	Hertha-Firnberg-Straße 5		1100	Wien		Österreich
16	Salurner Straße 15		6020	Innsbruck		Österreich
17	Am Stadtpark 1		1030	Wien		Österreich
18	Handelskai 269		1020	Wien		Österreich
19	Schottenring 11		1010	Wien		Österreich
20	Promenade 103		7270	Davos		Schweiz
21	Hohenbühlstrasse 10		8152	Opfikon		Schweiz

Kein Problem: Doppelklick auf die Zelle, Ortsnamen markieren und ausschneiden:

17.2 Soll ich nur tun oder sogar als ob?

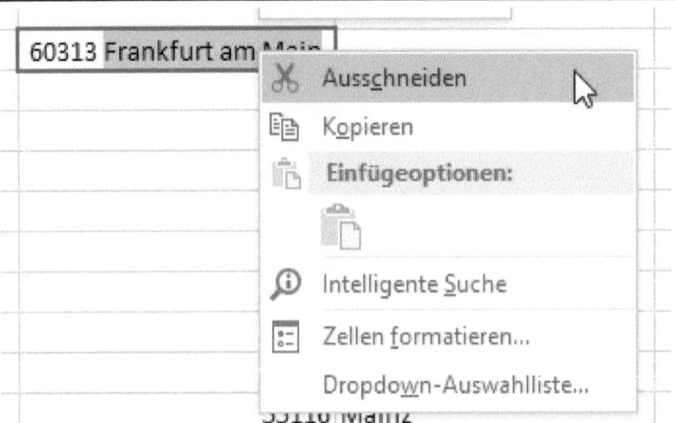

Jedoch beim Einfügen bin ich verblüfft: Excel hat sich den Assistenten gemerkt und trennt diesen Text:

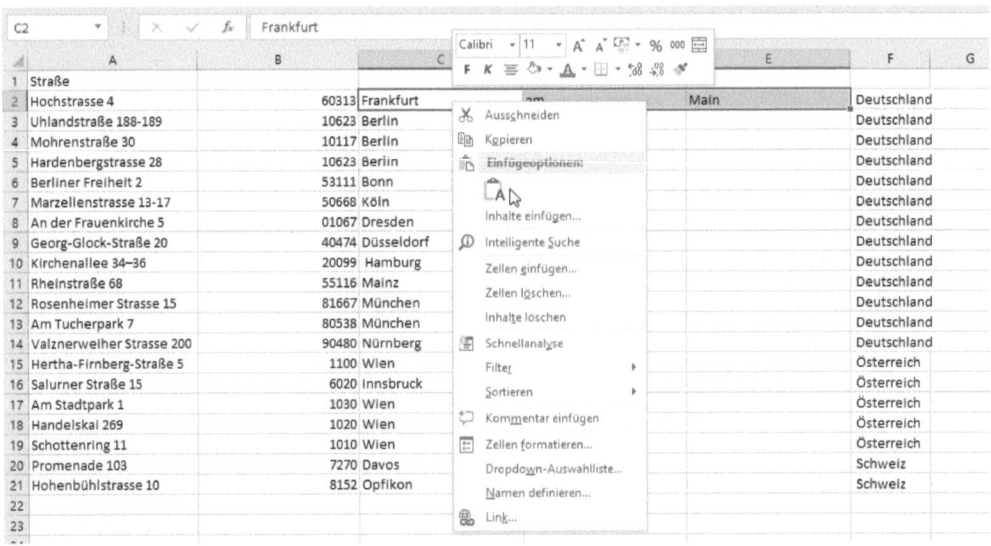

Eh! - Das will ich nicht!

18 Sortieren

18.1. Dumme Gedanken hat jeder. Nur der Weise verschweigt sie.

Hallo Herr Martin,

ich würde gerne in einer Pivottabelle eine Spalte sortieren, aber es klappt nicht. Warum?

Die Antwort: Sie haben in Ihrem Beispiel eine Abhängigkeit zwischen dem Ort und dem Firmenname. Eine Firma ist in einem Ort. Deutlicher wird es, wenn Sie Daten verwenden, bei denen n Firmen in m Orten auftauchen. Beispielsweise Artikel und Verkäufer:

18.2 Größenvergleich

[Screenshot einer Excel-Tabelle mit Verkaufsdaten und einer Pivot-Tabelle mit Gruppierung nach Verkäufer, Artikel und Kunde.]

Hier wird deutlich, was sortieren bedeutet. Innerhalb der ersten Kategorie wird die zweite Kategorie sortiert. Aber pro Gruppe wird erneut sortiert. Da im ersten Beispiel nur ein Wert pro erste Kategorie vorhanden ist, "sieht man die Sortierung" nicht.

18.2. Größenvergleich

Hallo Rene,

erst einmal sorry für die späte Rückmeldung, ich war im Urlaub. Das Problem mit den Verbindern habe ich mittlerweile gelöst. Jetzt hab ich aber ein weiteres Problem allerdings diesmal mit Excel.

Ich schreibe Daten aus Visio per VBA Makro nach Excel. In Excel werden die Daten dann aufsteigend nach einer Positionsnummer sortiert. Allerdings hat Excel mit der Sortierung der Positionsnummer einige Probleme. Wenn die Nummern beispielsweise 1, 2, 3, ,4 usw. lauten läuft alles gut - bei Zahlen wie 1.1, 1.2, 1.3, ... 1.9 klappt auch noch die Sortierung einwandfrei.

Sobald ich aber Nummern ab 1.10 oder 2.11 benutze wird die Sortierung nicht mehr eingehalten. Es sieht dann beispielsweise wie folgt aus:

1.1

1.10

1.11

1.12

1.2

....

Ich möchte allerdings folgende Sortierung:

1.1

1.2

1.3

...

1.10

1.11

Hast du eine Idee wie ich das anstellen kann ? Hab im Internet schon etwas gegoogelt allerdings finde ich leider keine Lösung dazu. Achja die Nummern werden als Text behandelt.

Liebe Grüße

Stephan

##########

Hallo Stephan,

Excel unterscheidet bei fast allen Dingen zwischen Text und Zahl: rechnen, Zahlenformat, Dateneingabe, filtern, ... und eben auch beim Sortieren. 1.1 und 1.10 wird als Text erkannt und eben wie Text sortiert: Anton < Berta < Cäsar < Dora ...

Würde Excel die Zahlen als Zahlen erkennen, würde er ein Datum daraus machen:

01. Januar

01. Januar 2001

und so weiter

Die einzige Lösung, die ich sehe: Gib die Daten in der Form 01.01, 01.02., ... 01.10, 01.11, ... 01.20, 01.21 ... ein. Dann produziert die Textsortierung keine Probleme.

18.3 Lass mich – ich kann das – oh, kaputt!

Übrigens: das Gleiche Problem hast Du auch bei Dateinamen, wenn Deine Kamera Bilder mit Dateinamen pic1, pic2, ... pic10, pic11, ... speichert. Dann gilt: pic1 < pic10 < pic11 < pic2 ...

Liebe Grüße

Rene

18.3. Lass mich – ich kann das – oh, kaputt!

Ich erstelle eine Pivottabelle.

Obwohl ich nach dem Ortsnamen sortiere, weigert sich Excel zu sortieren. Warum?

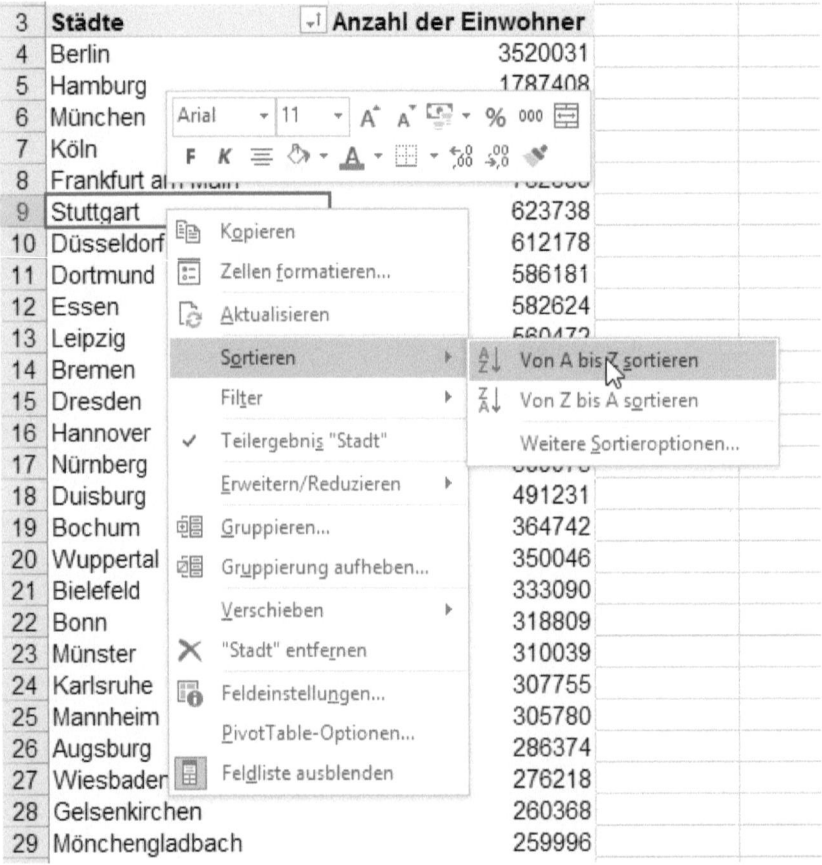

Dateneingabe

Die Ursache der vermeintlich falschen Sortierung finden Sie, wenn Sie einen Blick in Benutzerdefinierten Listen werfen. Befindet sich dort diese Liste hat sie Vorrang gegenüber der Standardsortierung. Anders als beim „gewöhnlichen" Sortieren kann hier nicht umgestellt werden.

Lösung 1: Löschen Sie diese Liste

Lösung 2: Wenn Sie nicht auf Ihre Liste verzichten möchten, erstellen Sie diese Liste neu, sortieren diese Liste und importieren nun die sortierte Liste. Dann wird Excel auf diese sortierte Liste zugreifen.

Einen Haken hat diese Lösung: Wenn nun ein Begriff in der Pivottabelle auftaucht, der nicht in der benutzerdefinierten Liste vorhanden ist, steht er am Ende der Pivottabelle ... Also doch Lösung 1 ?!?

Danke an Andreas Thehos für diesen Hinweis. Er hat auf

ein Video dazu erstellt.

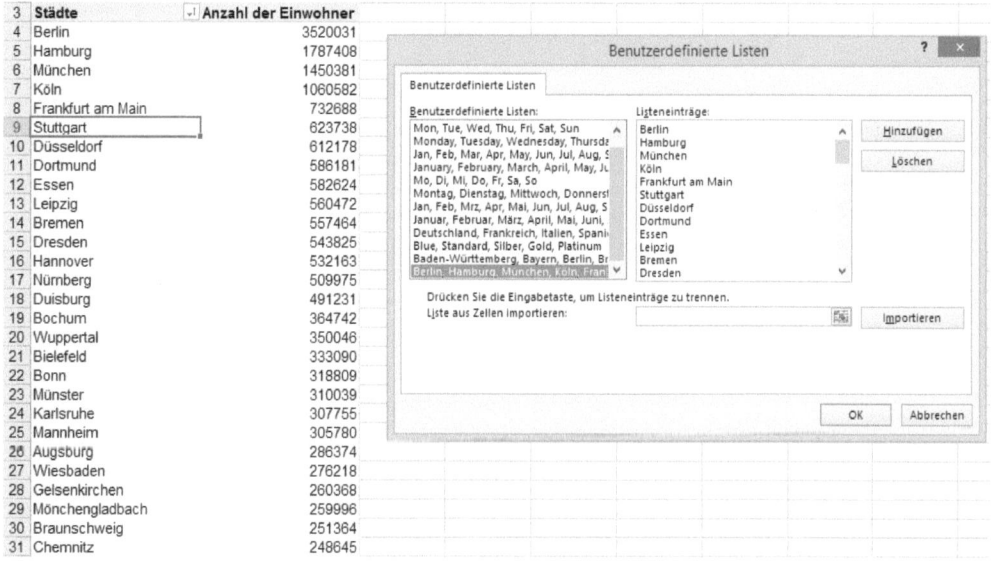

19 Filtern

19.1. Schnittig

Vor Kurzem habe ich den Datenschnitt in Excel entdeckt. Tolle Sache!

Allerdings habe ich eine Frage: Kann ich nur ein Fenster öffnen? Wenn ich ein zweites Fenster aufmache, ist das erste Fenster weg.

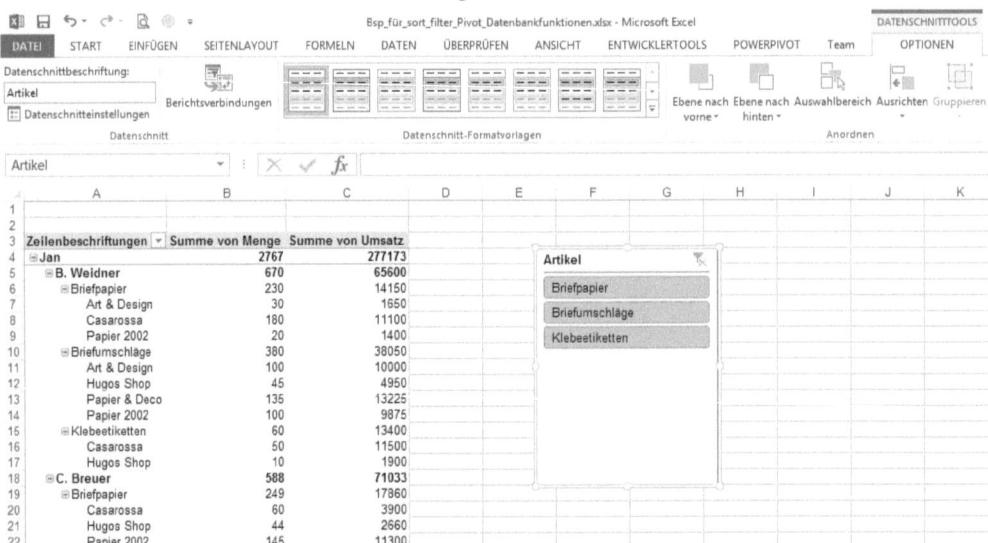

Die Antwort: Schieben Sie mal das Fenster zur Seite - mit Sicherheit hat sich das andere Fenster hinter dem zuletzt geöffneten verborgen. Denn: Natürlich können Sie mehrere Datenschnitt-Fenster öffnen.

Dateneingabe

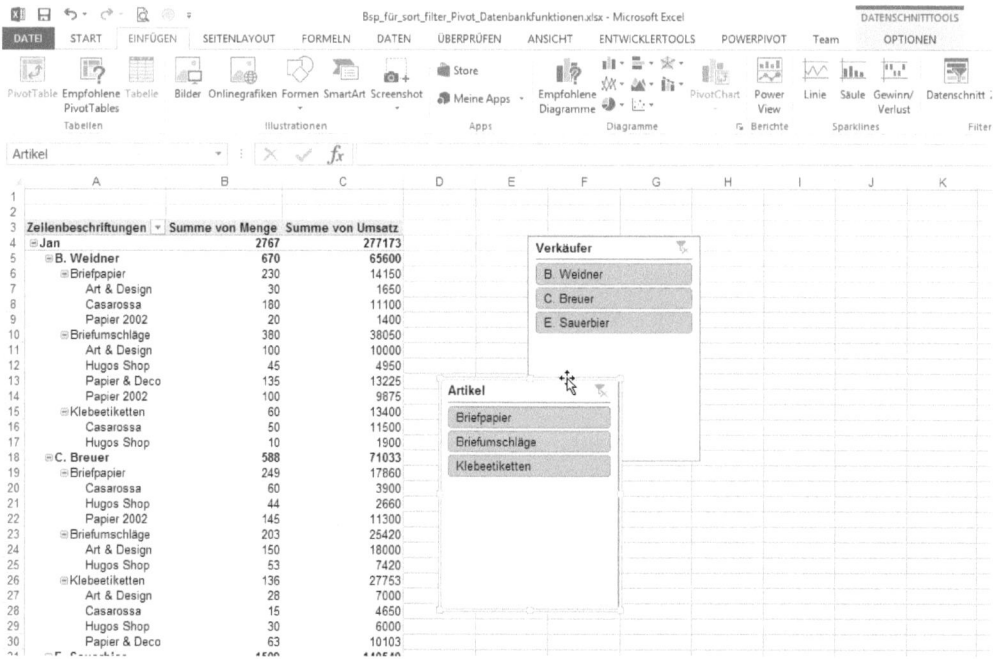

19.2. Ich könnte jetzt wirklich einen Zauberstab gebrauchen.

Warum klappt das denn nicht?

Ich habe eine Liste, in der ich die Nachnamen filtern möchte mit

entspricht M?yer

oder

entspricht M?ier

Erstaunlicherweise filtert Excel nur Mayer und Meyer, allerdings nicht Meier oder Maier. Ich bin sicher, dass solche Namen vorhanden sind.

19.3 Wer zuletzt lacht hat es nicht eher begriffen.

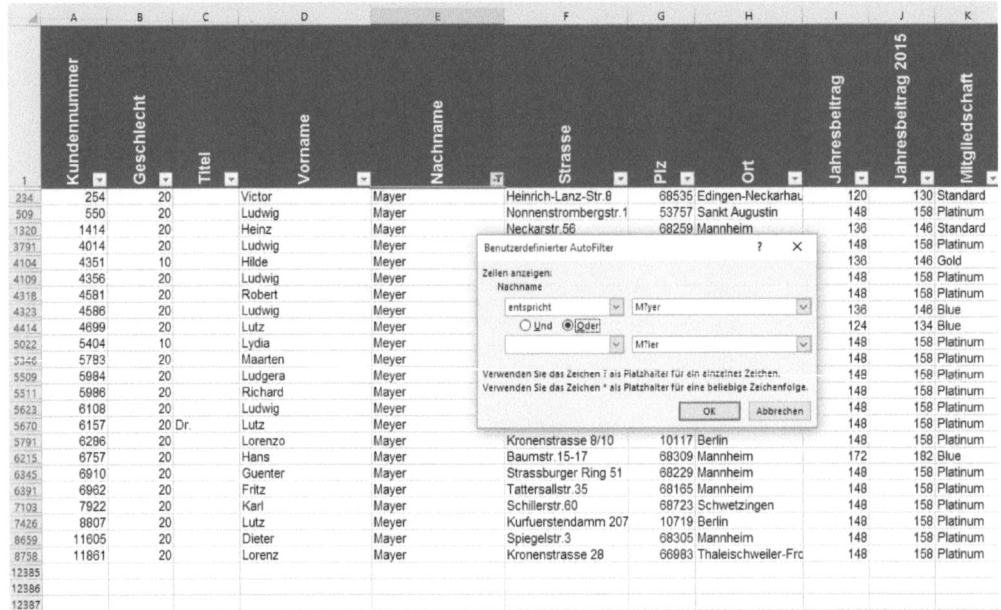

Die Antwort: Sie müssen auch beim zweiten Kriterium die Option „entspricht" einschalten. Wenn in dieser Combobox nichts ausgewählt wurde, wird das Kriterium entfernt:

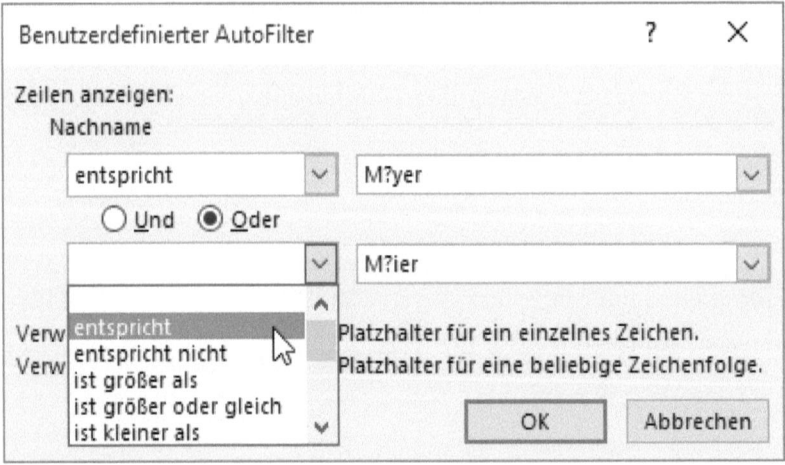

19.3. Wer zuletzt lacht hat es nicht eher begriffen.

Es ist sicherlich nicht wichtig. Aber es hat mich amüsiert.

Ist Ihnen schon einmal aufgefallen, dass Excel, nachdem der Filter gesetzt wurde, im Kontextmenü schreibt „Zeilen löschen" und nicht „Zellen löschen"?

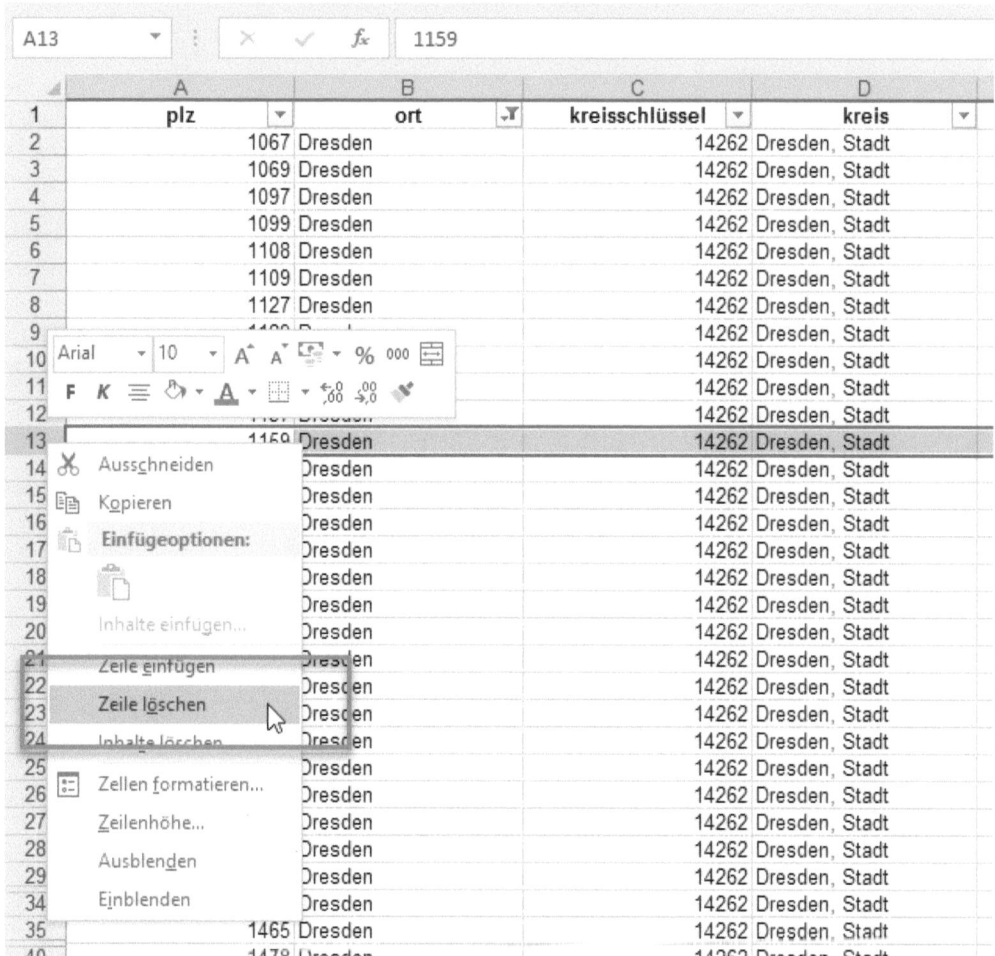

19.4. Freiheit für das Spielzeug: Lasst die Jo-Jos von der Leine!

Ist das so gewollt?

In einer Liste gibt es Berechnungen. Beispielsweise wird mit der Funktion MONAT aus einer Spalte die Monatszahl herausgerechnet:

19.4 Freiheit für das Spielzeug: Lasst die Jo-Jos von der Leine!

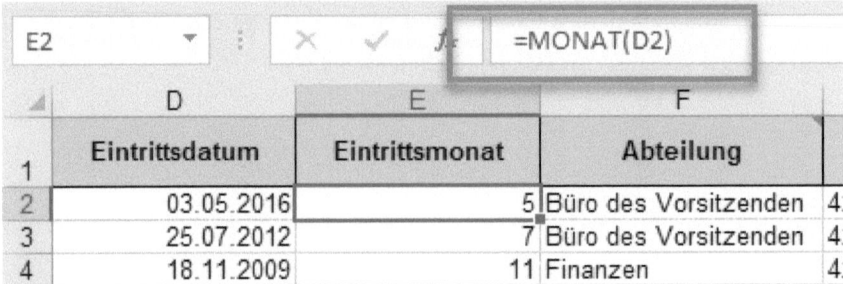

Wendet man nun den Spezialfilter an (Daten / Sortieren und Filtern / Erweitert), um bestimmte Informationen herauszufiltern, wandelt Excel die Formel(n) in Werte um:

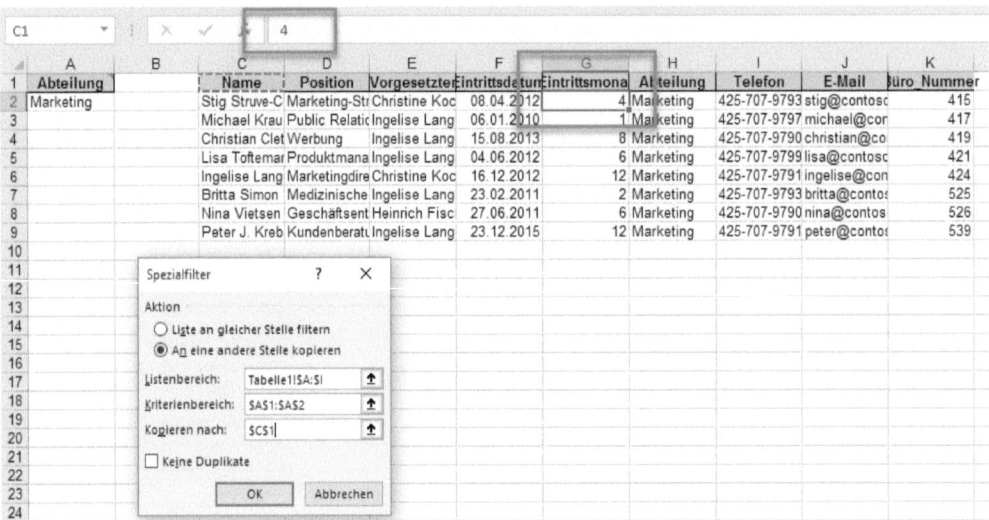

20 Pivottable

20.1. Neue Standards setzen?

Kann man die Standardeinstellungen der Pivottabellen ändern?

Ich habe eine Liste, in der sich Leerzellen befinden. Auf diese Liste setze ich eine Pivottabelle auf. Leider verwendet Excel nun die Funktion Anzahl statt Summe. Muss ich jede Spalte einzeln ändern?

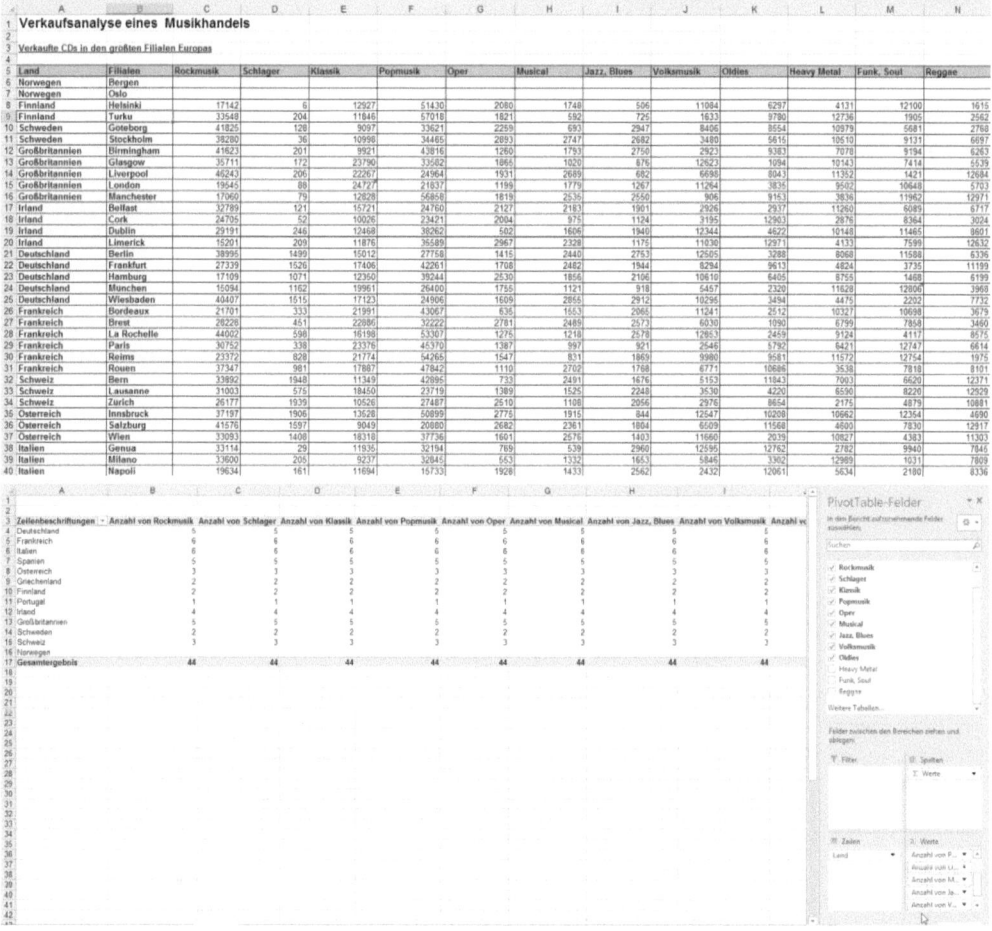

Die Antwort: Leider ja!

20.2. Und täglich grüßt das Murmeltier

Ein bisschen nervig ist es schon: Jedes Mal, wenn ich eine Pivottabelle erstelle, muss ich das Berichtslayout im Tabellenformat anzeigen lassen, anschließend alle Elementnamen wiederholen lassen, die Gesamtergebnisse und Teilergebnisse deaktivieren und die Schaltfläche ausschalten. Nur so können die Daten weiter gegeben werden. Kann man leider nicht abspeichern.

	Verkäufer	Artikel	Kunde	Summe von Umsatz	Summe von Menge
4	B. Weidner	Briefpapier	Art & Design	3390	54
5	B. Weidner	Briefpapier	Casarossa	11100	180
6	B. Weidner	Briefpapier	Papier & Deco	8400	120
7	B. Weidner	Briefpapier	Papier 2002	1400	20
8	B. Weidner	Briefpapier	Uschi	2200	40
9	B. Weidner	Briefumschläge	Art & Design	20720	196
10	B. Weidner	Briefumschläge	Hugos Shop	4950	45
11	B. Weidner	Briefumschläge	Papier & Deco	19225	195
12	B. Weidner	Briefumschläge	Papier 2002	9875	100
13	B. Weidner	Briefumschläge	Uschi	5600	70
14	B. Weidner	Klebeetiketten	Casarossa	11500	50
15	B. Weidner	Klebeetiketten	Hugos Shop	2280	12
16	B. Weidner	Klebeetiketten	Uschi	10300	45
17	C. Breuer	Briefpapier	Art & Design	5025	67
18	C. Breuer	Briefpapier	Casarossa	9500	140
19	C. Breuer	Briefpapier	Hugos Shop	2660	44
20	C. Breuer	Briefpapier	Papier & Deco	2600	40
21	C. Breuer	Briefpapier	Papier 2002	19100	265
22	C. Breuer	Briefumschläge	Art & Design	18000	150
23	C. Breuer	Briefumschläge	Hugos Shop	14570	118
24	C. Breuer	Briefumschläge	Papier & Deco	4050	45
25	C. Breuer	Briefumschläge	Papier 2002	1700	17
26	C. Breuer	Briefumschläge	Uschi	7600	80
27	C. Breuer	Klebeetiketten	Art & Design	7000	28
28	C. Breuer	Klebeetiketten	Casarossa	39775	190
29	C. Breuer	Klebeetiketten	Hugos Shop	6000	30
30	C. Breuer	Klebeetiketten	Papier & Deco	10103	63
31	C. Breuer	Klebeetiketten	Uschi	8000	40
32	E. Sauerbier	Briefpapier	Art & Design	6500	100
33	E. Sauerbier	Briefpapier	Casarossa	6400	80
34	E. Sauerbier	Briefpapier	Hugos Shop	19255	307
35	E. Sauerbier	Briefpapier	Papier & Deco	16900	260
36	E. Sauerbier	Briefpapier	Uschi	36500	550
37	E. Sauerbier	Briefumschläge	Art & Design	25750	250
38	E. Sauerbier	Briefumschläge	Casarossa	11700	90
39	E. Sauerbier	Briefumschläge	Papier 2002	15475	150
40	E. Sauerbier	Briefumschläge	Uschi	17850	165
41	E. Sauerbier	Klebeetiketten	Art & Design	27600	120
42	E. Sauerbier	Klebeetiketten	Casarossa	630	3

Dateneingabe

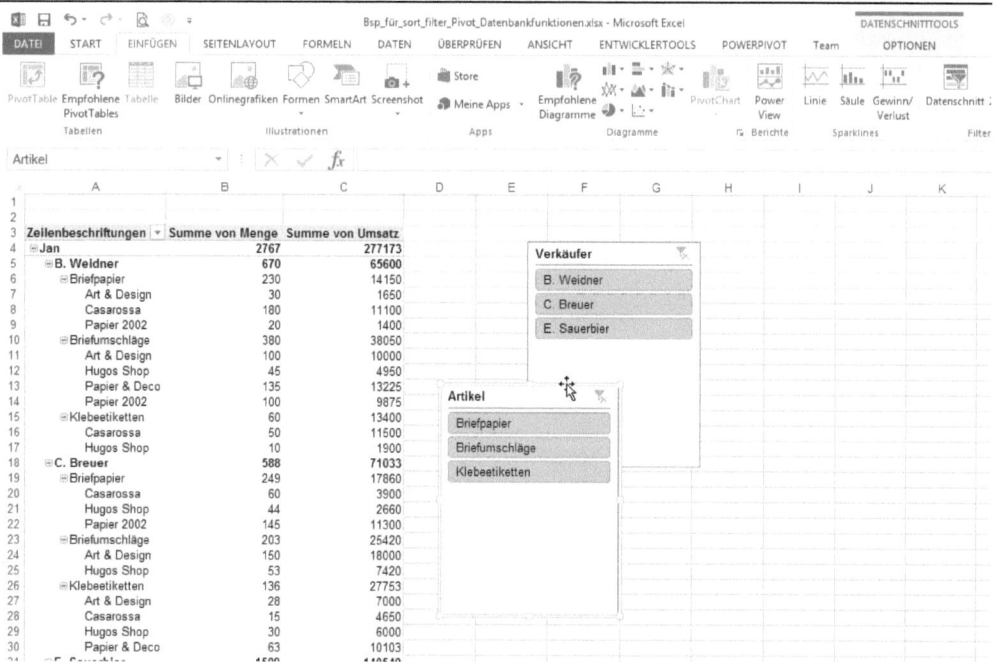

20.3. Dumme Gedanken hat jeder. Nur der Weise verschweigt sie.

Hallo Herr Martin,

ich würde gerne in einer Pivottabelle eine Spalte sortieren, aber es klappt nicht. Warum?

20.4 Wo ist die Mitte?

Die Antwort: Sie haben in Ihrem Beispiel eine Abhängigkeit zwischen dem Ort und dem Firmenname. Eine Firma ist in einem Ort. Deutlicher wird es, wenn Sie Daten verwenden, bei denen n Firmen in m Orten auftauchen. Beispielsweise Artikel und Verkäufer:

Datum	Verkäufer	Artikel	Kunde	Menge	Umsatz		Verkäufer	Artikel	Kunde	Summe von Menge
01.01.2016	M. Mahlke	Mantel	mmm	23	4.853,00 €		⊟ C. Kroon	⊟ Hose	Art & Design	54
02.01.2016	M. Mahlke	Hose	Gabis Laden	12	780,00 €				Casarossa	180
03.01.2016	C. Kroon	Jacke	Mode 2000	75	7.500,00 €				Gabis Laden	120
03.01.2016	C. Kroon	Hose	Art & Design	30	1.650,00 €				Mode 2000	20
03.01.2016	C. Kroon	Mantel	Gabis Laden	10	1.900,00 €				Uschi	40
04.01.2016	V. Brüser	Hose	Art & Design	100	6.500,00 €			⊟ Jacke	Art & Design	196
04.01.2016	V. Brüser	Mantel	Mode 2000	10	1.800,00 €				Gabis Laden	45
05.01.2016	M. Mahlke	Hose	Gabis Laden	12	780,00 €				mmm	195
05.01.2016	M. Mahlke	Mantel	Casarossa	15	4.650,00 €				Mode 2000	100
06.01.2016	M. Mahlke	Hose	Mode 2000	20	1.400,00 €				Uschi	70
06.01.2016	C. Kroon	Jacke	Gabis Laden	45	4.950,00 €			⊟ Mantel	Casarossa	50
09.01.2016	V. Brüser	Jacke	Art & Design	100	10.000,00 €				Gabis Laden	12
09.01.2016	V. Brüser	Mantel	Gabis Laden	20	3.600,00 €				Uschi	45
10.01.2016	M. Mahlke	Hose	Mode 2000	20	1.300,00 €		⊟ M. Mahlke	⊟ Hose	Art & Design	67
11.01.2016	C. Kroon	Mantel	Casarossa	50	11.500,00 €				Casarossa	140
11.01.2016	C. Kroon	Jacke	mmm	55	5.225,00 €				Gabis Laden	44
12.01.2016	V. Brüser	Mantel	Gabis Laden	45	9.900,00 €				mmm	40
12.01.2016	V. Brüser	Jacke	Mode 2000	95	9.975,00 €				Mode 2000	265
13.01.2016	M. Mahlke	Jacke	Art & Design	150	18.000,00 €			⊟ Jacke	Art & Design	150
16.01.2016	C. Kroon	Hose	Casarossa	80	3.600,00 €				Gabis Laden	118
17.01.2016	C. Kroon	Hose	Art & Design	75	7.500,00 €				mmm	45
17.01.2016	V. Brüser	Hose	Uschi	400	26.000,00 €				Mode 2000	17
17.01.2016	C. Kroon	Mantel	Uschi	12	2.160,00 €				Uschi	80
18.01.2016	M. Mahlke	Mantel	Gabis Laden	30	6.000,00 €			⊟ Mantel	Art & Design	28
18.01.2016	M. Mahlke	Hose	Casarossa	60	3.900,00 €				Casarossa	190
19.01.2016	C. Kroon	Hose	Casarossa	100	7.500,00 €				Gabis Laden	30
19.01.2016	C. Kroon	Jacke	mmm	80	8.000,00 €				mmm	53
20.01.2016	V. Brüser	Mantel	mmm	50	11.000,00 €				Uschi	40
20.01.2016	V. Brüser	Hose	Gabis Laden	67	4.355,00 €		⊟ V. Brüser	⊟ Hose	Art & Design	100
23.01.2016	M. Mahlke	Hose	Gabis Laden	20	1.100,00 €				Casarossa	80
23.01.2016	M. Mahlke	Mantel	Art & Design	28	7.000,00 €				Gabis Laden	307

Hier wird deutlich, was sortieren bedeutet. Innerhalb der ersten Kategorie wird die zweite Kategorie sortiert. Aber pro Gruppe wird erneut sortiert. Da im ersten Beispiel nur ein Wert pro erste Kategorie vorhanden ist, „sieht man die Sortierung" nicht.

20.4. Wo ist die Mitte?

Hallo Herr Martin,

auf der Suche meines Excel-Problems bin ich über Ihre Seite gestolpert und würd mich freuen, wenn Sie mir ggf. helfen könnten: Ich habe hier eine ziemlich umfangreiche Pivot Tabelle und vermisse die Funktion, die es mir erlaubt anstatt des Min. oder Max-Wertes bei den Wertfeldeinstellungen Quartile auszugeben. Aber auch bei den Rohdaten tue ich mir schwer. Ich schaffe es zwar für eine vorgegebene Auswahl die Quartile zu berechnen, aber was ich benötige ist eine dynamische Ausgabe, z.B. bei Auswahl über den Auto-Filter. Auch mit Excel 2016 und Power-Pivot habe ich es bisher nicht geschafft. Haben Sie eine Idee wie so was gehen könnte?

Viele Grüße

#####

Hallo Herr B.,

das ist eine interessante Frage – danke dafür.

Ich habe heute auf dem Nachhauseweg geknobelt, wie man so etwas lösen wollte. Dachte an PowerPivot – aber wenn Sie schreiben, dass es DORT kein Quartil gibt, muss ich dort auch nicht mehr auf die Suche geben.

Wenn Sie eine einfache Pivottabelle hätten, könnten Sie Sie mit Matrixfunktionen oder der Funktion AGGREGAT nachbauen. Ich habe es mal versucht – siehe Anhang. Allerdings schreiben Sie „umfangreiche" Pivottabelle – ich fürchte das Schlimmste.

Übrigens hat Andreas Thehos ein Video dazu gemacht:

20.5. Clowns sehen es nicht gern, wenn sich das Publikum nur innerlich freut.

Ich weiß - man sollte es nicht. Aber ich bin sicher, dass es Leute gibt, die so etwas tun.

In einer Pivottabelle werden die Werte (beispielsweise Summe der Umsätze) formatiert. Danach formatiert man beispielsweise die Spalte C. Wer gewinnt? Der letzte.

Das Amüsante ist, dass sich die Pivottabelle die Formateinstellungen „gemerkt" hat. Das kann verwirrend sein.

20.5 Clowns sehen es nicht gern, wenn sich das Publikum nur innerlich freut.

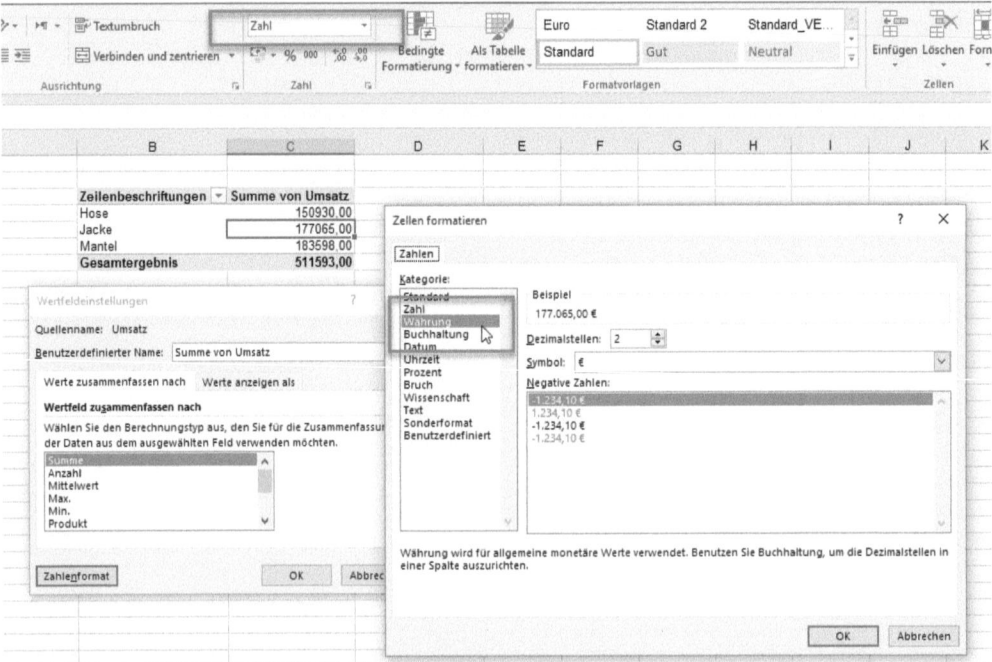

Übrigens: Wenn Sie mehrmals „hart" - das heißt über das Excel-Zahlenformat und über die Wertfeldeinstellungen / Zahlenformat formatieren, passieren seltsame Dinge. Aber so etwas tut man ja auch nicht ;-)

21 PowerPivot

21.1. Es gibt Augenblicke, da gelingt uns alles. Kein Grund zu erschrecken, das geht vorüber.

In Excel 2010 musste man die PowerPivots hinzuladen. In Excel 2016 sind sie in Excel integriert. Und Excel 2010? Nun - man muss sie aktivieren: Datei / Optionen / Add-Ins / Verwalten - und ein Klick auf PowerPivot? Aber wo sind sie? Auch „Hinzufügen" hilft nicht weiter - ich finde sie nicht.

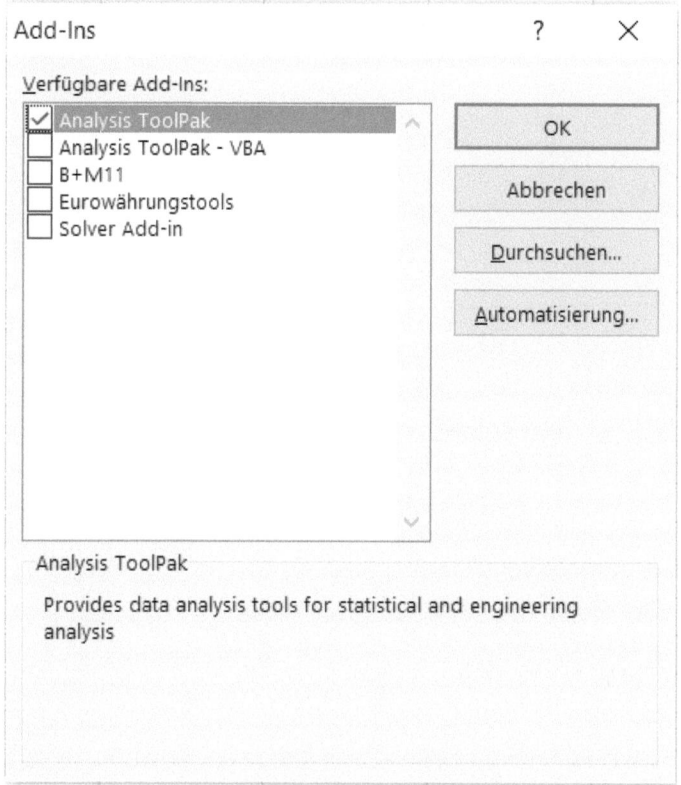

Die Antwort: Das PowerPivot-Add-In ist kein Excel-Add-In, sondern ein COM-Add-In. Wird diese Option ausgewählt, kann man sie leicht hinzufügen:

201

21.2 Das zu begreifen ist wie Wackelpudding an die Wand zu nageln. Es ist aussichtslos.

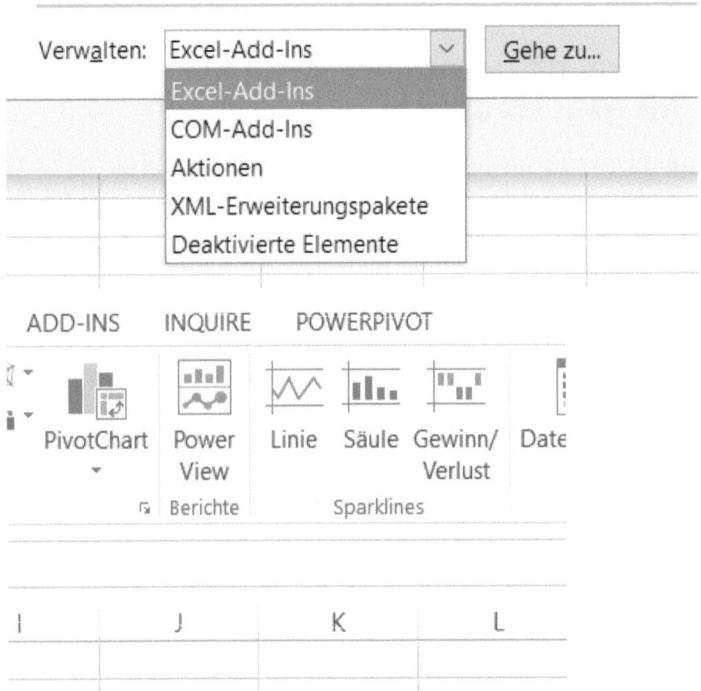

21.2. Das zu begreifen ist wie Wackelpudding an die Wand zu nageln. Es ist aussichtslos.

Was mache ich nun schon wieder falsch? Ich habe eine Tabelle. Ich wandle sie in eine intelligente Tabelle (formatierte Tabelle) um. Gebe ihr einen Namen (tbl_Kunden). Füge sie über PowerPivot zum Datenmodell hinzu.

Klappt alles prima. Nun möchte ich allerdings ein berechnetes Feld im Meassure-Bereich einfügen:

Summe_Jahresbeitrag_Platinum:=CALCULATE(SUM([Jahresbeitrag 2016]);[Mitgliedschaft]="Platinum")

Ein Fehler ist die Folge:

Dateneingabe

Jahresbeitrag 2016		Mitgliedschaft	E-Mail	Gebu
148	158,00 €	Platinum	Ali60@c...	
148	158,00 €	Platinum	TillG@h...	
148	158,00 €	Platinum	Cadillac...	
148	158,00 €	Platinum	Ed@lyn...	
148	158,00 €	Platinum	Peter@...	
148	158,00 €	Platinum	Galileo...	
148	158,00 €	Platinum	Cairo@t...	
148	158,00 €	Platinum	Xantus...	
148	158,00 €	Platinum	Galino...	
148	158,00 €	Platinum	Zack@a...	
148	158,00 €	Platinum	Wurst...	
148	158,00 €	Blue	Poppen...	
148	158,00 €	Platinum	Gaheris...	
172	182,00 €	Gold	Xanto@...	
136	146,00 €	Blue	Weisss...	
148	158,00 €	Platinum	Roth@1...	
148	158,00 €	Platinum	Xenic@...	
148	158,00 €	Platinum	Heidi@...	
148	158,00 €	Standard	Xandor...	
148	158,00 €	Platinum	Frithjof...	
148	158,00 €	Platinum	Gossen...	
148	158,00 €	Platinum	Xaver@...	
148	158,00 €	Blue	Axel@e...	
160	170,00 €	Blue	Calamit...	

Summe_Jahresbeitrag_Platinum: #FEHLER

Die Antwort: PowerPivot verlangt an einigen Stellen den Tabellennamen - auch wenn Sie nur eine Tabelle verwenden. Nicht bei SUM, sondern beim zweiten Parameter der Funktion CALULATE:

Summe_Jahresbeitrag_Platinum:=CALCULATE(SUM([Jahresbeitrag 2016]);tbl_Kunden[Mitgliedschaft]="Platinum")

21.3 och, schade!

Jahresbeitrag 2016	Mitgliedschaft	E-Mail	Geburtsdatum
8	158,00 € Platinum	Ali60@c...	11.07.1965
8	158,00 € Platinum	TillG@h...	10.10.1956
8	158,00 € Platinum	Cadillac...	16.10.1950
8	158,00 € Platinum	Ed@lyn...	14.08.1945
8	158,00 € Platinum	Peter@...	24.12.1956
8	158,00 € Platinum	Galileo...	04.11.1970
8	158,00 € Platinum	Cairo@t...	04.07.1955
8	158,00 € Platinum	Xantus...	28.12.1979
8	158,00 € Platinum	Galino...	07.03.1948
8	158,00 € Platinum	Zack@a...	02.09.1974
8	158,00 € Platinum	Wurst...	29.06.1985
8	158,00 € Blue	Poppen...	11.05.1975
8	158,00 € Platinum	Gaheris...	23.07.1950
2	182,00 € Gold	Xanto@...	03.12.1949
6	146,00 € Blue	Weisss...	08.12.1982
8	158,00 € Platinum	Roth@1...	18.08.1964
8	158,00 € Platinum	Xenic@...	03.05.1957
8	158,00 € Platinum	Heidi@...	02.01.1969
8	158,00 € Standard	Xandor...	17.09.1971
8	158,00 € Platinum	Frithjof...	05.12.1961
8	158,00 € Platinum	Gossen...	16.02.1949
8	158,00 € Platinum	Xaver@...	27.07.1978
8	158,00 € Blue	Axel@e...	14.09.1970

Summe_Jahresbeitrag_Platinum:=CALCULATE(sum([Jahresbeitrag 2016]);tbl_Kunden[Mitgliedschaft]="Platinum")

Summe_Jahresbeitrag_Platinum: 1194518

21.3. och, schade!

In Excel kann man eine einzelne Formel in einer Zelle ohne abschließende Klammer schreiben, also:

=SUMME(A1:A17

=SVERWEIS(C5;A1:B27;2;FALSCH

=MITTELWERT(C2:C200

und so weiter

Leider allerdings nicht bei den DAX-Funktionen bei PowerPivot:

Dateneingabe

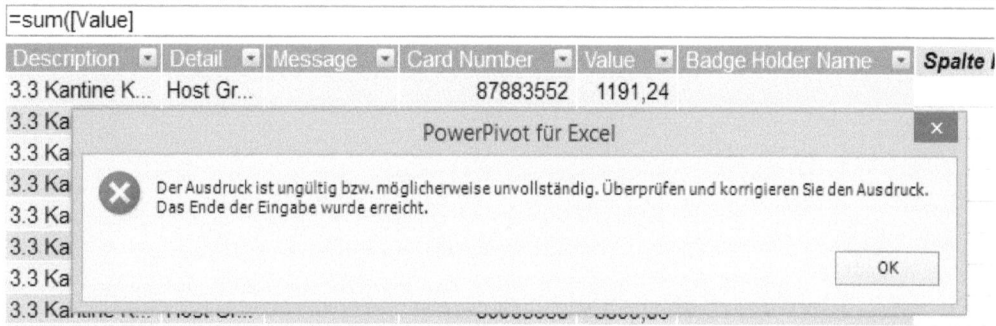

21.4. Wenn man nachts nichts essen soll, wieso hat mein Kühlschrank dann Licht?

Schade eigentlich, dass man das Seitenlayout des Tabellenblatts, das mit PowerView erstellt wurde, nicht anpassen kann:

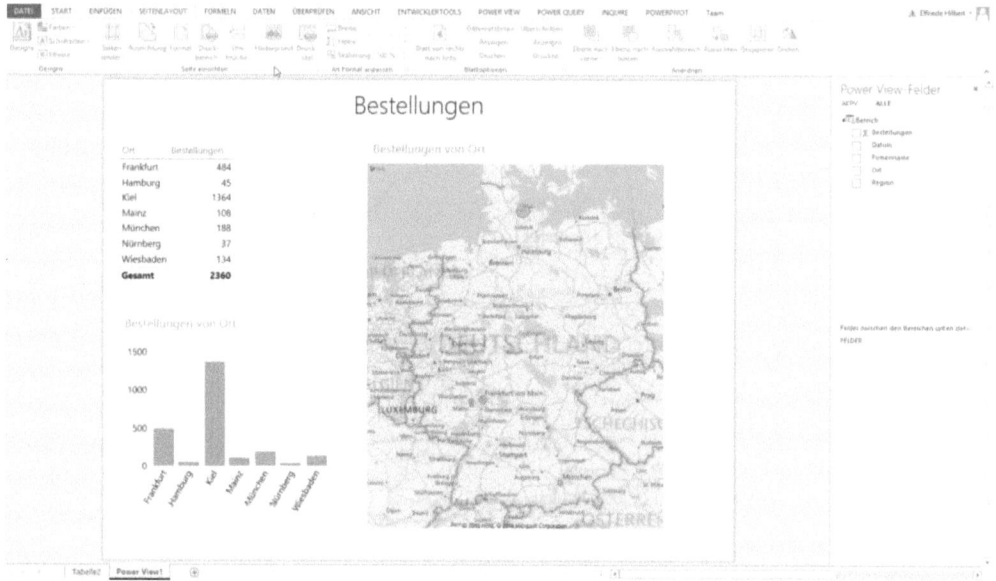

21.5 Ich hab noch einen Koffer in Berlin oder: wo bitte ist Herne?

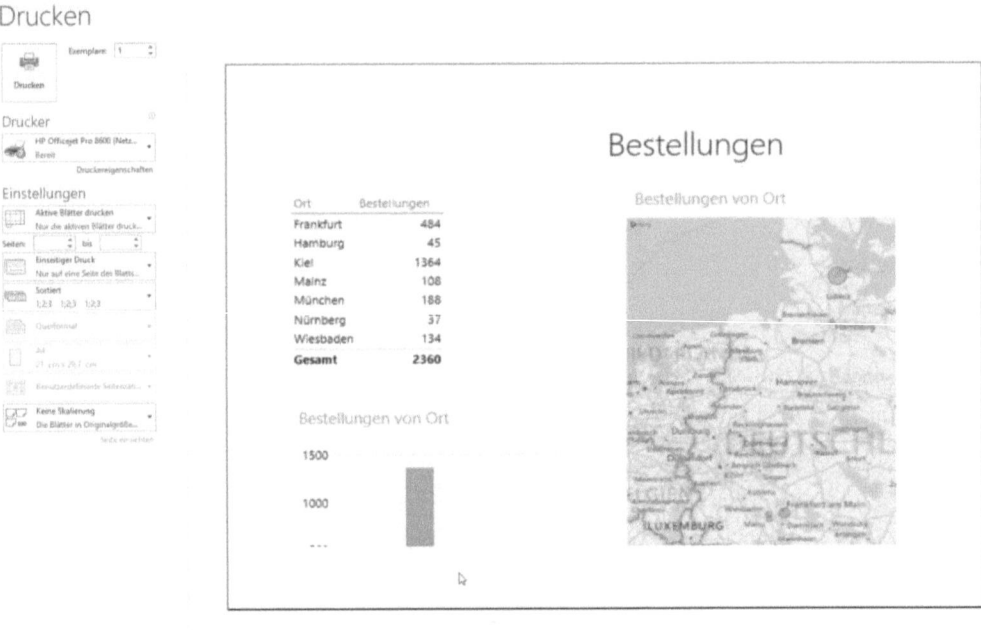

21.5. Ich hab noch einen Koffer in Berlin oder: wo bitte ist Herne?

Ich habe es mal versucht: Mit Powerquery kann man seit Excel 2010 Daten aus dem Internet holen. Ich habe wikipedia angezapft - die Liste der größten Städte Deutschlands:

https://de.wikipedia.org/wiki/Liste_der_Gro%C3%9F-_und_Mittelst%C3%A4dte_in_Deutschland

Dateneingabe

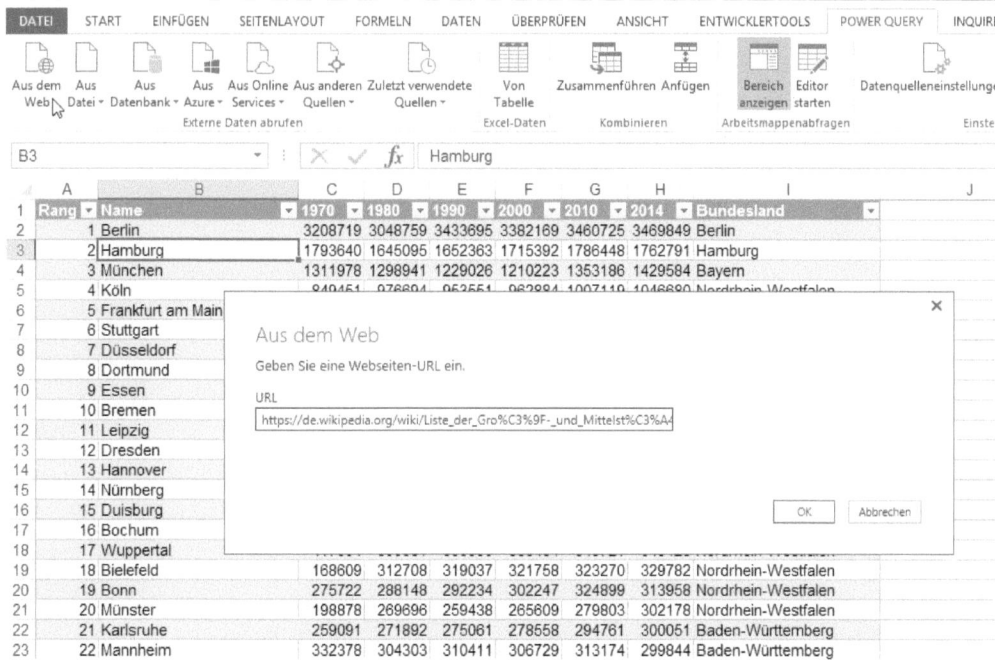

Daraus wird nun mit PowerView (PowerMap) eine Karte erstellt. Der erste Blick auf die Karte zeigt, dass Berlin in den USA liegt:

21.5 Ich hab noch einen Koffer in Berlin oder: wo bitte ist Herne?

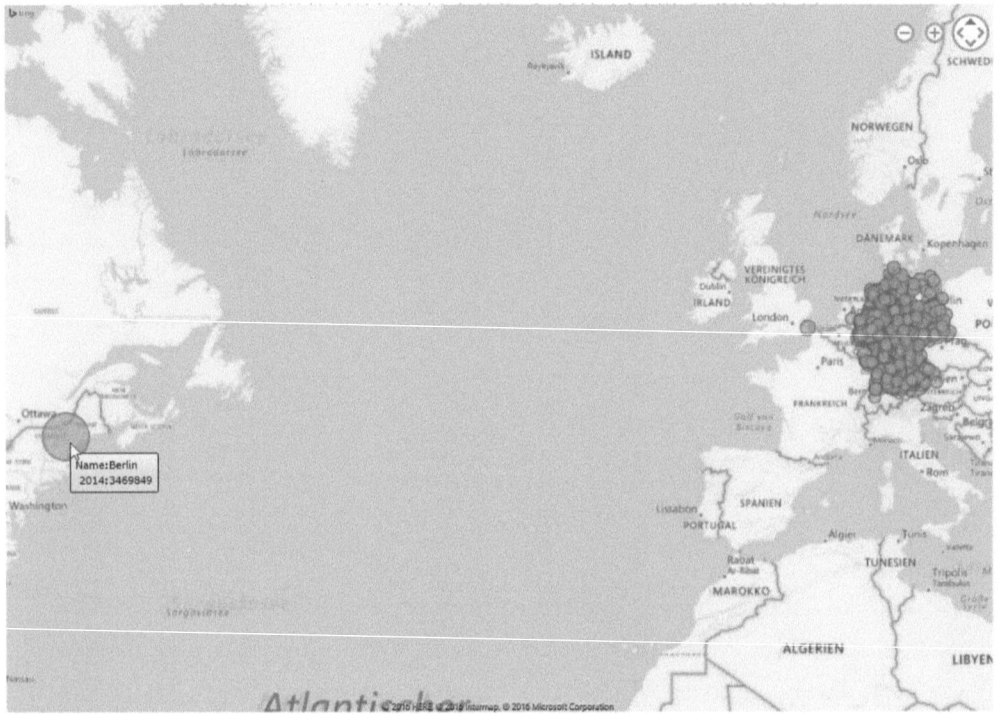

Auch beim Näherzoomen finden sich einige Orte außerhalb Deutschlands: Büren, Herne, Burgdorf, Puchheim, ...

Dateneingabe

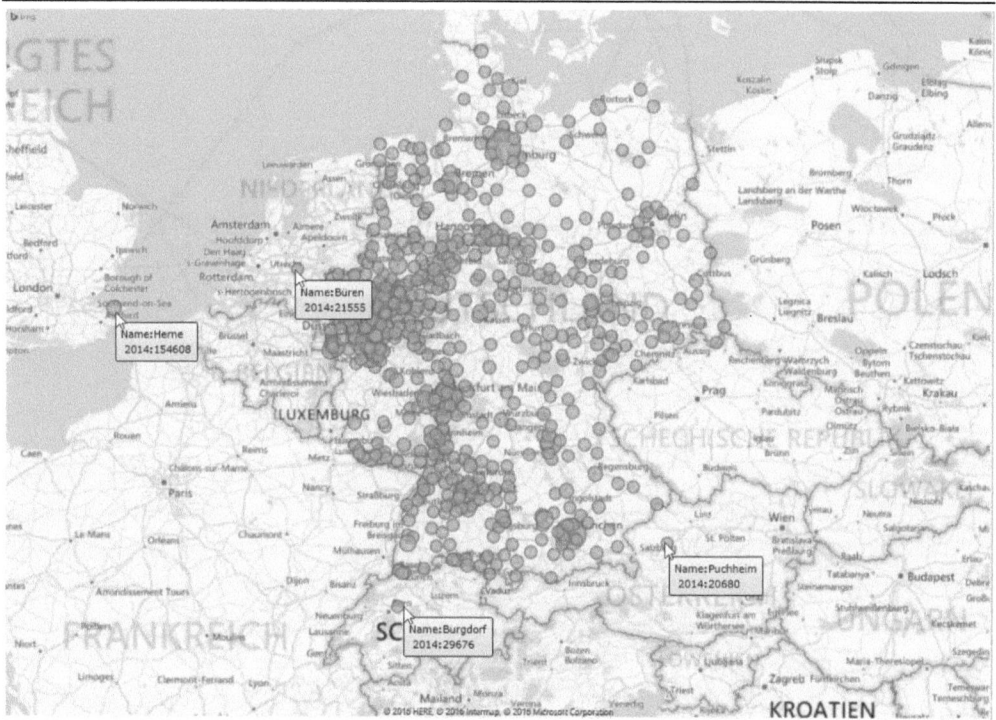

21.6. Ein Egoist ist ein Mensch, der nicht an mich denkt. (Eugène Labiche)

Wer sich mit PowerPivot beschäftigt, der stellt fest, dass zusätzlich zu Excel ein weiteres Programm geöffnet wird. Das bedeutet: Wenn die Eingabe in Excel nicht beendet wird, erhalten Sie beim Öffnen von PowerPivot eine lustige Fehlermeldung.

21.6 Ein Egoist ist ein Mensch, der nicht an mich denkt. (Eugène Labiche)

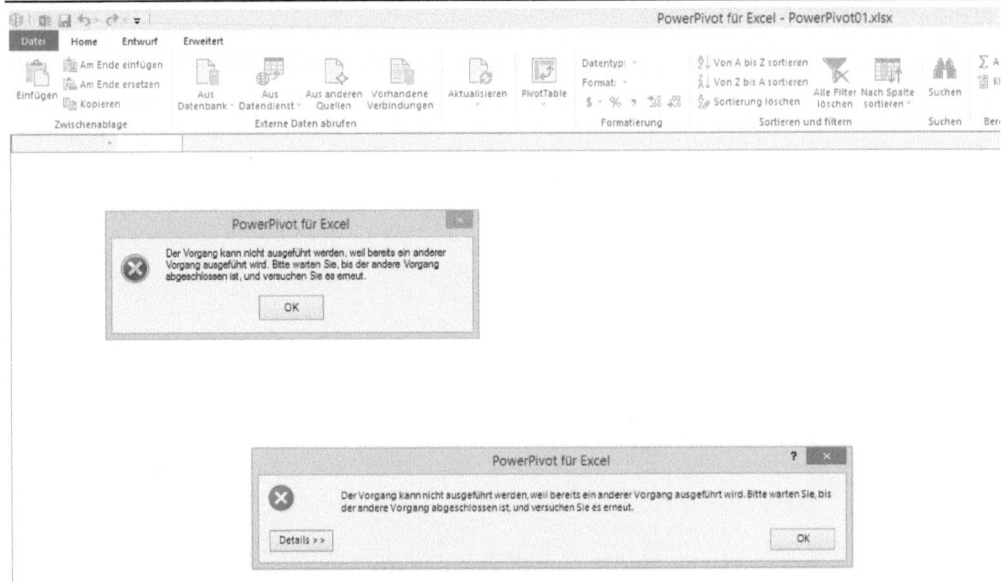

Umgekehrt - wenn Sie beispielsweise in PowerPivot eine Formel eingeben oder ändern; die Eingabe jedoch nicht beenden, erhalten Sie „auf der anderen Seite" (in PowerPivot) auch eine Fehlermeldung:

Dateneingabe

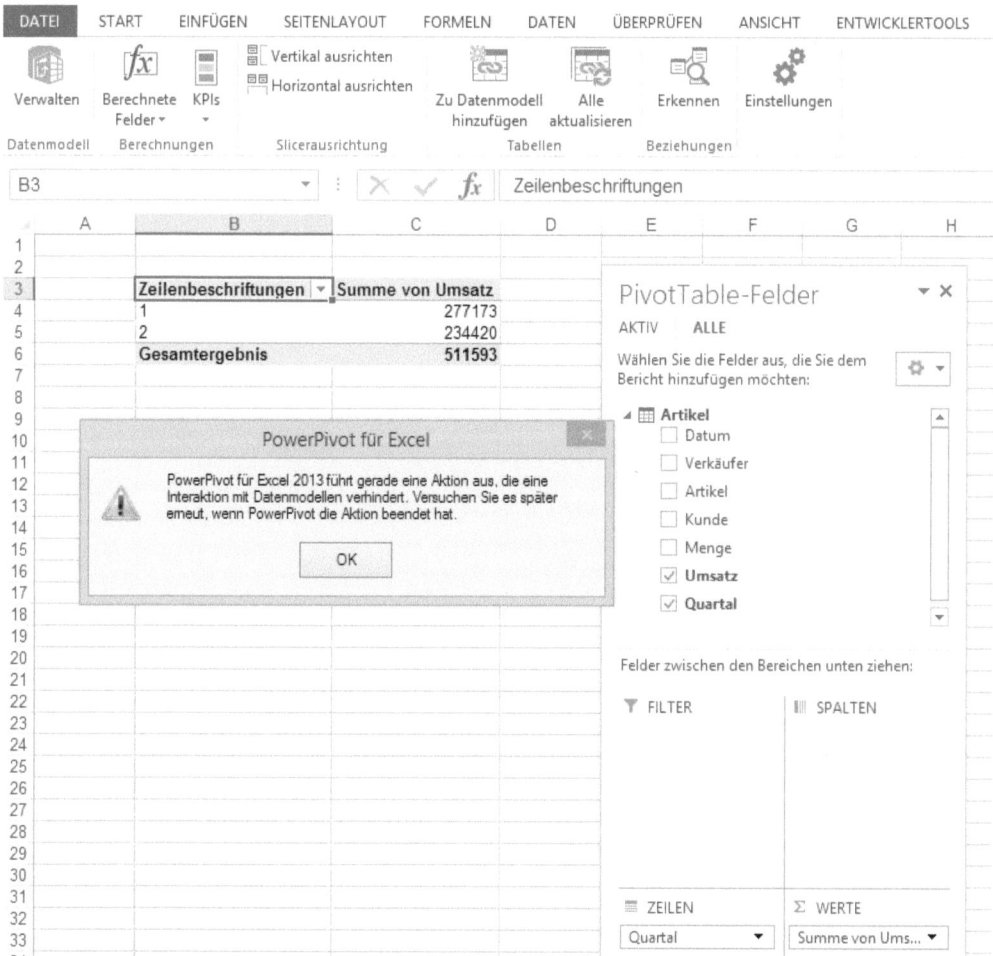

Das Perfide: Man „sieht" die andere Seite nicht - man muss explizit hinüber wechseln.

21.7. Wenn ich während der Arbeit mit Excel sterbe und in die Hölle komme, wie lange wird es wohl dauern, bis ich merke, dass ich nicht mehr vor Excel sitze?

Mit PowerPivot können Felder aus verschiedenen Tabellen des Datenmodells verknüpft werden. Excel verlangt dabei, dass mindestens eine Tabelle nur eindeutige Werte besitzt (die 1-Seite der 1:n-Beziehung). Falls dies nicht der Fall ist, wird es mit einer Fehlermeldung quittiert.

21.7 Wenn ich während der Arbeit mit Excel sterbe und in die Hölle komme, wie lange wird es wohl dauern, bis ich merke, dass ich nicht mehr vor Excel sitze?

Bedauerlicherweise werden nicht die Datentypen überprüft. So ist es möglich, dass man Text mit Zahl oder Datum verknüpfen kann. Diese Funktion hätte man auch integrieren können ...

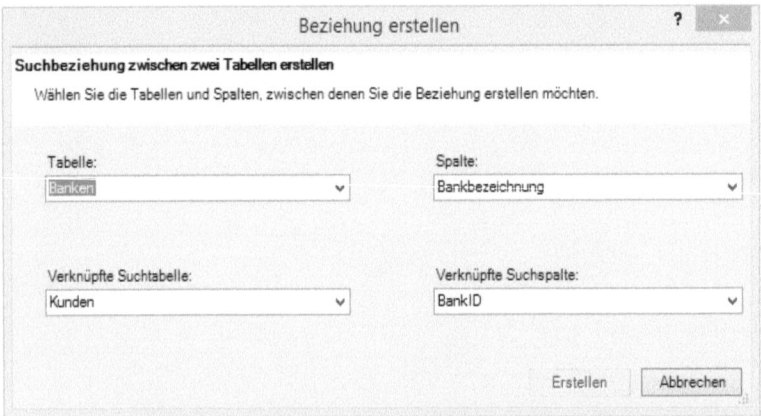

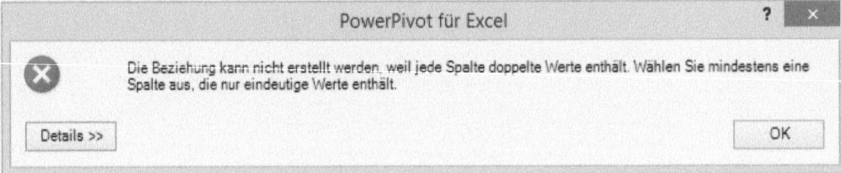

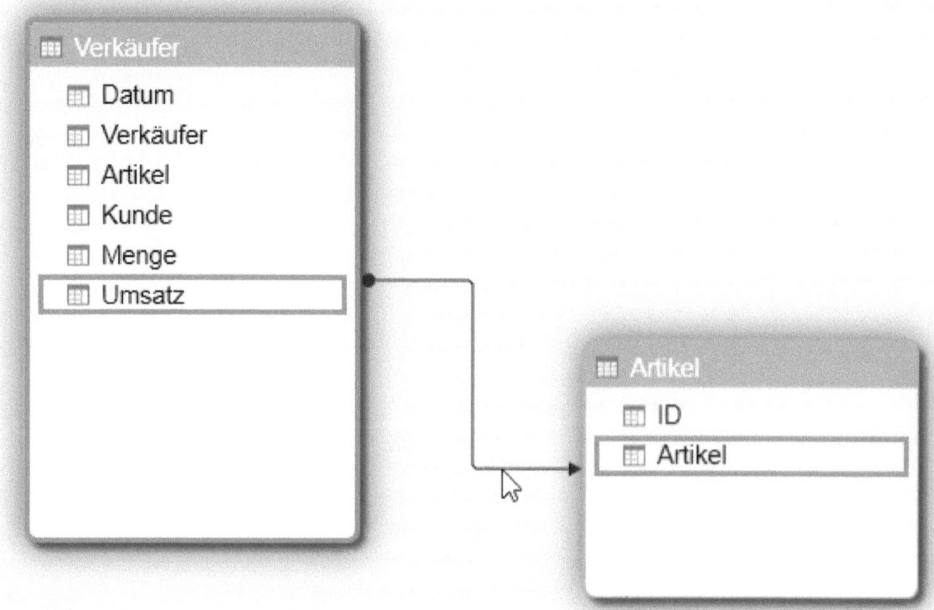

21.8. Oh Herr, lass Hirn regnen und nimm den Bedürftigen die Regenschirme weg.

Inquire ist ein mächtiges Tool, das eine komprimierte Datenanalyse einer Arbeitsmappe liefert, für deren Elemente man lange suchen müsste. Ich gestehe - ich habe es nicht gleich verstanden:

Die einzelnen gefundenen Elemente werden auf der linken Seite aufgelistet und sind dort einsehbar. Warum jedoch liefert der Export in eine andere Datei keine Informationen, sondern schreibt einfach nichts in die leere Datei?

21.8 Oh Herr, lass Hirn regnen und nimm den Bedürftigen die Regenschirme weg.

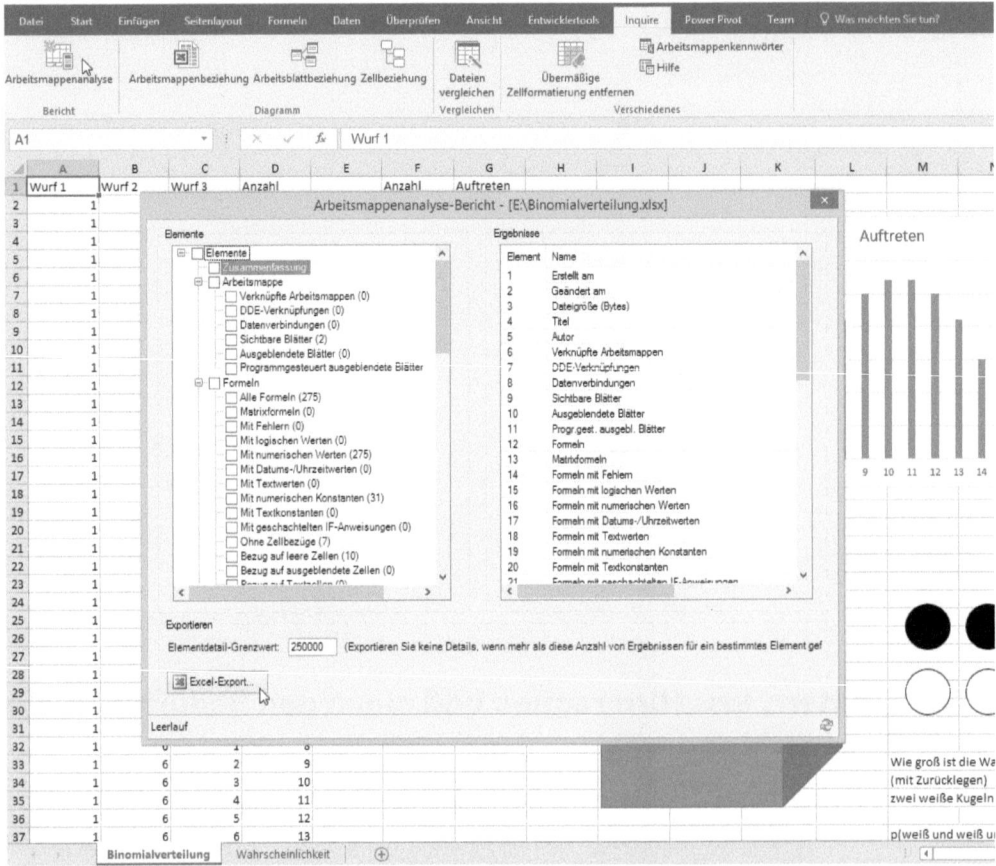

Die Antwort: Ich hätte auf der linken Seite die Objekte auswählen müssen, die ich exportieren möchte. An vielen Stellen warnt Excel - hier jedoch nicht und überlässt dem erstaunt auf die leere Arbeitsmappe Schauenden die Suche. Ein Hinweis, dass nichts ausgewählt wurde wäre einfach schön gewesen ... Vielleicht in Excel 2019.

22 Merkwürdige Diagramme

22.1. Blasentee? Blasen an den Füßen? Blasendiagramme?

Ich gestehe: Ich habe mich mit Blasendiagrammen noch nie richtig anfreunden können - ich finde sie sehr unübersichtlich. Auch in Zeitungsgrafiken tauchen sie recht selten auf.

Dennoch: letzte Woche in der Excel-Diagramm-Schulung bestand eine Teilnehmerin auf Blasendiagramm. Also gut: ein paar Daten eingegeben: fertig ist das Blasendiagramm:

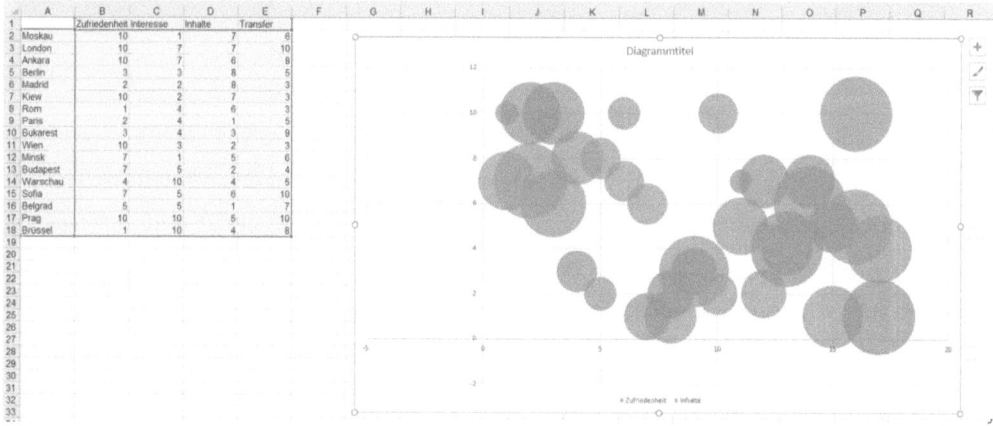

Zugegeben: nicht sehr vielsagend. Fragen über Fragen: warum nur zwei Spalten? Wo sind die Daten? Warum laufen die Werte bis 20 - vergeben wurden Noten von 1 bis 10? Ein Blick auf das Dialogfeld „Datenquelle auswählen" gibt eine Antwort:

22.1 Blasentee? Blasen an den Füßen? Blasendiagramme?

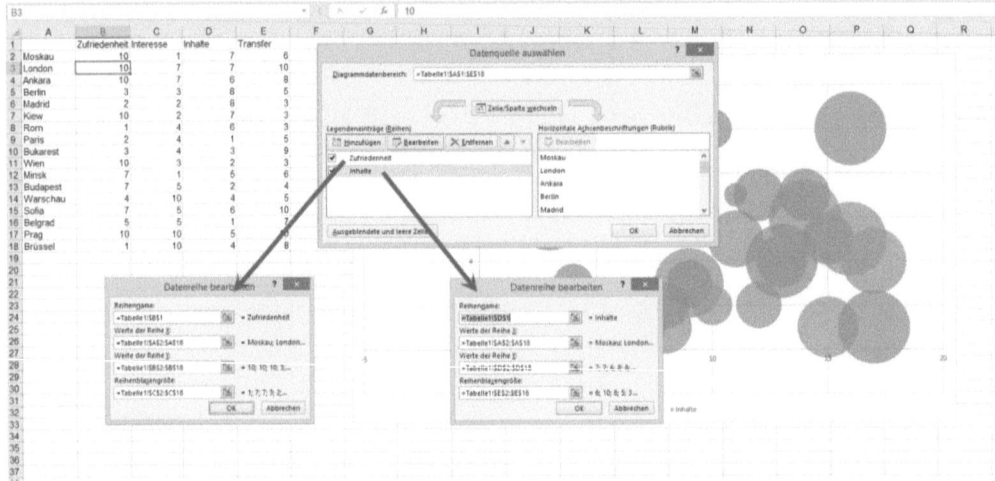

Excel interpretiert die erste Reihe als Punkte auf der x-Achse, was den Vorteil hat, dass sie als Beschriftung fungieren können. Nachteil: Sie werden nebeneinander und nicht gemäß ihrer Größen abgetragen. Also wird geändert: Eine Reihe wird gelöscht, eine Überschrift wird eingefügt (eigentlich überflüssig. Erste Zahlenspalte: X-Werte, zweite Spalte: Y-Werte, dritte Spalte: Ringblasengröße). Das Ergebnis ist passabel - außer: die Beschriftung muss leider per Hand eingefügt werden ...

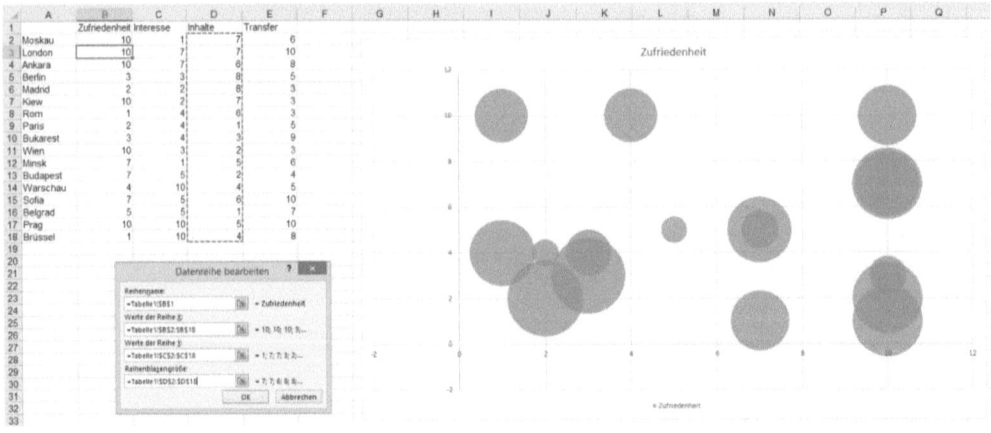

216

Dateneingabe

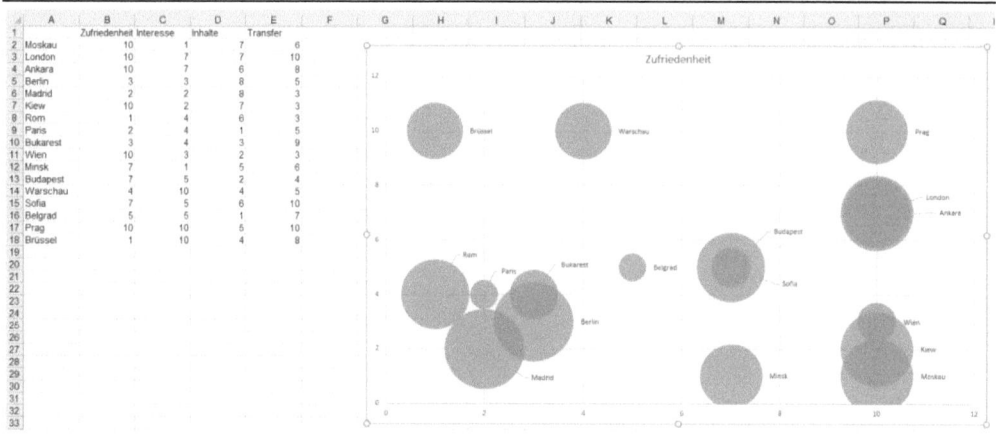

22.2. Blasen, Blasen - nichts als Blasen!

Ich mag sie noch immer nicht – die Blasen.

Der Grund ist einfach: Leicht kann die Aussage verfälscht werden. In der Option „Datenreihen formatieren" kann man zwischen Blasendurchmesser und Blasenfläche wählen, In der Schule haben wir gelernt: $F = \pi * r^2$. Die Fläche wächst quadratisch mit dem Radius. Das Ergebnis kann man in den beiden Bildern sehen:

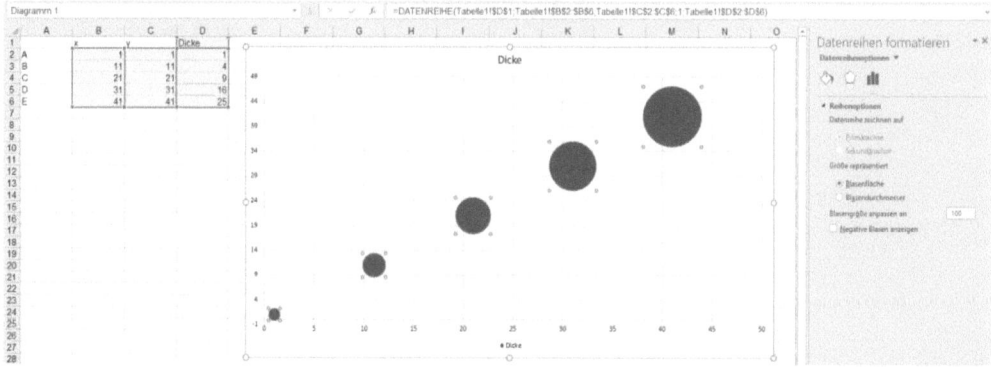

22.2 Blasen, Blasen – nichts als Blasen!

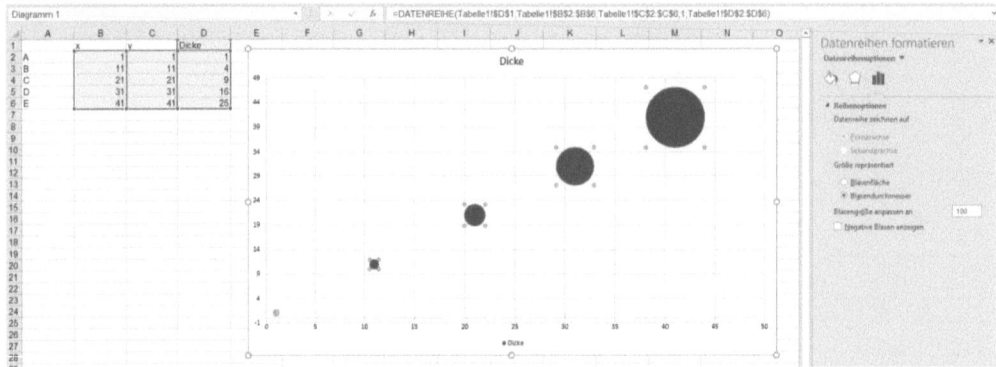

Nicht genug. Schließlich kann man noch einen Skalierungsfaktor angeben, der das Ganze verzerrt – ich habe 30 und 300 probiert. Sehen Sie selbst:

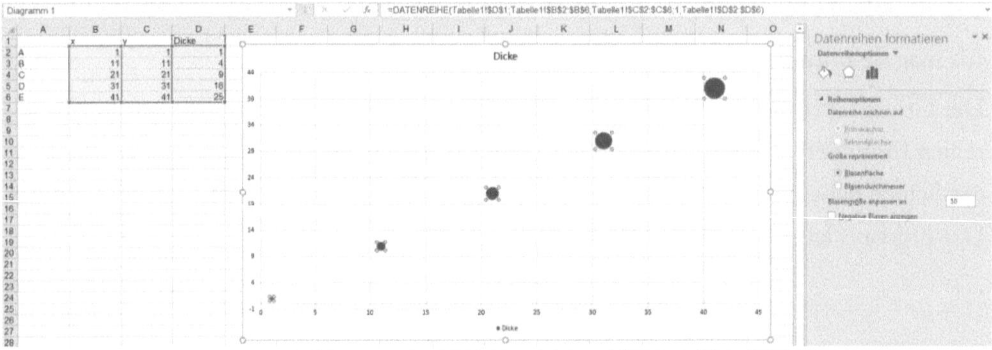

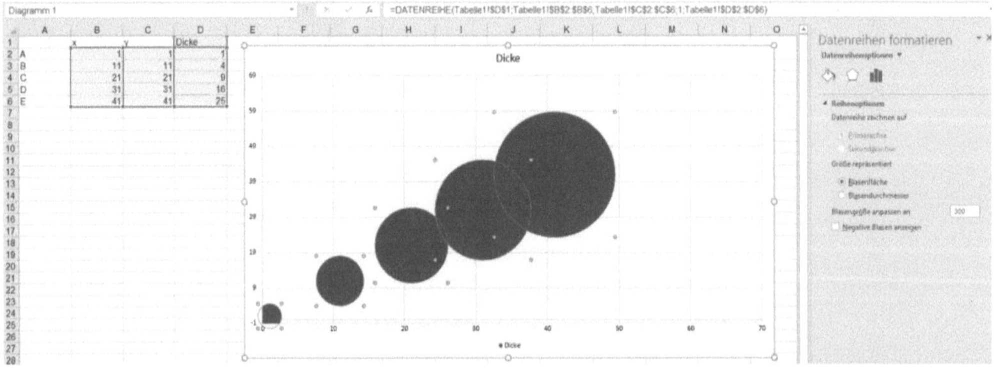

Okay – das ist eher ein Problem der deskriptiven Statistik als von Excel. Elegant ist es trotzdem nicht.

22.3. Namen sind Schall und Rauch?

Ist Ihnen das schon aufgefallen?

Der Namensmanager kann in Excel über die Funktionstaste [F3] aufgerufen werden. Klappt prima – außer an einer Stelle: Ein Bereich wird mit einem Namen belegt (hier: Konsum). Erstellt man in Excel ein Diagramm, ruft über das Symbol „Daten auswählen" in dem Diagrammdatenbereich mit [F3] den Namensmanager auf, wählt dort einen Namen aus, so steht in dem Textfeld =Name. Die Bestätigung führt zu einer Fehlermeldung:

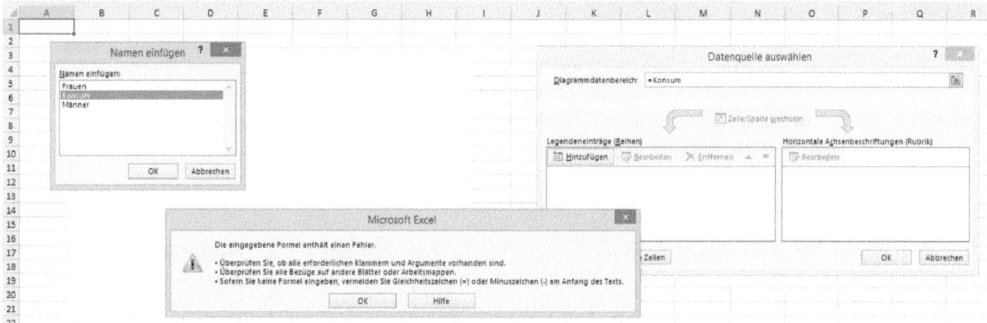

Die Lösung: Es funktioniert, wenn man den Namen ohne Gleichheitszeichen einträgt. Oder mit Gleichheitszeichen muss man den Namen des Tabellenblattes eintragen - also hier: =Schokolade!Konsum

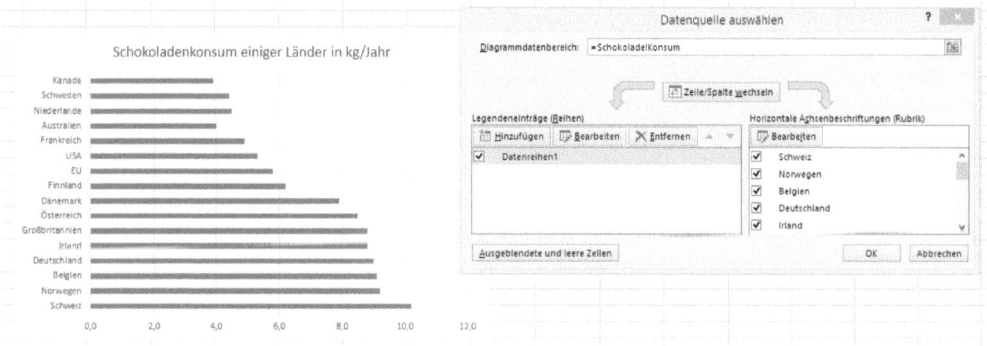

Danke an Helge für den Hinweis.

22.4 Ich sehe was, was Du nicht siehst.

22.4. Ich sehe was, was Du nicht siehst.

Verstehe ich nicht – die Zahl im Diagramm wurde nicht von Excel übernommen und stimmt auch nicht mit der Darstellung:

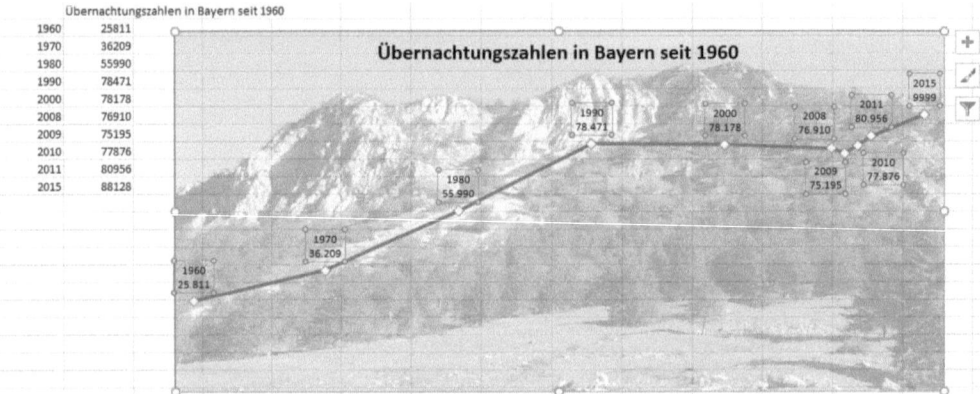

Die Antwort: Wahrscheinlich hat jemand hier per Hand etwas eingetragen. Dadurch trennt Excel die Verknüpfung zur Datenquelle. Sie können die Beziehung wieder herstellen, indem Sie alle Datenbeschriftungen löschen und neu einfügen:

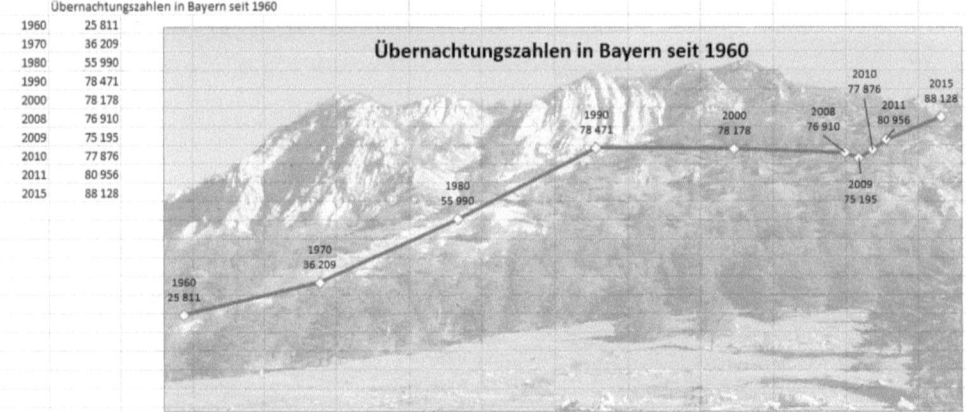

22.5. Strichwörtlich

Hallo Herr Martin. Eine Frage: Wie bekomme ich in Diagrammen die Striche zwischen die Texte an der Achse?

Dateneingabe

Die Antwort: Gar nicht. Die Striche sind Teile der Achse - sie werden Teilstrichbeschriftungen genannt. Dort findet sich nur die Option, ob sie links oder rechts angezeigt werden sollen - aber nicht wie lang.

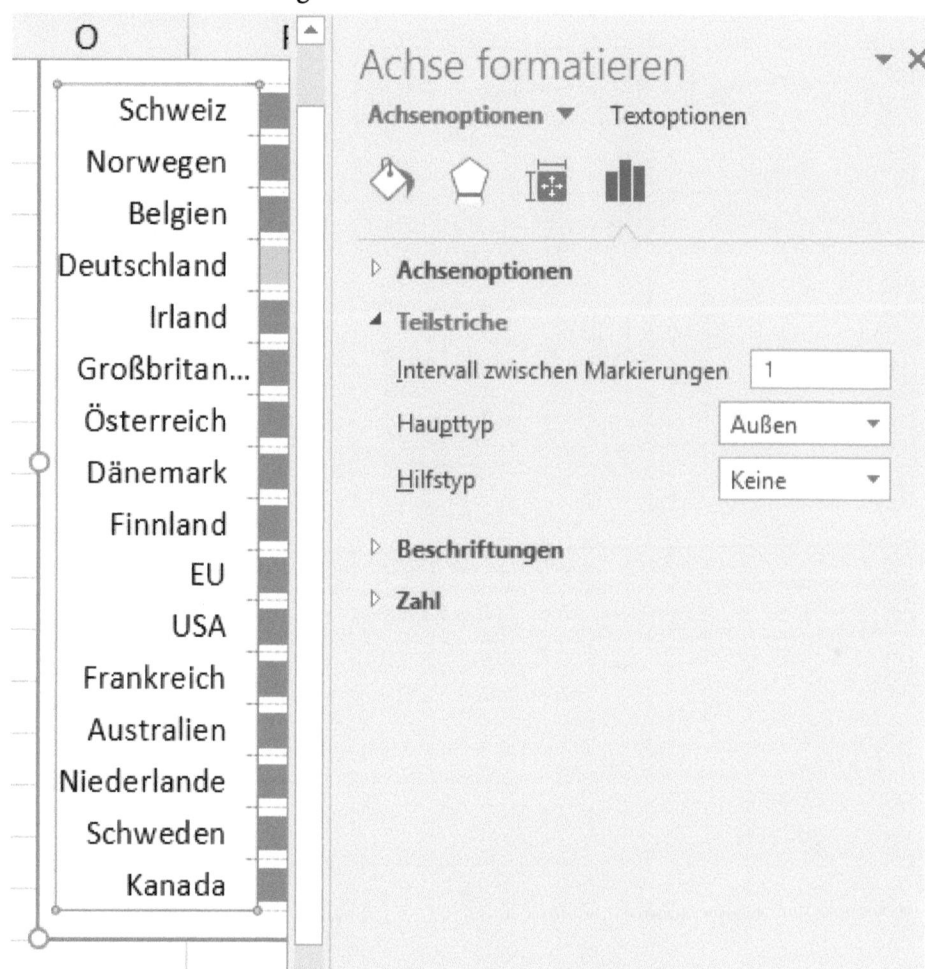

22.6. Kein klarer Trend zu erkennen ?!?

Ich bereite gerade eine Schulung zum Thema Excel & Statistik vor. Dabei bin ich über folgende unschöne Sache (bug? Fehler? gewollt?) gestolpert.

Ich trage in der Spalte A die Werte 0 und 1 ein, markiere sie und ziehe sie nach unten.

22.6 Kein klarer Trend zu erkennen ?!?

Ich trage in der Spalte daneben zwei Werte ein, beispielsweise 1,8 und 1,6, markiere sie und ziehe sie nach unten.

Die Steigung m kann mit der Funktion STEIGUNG berechnet werden, der y-Achsenabschnitt b mit der Funktion ACHSENABSCHNITT. Prima:

	A	B
1		Y
2	0	1,8
3	1	1,6
4	2	1,4
5	3	1,2
6	4	1
7	5	0,8
8	6	0,6
9	7	0,4
10	8	0,2
11	9	0
12	10	-0,2
13	11	-0,4
14	12	-0,6
15	13	-0,8
16	14	-1
17	15	-1,2
18	16	-1,4
19	17	-1,6
20	18	-1,8
21	19	-2
22	20	-2,2
23	21	-2,4
24	22	-2,6
25	23	-2,8
26		
27		
28	Steigung:	-0,2
29	y-Achsenabs	1,8
30		

Auf den Bereich wird ein Liniendiagramm aufgesetzt. Auch noch prima:

Dateneingabe

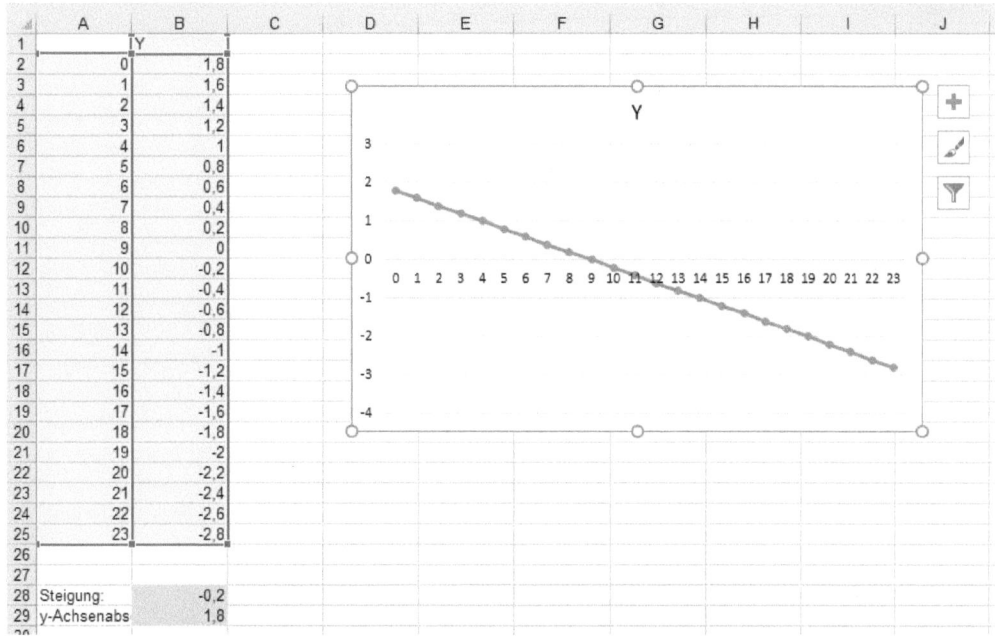

Lässt man sich die Trendlinie mit der Formel anzeigen, so erstaunt das Ergebnis:

22.6 Kein klarer Trend zu erkennen ?!?

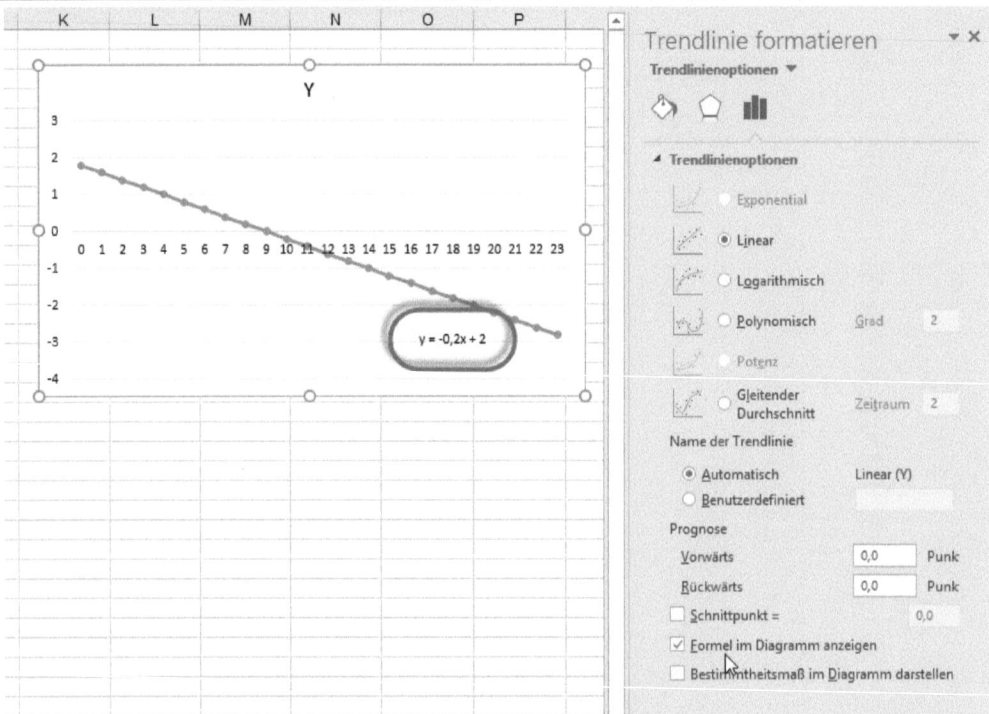

Warum lautet b 2 und nicht 1,8? frage ich mich erstaunt. Die Antwort wird deutlich, wenn man den Start nicht bei 0 wählt, sondern beispielsweise bei -7:

Dateneingabe

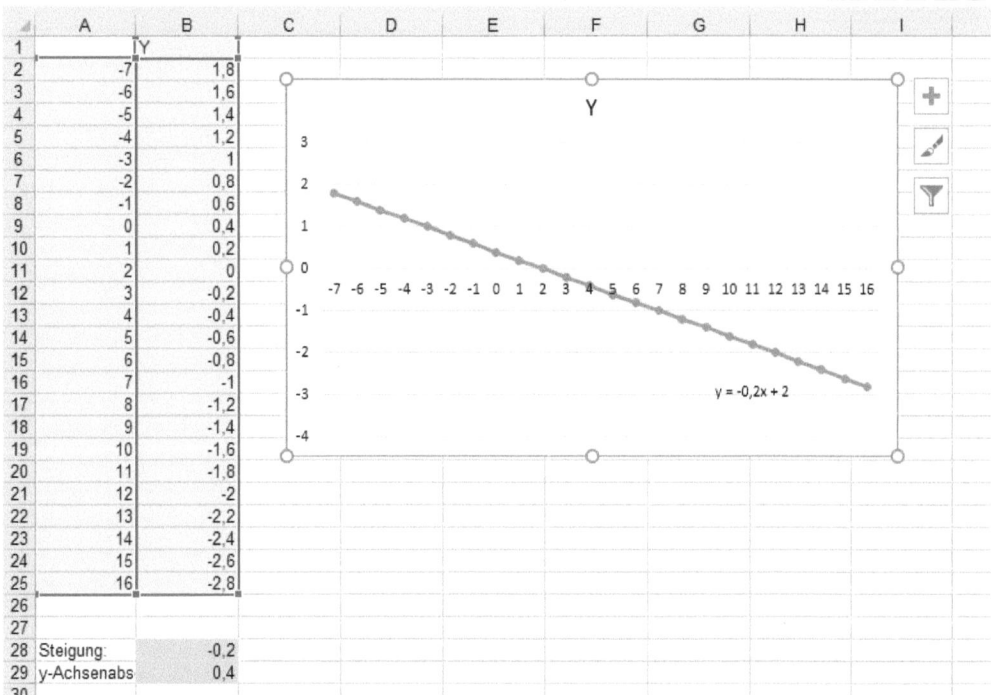

Der y-Achsenabschnitt lautet nun 0,4 – die Formel der Trendlinie zeigt jedoch noch immer den Wert 2 an. Der Grund: Excel lässt die x-Werte immer bei 1 beginnen – egal wo sie in den realen Daten beginnen. Ist DAS gewollt?

Interessanterweise: das XY-Diagramm (Punktdiagramm) berechnet den y-Achsenabschnitt (Ordinatenabschnitt) korrekt:

22.7 Nicht zack-zack – sondern gemach-gemach!

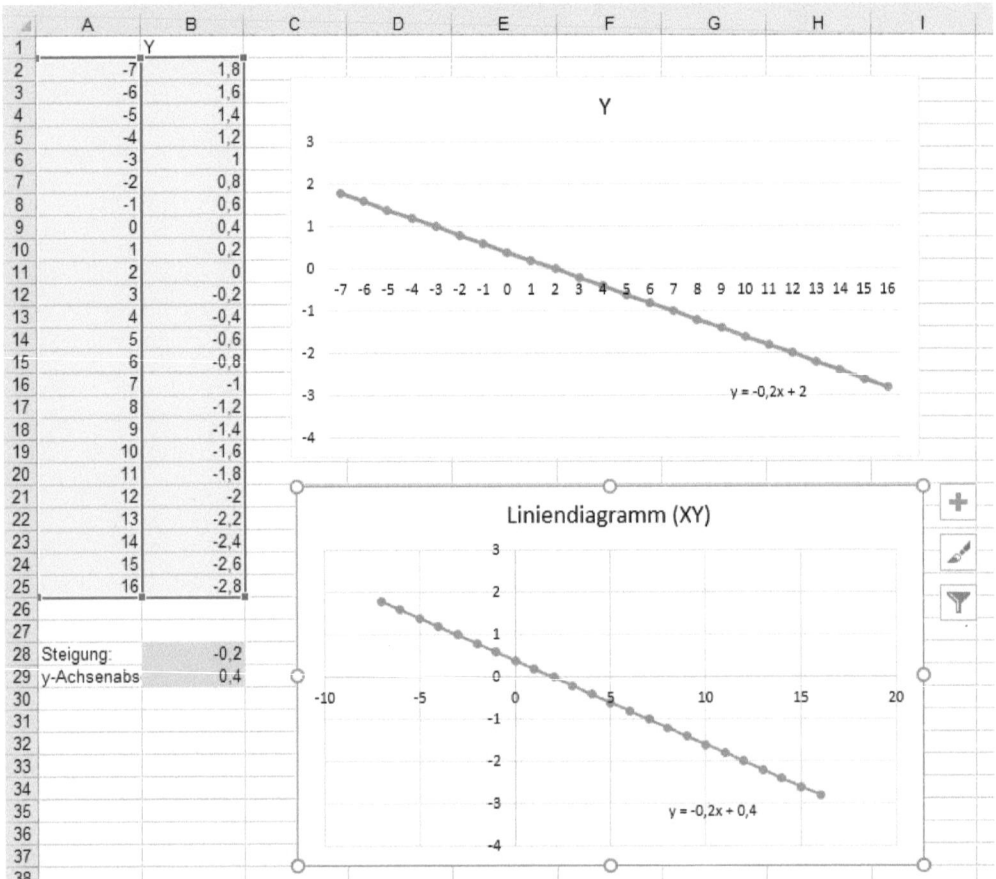

22.7. Nicht zack-zack – sondern gemach-gemach!

Ich habe gelernt, dass man in Exceldiagrammen nicht jede Datenreihe einzeln markieren muss und der jeweiligen Reihe über das Kontextmenü die Datenbeschriftung hinzufügen muss. Schneller funktioniert es über Diagrammtools / Entwurf / Diagrammlayouts / Diagrammelement hinzufügen / Datenbeschriftungen.

Klappt aber leider manchmal nicht. Also doch jede einzeln!

Dateneingabe

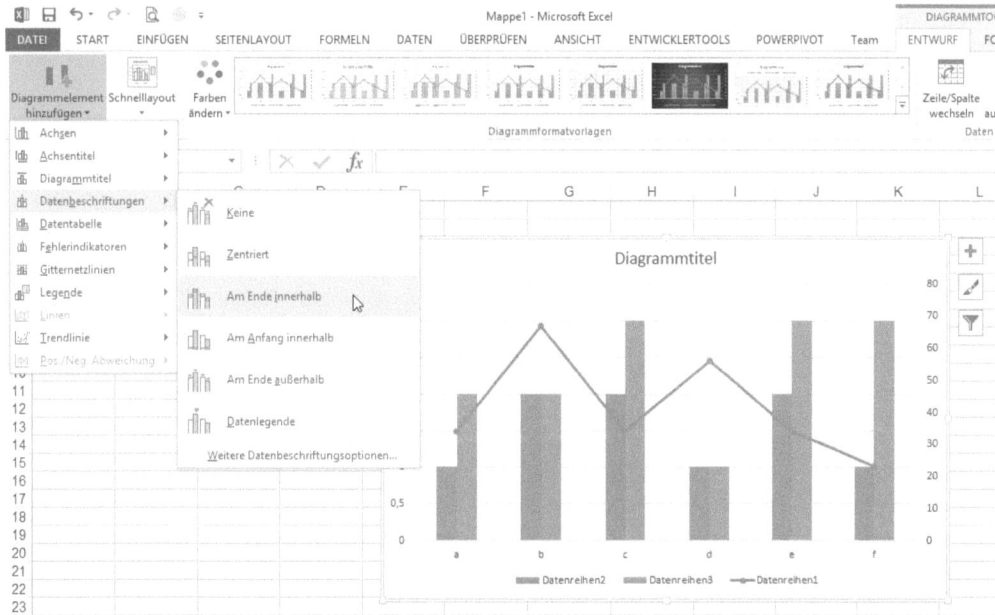

Die Antwort: Bei einem Verbunddiagramm mit Sekundärachse können leider nur in der Mitte und Datenlegenden eingefügt werden. Dies hängt damit zusammen, dass bei Säulen die Datenbeschriftungen „am Ende innerhalb", „am Ende außerhalb", ... stehen, bei Linien dagegen „links", „rechts", ...

Übrigens: diese Einstellung funktioniert nicht in Excel 2013 – in Excel 2016 klappt es!

22.8. Suchen Sie die zwei Fehler

Hallo Herr Martin,

eine Kollegin hat auf Basis der gleichen Daten ein Diagramm erstellt, das sich von meinem unterscheidet. Ich finde allerdings nicht die Unterschiede. Was hat er gemacht? Warum ist es anders?

22.8 Suchen Sie die zwei Fehler

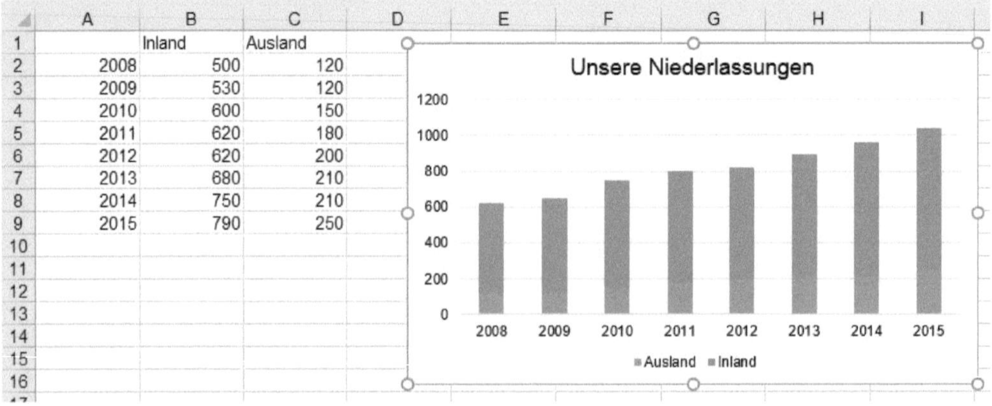

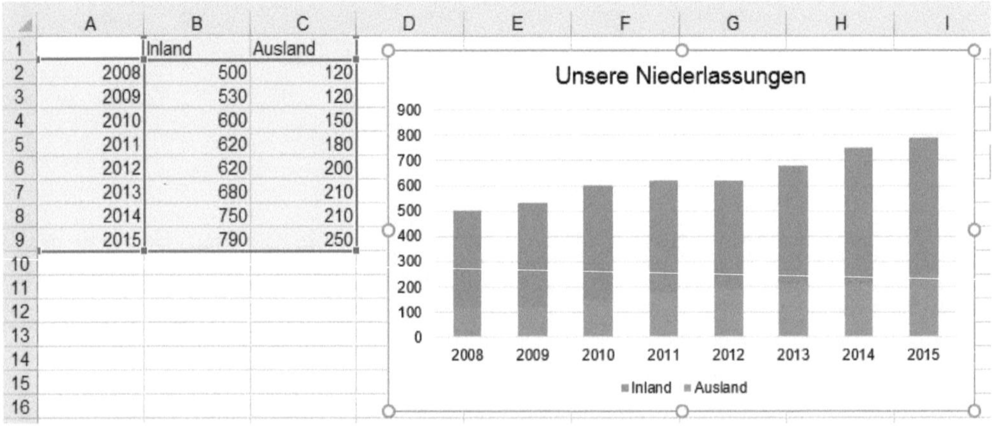

Die Antwort: Werfen Sie einen Blick auf den Diagrammtyp. Das erste ist als „gestapelte Säulen" erstellt, das zweite als „gruppierte Säulen", bei dem die Säulen übereinander geschoben wurden.

Tipp: Sie sollten auf alle Fälle die Säulen beschriften - sonst ist die Verwirrung perfekt!

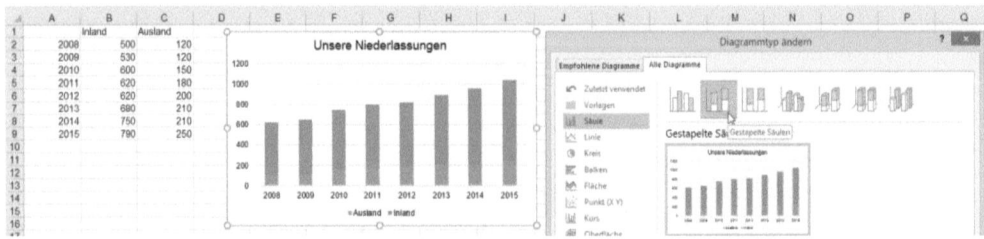

Dateneingabe

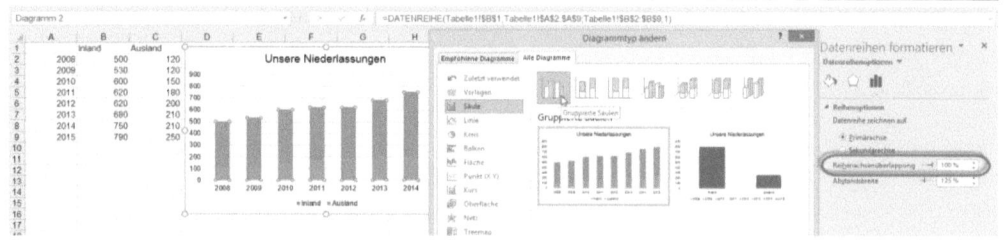

22.9. Von Nichts kommt nichts

Ein Liniendiagramm zu erstellen ist nicht schwierig:

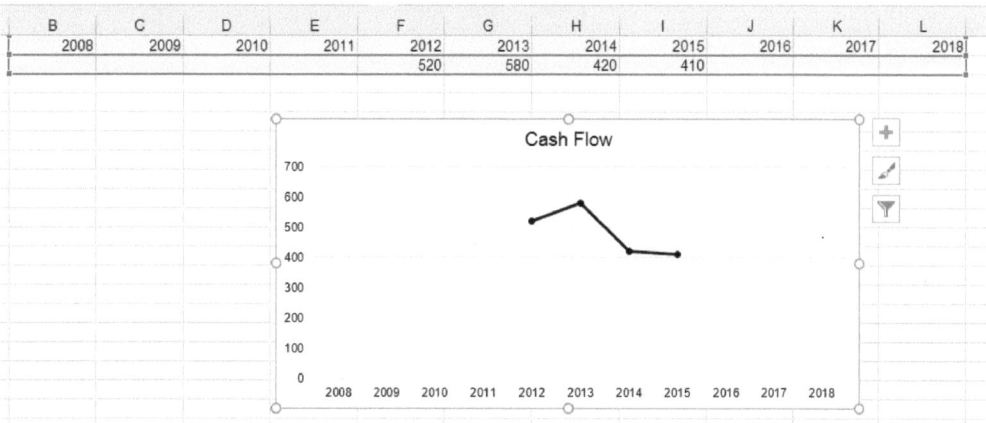

Schwierig wird es jedoch, wenn die Werte nicht - wie oben - eingegeben wurden, sondern berechnet wurden. Liefert die Formel "" oder 0, so wird dieser Wert als 0 interpretiert und auf der Achse als 0 angezeigt.

Ich wüsste nur zwei Lösungen, um dies zu umgehen: Per Programmierung (VBA) alle Formeln suchen, die den Wert 0 oder "" liefern und diese Formeln löschen oder im Diagramm alle Datenpunke durchlaufen. Sollten sie den Wert 0 besitzen, werden sie ausgeblendet (transparent formatiert). Beides ist mit einem Aufwand verbunden, wenn man nicht die Werte oder das Diagramm manuell anpassen möchte. Oder man füllt die leeren Zellen, beziehungsweise die Zellen, die den Wert 0 besitzen, mit der Fehlermeldung #NV. Dann funktioniert es auch.

22.10 Bloß nicht!

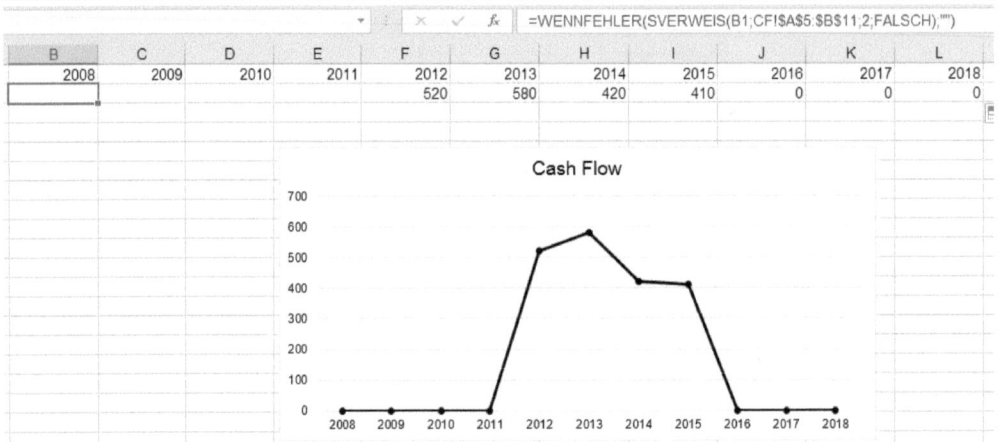

22.10. Bloß nicht!

Dieses Diagramm habe ich heute Morgen in der Tageszeitung gesehen. Ich hoffe bloß, dass niemand auf die Idee kommt in Excel auch so etwas haben zu wollen: Linien, die während des Verlauf ihre Stärke ändern.

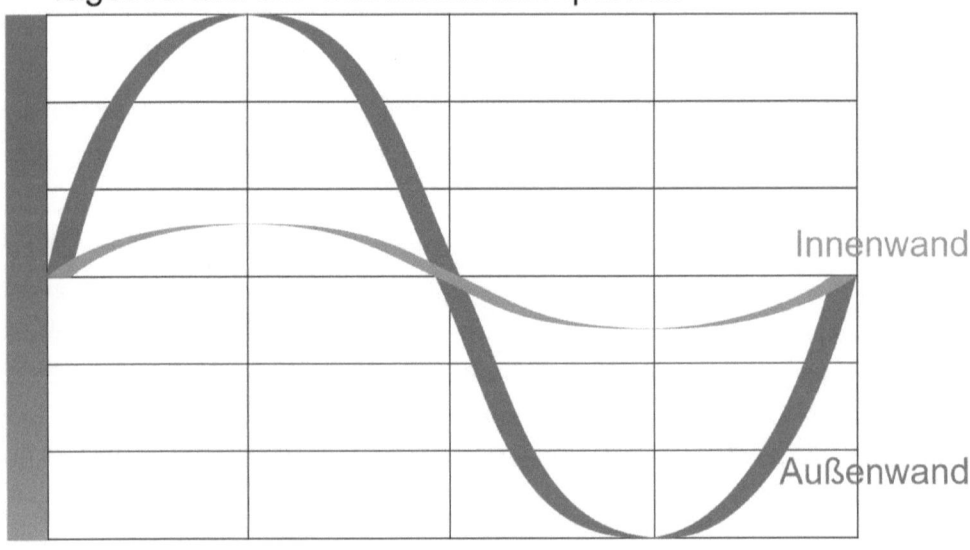

Bloß nicht!

(Ich habe es übrigens in CorelDraw nachgebaut)

22.11. Ich würde mich gern geistig mit dir duellieren, aber ich sehe, du bist unbewaffnet.

Hilfe! Warum darf ich kein Diagramm erstellen?

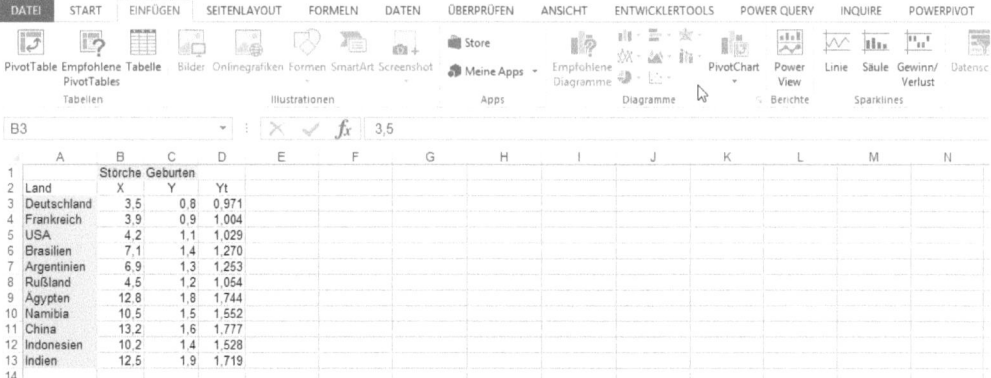

Die Antwort: Vielleicht haben Sie aus Versehen auf die Tastenkombination [Strg] + [6] gedrückt. Damit deaktivieren Sie die Bilder (was Sie im linken Teil des Menübandes sehen können). Vielleicht wollten Sie [Shift] + [Strg] + [6] drücken (Standardzahlenformat) oder [Shift] + [6] (das &-Zeichen).

22.12 Da, wo Sie sitzen, kann ich mir auch gut eine Zimmerpflanze vorstellen

22.12. Da, wo Sie sitzen, kann ich mir auch gut eine Zimmerpflanze vorstellen

In Excel 2016 kamen neue Diagrammtypen hinzu. Vor allem die Treemaps sind nicht ganz einfach zu durchschauen.

Erster Test: Eine Liste der Länder Europas:

Dateneingabe

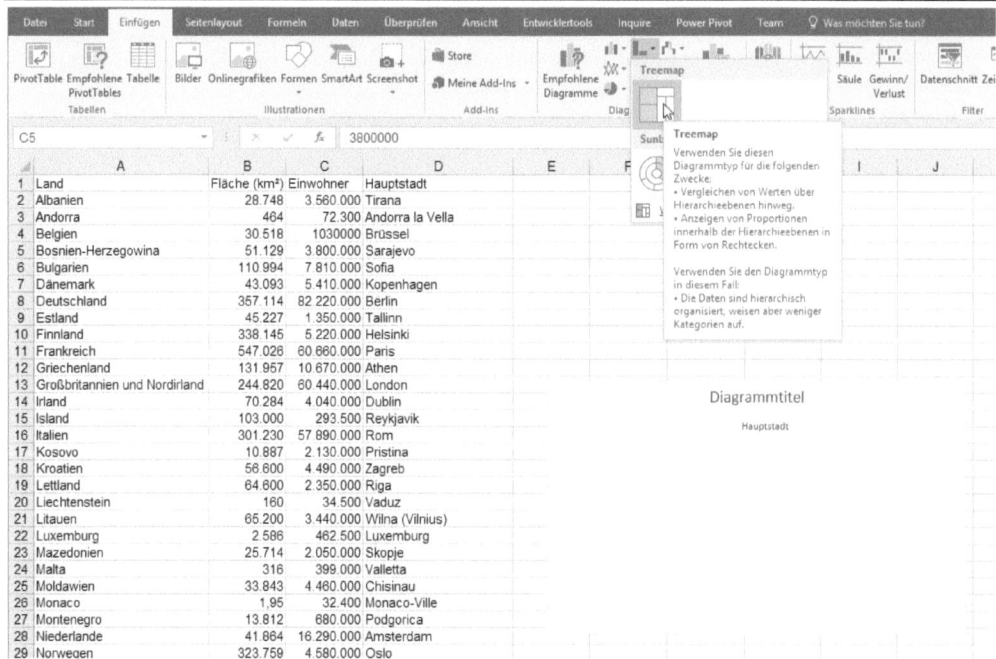

Klar: Excel verwendet die letzte Spalte (Die Texte „Hauptstädte") als numerische Werte. Also: Spalte löschen oder Leerspalte einfügen:

22.12 Da, wo Sie sitzen, kann ich mir auch gut eine Zimmerpflanze vorstellen

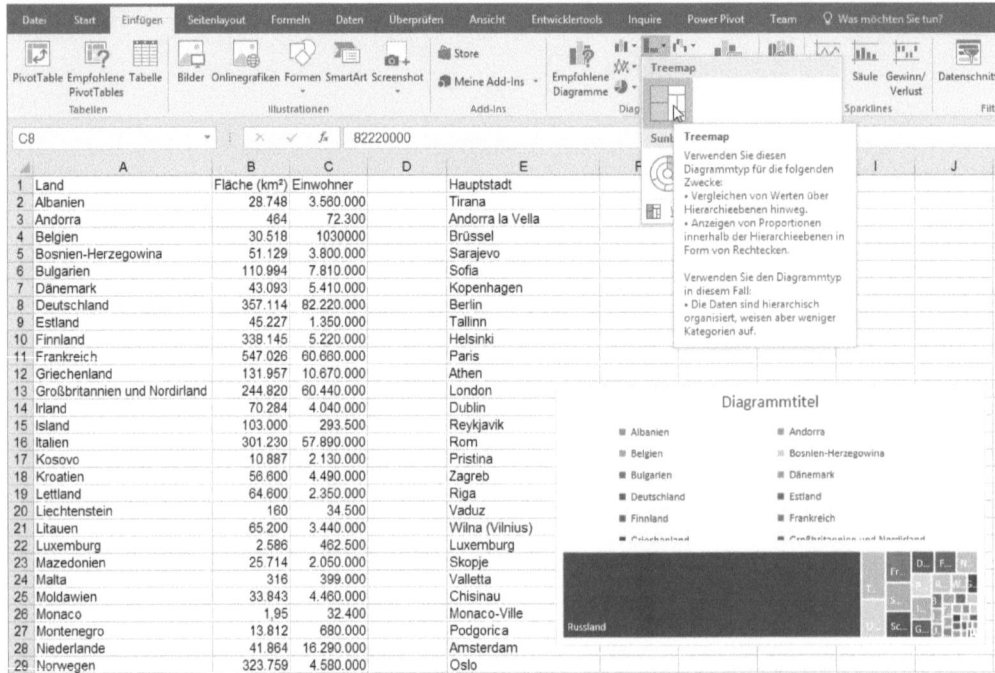

Auch nicht überzeugend: Jedes Land wird einzeln in der Legende aufgelistet. Besser wäre es mit einer zweiten Kategorie zu arbeiten:

Dateneingabe

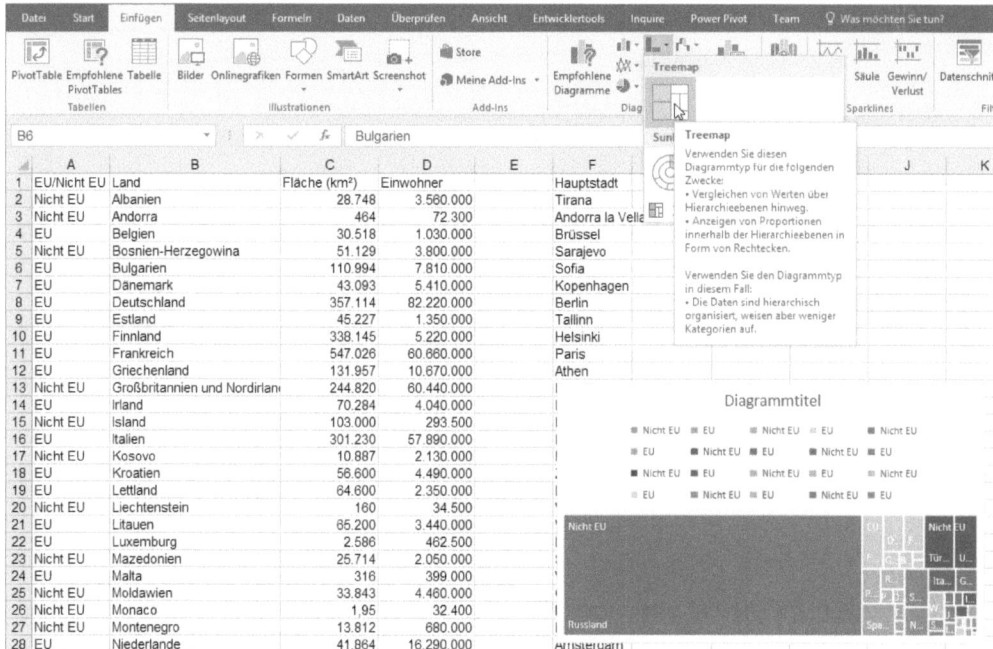

Noch besser wäre es, diese Hauptkategorie (EU/Nicht-EU) zu sortieren. Und: wenn man sich auf eine Zahlenspalte beschränkt (Einwohner statt Fläche) - sieht das Ganze recht gut aus:

22.12 Da, wo Sie sitzen, kann ich mir auch gut eine Zimmerpflanze vorstellen

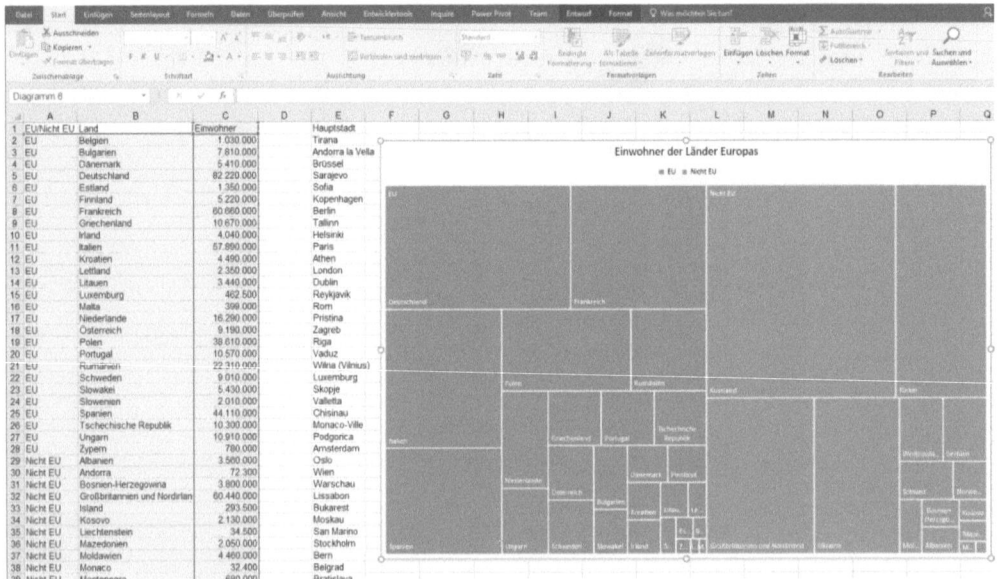

Wir lernen: bei einer Spalte und vielen Daten wirkt das Ergebnis von Treemap etwas verloren:

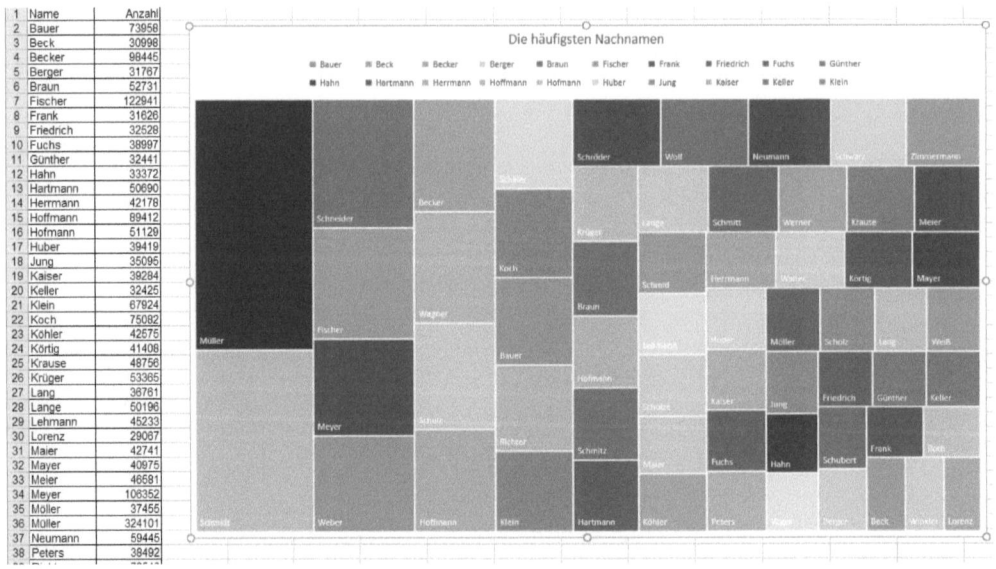

Völlig absurd wird es, wenn man mehrere Tausend Datensätze in einem Treemap darstellen möchte:

Dateneingabe

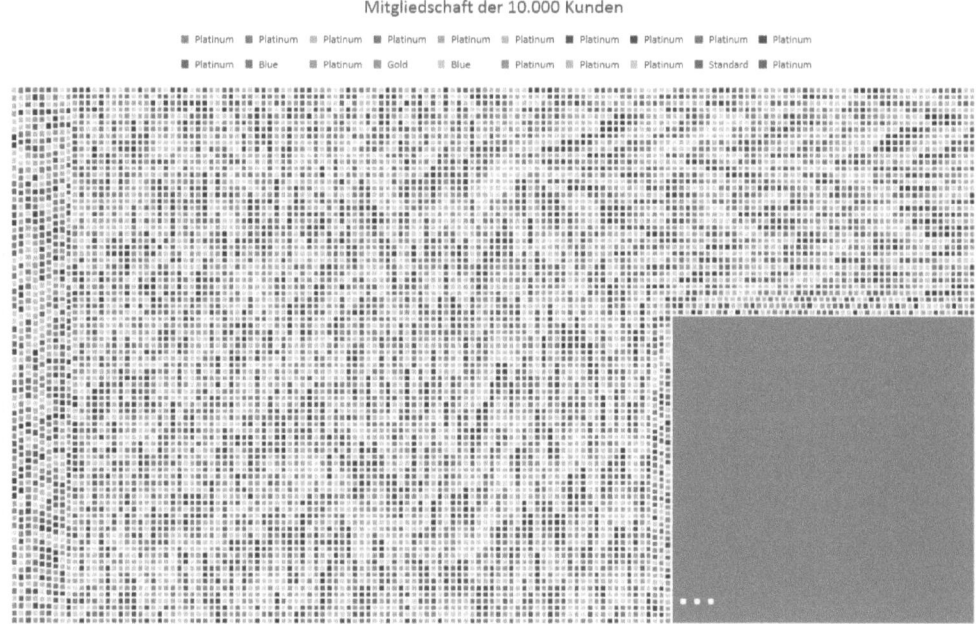

Also eine Pivottabelle davorschalten?

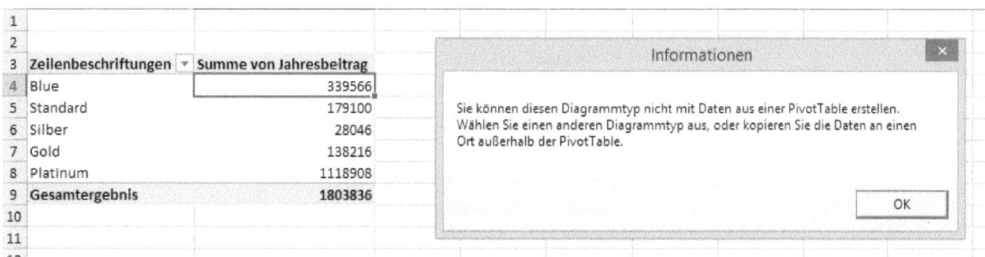

Geht leider nicht - man muss die Pivottabelle erst in Daten umwandeln (kopieren / Inhalte einfügen). Dann hat man ein aussagekräftiges Treemap-Diagramm:

22.13 Freundlichkeit wird nur laut Rechtschreibung groß geschrieben

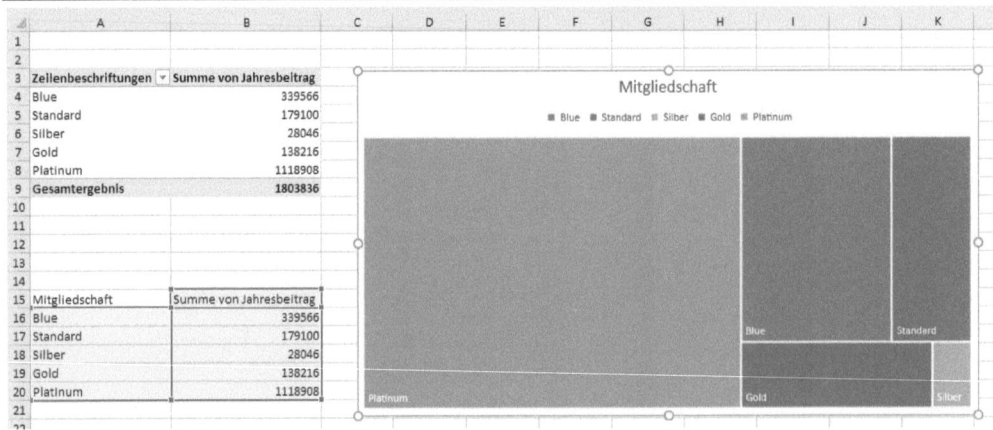

22.13. Freundlichkeit wird nur laut Rechtschreibung groß geschrieben

Warum dürfen mal wieder alle - warum nur ich nicht?

Heute wieder in der Excel-Schulung: Eine Teilnehmerin fragte mich, warum sie keine Diagramme erstellen durfte:

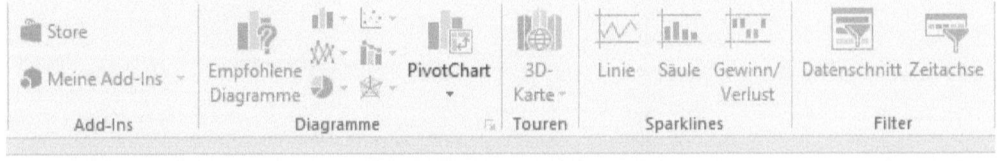

B	C	D	E	F	G	H	I	J	K	L	M
BG_CD	BD_BU	kein_MCP	A	B	C	D	E	F	MCP ok	MCP not ok	
ALU	2799	73,21%		1,79%	1,79%		7,14%	16,07%	23,21%	76,79%	
SAW	20MC	25,35%	23,94%	9,86%	11,27%	5,63%	1,41%	22,54%	29,58%	70,42%	
304	PD25	77,91%	7,56%	2,91%	2,33%	1,16%	0,58%	7,56%	9,30%	90,70%	
FILM	AC Cap	100,00%							0,00%	100,00%	
FILM	6099	67,07%	4,88%	2,44%	4,88%		3,66%	17,07%	20,73%	79,27%	

Ich wusste, wo ich suchen musste: In den Optionen war eingeschaltet:

„Objekte anzeigen: [x] Keine (Objekte ausblenden)"

Der Grund: Vielleicht hatte sie aus Versehen auf die Tastenkombination [Strg] + [6] gedrückt. Damit werden Bilder deaktiviert (was Sie im linken Teil des Menübandes sehen

Dateneingabe

können). Vielleicht wollte sie [Shift] + [Strg] + [6] drücken (Standardzahlenformat) oder [Shift] + [6] (das &-Zeichen).

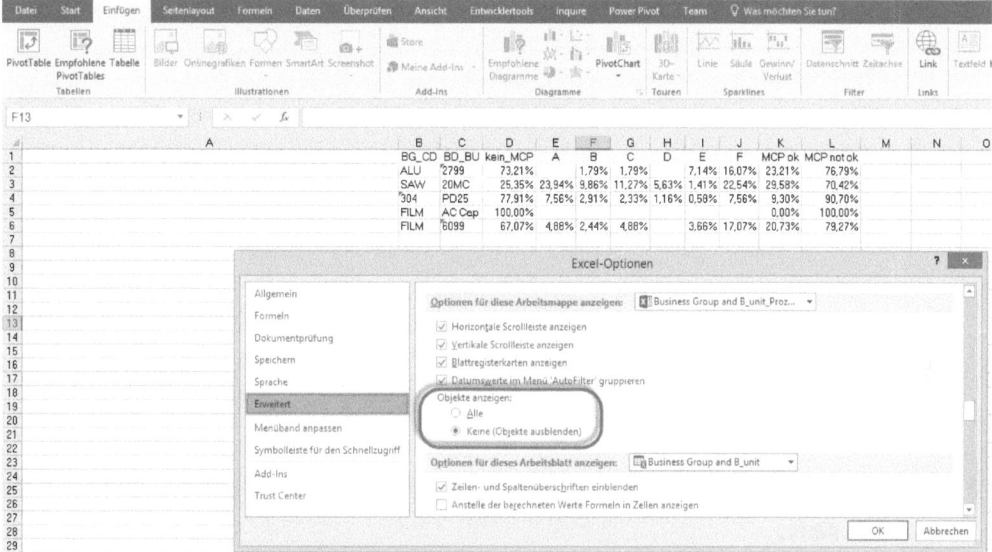

22.14. Dick – geht nicht!

Heute in der Excel-Schulung fragte ein Teilnehmer, warum er seine Balken im Diagramm nicht breiter machen könne.

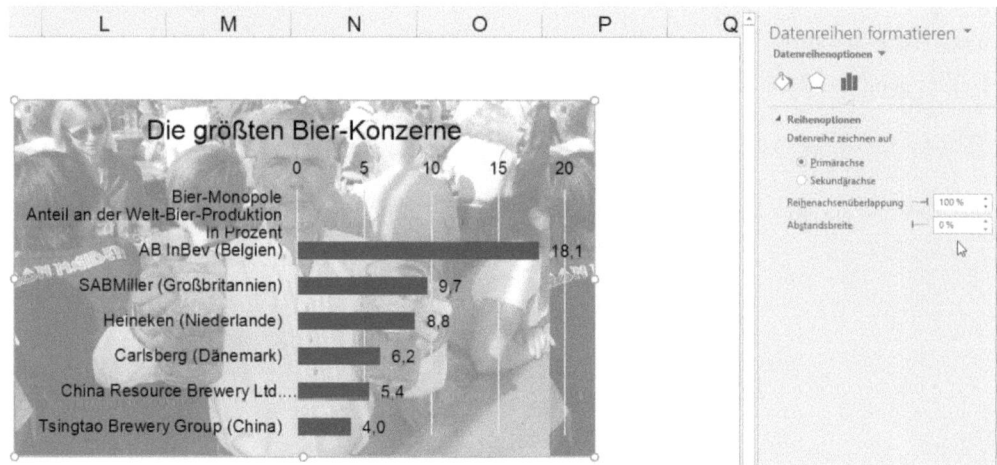

22.15 Ich kann mich in 5 Sprachen unverständlich artikulieren.

Die Antwort lieferte mir ein Blick auf die Daten: Er hatte Leerzeilen und -spalten zwischen den Daten eingegeben:

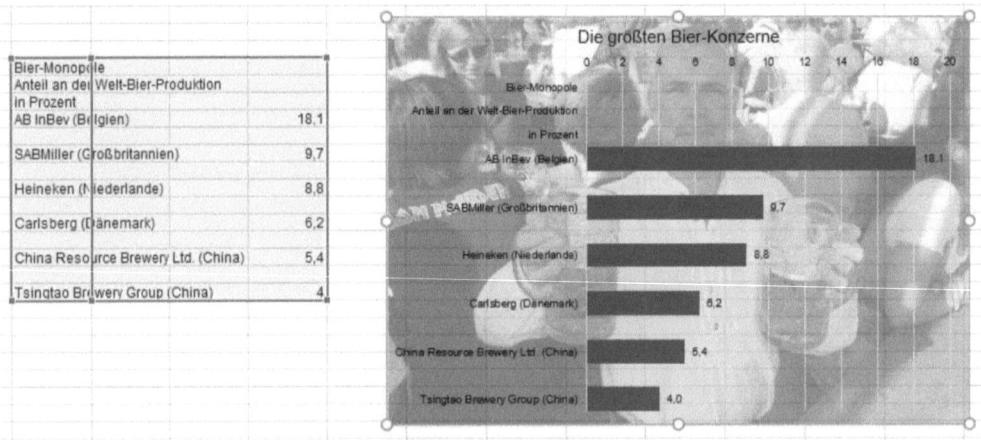

22.15. Ich kann mich in 5 Sprachen unverständlich artikulieren.

Hallo zusammen.

Ich wollte mal eben schnell die Sitzverteilung im Repräsentantenhaus der USA darstellen. Ich habe in Excel die Zahlen der Republikaner und Demokraten eingetragen, die Summe gezogen - die wollte ich später transparent „wegformatieren". Allerdings: Es gelingt mir nicht das Diagramm "rumzudrehen" - also so zu drehen, dass die andere Hälfte unten liegt. Früher ging das doch, oder?

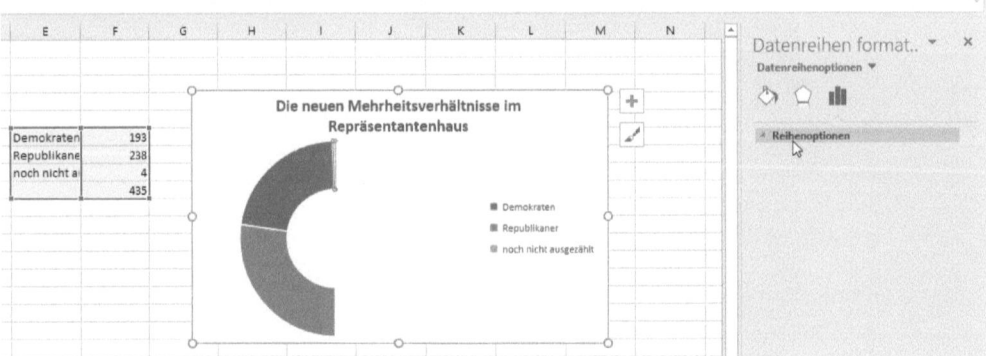

Die Antwort: Sie haben aus Versehen den Typ „Sunburst" gewählt:

Dateneingabe

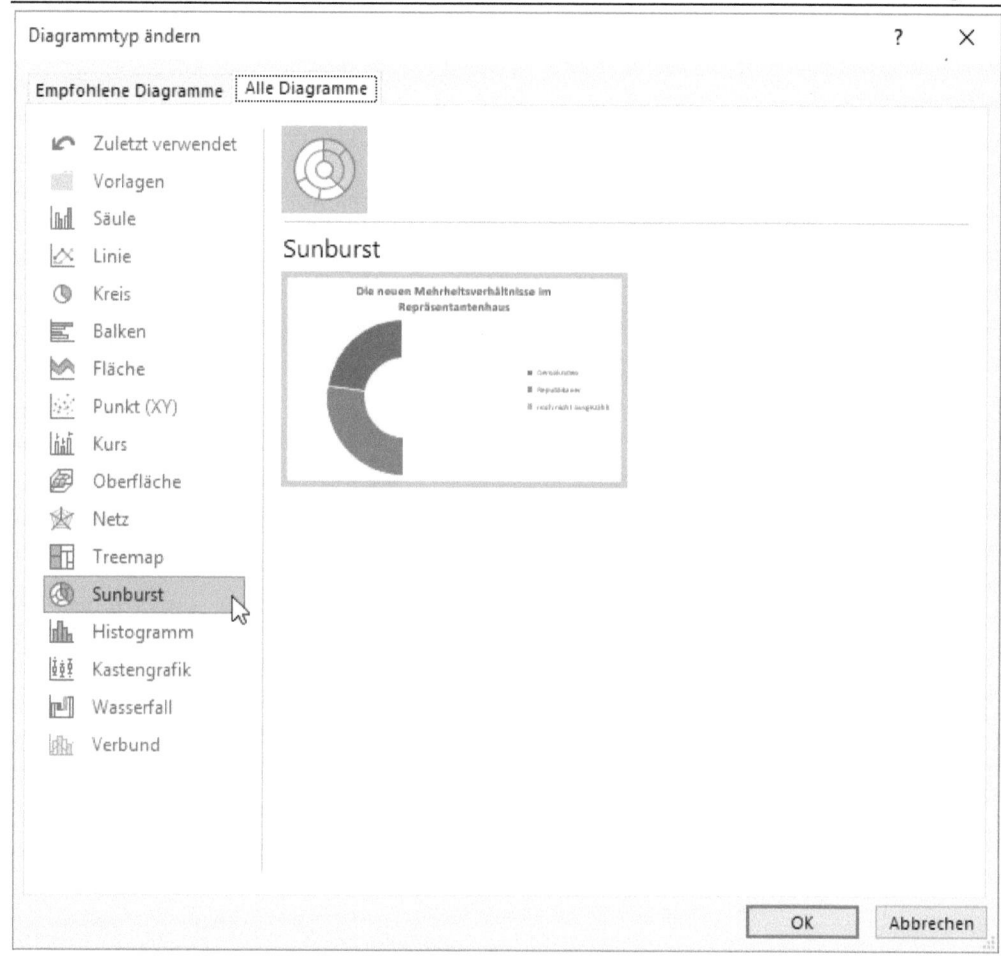

Sie hätten Kreis / Ring wählen müssen:

22.15 Ich kann mich in 5 Sprachen unverständlich artikulieren.

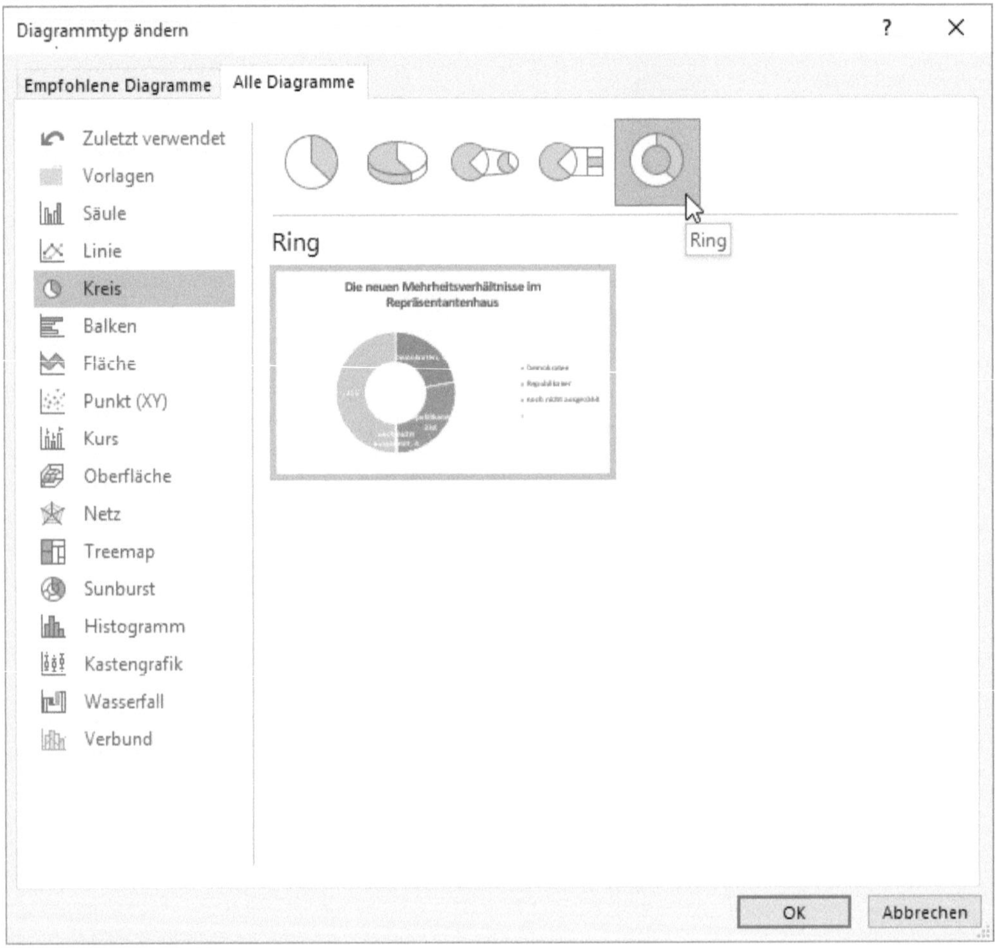

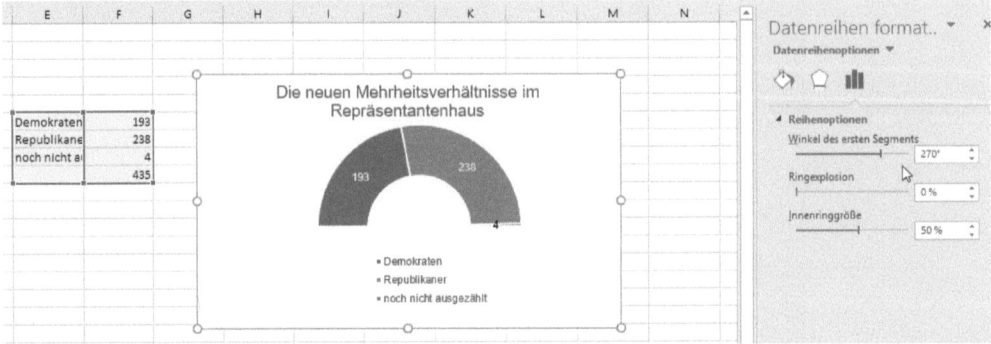

Denn damit funktioniert es:

Übrigens: bei „Sunburst" sind einige Optionen inaktiv.

22.16. Hunde sollten mindestens so groß sein, dass man sie morgens nicht mit den Socken verwechselt ...

Okay - verstanden. Ich habe ein Ringdiagramm erstellt. Allerdings hätte ich nun gerne die Demokraten auf der rechten Seite und die Republikaner links. Ich finde diese Option jedoch nicht:

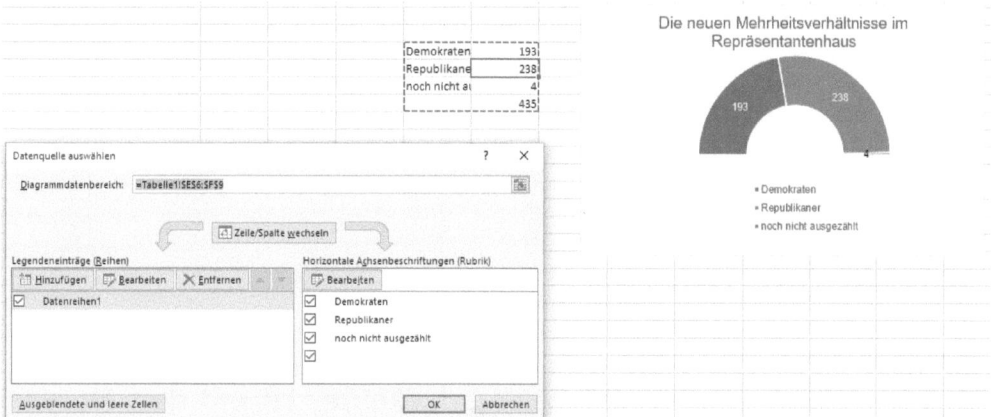

Die Antwort: Leider gibt es diese Option nicht bei den Kreis- und Ringdiagrammen. Sie müssen die Reihenfolge der Daten in der Tabelle ändern.

Und: ja, ich weiß: bei Säulen- und Balkendiagrammen darf man die Reihenfolge ändern ...

22.17 Suche neuen Schutzengel. Meiner ist mit den Nerven am Ende.

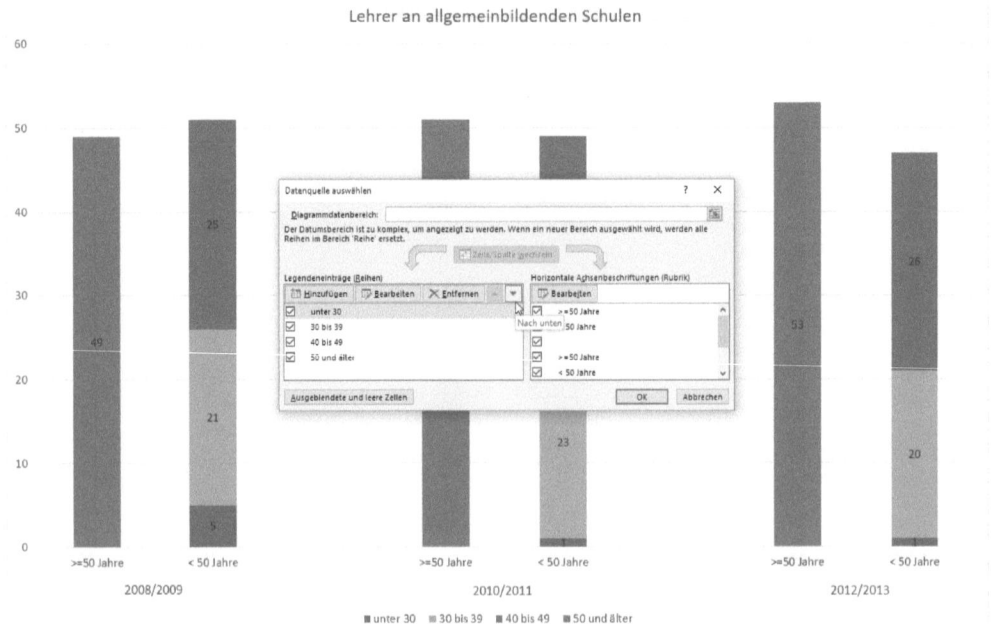

22.17. Suche neuen Schutzengel. Meiner ist mit den Nerven am Ende.

Es wäre ja schön, wenn man in der x- und y-Achse einzelne Beschriftungen löschen und formatieren könnte. Beispielsweise die benötigten Jahreszahlen anzeigen und nicht im Abstand von jeweils einem, fünf oder zehn Jahren. Geht aber leider nicht:

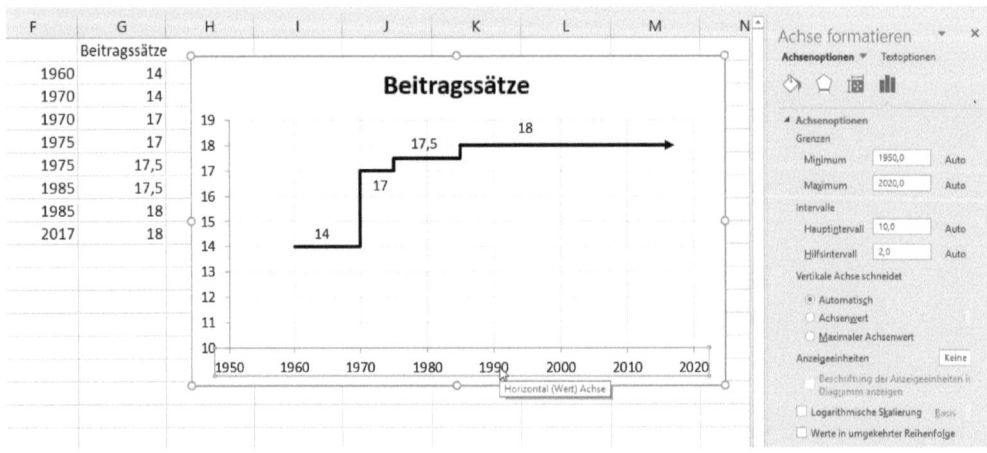

22.18. Manchmal rede ich mit mir selbst. Und dann lachen wir beide.

Ist mir bisher nie aufgefallen. Heute in der PowerPoint-2016-Schulung habe ich bemerkt, dass bei den Diagrammen mit gestapelten Säulen die Legende „umgekehrt" angezeigt. Während in PowerPoint 2007 noch Ausland | Inland angezeigt wurde:

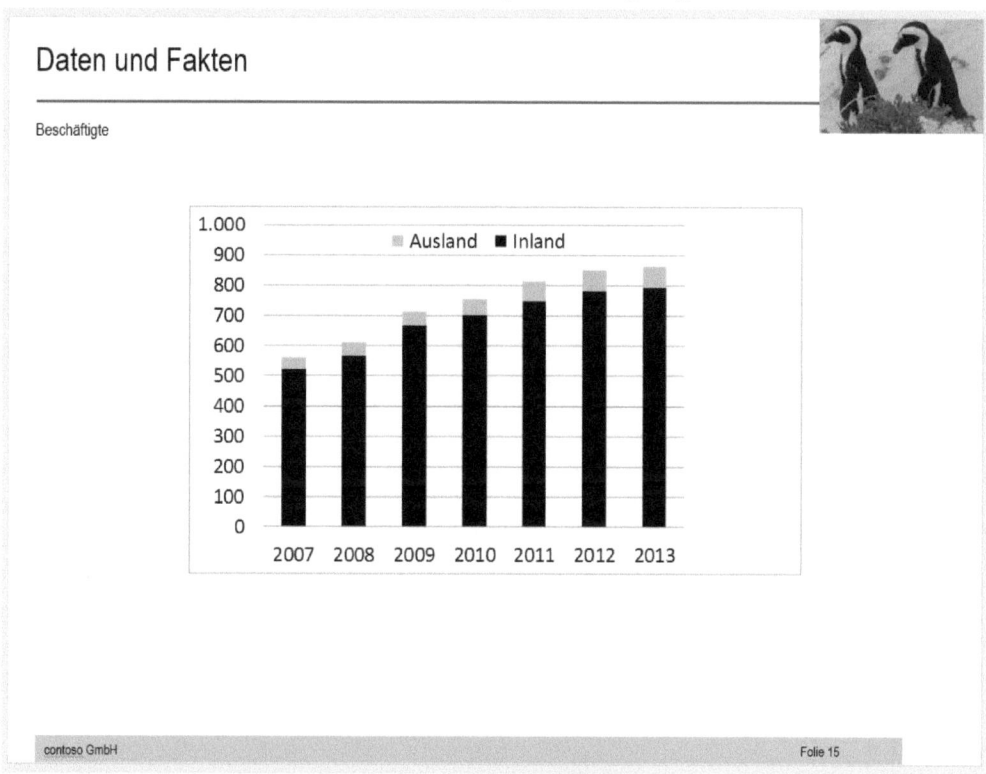

wird in PowerPoint 2016 nun Inland | Ausland angezeigt:

22.19 Wer schwankt hat mehr vom Weg!

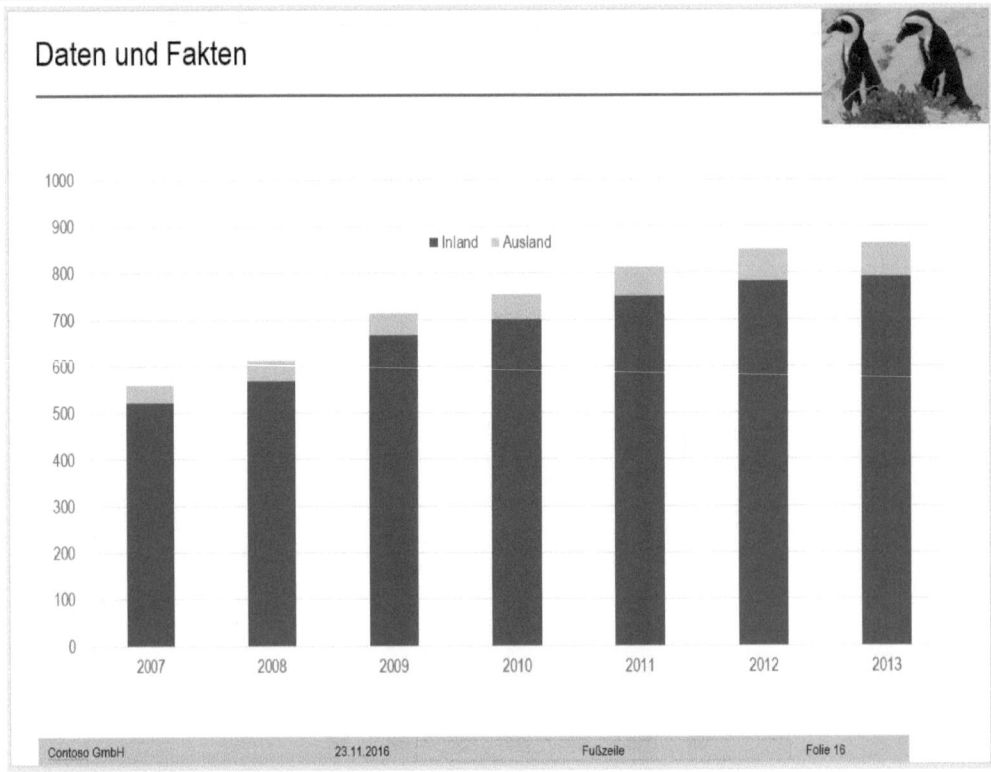

Eigentlich nicht schlimm - es geht ja schließlich nur darum, welche Kategorie durch welche Farbe repräsentiert wird. Dennoch: amüsant!

22.19. Wer schwankt hat mehr vom Weg!

Nachtrag zum Beitrag

Ich habe ein Diagramm mit gestapelten Säulen in Excel 2007 erstellt. Ich öffne es in Excel 2016, erstelle auf Basis der Daten ein weiteres Diagramm. Tatsächlich - die Einträge der Legende sind vertauscht.

Dateneingabe

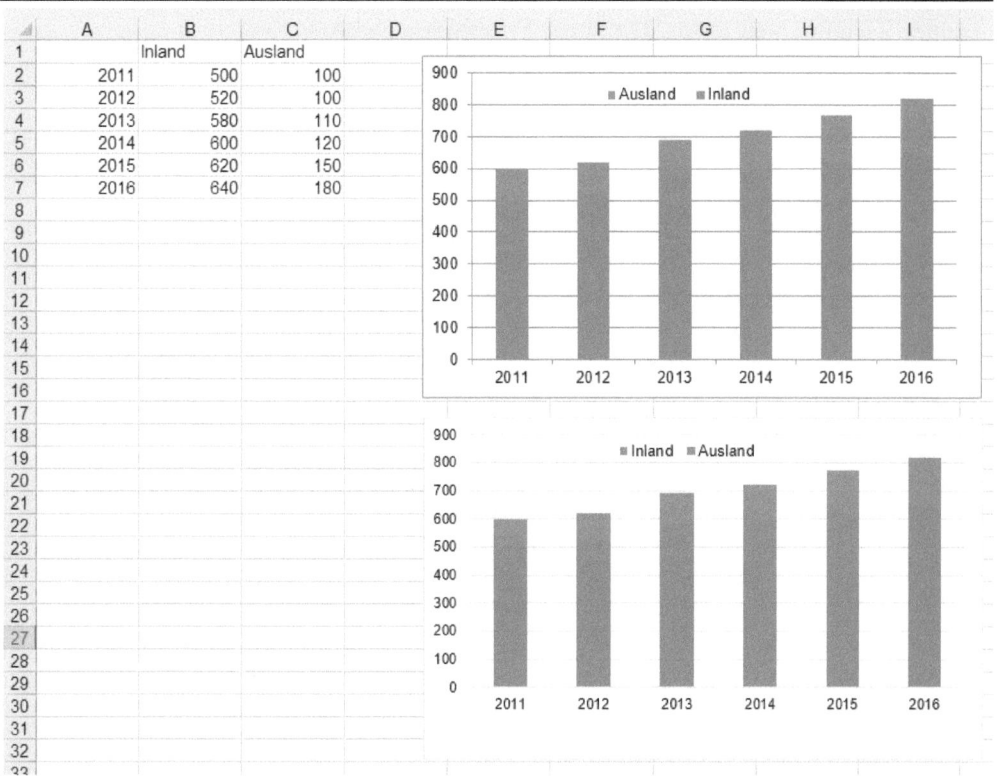

Übrigens - wenn ich in Excel 2016 im „alten" (oberen) Diagramm die Legende entferne und neu einfüge, erhalte ich die „neue" Reihenfolge. Ich hätte es auch nicht anders erwartet.

22.20. Freiheit für die Gummibären- weg mit den Plastiktüten!

Vorgestern in der PowerPoint-Schulung:

Teilnehmerin: Wie kann ich denn die Daten des Diagramms erneut bearbeiten? Wie komme ich zu der Excel-Tabelle zurück?

Trainer: Klicken Sie auf die Registerkarte „Entwurf". Dort finden Sie in der Gruppe „Daten" eine Schaltfläche „Daten bearbeiten". Damit wird die Excel-Tabelle erneut geöffnet.

Teilnehmerin: Ich sehe in Entwurf kein Symbol „Daten bearbeiten".

22.20 Freiheit für die Gummibären- weg mit den Plastiktüten!

Trainer: Ziemlich weit rechts. Das dritte Symbol von rechts.

Teilnehmerin: Bei mir gibt es so ein Symbol nicht.

Trainer schaut auf den Bildschirm der Teilnehmerin: Sie haben recht. Es gibt zwei Registerkarten „Entwurf". Ich meine die kontextabhängige Registerkarte „Entwurf" in den „Diagrammtools". Nicht die linke Registerkarte „Entwurf".

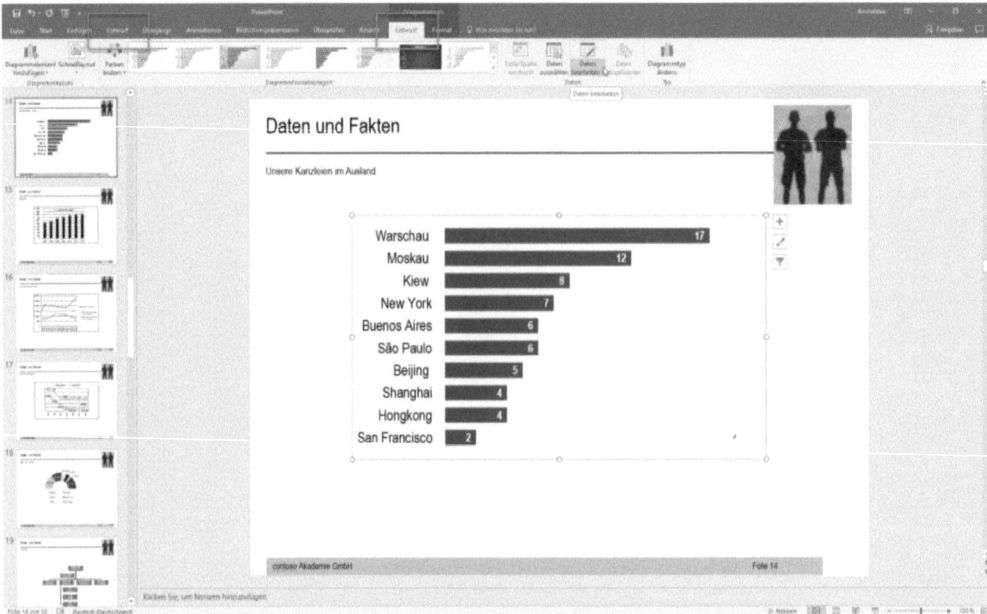

Fazit: Als EDV-Trainer müssen wir immer ganz genau sagen, wovon wir sprechen. Viele Bezeichnungen tauchen in den Anwendungsprogrammen mehrmals auf (Entwurf, Einfügen, Tabelle, ...) Sonst sehen und verstehen es die Teilnehmer und Teilnehmerinnen, die Anwender und Anwenderinnen nicht.

Übrigens: in der englischen Version sind auch beide Registerkarten mit „Design" beschriftet.

23 Diagramme schummeln

23.1. Diagramme schummeln XVIII

Blasen - mehr als drei Dimensionen?

Mit einem Blasendiagramm kann man drei Dimensionen darstellen - nicht sehr übersichtlich, wie ich finde, aber es funktioniert: x-Achse, y-Achse, Blasendurchmesser.

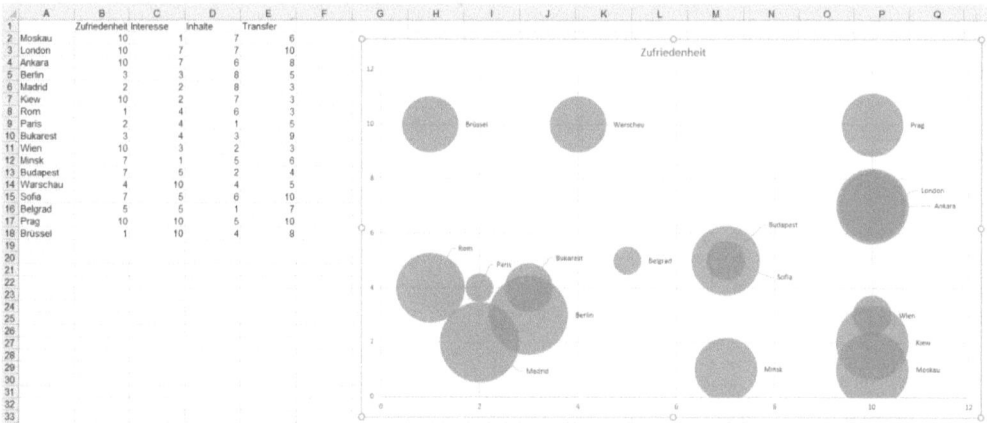

Geht eine vierte Dimension? Die Antwort: ja - mit Schummeln! Man muss die Daten des Blasendurchmessers 1 kumulieren mit den neuen Werten (2). Und nun eine zweite Datenreihe anlegen. Diese „hinter" die erste schieben. Klappt:

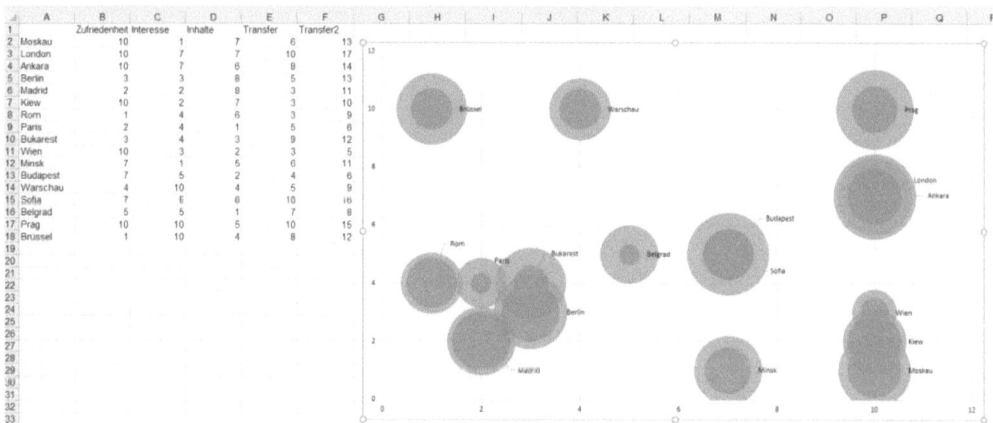

23.2 Die gute alte Mark – quatsch! – so gut war die gar nicht!

Zugegeben: mit einigen WENN-Funktionen bekommt man auch eine „bedingte Formatierung" hin. Allerdings: es ist schon etwas mühsam!

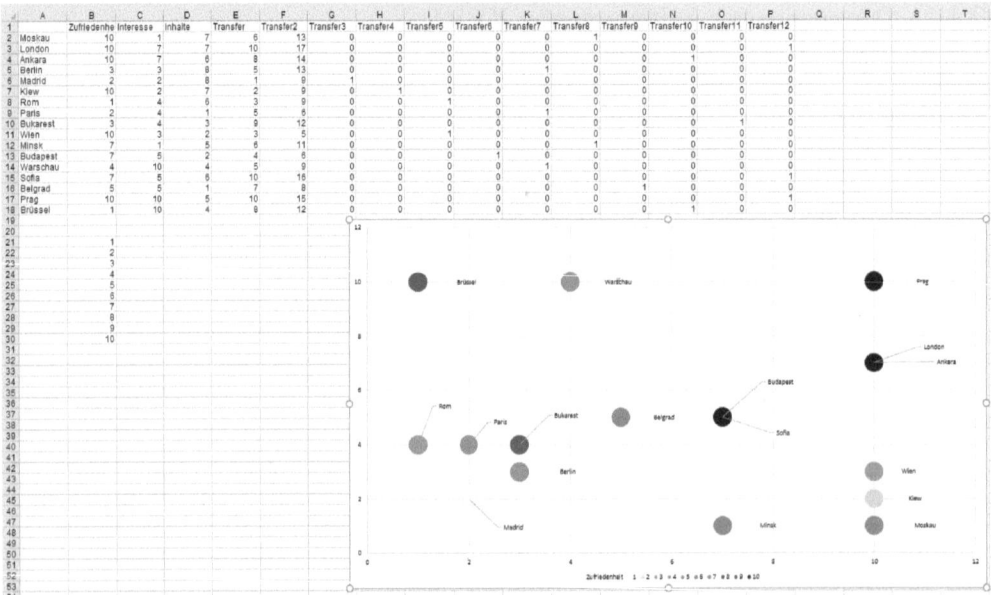

23.2. Die gute alte Mark – quatsch! – so gut war die gar nicht!

In einem Diagramm werden Euro-Preise angezeigt. da einige ältere Preise vorhanden sind, sollen diese in Euro umgerechnet dargestellt werden.

Nun wäre es ja schön, wenn die DM-Preise auch im Diagramm dargestellt wären - das heißt: die ersten Punkte sollen sowohl mit DM als auch mit Euro beschriftet sein. Dazu wird der Datenbereich erweitert:

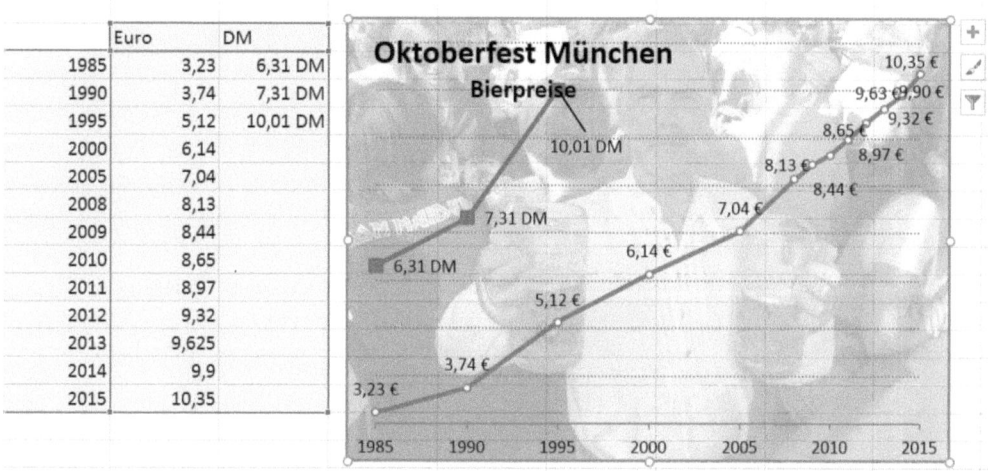

Die Linie wird auf eine Sekundärachse gelegt und die Skalierung dieser Achse verdoppelt (wir erinnern uns: 1 Euro entspricht 1,95583 DM)

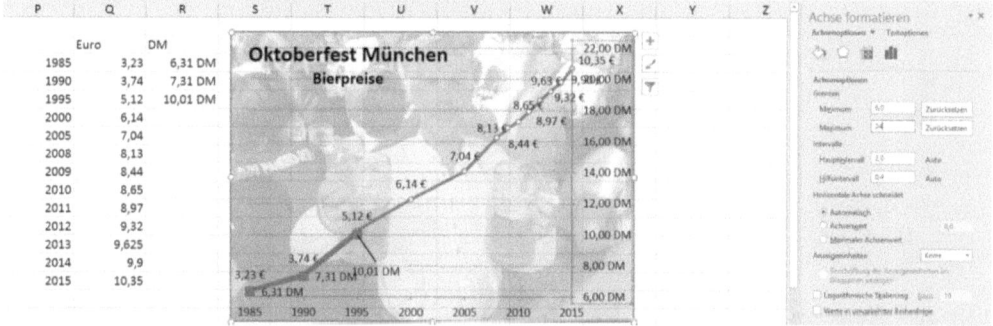

Die Linie wird transparent formatiert; die Markierungspunkte entfernt, das Ganze noch etwas formatiert – und voilà – das Ergebnis:

23.2 Die gute alte Mark – quatsch! – so gut war die gar nicht!

	Euro	DM
1985	3,23	6,31 DM
1990	3,74	7,31 DM
1995	5,12	10,01 DM
2000	6,14	
2005	7,04	
2008	8,13	
2009	8,44	
2010	8,65	
2011	8,97	
2012	9,32	
2013	9,625	
2014	9,9	
2015	10,35	

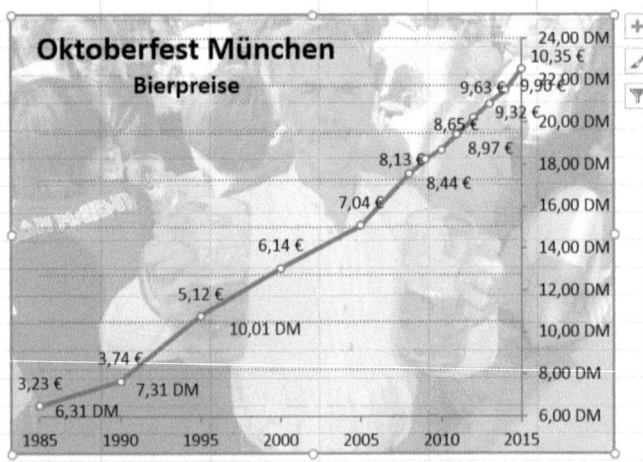

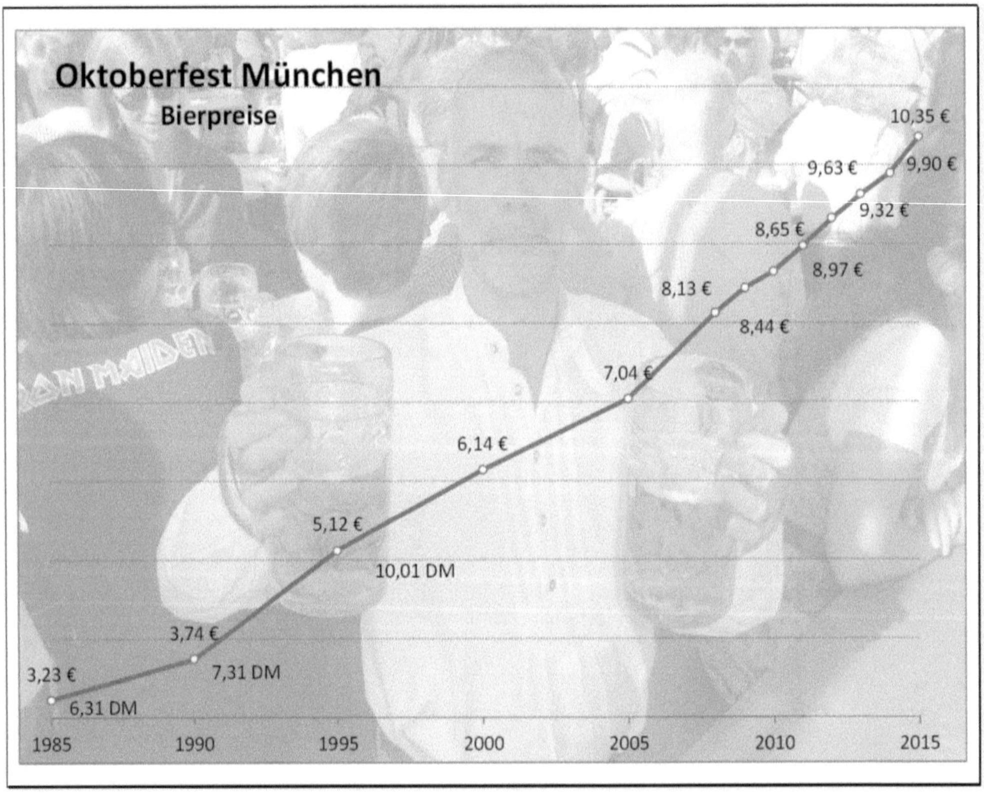

23.3. Von Äpfeln und Birnen

Eigentlich geht es nicht. In einer Liste stehen Werte im Einerbereich (1,68, 1,39 und 1,54). Diese sollen in einem Diagramm mit Werten im Millionenbereich dargestellt werden (38.989.000, 42.125.000 und 31.515.000).

Nun - mit einem Trick funktioniert es: Man „hievt" kleinen Daten hoch - sie werden mit 100.000.000 multipliziert. Das Diagramm stellt die Balken nun so dar, damit man die Werte vergleichen kann. Damit nun auch die Zahl „korrekt" dargestellt wird, muss man sie formatieren:

#... stellt nur die ersten Ziffern dar.

#...,00 zeigt zwei Nachkommastellen. Erstaunlich übrigens, dass Excel dieses Format in das mit gänzlich unverständliche Zahlenformat

#,00...

Sei's drum - das Diagramm funktioniert:

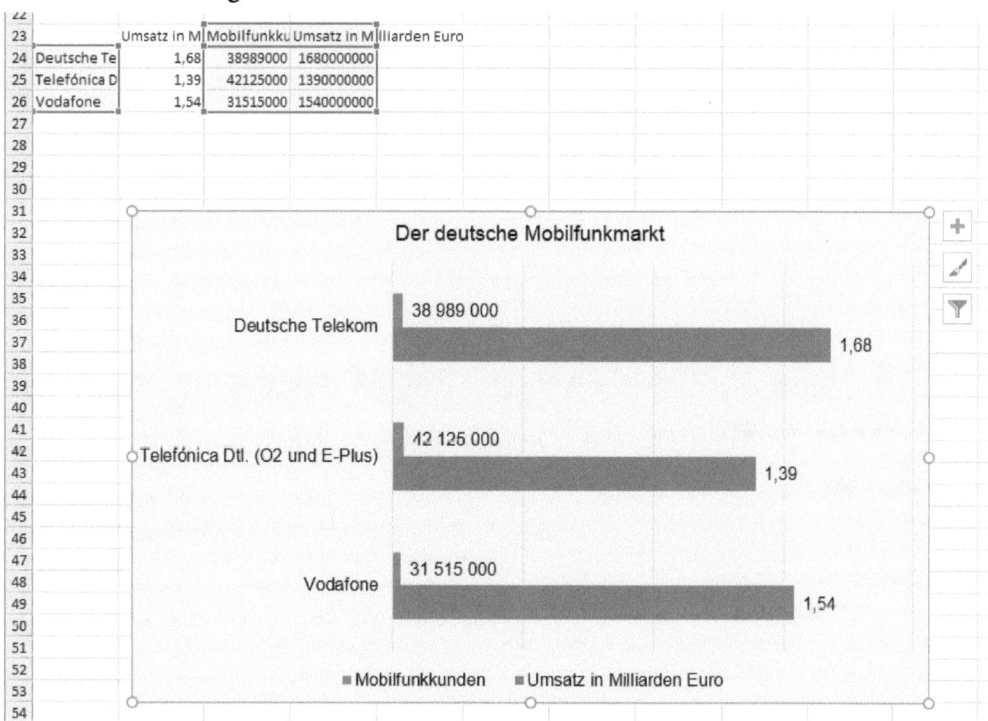

23.4. Wasserfall

Mit etwas Rechnen und Schummeln konnte man schon in den alten Excel-Versionen ein Wasserfall-Diagramm erstellen. Nun kam die Frage auf, wie man eine Linie zwischen den Balken erzeugen kann. Auch hier: mit etwas Schummeln. Man benötigt die Werte zwei Mal (kann man ja verknüpfen) und muss dann den Teil des Diagramms von Säule in Linie verwandeln. Eine Säulenreihe wird weiß formatiert und verdeckt die dahinterstehende Reihe.

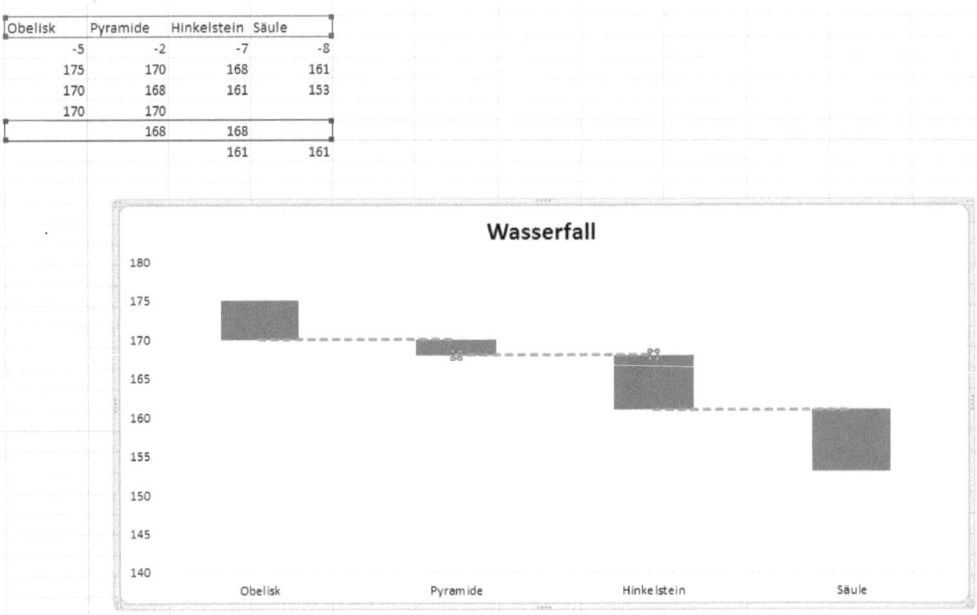

23.5. X, Y und ein bisschen Text – das ist doch nicht zuviel verlangt, oder?

Hallo Herr Martin,

ich möchte gerne in einem XY-Diagramme (Punktediagramm) die Beschriftung der Daten anzeigen lassen. Geht das?

Dateneingabe

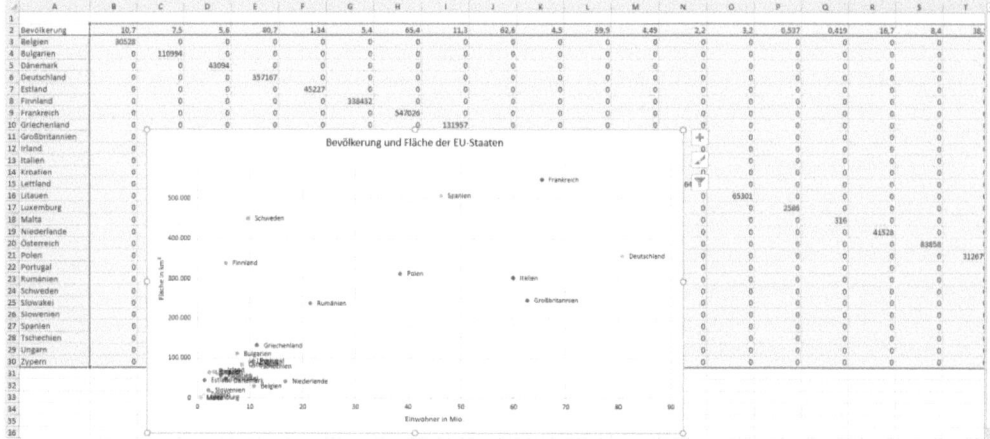

Man muss die Daten „richtig" anordnen, sich die Datenbeschriftungen anzeigen lassen und dann – leider für jede Beschriftung einzeln – statt des Wertes die Beschriftung verwenden.

Das heißt: auch das ist ebenso mühsam, wie die Beschriftungen per Hand einzugeben. Die XY-Diagramme weisen einige Schwächen auf.

23.6. Gefüllte Diagramme

Kann man die Fläche unter einer Linie in einem Diagramm füllen?

23.6 Gefüllte Diagramme

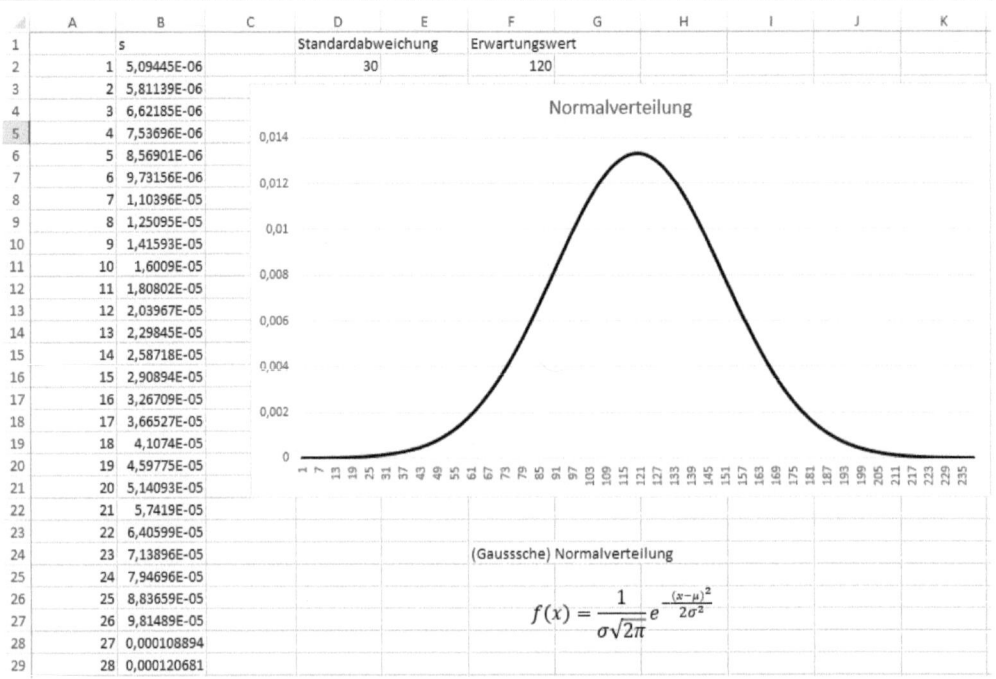

Die Antwort: nein. Aber Sie können den Diagrammtyp „Fläche" verwenden:

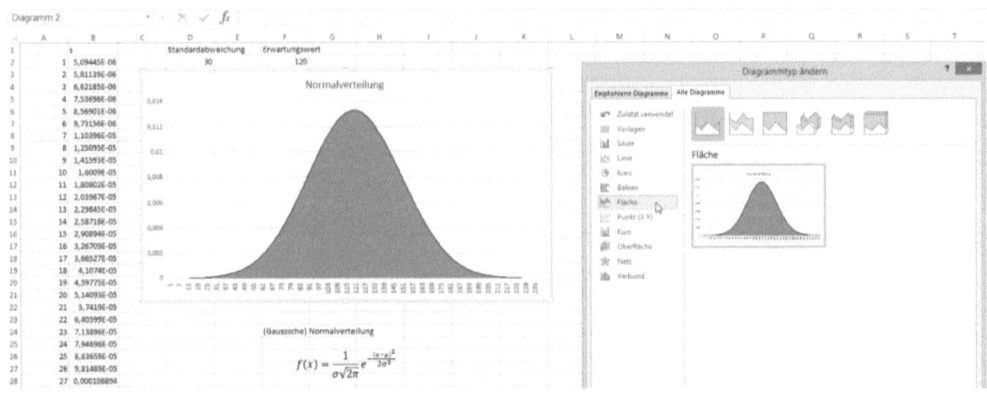

24 Makrorekorder

24.1. Wer das Rauchen aufgibt, muss nach dem Sex reden.

Und ich rede! - Wer kann mir helfen?

Manchmal darf ich keine Makros aufzeichnen? Warum? Nur der Makrorekorder ist deaktiviert. Seltsam ...

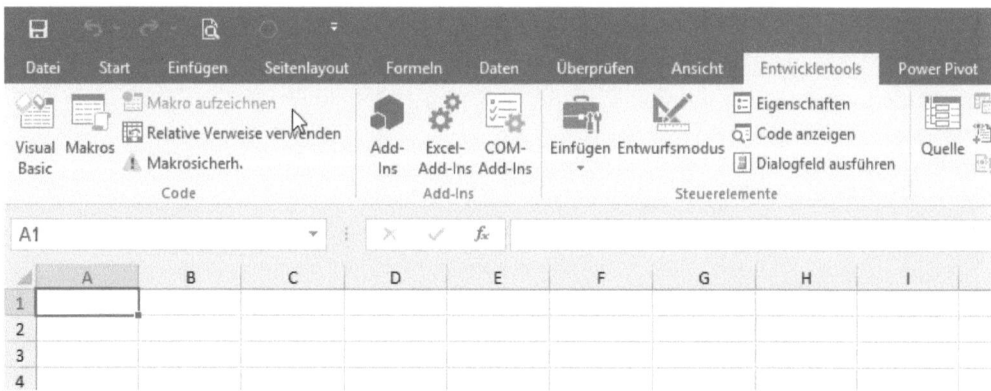

Die Antwort: Mit Sicherheit „läuft" noch ein Makro. Das heißt: Es wurde angehalten. Man muss es erst stoppen. Dann darf man ein neues aufzeichnen.

24.2. Wenn zwei das Gleiche tun, ist es noch lange nicht dasselbe

Der Makrorekorder zeichnet manchmal erstaunlich Dinge auf. Vor allem ist unverständlich, warum er für den gleichen Befehl völlig unterschiedlichen Code aufzeichnet. In der letzten VBA-Schulung stellten wir fest, dass Einfügen / PivotTable in Excel 2010 entweder folgendes Makro aufzeichnet:

```
Sub Pivot01()
Sheets.Add
ActiveWorkbook.PivotCaches.Create(SourceType:=xlDatabase, _
    SourceData:="Datenbank!R1C1:R76C6", _
    Version:=xlPivotTableVersion14).CreatePivotTable _
    TableDestination:="Tabelle1!R3C1", TableName:="PivotTable1", _
    DefaultVersion:=xlPivotTableVersion14
```

24.2 Wenn zwei das Gleiche tun, ist es noch lange nicht dasselbe

```
End Sub
```
Oder folgendes:
```
Sub Pivot2()
   Sheets.Add
   ActiveWorkbook.Worksheets("Tabelle1").PivotTables("PivotTable1"). _
   PivotCache.CreatePivotTable _
   TableDestination:="Tabelle2!R3C1", TableName:= _
   "PivotTable2", DefaultVersion:=xlPivotTableVersion14
End Sub
```
Je nachdem, ob man auf das obere Symbol oder das untere klickt ...

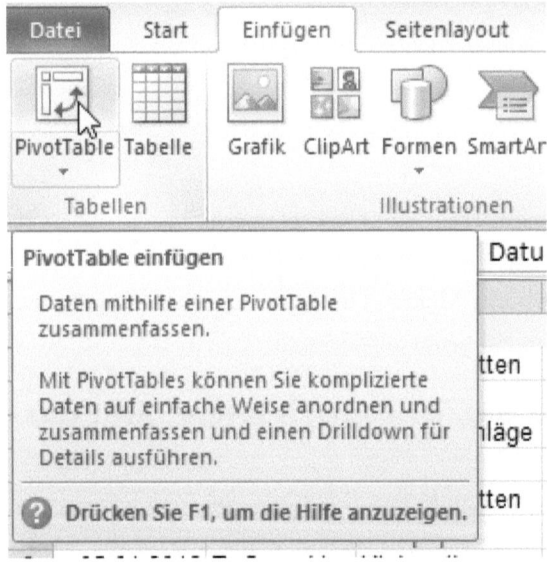

Dateneingabe

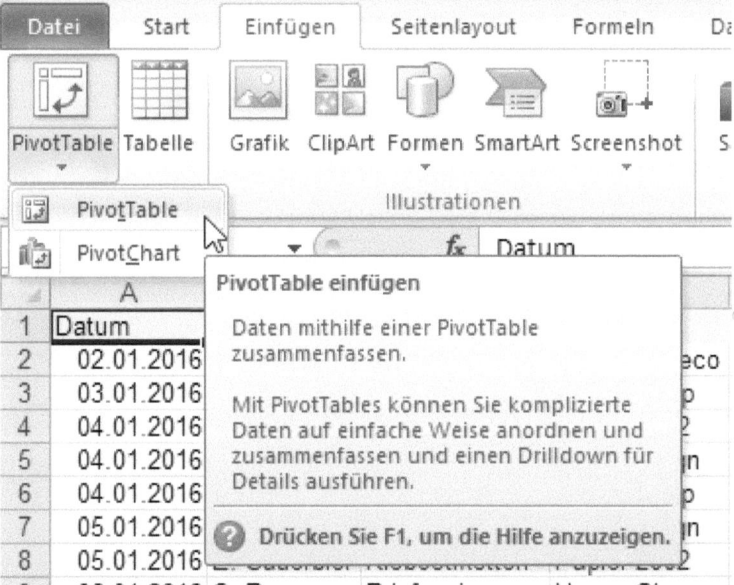

Übrigens: In Excel 2013/2016 gibt es nur noch ein Symbol für Pivottabelle.

24.3. Modern ist, was man selbst trägt. Unmodern ist, was andere tragen (Oscar Wilde)

Hätten Sie es gewusst? Oder verstanden? Wie lautet die VBA-Eigenschaft (oder -Methode) für klassisches Design einer Pivottabelle?

24.4 Rekorder kaputt?

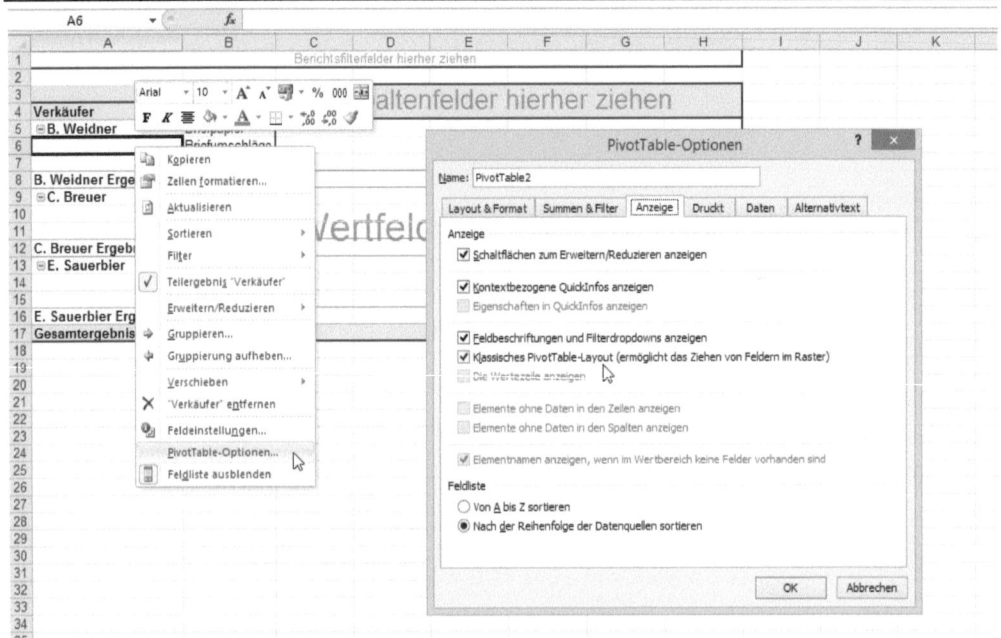

Die Antwort: Der Makrorekorder leistet hier gute Dinge:

```
With ActiveSheet.PivotTables("xyz")
.InGridDropZones = True
.RowAxisLayout xlTabularRow
End With
```

Ich gestehe: Alleine wäre ich nie darauf gekommen.

24.4. Rekorder kaputt?

Die häufigste Frage in der letzten VBA-Schulung war: Warum funktioniert mein Makrorekorder nicht:

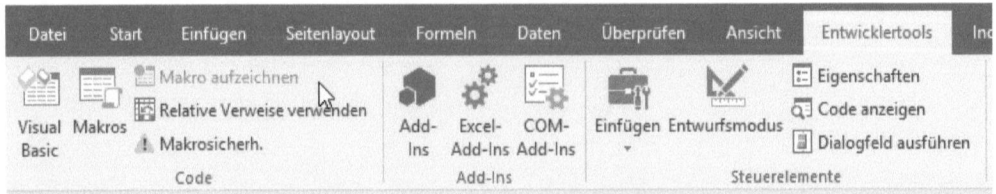

Das kann verschiedene Ursachen haben (und ich glaube, meine Teilnehmer haben alle gefunden):

Dateneingabe

In VBA läuft noch ein Programm: Ausschalten!

```
Option Explicit

Sub Schleife()
    Dim intZähler As Integer

    For intZähler = 10 To 1 Step -1
        MsgBox intZähler
    Next

    MsgBox "fertig"
End Sub
```

Der Cursor befindet sich in einer Zelle: Raus!

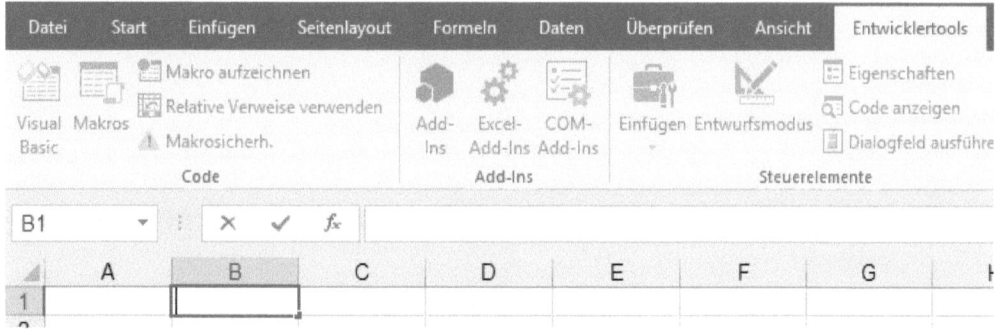

Die Arbeitsmappe wurde freigegeben: Aufheben!

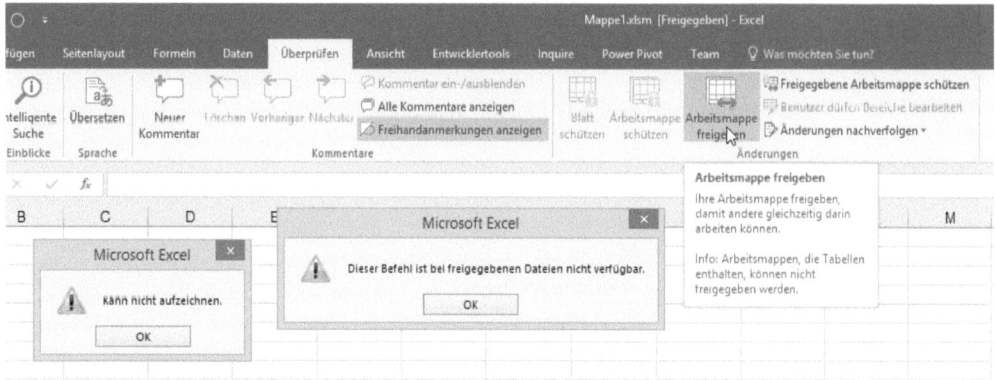

24.5 Es gibt Dinge über die rede ich nicht einmal mit mir selbst.

Der Änderungsmodus wurde eingeschaltet: Aufheben!

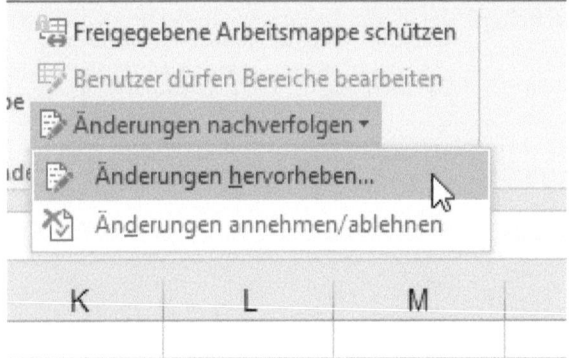

Das Projekt wurde mit einem Kennwort geschützt: Aufheben!

24.5. Es gibt Dinge über die rede ich nicht einmal mit mir selbst.

Amüsante Sache heute in der VBA-Schulung:

Ein Teilnehmer fragte mich, warum sein Makrorekorder nicht funktioniert. Tatsächlich: Beim Versuch ein Makro aufzuzeichnen kam eine erstaunliche Fehlermeldung:

Dateneingabe

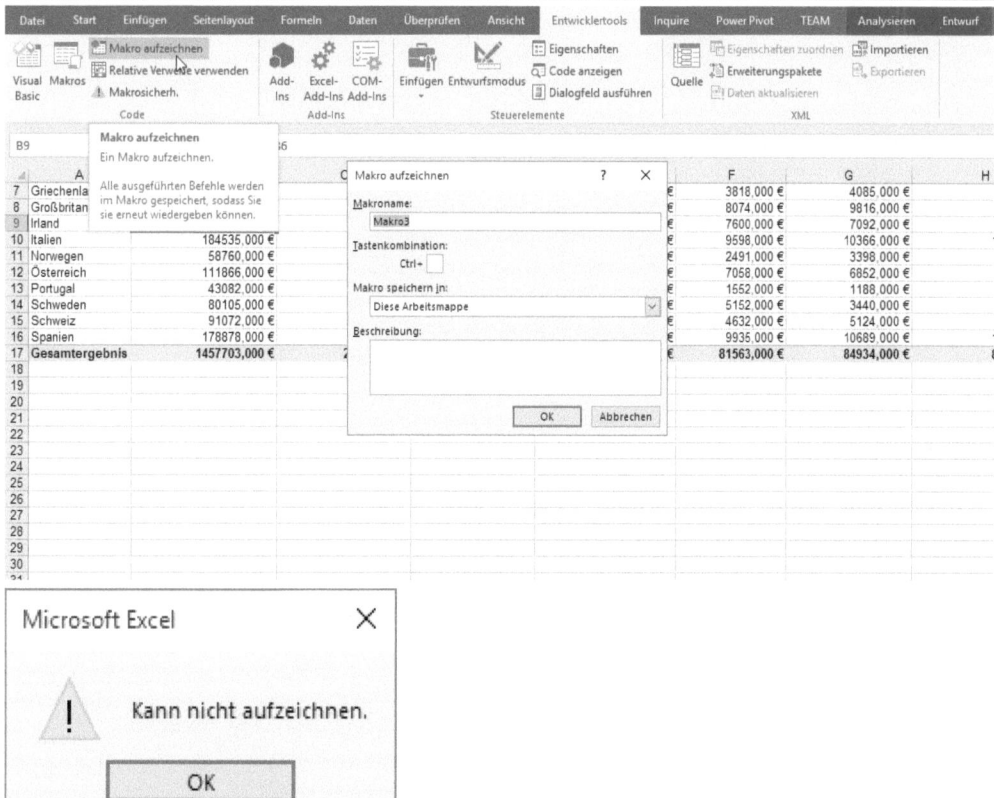

Zuerst schaute ich nach, ob noch ein Makro läuft. Nein. Alles war okay - das Stoppen brachte nicht den gewünschten Erfolg. Dann sah ich es: in einem Modul war ein fehlerhaftes Makro - wahrscheinlich hatte der Teilnehmer beim Kopieren das Sub - End Sub vergessen.

Übrigens: Trotz Fehlermeldung konnte das Makro aufgezeichnet werden ...

24.5 Es gibt Dinge über die rede ich nicht einmal mit mir selbst.

```vb
Option Explicit



    Dim xlMeinPivot As PivotTable
    Dim i As Integer
    Dim xlDF As PivotField

    On Error Resume Next

    Set xlMeinPivot = ActiveCell.PivotTable
    If Err.Number = 1004 Then
        MsgBox "Der Cursor befindet sich nicht in der Pivottabelle"
        Exit Sub
    End If
    ' -- in welcher Pivottabelle befindet sich der Cursor

    On Error GoTo Fehler
    xlMeinPivot.RowAxisLayout xlTabularRow
    ' -- Berichtslayout / Tabellenformat

    For i = 1 To xlMeinPivot.DataFields.Count
        Set xlDF = xlMeinPivot.DataFields(i)
        xlDF.Function = xlSum
        xlDF.NumberFormat = "#.##0,00 €"
    Next
    ' schalte für jeden Wert Summe ein und formatiere als Euro

    Exit Sub
Fehler:
    MsgBox "Es trat ein Fehler auf:" & vbCr & Err.Number & ": " & Err.Description



Sub Makro3()
'
' Makro3 Makro
'

'
End Sub
```

25 VBA Befehle

25.1. Trauriger VBA-Code

Hallo Herr Martin,

ich habe Ende letzten Jahres an einem Ihrer Seminare (Makros für Anwender) teilgenommen. Es war ein super Seminar. Vielen Dank für diese tolle Erfahrung!

Ich habe mich nun an das erste Makro gesetzt. Leider treten hier jedoch einige Fehler auf. Jedoch ist es mir bisher nicht möglich gewesen, diese Fehler durch Internetrecherche zu beheben.

Da Sie bei dem Seminar auch das Angebot geäußert haben, dass man sich bei Fragen auch nach dem Seminar an Sie wenden kann, würde ich hiermit auf dieses Angebot zurück kommen.

Könnten Sie mir hier vielleicht helfen? Mir ist bewusst das es ein langer Code ist, deshalb bitte einfach sagen, wenn Ihnen dass zu viel ist (da es mir nicht möglich ist, hierfür etwas zu bezahlen).

Ich habe bei diesem Code auch bereits jeden einzelnen Schritt mit einer Bemerkung beschrieben. Anbei der Code:

```
Sub CM()
'beginnt das Makro
Workbooks.Open Filename:= _
"I:\Daten\PERSONAL\DATEN\Pers_Entwicklung\Dokumentation\sonstige Schu-
lungen\sonstige_Schulungen.XLS"
'öffnet Datei sonstige_Schulungen.XLS
Workbooks.Open Filename:= _
"I:\Daten\PERSONAL\DATEN\Pers_Entwicklung\Dokumentation\sonstige Schu-
lungen\Makro\sonst._Schulungen_für_Makros.xlsx"
'öffnet Datei sonst._Schulungen_für_Makros.xlsx
Workbooks("sonstige_Schulungen.XLS").Sheets("alle").Range("B7").Auto-
Filter Field:=2, Operator:=xlFilterNoFill
'filtert in Datei sonstige_Schulungen.XLS, Registerblatt "alle" in B7
alle Zellen nach Zellen ohne Füllung -> blendet alle Zellen, die als
LZK, Austritt oder EZ/MU markiert sind, aus
```

25.1 Trauriger VBA-Code

```
Workbooks("sonstige_Schulungen.XLS").Sheets("alle").Range(("A1"), ActiveCell.SpecialCells(xlLastCell)).Copy
'kopiert in Datei sonstige_Schulungen.XLS, Registerblatt "alle" die Zellen A1 bis zur letzten gefüllten Zelle
Workbooks("sonst._Schulungen_für_Makros.xlsx").Sheets("sonstige Schulungen").Range("A1").PasteSpecial Paste:=xlPasteAll, Operation:=xlNone, SkipBlanks:=False, Transpose:=True
'fügt den kopierten Bereich aus Datei sonstige Schulungen.XLS in Datei sonst._Schulungen_für_Makros.xlsx, Registerblatt "sonstige Schulungen" (Zellen & Spalten vertauscht) in Zelle A1 ein
Workbooks("sonst._Schulungen_für_Makros.xlsx").Sheets("sonstige Schulungen").Range("G11").AutoFilter Field:=7, Criteria1:=Array("CM1-I", "CM1-S", "CM2-I", "CM2-S"), Operator:=xlFilterValues
'filtert in Datei sonst._Schulungen_für_Makros.xlsx, Registerblatt "sonstige Schulungen" in G11 in allen Zellen nach den Zellen mit den genannten "Kürzeln"
Workbooks("sonst._Schulungen_für_Makros.xlsx").Sheets("sonstige Schulungen").Range("A1", ActiveCell.SpecialCells(xlLastCell)).Copy
'kopiert in Datei sonst._Schulungen_für_Makros.xlsx, Registerblatt "sonstige Schulungen" die Zellen A1 bis zur letzten gefüllten Zelle
Workbooks("sonst._Schulungen_für_Makros.xlsx").Sheets("CM").Range("A1").PasteSpecial Paste:=xlPasteAll, Operation:=xlNone, SkipBlanks:=False, TransponseNse:=True
'fügt den kopierten Bereich aus sonst._Schulungen_für_Makros.xlsx, Registerblatt "sonstige Schulungen" in Registerblatt "Kürzel" (Zellen & Spalten vertauscht
'-> somit wieder ursprüngliche Form, wie in Datei sonstige_Schulungen.XLS) in Zelle A1 ein
Workbooks("sonstige_Schulungen.XLS").Close
'schließt Datei sonstige_Schulungen.XLS
Workbooks("sonst._Schulungen_für_Makros.xlsx").Sheets("sonstige Schulungen").Range("G11").AutoFilter Field:=7
'löscht in Datei sonst._Schulungen_für_Makros.xlsx, Registerblatt "sonstige Schulungen", in Zelle G11 den Filter
Workbooks.Open Filename:= _
"I:\Daten\PERSONAL\DATEN\Pers_Entwicklung\Dokumentation\sonstige Schulungen\Abteilungen\ISCH-CM.xlsx"
'öffnet Datei ISCH-CM.xlsx
'Beginn für Schulung CM1
[...]
```

Dateneingabe

#####

Hallo Frau R. (haben wir nicht du gesagt im letzten Jahr?),

ich habe Ihr Makro mal „angetestet" – beim Befehl:

```
'fügt den kopierten Bereich aus Datei sonstige Schulungen.XLS in Datei
sonst._Schulungen_für_Makros.xlsx, Registerblatt "sonstige Schulungen"
(Zellen & Spalten vertauscht) in Zelle A1 ein
```

muss der Parameter Transpose und nicht TranspoNse heißen. Dann klappt es.

Ansonsten:

1. Wenn Sie ein Problemchen haben, verwenden Sie den Debugger – also: [F8], [F8], [F8], … Dann bleibt er in der Zeile stehen, in der der Fehler auftritt. Ich weiß – die Meldung die hier erscheint, ist nicht aussagekräftig – ich habe auch zwei Mal hinschauen und „rumspielen" müssen

2. Ich helfe Ihnen gerne – einfach schreiben!

schöne Grüße aus München

Rene Martin

######

Hallo Rene,

leider habe ich beim Verwenden des Debuggers bereits bei diesem Befehl eine Fehlermeldung, aus der ich nicht schlau werde.

```
Workbooks("sonstige_Schulungen.XLS").Sheets("alle").Range(("A1"), _
ActiveCell.SpecialCells(xlLastCell)).Copy
'kopiert in Datei sonstige_Schulungen.XLS, Registerblatt "alle" die
Zellen A1 bis zur letzten gefüllten Zelle
```

Hast du hier auch eine Idee, wo der Fehler liegt?

#####

ja, Melanie,

wenn Du „A1" schreibst, dann sitzt vielleicht der Cursor auf der Zelle eines anderen Blattes (ActiveCell) und nicht auf dem Blatt „alle". Versuche mal Folgendes:

25.1 Trauriger VBA-Code

```
Workbooks("sonstige_Schulungen.XLS").Sheets("alle").Range(Work-
books("sonstige_Schulungen.XLS").Sheets("alle"). ("A1"), Work-
books("sonstige_Schulungen.XLS").Sheets("alle").Range("A1").Special-
Cells(xlLastCell)).Copy
```

Du weißt, was ich dazu sagen werde – kein schöner Code – aber für den Anfang okay ;-)

klappt das?

####

Ja so funktioniert es :-)

Jedoch kommt jetzt hier die Fehlermeldung "Objekt unterstützt diese Eigenschaft oder Methode nicht".

```
Workbooks("ISCH-CM.xlsx").Sheets("CM1").Columns("A:B").Paste
'fügt die kopierten Spalten aus Datei sonst._Schulungen_für_Mak-
ros.xlsx, Registerblatt "CM" in Datei ISCH-CM.xlsx, Registerblatt
"CM1", in die Spalten A und B ein
```

Hallo Melanie,

die Methode Paste darf nicht auf die Spalten, also den Bereich angewendet werden.

Wenn Du den Makrorekorder verwendest, dann zeichnet er etwas auf wie:

```
Selection.Copy
Range("B10").Select
ActiveSheet.Paste
```

Das heißt: der Befehl muss lauten:

```
Workbooks("ISCH-CM.xlsx").Sheets("CM1").Columns("A:B").Select
Workbooks("ISCH-CM.xlsx").Sheets("CM1").Paste
```

oder:

```
Workbooks("ISCH-CM.xlsx").Sheets("CM1").Activate
ActiveSheet.Range("A1").Select
ActiveSheet.Paste
```

klappt das?

#####

Hallo Rene,

super jetzt funktioniert es :-)! Vielen Dank!

Liebe Grüße

25.2. VBA Code und Farben

Hübsche Frage heute in der Excel-VBA-Schulung: Man kann zwar den „Bezeichnertext" in Extras / Optionen farblich kennzeichnen - aber kann man auch zwei verschiedene Farben für VBA-Objekte (beziehungsweise Methoden und Eigenschaften) einerseits und einen Namen (zum Beispiel Variablen, Prozedurnamen, ...) andererseits unterscheiden. Leider nein – es geht nur eine Farbe. Zugegeben – mich hat das noch nie gestört – ich lasse immer die voreingestellte Farbe Schwarz. So etwas wie unten sichtbar würde ich nicht machen.

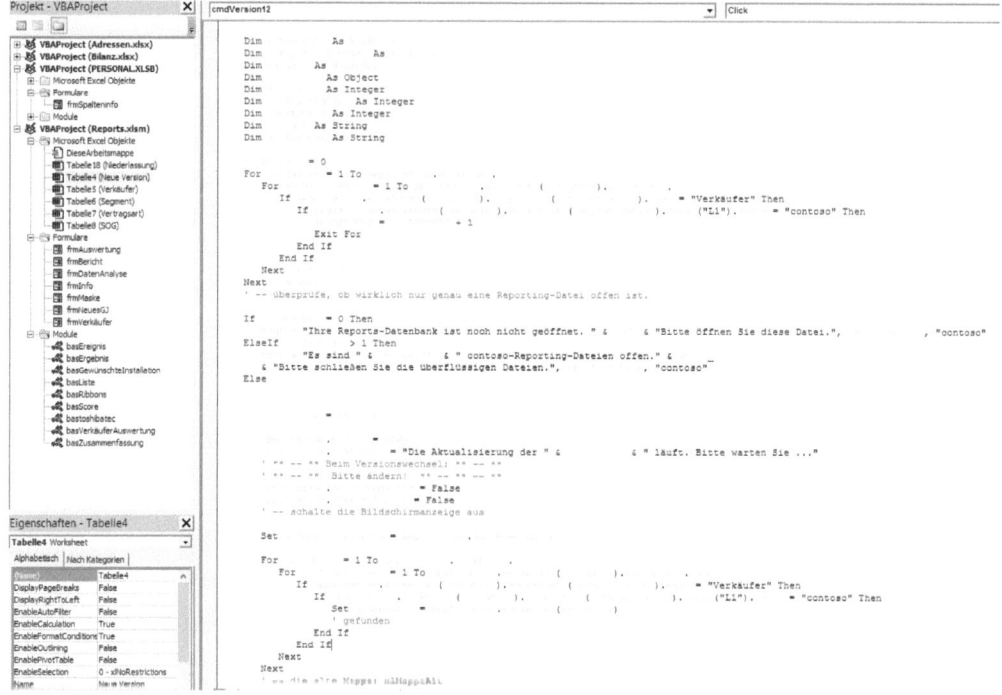

25.3 Wieso nicht definiert? – Natürlich gibt es das!

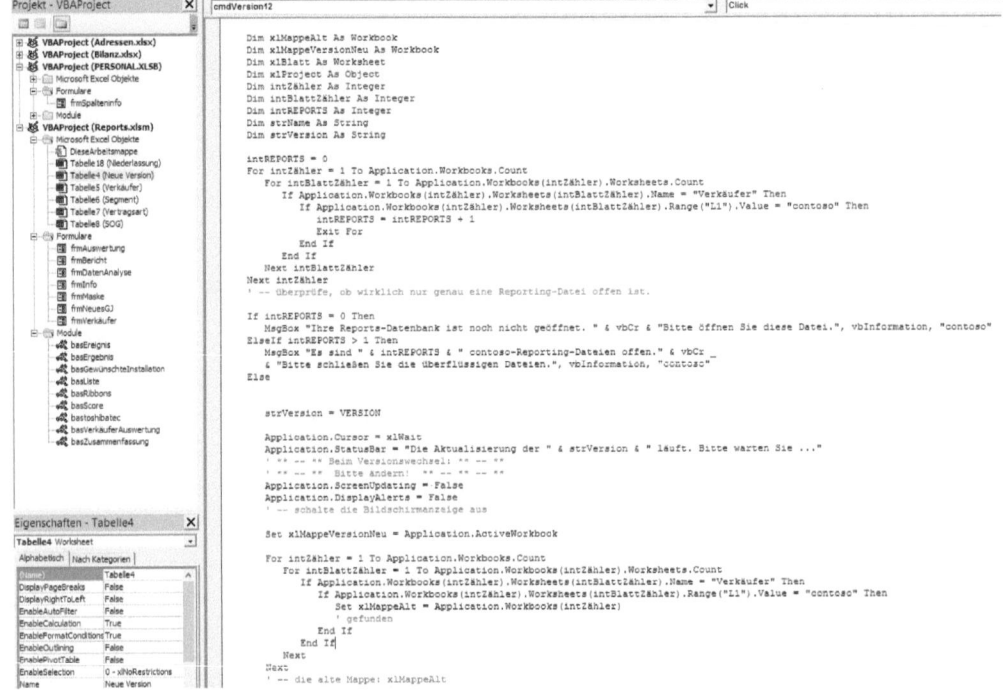

25.3. Wieso nicht definiert? – Natürlich gibt es das!

Hallo zusammen. Ich habe ein paar Zeilen VBA-Code abgetippt, den ich in einer Zeitschrift gefunden habe. Aber es läuft nicht. Und ich weiß nicht warum. Kann mir einer helfen?

Dateneingabe

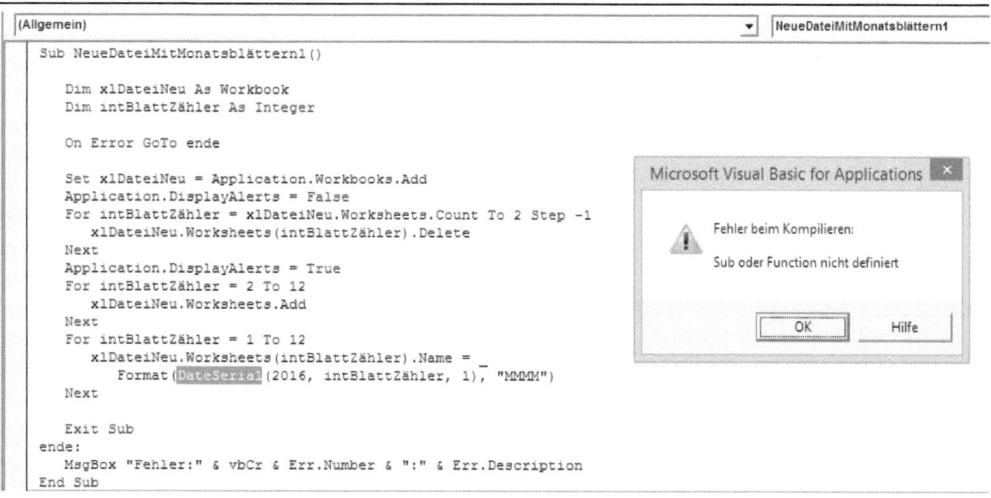

Die Antwort ist simpel: Wenn Sie genau hinschauen, sehen Sie, dass Sie die Funktion DateSerial nicht richtig geschrieben haben. Sie haben die Ziffer „1" als letztes Zeichen geschrieben und nicht den Buchstaben „l" („L"). Ein Tipp zum Codeerstellen: Schreiben Sie immer in Kleinbuchstaben. Wenn Sie die Zeile verlassen, werden sämtliche Schlüsselwörter in Groß- und Kleinschreibung konvertiert. Wenn Sie sich vertippt haben, fällt das sofort auf, weil dann der Text nicht geändert wird.

25.4. Apple ist und bleibt anders

Gestern hat mich eine Teilnehmerin in der VBA-Schulung darauf aufmerksam gemacht, dass man auf dem Mac unter Excel 2016 nicht so programmieren kann, wie unter Windows. Und tatsächlich - die Suche ergibt beispielsweise (http://peltiertech.com/office-2016-for-mac-is-here/):

Mac Office 2016 VBA

This is the painful one. Mac Office 2016 does still support VBA, of course, and Microsoft has rebuilt the VBA Editor from scratch, which was drastically. Unfortunately the VBA Editor is not really ready to use: you can't insert new modules or UserForms, and while you can edit existing modules, you can't even view the UserForms.

Microsoft is making small improvements to the VB editor, and these improvements will be part of the monthly updates. but they are not expecting to make the editor as functional as that in Windows. They encourage developers to build their add-ins in Windows versions of Excel or in Excel 2011, then test in Mac Excel 2016.

25.5. Der programmatische Zugriff auf das Visual Basic-Projekt ist nicht sicher.

Ich gestehe – ich mache es nicht sehr oft. Aber manchmal muss es sein. Code per Makro erzeugen. Oder auf vorhandenen Code zugreifen. Ich wollte alle Makros löschen – nein nicht indem ich die xlsm-Datei als xlsx speichere – die Datei war noch im Format xls und sollte es auch bleiben.

Also: erster Test - und schon eine erstaunliche Fehlermeldung:

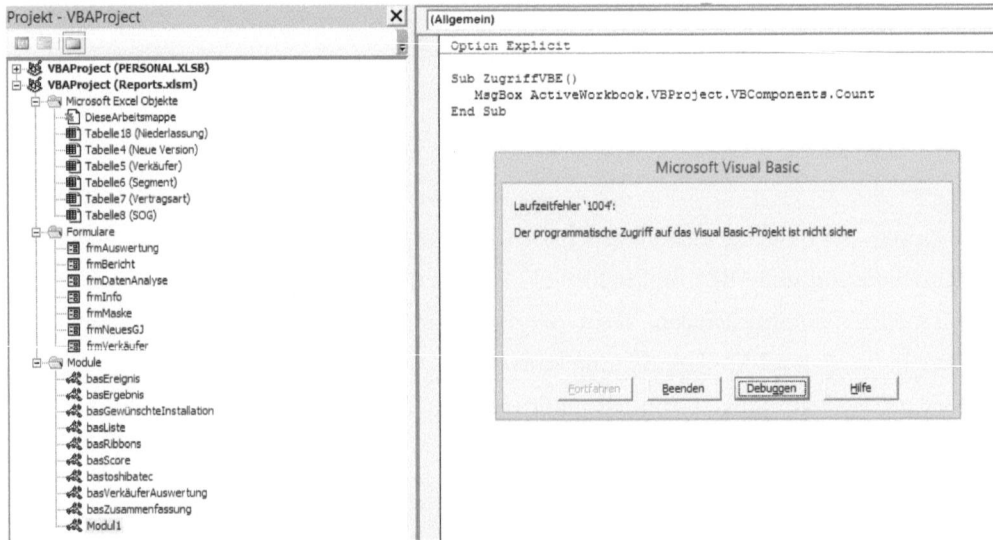

Was bitte heißt das: „der programmatische Zugriff auf das Visual Basic-Projekt ist nicht sicher."? Kurz überlegt - klar: Ich muss in den Optionen einstellen, dass ich dem Zugriff auf das VBA-Objektmodell vertraue – und schon klappt es ...

Dateneingabe

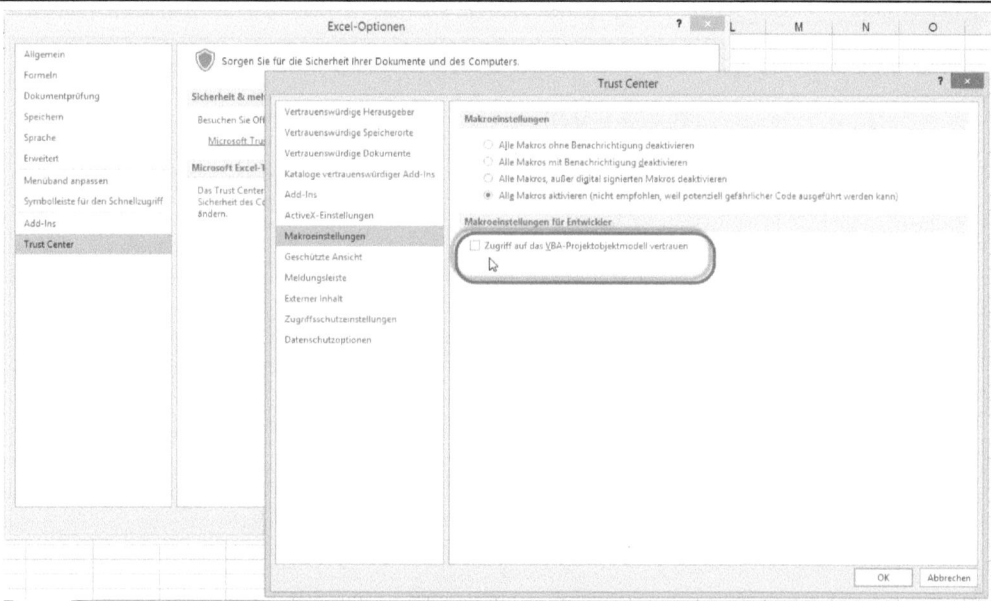

24 VBComponents findet er.

25.6. Auch Gänse haben Füße – Gänsefüße

Ich habe drei Mal hinschauen müssen, bis ich den Fehler in folgender VBA-Codezeile gesehen habe:

```
xlZelle.NumberFormat = "#,##0.00 ""km""     ' -- formatiert die Zelle mit dem Zahlenformat ""km"
```

Was mich stutzig gemacht hat, war, dass der Kommentar nicht grün formatiert war. Ein Nachzählen der Gänsefüßchen hat dann ergeben, dass beim benutzerdefinierten Zahlenformat (Kilometer) nur zwei und nicht drei Anführungszeichen nach dem Text stehen. Das Textende wird durch das Ende der Zeile definiert ...

Und schon geht es:

```
xlZelle.NumberFormat = "#,##0.00 ""km"""     ' -- formatiert die Zelle mit dem Zahlenformat ""km"
```

273

25.7 Modern ist, was man selbst trägt. Unmodern ist, was andere tragen (Oscar Wilde)

25.7. Modern ist, was man selbst trägt. Unmodern ist, was andere tragen (Oscar Wilde)

Hätten Sie es gewusst? Oder verstanden? Wie lautet die VBA-Eigenschaft (oder -Methode) für klassisches Design einer Pivottabelle?

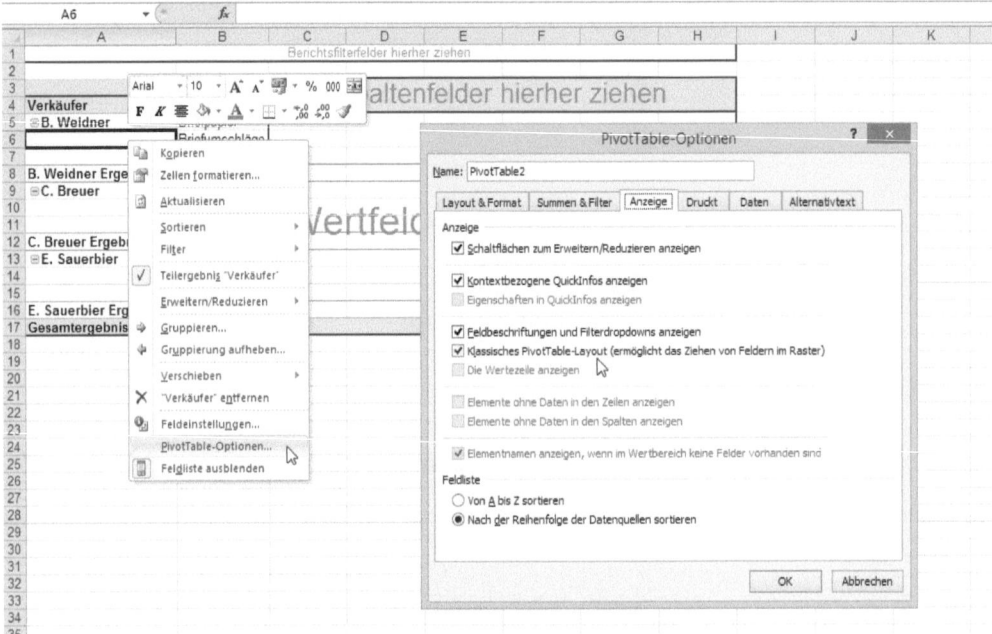

Die Antwort: Der Makrorekorder leistet hier gute Dinge:

```
With ActiveSheet.PivotTables("xyz")
.InGridDropZones = True
.RowAxisLayout xlTabularRow
End With
```

Ich gestehe: Alleine wäre ich nie darauf gekommen.

25.8. Sag mir wo die Punkte sind? - wo sind sie geblieben ...

Heute in der VBA-Schulung hat ein Teilnehmer etwas Interessantes ausprobiert und festgestellt:

Dateneingabe

Eine InputBox gibt einen String zurück. Wandelt man ihn mit CInt in eine Integerzahl um oder übergibt ihn an eine vom Typ Integer[1] deklarierte Variable, so wird der eingegebene Wert 1.5 als 15 zurückgegeben. Ich hätte gedacht, dass 1.5 als Datum (01.05.2016) interpretiert wird. Nein! - Auch jeder andere Wert mit einem Punkt bekommt diesen gelöscht: Punkt ist weder Dezimaltrennzeichen, Tausendertrennzeichen noch Datumstrennzeichen. Erstaunlich, nicht?

```
Sub Zahleneingabe()
    Dim intEingabezahl As Integer
    intEingabezahl = CInt(InputBox("Bitte geben Sie eine Zahl ein!"))
    MsgBox CStr(intEingabezahl)
End Sub
```

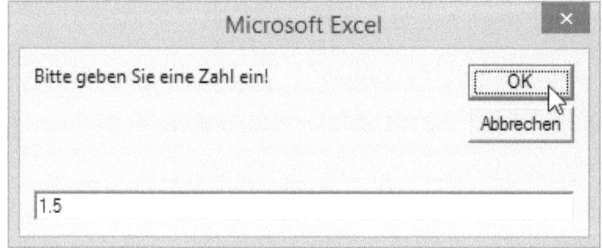

25.9. We are not amused

Wirklich erstaunlich. In einer Excel sind mehrere Tabellenblätter ausgeblendet:

---

[1] Übrigens auch bei allen anderen Zahlenformaten: Byte, Long, Single, Double und Currency

25.9 We are not amused

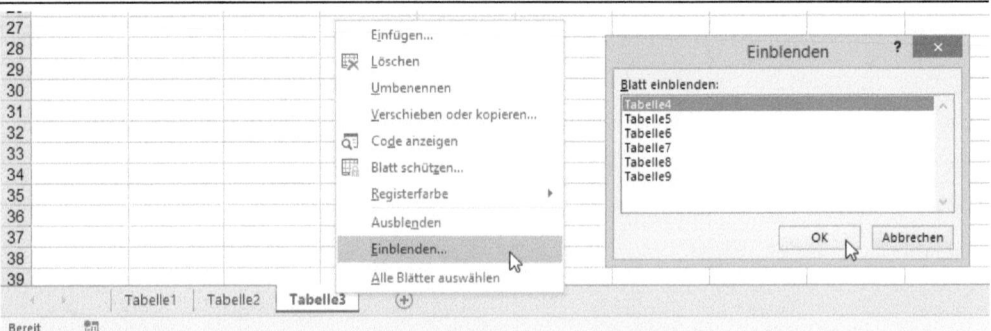

Die Codezeile:

```
ActiveWorkbook.Worksheets("Tabelle4").Activate
```

selektiert das letzte Blatt und liefert keinen Fehler.

Auch folgender Sachverhalt ist amüsant und erstaunlich:

Der Teilnehmer der VBA-Schulung wollte die Anzahl der Zeilen eines Bereiches mit:

```
MsgBox ActiveSheet.Range("A1").CurrentRegion.Rows.Count
```

ermitteln. Statt dessen vertippte er sich und schrieb:

```
MsgBox ActiveSheet.Range("A1").CurrentRegion.Count
```

CurrentRegion.Count liefert die Anzahl der Zellen des Bereichs. Ich hätte etwas anderes erwartet:

Dateneingabe

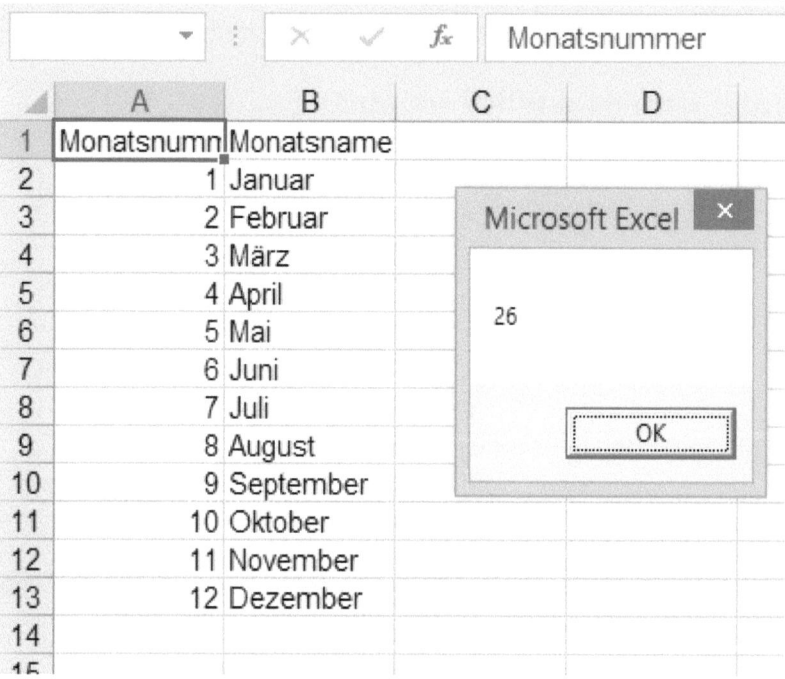

25.10. Variable nicht definiert

Ein hübscher Fehler im VBA-Kurs:

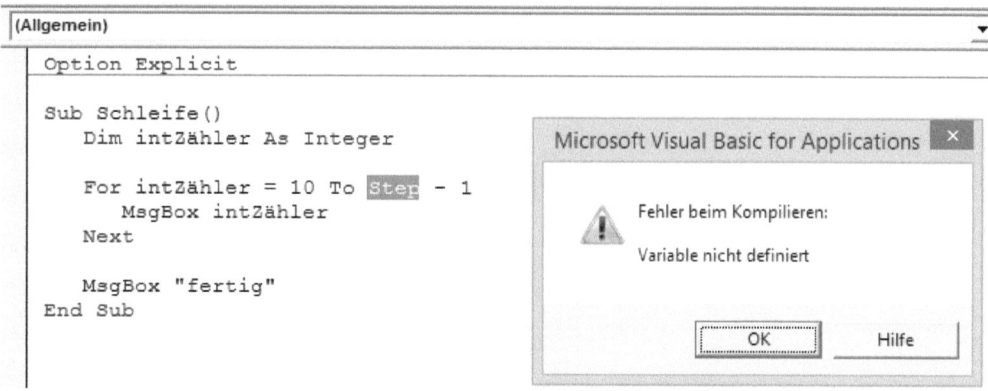

Ich habe zwei Mal hinschauen müssen:

Natürlich muss es heißen:

```
For intZähler = 10 To 1 Step -1
```

25.11 Wann geht es endlich weiter?

Wird der Zielwert weggelassen, interpretiert VBA das Schlüsselwort „Step" als Variable.

25.11. Wann geht es endlich weiter?

Heute in der VBA-Schulung ist uns folgende amüsante Sache aufgefallen:

In einer Datei - egal ob in der Personal.xlsb oder einer anderen beliebigen Makrodatei wird ein Makros geschrieben:

```
Sub Hinkelstein()
Application.Workbooks.Open "E:\Eigene Dateien\Comics\Asterix.xlsx"
MsgBox "Wo ist Obelix?"
End Sub
```

Legt man in den Optionen das Makro auf einen Shortcut – beispielsweise [Strg] + [q] gibt es keine Probleme.

Verwendet man jedoch [Strg] + [Shift] + [A], wird nur die erste Zeile ausgeführt – nach Öffnen der Datei bricht das Makro ab (auch bei längeren Makros). Muss ich das verstehen?

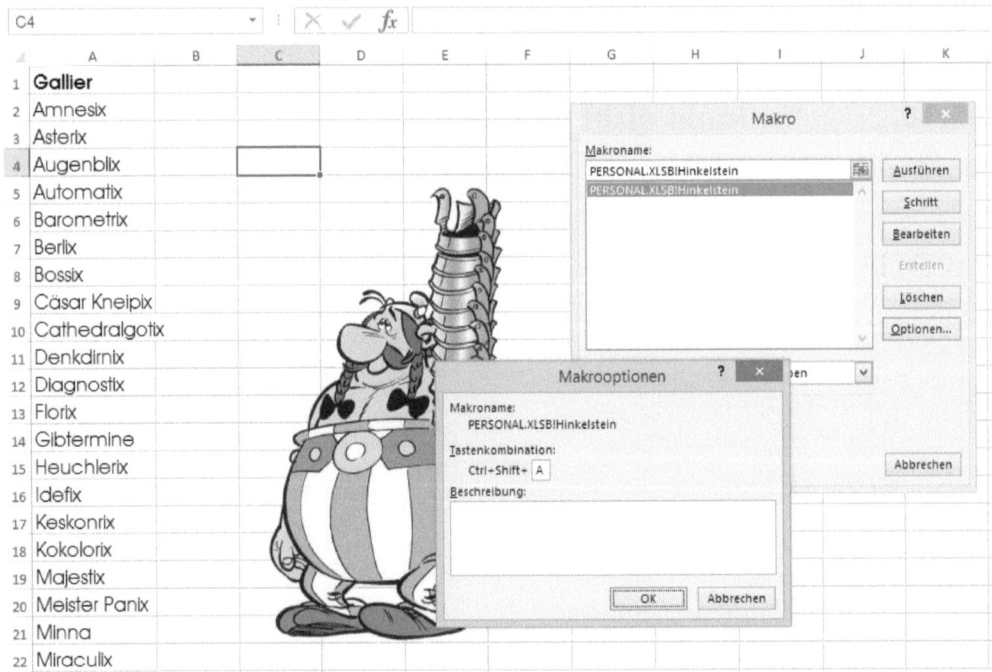

25.12. Natürlich könnte man morgens vor dem dritten Kaffee ein konstruktives Gespräch führen. Theoretisch wäre ja auch Weltfrieden möglich.

Die Idee, endlich in Excel eine gute (!) Funktion zu implementieren, mit deren Hilfe man zwei Dateien vergleichen kann, war dringend nötig. Und so findet sich seit Excel 2013 (wenn Sie die richtige Version gekauft haben) hinter der Registerkarte „Inquire" eine Schaltfläche „Dateien vergleichen":

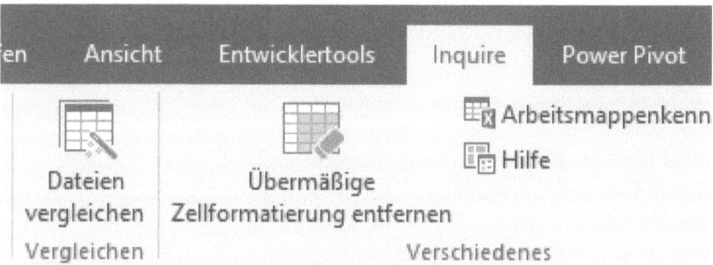

Das Ergebnis von zwei „größeren" Dateien begeistert:

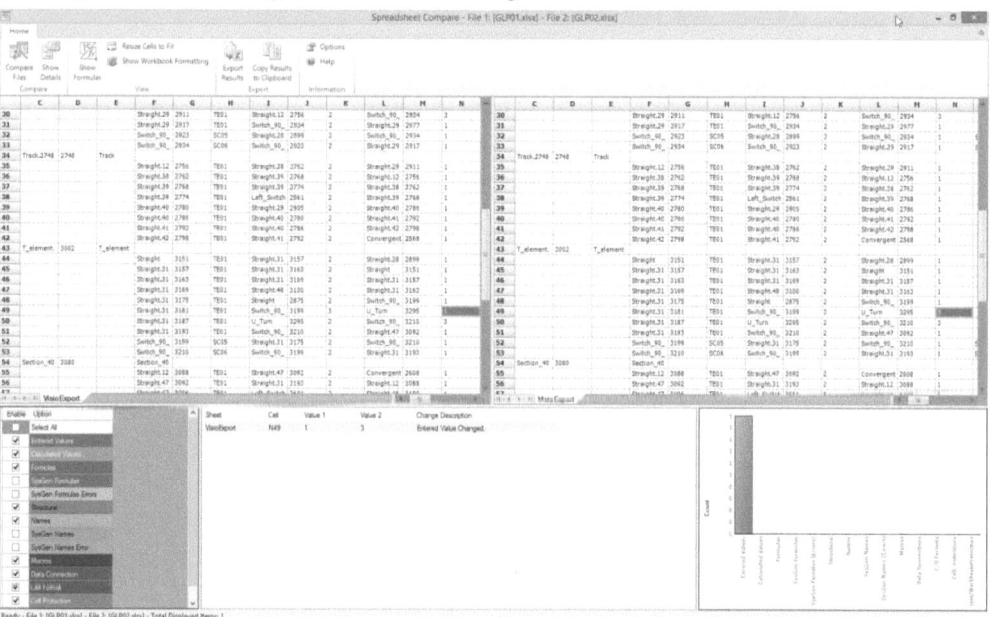

Jedoch weniger das Design, wenn es darum geht, VBA-Code zu vergleichen. Zugegeben - die Option ist praktisch – das Ergebnis schwer zu interpretieren.

25.13 Nicht zu löschen!

25.13.   Nicht zu löschen!

Heute in der VBA-Schulung fragte mich eine Teilnehmerin, warum sie eine UserForm nicht löschen dürfe. Im ersten Moment war ich verblüfft.

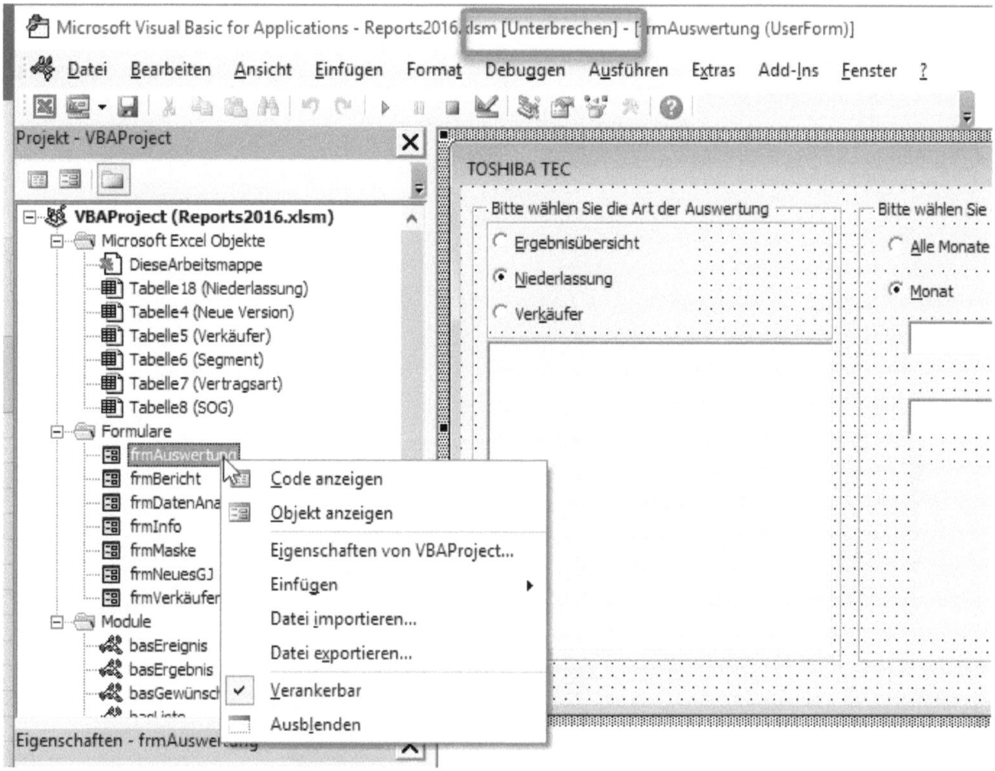

Dateneingabe

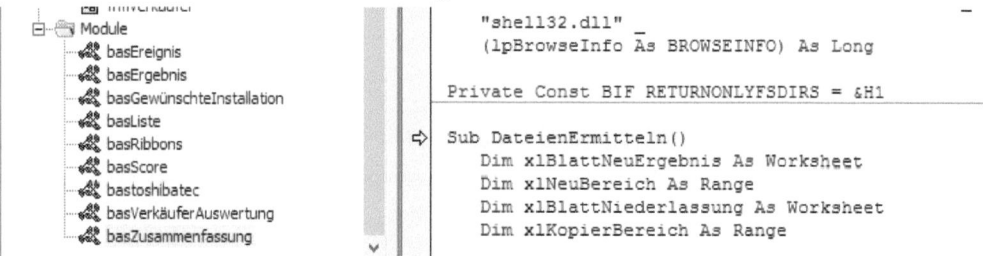

Dann fiel mein Blick auf die Titelzeile. Aha - der Fehler war schnell gefunden: an einer anderen Stelle lief noch ein Makro, das gerade unterbrochen war:

25.14. Jemand der etwas nicht möchte, findet Gründe! – Jemand der etwas möchte, findet Wege!

... und ich finde die Ursache ...

25.15 Was sein muss, muss sein. Und was nicht sein muss? Erst recht. – Heimito von Doderer

Heute in der VBA-Schulung. Ein Teilnehmer fragt mich, wo der Fehler in der folgenden Codezeile ist:

```
ActiveWorkbook.Worksheets("Filme").Activate
```

Nein - ActiveWorkbook ist richtig - es war keine andere Datei offen. Jedoch hatte der Teilnehmer das Tabellenblatt „Filme " benannt - mit einem Leerzeichen Ende ...

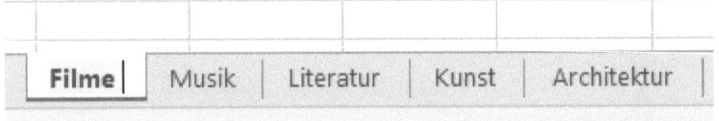

25.15. Was sein muss, muss sein. Und was nicht sein muss? Erst recht. – Heimito von Doderer

Geschmunzelt habe ich schon:

Gestern in der VBA-Schulung haben wir uns Eigenschaften und Methoden von Objekten in Excel VBA angesehen. Beispielsweise von ActiveWorkbook: die Eigenschaften Name, Path, FullName, die Methoden Save, Close und eben auch PrintOut. Mit dem Parameter Copies kann man eine Datei mehrmals ausdrucken lassen, erklärte ich. Ein Teilnehmer wollte wissen, was denn passiere, wenn man die Datei beispielsweise 100.000 Mal ausdrucken würde. Da mein Laptop nicht mit einem Drucker verbunden war, habe ich es getestet: Das Ergebnis:

Dateneingabe

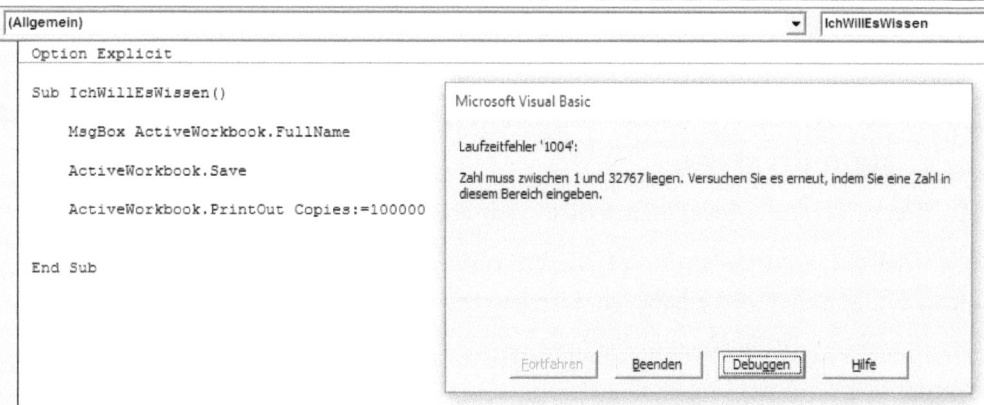

Ist ja auch logisch: mehr darf man auch nicht in Excel:

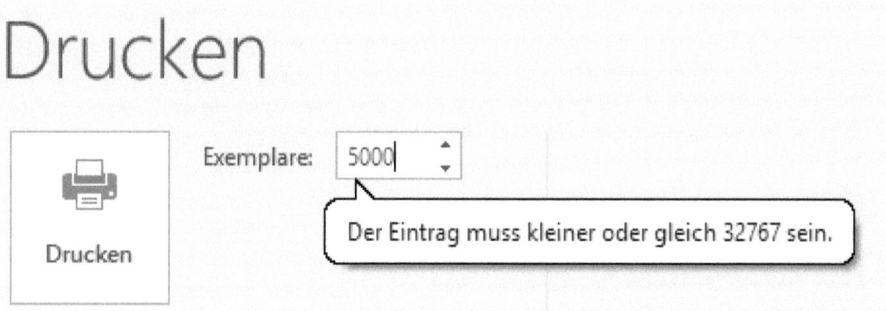

26 Excel Objekte

26.1. Ich rücke ja schon – aber ich sehe den Schlauch nicht auf dem ich stehe

Hi. Was heißt hier „Objekt erforderlich". Ich finde den Fehler in der Zeile

```
lngZeilen = xlZielZelle.CurrentRegion.Rows.Count
```

nicht. Einige Zeilen zuvor habe ich doch gesetzt:

```
Set xlZielZelle = xlZielBlatt.Range("A1")
```

Warum mag VBA das Objekt nicht?

```
Sub ListeVerkaeufer()
    Dim xlBlatt As Worksheet
    Dim xlZielBlatt As Worksheet
    Dim xlZelle As Range
    Dim xlZielZelle As Range
    Dim lngZeilen As Long
    Dim lngSpalten As Long
    Dim lngZaehler As Long
    
    Set xlBlatt = ActiveWorkbook.Worksheets("Niederlassung")
    Set xlZielBlatt = ActiveWorkbook.Worksheets.Add
    Set xlZielZelle = xlZielBlatt.Range("A1")
    
    xlZielZelle.Offset(0, 0).Value = "Installations-" & Chr(10) & "datum"
    xlZielZelle.Offset(1, 0).Value = ">0"
    
    xlBlatt.Cells.AdvancedFilter xlFilterCopy, xlZielBlatt.Range("A1:E2"), _
        xlZielZelle.Offset(3, 0), False
    xlZielBlatt.Rows("1:3").Delete Shift:=xlUp
    lngZeilen = xlZielZelle.CurrentRegion.Rows.Count
    lngSpalten = xlZielZelle.CurrentRegion.Columns.Count
    
    xlZielZelle.Offset(0, 29).Value = "Monat"
    For lngZaehler = 1 To lngZeilen - 1
        xlZielZelle.Offset(lngZaehler, 29).Formula = _
            "=IF(RC[-3]>0,DATE(YEAR(RC[-3]),MONTH(RC[-3]),1)," & _
            "DATE(YEAR(RC[-1]),MONTH(RC[-1]),1))"
    Next lngZaehler
End Sub
```

Die Antwort: Dahinter liegt ein hübscher Denkfehler: Es ist richtig: Sie setzen

```
Set xlZielZelle = xlZielBlatt.Range("A1")
```

Allerdings mit

```
xlZielBlatt.Rows("1:3").Delete Shift:=xlUp
```

löschen Sie drei Zeilen, damit auch die Zelle A1 und damit wiederum den Verweis auf diese Zelle. Also - einfach noch einmal setzen nach dem Löschen:

```
Set xlZielZelle = xlZielBlatt.Range("A1")
```

Dann klappt es.

26.2. Schon wieder alles weg!

Hallo Herr Martin,

Dateneingabe

irgendwie sind meine Eigenschaften verschwunden. Können Sie mir bitte helfen:

Die Antwort: Klicken Sie auf das [+]-Symbol - schon öffnet sich die Liste der Eigenschaften:

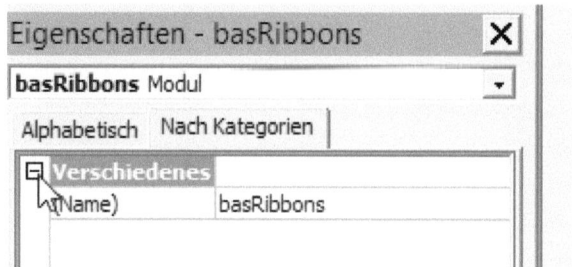

26.3. Bin ich zu blöde oder Excel zu dämlich?

Warum darf ich plötzlich nicht in die Fußzeile schreiben?

```
Dim neutext As String

If ActiveWorkbook.ReadOnly Then
    MsgBox "Funktion in gesperrten Dokument                                durch
Else
    If o_docnr Is Nothing Then
        Set o_docnr = New cl_docnr
    End If
    o_docnr.get_docnummer

    If o_docnr.diktant = "" Then
        o_docnr.diktant = InputBox("Bi                                    , "Eing
            If Not o_docnr.diktant = "" Th
                ActiveWorkbook.CustomDocum
                    LinkToContent:=False,
                    Type:=msoPropertyTypeS
                    Value:=o_docnr.diktant
            End If
    End If
    ' Text zusammenbauen
    neutext = "Dok.Nr. " & o_docnr.docnr & "/" & o_docnr.diktant & "-" & Environ("Username")
    ActiveSheet.PageSetup.RightFooter = neutext
```

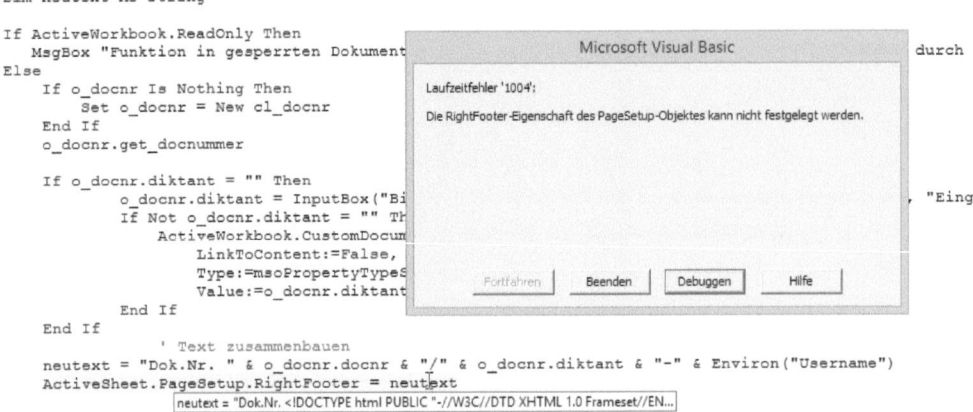

neutext = "Dok.Nr. <!DOCTYPE html PUBLIC "-//W3C//DTD XHTML 1.0 Frameset//EN...

Die Antwort: Der Text ist zu lang. Die Fußzeile in Excel erlaubt eine Textlänge von maximal 255 Zeichen. Nicht nur in VBA, sondern auch in Excel:

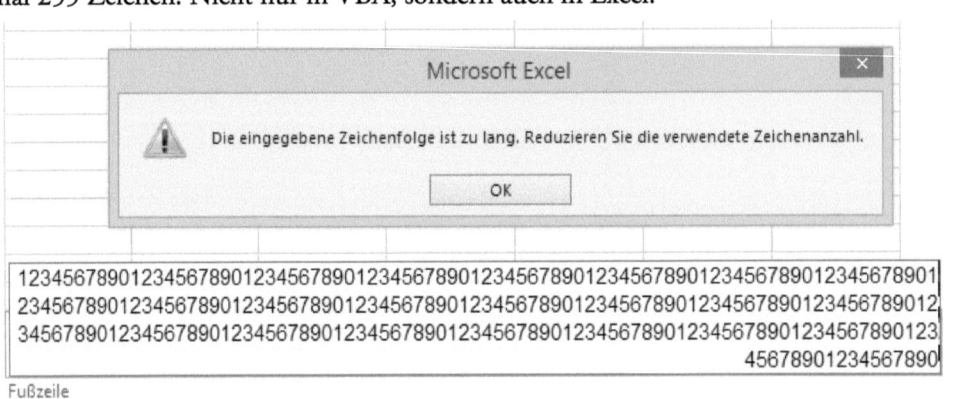

27 Userforms

27.1. Du sollst dir kein Bildnis machen

Hallo zusammen, liebe VBA-Gemeinde,

Ist das schon einmal jemandem aufgefallen? Auf einer UserForm wird dynamisch ein Bild angezeigt:

```
Me.imgBild.Picture = LoadPicture(strPfad & strBilder(i))
```

Damit kann man eine kleine Bilderschau erzeugen.

27.2 Eine neue Liebe ist wie ein neues Leben

Jedoch: Klickt man auf das Bild, funktioniert der LoadPicture-Befehl nicht mehr ... Okay, okay ... DAMIT kann ich leben!

27.2. Eine neue Liebe ist wie ein neues Leben

Ich liebe VBA. Vielleicht weil ich diese Sprache so gut kann und deshalb schnell programmieren kann.

Ich hasse VBA. Manchmal. Vor allem, wenn ich nicht verstehe warum Dinge passieren:

Ein Listenfeld wird mit Werten gefüllt. Per Programmierung selektiere ich einen der Einträge. Dabei ist es gleichgültig, ob ich die Eigenschaft Value verwende oder von der Sammlung Selected den Wert k auf True setze. In der nächsten Zeile zeigt die Überprüfung, dass der Value der Listbox = "".

```
ElseIf blnTAC Then
    If i = 5 Then Me.lstList5.Value = "TAC"
    Me.Controls("ls Me.lstList5.Value = "" ue = "TAC"
```

Dann hasse ich VBA sehr! Vor allem: bei den übrigen Listenfeldern funktioniert es - lediglich bei einem nicht.

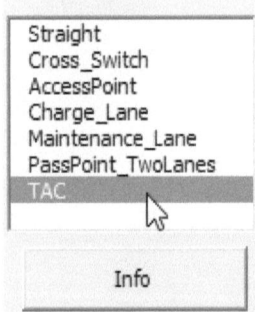

27.3. Die Liste wird kleiner - und das kurz vor Weihnachten!

Amüsant. Heute in der VBA-Schulung. Wir basteln eine dynamische UserForm. Bei der Auswahl „ein Verkäufer" kann ein Verkäufer ausgewählt werden, bei der Auswahl „alle Verkäufer" wird das Listenfeld inaktiv.

Der Code:

Dateneingabe

```
Private Sub optAlleVerkäufer_Click()
    Me.lstVerkäufer.BackColor = &H8000000F
    Me.lstVerkäufer.Enabled = False
    Me.lstVerkäufer.BorderStyle = fmBorderStyleSingle
End Sub
Private Sub optEinVerkäufer_Click()
    Me.lstVerkäufer.BackColor = &H8000000E
    Me.lstVerkäufer.Enabled = True
    Me.lstVerkäufer.BorderStyle = fmBorderStyleNone
End Sub
```

So sieht es nach der Initialisierung aus:

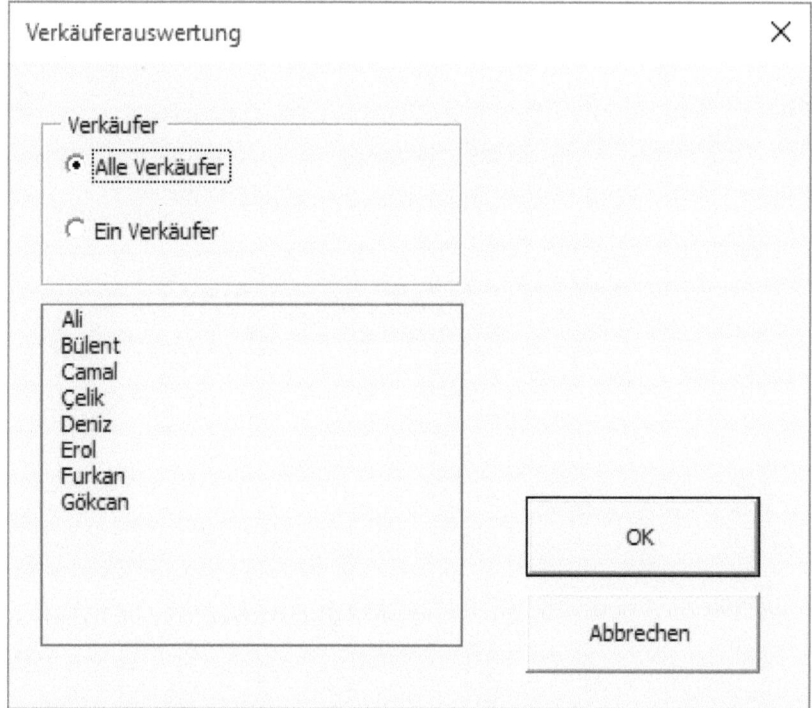

27.3 Die Liste wird kleiner - und das kurz vor Weihnachten!

Neun Mal wechseln zwischen alle und ein Verkäufer:

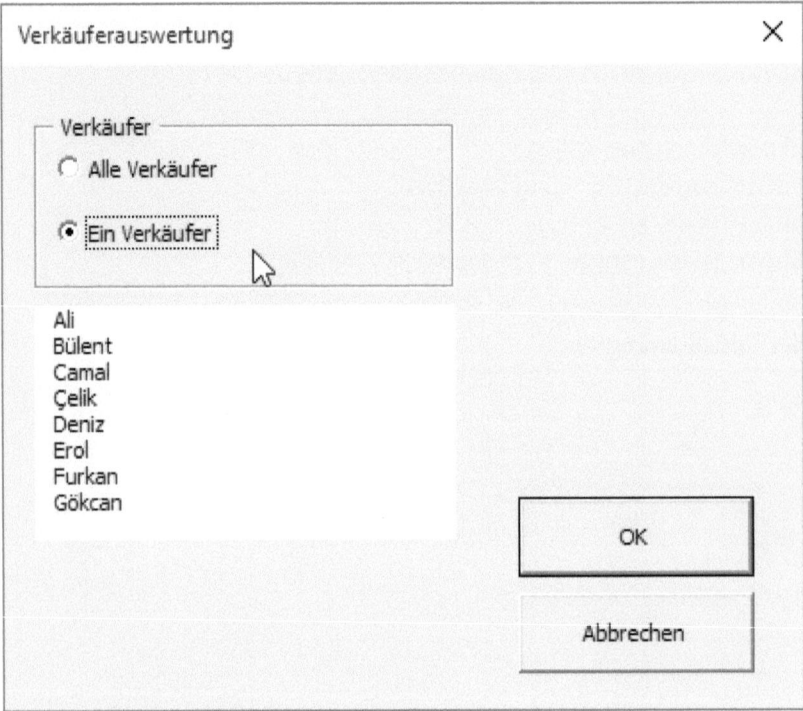

Nach 17 Mal wechseln:

Dateneingabe

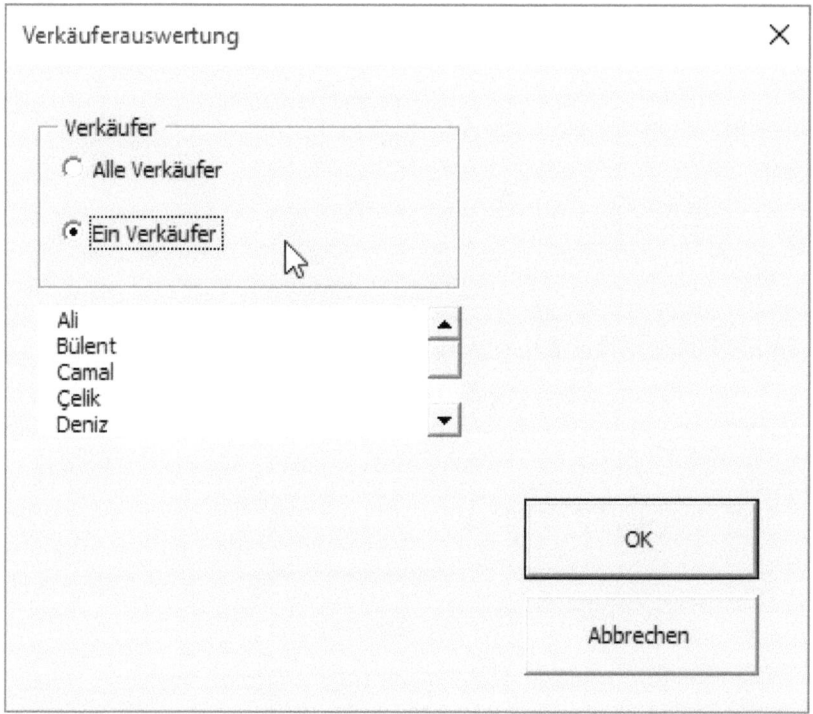

Nach 22 Mal:

27.3 Die Liste wird kleiner - und das kurz vor Weihnachten!

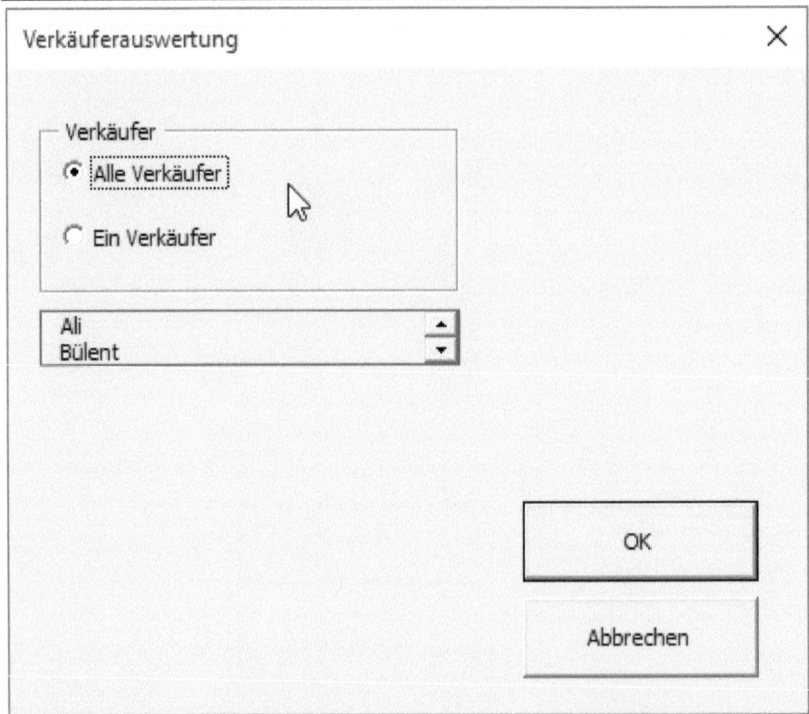

Amüsant ?!? Das Listenfeld wird immer kleiner. Man muss gar nicht das Listenfeld inaktiv (Enabled = False) setzen. Es genügt die Eigenschaft BorderStyle zu ändern. Ein paar Mal. Nach zehn bis 20 Klicks schrumpft das Listenfeld bedenklich:

```
Private Sub optAlleVerkäufer_Click()
    Me.lstVerkäufer.BorderStyle = fmBorderStyleSingle
End Sub
Private Sub optEinVerkäufer_Click()
    Me.lstVerkäufer.BorderStyle = fmBorderStyleNone
End Sub
```

28 Schade!

28.1. Geht nicht; – sorry Leute!

- Kann man die Standardschriftgröße und -schriftart von Kommentaren einstellen? – Nein!
- Kann man Kommentare in Abhängigkeiten von Zellinhalten erstellen? Also – bedingte Kommentare? – Nein!
- Kann man sich die benutzerdefinierten Zahlenformate, die unter Zellen liegen, anzeigen lassen? In der Gruppe „Zahl" zeigt Excel zwar Standard, Zahlenformat, Währung, ... aber leider nur „Benutzerdefiniert" und nicht beispielsweise 0,00 „km".- Nein!
- Kann man einstellen, dass Excel automatisch bei Uhrzeitberechnungen den 24-Stundenwechsel schafft? Also Uhrzeiten nicht als hh formatiert, sondern als [hh]? – Nein!
- Kann man Leerzeichen am Ende eines Textes verbieten oder automatisch löschen lassen? – Nein! Man kann zwar mit einer Gültigkeit für bestimmte Zellen oder für alle Zellen die Eingabe eines Leerzeichens verbieten, aber leider stellt Excel keine solche Option zur Verfügung.
- Kann man in Excel Formate in die Autokorrektur übernehmen – so wie in Word? – Nein!
- Gibt es ein Symbol oder eine Tastenkombination für hoch- und tiefgestellte Texte, wie in Word? – Nein!
- Kann man Kopf- und Fußzeilen zentral auslagern? – Nein!
- Kann man Kopf- und Fußzeilen einer anderen Datei hineinimportieren – ähnlich wie die Master von PowerPoint? – Nein!
- Kann man mit der [Strg]-Taste getrennte Bereiche markieren und diese (und nur diese) auf **einer** Papierseite ausdrucken? Nein! – Excel druckt jeden Bereich auf eine eigene Seite!
- Kann man mit dem Autofilter alle Kunden filtern, die in München wohnen ODER deren Monatseinkommen über 10.000 liegt? – Nein! – Der Autofilter kann zwei Spalten nur mit dem logischen UND verknüpfen, er kann nur in einer Spalte ein logisches ODER verarbeiten. Der Spezialfilter kann jedoch eine ODER-Filter über mehrere Spalten vornehmen (sogar noch sehr viel komplexere Verknüpfungen).

28.1 Geht nicht; – sorry Leute!

- Kann man den automatischen Zeilenumbruch als Standard einstellen? – Nein!
- Gibt es eine Tastenkombination, mit der man schnell auf das erste Tabellenblatt und auf das letzte Tabellenblatt springen kann? – Nein! Aber man kann mit der rechten Maustaste auf die Navigationspfeile klicken, damit man alle Tabellenblätter sieht. Oder man klickt mit gedrückter [Strg]+linker Maustaste und verschiebt so die Blätter, dass das erste Tabellenblatt sichtbar wird.
- Kann man Tabellenblätter alphabetisch sortieren? – Nein!
- Gibt es einen Assistenten, mit dem man schnell die Reihenfolge der Blätter verschieben kann? – Nein!
- Kann man mit dem „Pinsel" Format-übertragen nur Teile eines Zellenformates übertragen? Beispielsweise nur die Hintergrundfarbe, die Schriftart oder das Zahlenformat? – Nein! Sie können einzelne Formate aber an Zellenformatvorlagen binden.
  - Word kann zwei Dokumente vergleichen – kann das Excel auch? – Nein! Nur wenn Sie zuvor die Arbeitsmappen freigeben und anschließend über das neu hinzugefügte Symbol "Arbeitsmappen vergleichen und zusammenführen" diese Datei mit einer (oder mehreren) vergleichen.
- Zieht man die Summe unter einem gefilterten Bereich, wird die Funktion TEILERGEBNIS verwendet. Kann man auch bei den Funktionen MAX, MIN, MITTELWERT, ANZAHL so einstellen, dass beim Autofilter die Funktion TEILERGEBNIS verwendet wird? – Nein!
- Können 3-D-Diagramme Sekundärachsen verwalten? – Nein!
- Kann man sich die nicht-druckbare Zeichen anzeigen lassen könnte – wie in Word (¶)? Dann würde man schnell Leerzeichen am Ende eines Textes erkennen können oder einen manuellen Zeilenumbruch ([Alt]+[Enter]). – Nein!
- Gibt es eine Silbentrennung in Excel? – Nein!
- Mit den Funktionen BLATT und BLÄTTER ist Excel auf dem richtigen Weg. Aber gibt es auch eine Funktion, welche von einer Nummer den entsprechenden Blattnamen liefert? – Nein!
- Kann ich in einem Diagramm die Elemente exakt positionieren? Okay, die Größe von Diagrammen kann man inzwischen exakt bestimmen? Aber die Größe der einzelnen Elemente oder der Zeichnungsfläche? Das wäre wichtig für mich, weil in dem Prospekt sollen alle Diagramme, die ich in Excel erstellt habe, die gleiche Form besitzen. – Nein!
- Kann ich den Zeilenabstand exakt definiert – wie beispielsweise in Word? – Nein!

Dateneingabe

- Habe ich einen Fehler gemacht? Wenn ich Zeilen ausblende, der Autofilter setze, Daten filtere und den Filter wieder ausschalte, dann werden die ausgeblendeten Zeilen eingeblendet? – Das ist eine unschöne Einstellung von Excel – das kann man leider nicht ausschalten.
- Ich kann den Monat „Januar" oder den Tag „Montag" herunterziehen. Kann ich auch das Tabellenblatt „Montag" oder „Januar" ziehen, so dass ich weitere Blätter Februar, März, April, beziehungsweise Dienstag, Mittwoch, Donnerstag … habe? – Nein!
- Kann ich in Kommentare Bilder einfügen? – Nein. Aber man kann auf den Rand eines Kommentars klicken und über das Kontextmenü Kommentar formatieren / Farben und Linien / Farbe / Fülleffekte / Grafik – ein Bild einfügen.
- Kann ich im Diagramm immer automatisch alle Rubriken anzeigen lassen? Oft blendet Excel einige Werte aus, weil er davon ausgeht, dass sie nicht mehr angezeigt werden können? – Nein!
- Kann ich in der Kopf- und Fußzeile eine Grafik verknüpfen statt einfügen? – Nein!
- Kann ich in der Kopf- und Fußzeile auf Informationen des Tabellenblattes zugreifen – so wie in Word mit Feldfunktionen? – Nein!
- Kann ich in der Kopf- und Fußzeile auf Eigenschaften der Datei zugreifen (Autor, Titel, …)? – Nein!
- Kann ich ein Datum vor dem 01.01.1900 eingeben, so dass es als Datum behandelt wird? openOffice und libreOffice können das! – Nein, Excel kann das nicht.
- Kann ich auf Bilder verweisen? – Nein!
- Kann man Word-Formulare mit Dropdown-Felder und Kontrollkästchen nach Excel exportieren, so dass diese Steuerelemente übernommen werden? – Nein!
- Kann ich Formeln in Kopf- und Fußzeilen einfügen? – Nein!
- Kann ich die untere Zeile fixieren? Das benötige ich, damit ich immer die Summe am unteren Rand sehe? – Nein! Man muss das Tabellenblatt teilen – fixieren (einfrieren) geht nicht! Tipp: Verwenden Sie das Kamera-Symbol!
- Kann ich mehrere Datenüberprüfungen in einer Zelle (in einer Spalte einfügen)? Also, kann ich wie bei der bedingten Formatierung, Datenüberprüfungen miteinander verknüpfen? – Nein!
- Ich habe oft ganz lange Formeln. Kann ich Teile einer Formel kommentieren oder mit einer bestimmten Farbe formatieren? – Nein! Aber Sie können ein Kommentar mit der Funktion N hinzufügen, beispielsweise so:

28.1 Geht nicht; – sorry Leute!

```
=SUMMEWENN(B1:M1;"<="&VERGLEICH(N2;B2:M2;0)+1;B3:M3)+N("Summiert bis
zu einem bestimmten Monat, der in N2 eingetragen wurde")
```

- Kann man wirklich das Löschen eines Blattes nicht mehr rückgängig machen? – Nein!
- Kann ich eine Pivottabelle so löschen, dass die Spaltenbreite die ursprüngliche Breite hat und dass keine Linien übrig bleiben? – Nein!
- Kann man ein Diagramm „aufbrechen" und dann die einzelnen Teile als Grafiken weiterbearbeiten? Beispielsweise in PowerPoint? – Nein – das geht lediglich in ganz anderen Programmen, beispielsweise in Adobe Illustrator.
- Geht die Funktion [Strg]+[#] wirklich nicht in Excel 2010 und Excel 2013? Sie war doch so praktisch! – Nein! In Excel 2010, 2013 und 2016 wird die Zelle vom Zahlentyp "Datum" formatiert.
- Kennt VBA für Excel auf dem Macintosh nicht den Befehl LoadPicture? Damit kann man bequem Logos zur Laufzeit auf eine UserForm laden. – Nein!
- Kann in einem Diagramm eine Achse unterbrochen werden? Also beispielsweise so, dass bei einer y-Achse zuerst die Zahlen 10, 20, 30 gezeigt werden, dann mit einer gezackten Linie ein neuer Bereich gekennzeichnet wird und anschließend die Werte 110, 120, 130, .. abgetragen werden? – Nein! Man kann nur eine logarithmische Achse verwenden – aber sie verzerrt den Datenbereich.
- Kann man eine Formel am Kästchen rechts unten diagonal ziehen? Wenn man die Formel in mehreren Zeilen und Spalten benötigt? – Nein – man muss zwei Mal ziehen – einmal nach unten, einmal nach rechts (oder umgekehrt).
- Der Doppelklick auf das Kästchen zum Herunterziehen der Formel bis zum Ende der Spalte nebenan ist klasse. Kann man eine Formel auf diese Art auch schnell von links nach rechts kopieren? – Nein!
- Kann man Zellen teilen – so wie in Word? – Nein! Wenn ich so etwas benötige, füge ich eine Hilfsspalte ein und „schummle" ein bisschen.
- Kann man nur eine Zelle verbreitern? – So wie in Word? – Nein!
- In Excel 2003 konnte man per Programmierung zur Laufzeit Symbole in die Symbolleiste hinzufügen. Kann man das mit den Symbolen im Menüband auch? – Nein – Symbole müssen schon vorhanden sein – man kann sie nur ein- oder ausblenden.
- Kann man Excel so einstellen, dass er bei einer Formel in der bedingten Formatierung nicht einen absoluten Bezug verwendet? Ich muss jedes Mal umschalten auf den relativen Bezug. – Nein!

… Dateneingabe

- Kann man Excel so einstellen, dass er beim Bezug auf eine andere Zelle in einer anderen Datei keinen festen Bezug verwendet. Beim Verknüpfen auf andere Tabellenblätter verwendet er auch einen relativen Bezug. Das ist unlogisch! – Stimmt, das ist unlogisch, aber sorry – das kann man nicht ausschalten. Man muss den absoluten Bezug in einen relativen Bezug verwandeln.
- Ich muss häufig Formeln in Werte umwandeln. Dazu markiere ich einen Bereich, kopiere ihn, klicke mit der rechten Maustaste auf das Symbol „Inhalte in Werte" und lösche mit [Esc] die laufende, gepunktete Linie. Gibt es dafür nicht eine Tastenkombination? – Nein, leider nicht. Bei einer einzigen Zelle, in der eine Formel steht, kann man es mit [F2] (editiere die Zelle) – [F9] (wandle die Formel in Werte um – [Enter] (bestätige das Ganze) beschleunigen. Bei einem Bereich weiß ich keine schnelle Lösung. Ein Kollege hat mir erzählt, dass er den Bereich mit der rechten Maustaste verschiebt und ohne loszulassen wieder zurückschiebt und dann die Option „Hierhin nur als Werte kopieren" verwendet. Ob das clever ist?
- Gibt es VBA für Excel 2008 auf dem Mac? – Nein!
- Kann ich ein Inhaltsverzeichnis erstellen? Mit einem Klick sämtliche Tabellenblattnamen auflisten? So wie in Word? – Nein!
- Kann man eigentlich die Exporteinstellungen verändern? Ich möchte gerne csv-Dateien in ein Datenbanksystem importieren. Die Daten kommen aus Excel. Aber ich benötige die Datumsinformationen in der Form JJJJ-MM-TT – in Excel möchte ich jedoch TT-MM-JJJJ sehen. – Nein!
- Kann man die UserForms in VBA so einstellen, dass sie immer auf den Bildschirm passen. Manchmal – wenn Anwender kleine Bildschirme haben – werden die Buttons unten und rechts nicht angezeigt. – Nein!
- Wenn in Word die AutoKorrektur etwas ändert, beispielsweise eine Mailadresse mit einem Hyperlink versieht oder aus dem Flughafen FRA Frau macht, erscheint ein Smarttag, mit dessen Hilfe ich es korrigieren kann. Kann ich es in Excel einstellen, dass dieser praktische Smarttag auch erscheint? Nein – Sie müssen über die Optionen in die AutoKorrektur wechseln und dort die Option deaktivieren (oder den Eintrag löschen), den Sie nicht haben möchten.
- Wenn ich in openOffice.org oder libreOffice auf die Taste [Entfernen] drücke, werde ich gefragt, ob ich den Inhalt der Zelle oder auch ihre Formate löschen möchte. Gibt es so etwas in Excel auch? Nein – Sie finden allerdings unter Start / Bearbeiten / Löschen einige Löschoptionen.
- In Word gibt es Formularfelder. Da steht in hellgrauer Schrift, was man in dieses Feld eintragen muss. Sobald man in das Feld klickt, verschwindet der Vorgabetext.

28.1 Geht nicht; – sorry Leute!

Gibt es das auch in Excel? – Nein! So etwas kann man durch Kommentare oder über die Eingabemeldung der Datenüberprüfung steuern.

- Ich muss häufig Liniendiagramme erstellen mit recht vielen Daten, die alle als Beschriftung im Diagramm angezeigt werden sollen. Ich markiere jede einzelne Datenbeschriftung und schiebe sie nach oben, beziehungsweise nach unten. Gibt es neben den Beschriftungsoptionen „zentriert, links, rechts, über, unter" auch eine Option „abwechselnd einen über die Linie setzen und einen darunter"? Das würde mir sehr helfen! – Nein!
- Ich habe eine Tabelle mit den zwölf Registerkarten „Januar 2016", „Februar 2016", „März 2016", … Ich möchte diese Datei für das laufende Jahr 2017 aktualisieren. Kann ich schnell die Zahlen 2016 durch 2017 ändern? – Nein!
- Kann man in Excel mit regulären Ausdrücken suchen und ersetzen lassen? Oder filtern lassen? – Nein!
- Ich weiß, dass ich erkennen kann, ob eine Spalte ausgeblendet ist, indem ich die Spaltenbuchstaben oben lese. Aber kann ich schnell erkennen, ob Spalten ausgeblendet sind? Und wenn ja – welche Spalten ausgeblendet wurden? – Nein! – Man kann jedoch schnell alle Spalten einblenden, indem man die ganze Tabelle markiert und nun alle Spalten einblendet. Jedoch: der Inquire hilft hierbei, wenn Sie dieses Excel-COM-AddIn installiert haben.
- In Word und PowerPoint kann man mit der Tastenkombination [Shift] + [Strg] + [C] das Format kopieren, mit [Shift] + [Strg] + [V] das Format wieder einfügen. Gibt es eine solche oder andere Tastenkombination auch in Excel zum Format Übertragen? – Nein!
- Kann man denn bei dem Assistenten Daten / Text in Spalten mehrere benutzerdefinierte Zeichen verwenden? Ich erhalte manchmal Listen, in denen befinden sich sowohl die Schrägstriche „/" und „\" als auch die Tilde „~" als Trennzeichen. In anderen Texten würde ich gerne das Wort „von" als „Trennzeichen" verwenden? – Leider nein!
- Ich würde gerne auf einer Pivottabelle ein Diagramm von Typ X-Y-Punkt aufsetzen. Geht das? Leider nein: PivotCharts, also Diagramme, die auf Pivottabellen aufgesetzt wurden, können nicht als Typ Punkt (X Y), Blase oder Kurs dargestellt werden können. Alles andere geht.
- Ich kann ein Tabellenblatt teilen. Prima! Ich kann auf einem Bildschirm mir zwei Dateien anzeigen lassen. Toll. Aber kann ich auch zwei Tabellenblätter einer Datei nebeneinander oder untereinander anzeigen lassen? – Doch, mit einem kleinen Trick – man muss allerdings die Datei „duplizieren" (Ansicht / Fenster / Neues

- Fenster). Nun kann man zwei verschiedene Tabellenblätter einer Datei gleichzeitig sehen und bearbeiten! Allerdings erst seit Excel 2013.
- Ich drucke fast immer auf einen Drucker. Aber manchmal wechsle ich den Drucker. Excel „merkt" sich das, so, dass ich schon häufig auf den falschen Drucker ausgedruckt habe. Kann man das nicht verhindern? Kann man Excel nicht beibringen, dass er seine Druckoptionen wieder zurücksetzt? – Leider nein!
- In Word kann man mit regulären Ausdrücken arbeiten. Das erleichtert manchmal eine Suche nach sehr komplexen Ausdrücken. Kann man in Excel beim Suchen und Ersetzen mit regulären Ausdrücken arbeiten? – Leider nein!
- Wenn ich in Excel zwei getrennte Bereiche mit der [Strg]-Taste markiert habe – kann ich dann einen Teil eines dieser Bereiche deselektieren? Also – wenn ich zu viel markiert habe und ein Stückchen wieder wegnehmen möchte. Geht das? – Leider nein!
- In Word kann ich in einer Tabellenzelle ein Bild einfügen. Wenn ich nun das Bilder vergrößere oder verkleinere, passen sich Zeile und Spalte an. Kann ich ein Bild IN eine Excelzelle einfügen? Das wäre praktisch für die Dokumentation einer Liste. – Leider nein – man kann in Excel Bilder nur AUF ein Tabellenblatt legen. Es wird zwar an eine Zelle gebunden, ist aber unabhängig von der Zellengröße.
- Kann man im Autofilter mehrere Einträge auswählen, indem man mit der Maus über diese Einträge zieht, bzw. den ersten auswählt und dann mit [Shift] den letzten? Leider nein. Aber man kann es seit Excel 2010 über einen Datenschnitt lösen – dort können bequem mehrere Filterkriterien, die untereinander stehen, markiert werden.
- Kann man in Diagrammen den Abstand der Beschriftung der Achsen zur Achse vergrößern. Das wäre manchmal praktisch? – Leider nein!
- Kann man denn den Abstand der Datenbeschriftung der Säulen oder Balken ein wenig vergrößern oder verkleinern? Bedauerlicherweise nur, indem die Beschriftungen einzeln markiert werden und einzeln verschoben werden. Wenn Ihnen die Optionen „am Ende außerhalb" und „am Ende innerhalb" nicht genügen.
- Ich kennen die Taste [Pos1]. Damit kann ich in einer Tabelle an den linken Rand, also auf die Spalte A springen. Gibt es auch eine Taste, mit deren Hilfe ich in die oberste Zeile, also Zeile 1 springen kann? – Leider nein. Sie können zwar mit [Strg] + [↑] in die erste Zelle einer gefüllten Liste (also gefüllten Spalte) springen, aber wenn die Spalte „Lücken" aufweist – dann gibt es leider keine Taste oder Tastenkombination dafür. Dann bleibt nur: eine komplett gefüllte Spalte zu suchen und dort mit [Strg] + [↑] nach oben zu springen.

28.1 Geht nicht; – sorry Leute!

- In Lotus 1-2-3 konnte ich den Inhalt mehrerer Tabellenblätter auf eine Papierseite drucken. Geht das in Excel auch? Nö!
- Kann man AutoKorrektur oder Benutzerdefinierte Listen an eine Datei binden? So dass sie nur in einer einzigen Datei aktiv sind? – Nein – die AutoKorrektur arbeitet applikationsweit, also dateiübergreifend; benutzerdefinierte Listen sind Teil der Applikation Excel.
- In Word kann ich die automatische Rechtschreibprüfung einschalten, die mir falsch geschriebene Wörter unterstreicht. Wo kann ich das in Excel einschalten? Sorry – die gibt es leider nicht in Excel. Sie können nur die Rechtschreibprüfung über die Tabelle laufen lassen.
- Beim Kopieren oder Herunterziehen und an vielen anderen Stellen tauchen kleine Quadrate (SmartTags) auf. Sie nerven mich. Kann man die abschalten? – Ich wüsste nicht wie.
- Ich habe zwei Pivottabellen, die sich auf einem Tabellenblatt untereinander befinden. Immer wenn ich die „kleinere" der beiden aktualisiere, ändert Excel die Spaltenbreite. Und damit die Spaltenbreite der anderen Pivottabelle, deren Spaltenbreite ich dann jedes Mal neu verbreitern muss. Kann man das nicht abschalten? Ich möchte nicht, dass die Spaltenbreite automatisch geändert wird! – Leider nein.
- Ich würde gerne Teile eines Diagramms mit der Pfeiltaste verschieben. So wie in die anderen Formen auch. Darf ich nicht? Leider ist die Pfeiltaste in Diagrammen mit einer anderen Funktion belegt: damit springt man zum nächsten Objekt im Diagramm und markiert es.
- Kann man einen Teil einer Tabelle speichern? Nur einen Teil eines Tabellenblattes – nicht die ganze Datei? – Ich weiß, was Sie meinen – so wie man einen Druckbereich definieren kann oder nur einen markierten Teil ausdrucken kann ... Nein – beim Speichern ist DAS nicht möglich.
- Es ist klasse, dass man im VBA-Editor „Option Explicit" automatisch einschalten kann, indem man die Variablendeklaration erzwingt. In Extras / Optionen. Allerdings: Kann man auch „Option Compare Text" einschalten? Ich würde gerne die Unterscheidung zwischen Groß- und Kleinbuchstaben ausschalten. – Sorry, leider nein!
- Mit der Datenüberprüfung kann man schnell und einfach Dropdownlisten für Zellen generieren. Leider kann man sie nur mit [Alt] + [↓] öffnen und dann mit der Pfeiltaste auf den entsprechenden Eintrag navigieren. Sehr umständlich! Eine Eingabe mit Hilfe des ersten Buchstabens ist leider nicht möglich! (Danke an Michael für den Hinweis)

- Ich habe eine Liste, in der sich Leerzellen befinden. Auf diese Liste setze ich eine Pivottabelle auf. Leider verwendet Excel nun die Funktion Anzahl statt Summe. Muss ich jede Spalte einzeln ändern? – Leider ja – den Standard kann man nicht ändern.
- Kann ich das einstellen, dass das Sprungverhalten zu A1 führt und nicht zu der Zelle, die sich unterhalb (und rechts) von den fixierten Zellen befindet? – Nein leider nicht – Sie müssen mit den Pfeiltasten sich in die Zelle bewegen oder mit der Maus diese Zelle anklicken.
- Kann man Grundeinstellungen der Pivottabellen vornehmen? Jedes Mal, wenn ich eine Pivottabelle erstelle, muss ich das Berichtslayout im Tabellenformat anzeigen lassen, anschließend alle Elementnamen wiederholen lassen, die Gesamtergebnisse und Teilergebnisse deaktivieren und die Schaltfläche ausschalten. Nur so können die Daten weiter gegeben werden. Kann man leider nicht abspeichern. Kann man das so einstellen, dass jede Pivottabelle DIESES Layout besitzt? – Leider nein.
- Ich habe bei Ihnen gelernt, dass ich das aktuelle Datum in eine Zelle mit der Tastenkombination [Strg] + [.] einfügen kann. Ich würde gerne ein Register, also ein Tabellenblatt mit dem heutigen Datum beschriften. Gibt es dafür keine Tastenkombination? [Strg] + [.] funktioniert nicht. – Nein, dafür gibt es keine Tastenkombination.
- In VBA kann man über Extras / Optionen die Variablendeklaration erforderlich machen. Dies führt dazu, dass in jedem neuen Modul der Befehle Option Explicit steht. Man kann leider nicht den Befehl Option Compare Text, der Groß- und Kleinschreibung ausschaltet, einfügen. Kann man denn ein „On Error GoTo Sprungmarke" aktivieren? – Auch nicht.
- Es wäre wünschenswert, wenn in einem Liniendiagramm der prozentuale Unterschied zu letzten Datenpunkt (Vorjahr) abzulesen wäre. Geht das? Kann man das – ohne in Excel rechnen zu müssen und Diagramme schummeln zu müssen – einschalten? – Fehlanzeige!
- Zwar kann man im Gruppenmodus (wenn mehrere Tabellenblätter markiert wurden) Einstellung im Dialog „Seite einrichten vornehmen: Ausrichtung, Seitenränder, Kopf- und Fußzeile, ... Aber leider nicht einen Druckbereich ein- oder ausschalten. Und keine Wiederholungszeilen einschalten.
- Kann man in der Datenüberprüfung / Liste mehrere Zellen auswählen, die nicht zusammenhängen? – Nein.
- Die Trendlinie in einem Diagramm zeigt die Formel der Trendlinie an. Kann man auf diese Formel zugreifen? – Nein – sie müssen die Formel in Excel „nachbauen",

28.2 Mein Wunschzettel

- wenn Sie die Formel haben möchten – entweder mit der Funktion Trend, RGP, Steigung, Achsenabschnitt oder einer ähnlichen Formel.
- Von anderen Programmiersprachen kenne ich die Möglichkeit einen Array zu sortieren, „zwischendrin" etwas einzufügen oder zu löschen, einfach ein neues Element anzufügen ohne den Array dynamisch zu vergrößern. Ich finde diese Funktionalität in VBA nicht. – Die gibt es auch leider nicht.
- Ich möchte gerne – gemäß unserem Corporate Design die Seitenränder fest in Excel einstellen. Wo finde ich diese Option? – Leider gar nicht. Öffnen Sie eine leere Datei, stellen Sie dort in allen Tabellenblättern die Seitenränder ein und speichern (beziehungsweise veröffentlichen) Sie diese Datei als Vorlage. In der Vorlage haben Sie dann die eingestellten Seitenränder.
- Leider verfügt die Pivottabelle nicht über weitere Funktionen, wie beispielsweise QUARTIL.
- Ich würde gerne einige Elemente der Achse löschen: bei der x-Achse, wenn es sich um Jahreszahlen handelt und ich nicht alle Zahlen sehen möchte, bei der y-Achse, wenn ich einige Werte ausblenden möchte. Geht leider nicht!
- Das Fenster „Formelauswertung" ist praktisch. Aber: kann man es auch vergrößern? Nein!

28.2. Mein Wunschzettel

28.2.1. Dateneingabe

- Die Autokorrektur nimmt keine Formate auf. Obwohl Word, Excel, PowerPoint und Access auf die gleiche Autokorrektur zugreifen, und obwohl es möglich ist in Word H2SO4 durch den Text in H_2SO_4 zu ersetzen, funktioniert dies in Excel nicht.
- An einigen Stellen ist Excel inkonsistent: zum Fixieren muss man den Cursor unter die zu fixierende Zeile setzen, beim Aktivieren der Wiederholungszeilen muss man diese markieren. Warum wird das nicht einheitlich gehandhabt?
- Das globale Ein- und Ausschalten der Groß- und Kleinschreibung, wie es beim Sortieren möglich ist, wäre auch in den Funktionen WENN, ZÄHLENWENN, SUMMEWENN, SVERWEIS, WVERWEIS, im Autofilter, beim Spezialfilter, … wünschenswert.
- Manchmal schiebt Excel beim Import von Zahlen unter diese ein Textformat, das nicht im Menü Zahlenformat sichtbar ist. Man kann es nur über die Funktion

WERT, über das Bearbeiten | Inhalte einfügen oder das Editieren jeder Zelle entfernen.

28.2.2. Formate

- Es fehlen wichtige Zahlenformate (km, kg, cm, in, ...) Obwohl die Funktion UMWANDELN 46 Maßeinheiten (Gramm, Meter, Zoll, Joule, Kalorie, PS, Watt, Grad Celsius, Grad Fahrenheit, Grad Kelvin, ...) mit 16 Vorsatz-Multiplikatoren (Kilo, Hekto, Dezi, Zenti, Milli, ...) besitzt, fehlen sie vollkommen in der Liste der Formate.
- Es gibt keine Möglichkeit, benutzerdefinierte Zahlenformate abzuspeichern, das heißt an einer zentralen Stelle auszulagern und für einen oder mehrere Rechner zur Verfügung zu stellen (vergleichbar mit Autotexten oder Formatvorlagen in Word).
- Chemische Formeln hoch- und tiefstellen ist sehr mühsam, da jedes einzelne Zeichen markiert werden muss. Ein Symbol hierfür (vergleichbar mit Word oder Powerpoint) fehlt. Umgekehrt ist ja möglich, einzelne Zeichen aus anderen Schriftarten („Symbole") einzufügen.
- Zieht man die Summe über mehrere Uhrzeiten, dann wird zwar bei der Summenfunktion in der Statuszeile die 24-Stundengrenze korrekt überschritten, das Ergebnis von SUMME wird jedoch als hh:mm formatiert und nicht als [h]:mm, was sich in der Kategorie Uhrzeit befindet. Übrigens erkennt die Funktion SUMME nicht, dass Uhrzeiten intern als Zahlen gespeichert werden.
- Die Spaltenbreite misst in Zeichen, genauer: in em (die Breite des Buchstabens „m") – eine absurde Maßeinheit. Leider kann nicht für eine Spaltenbreite eingegeben werden: 1 cm, 10 mm, 40 pt oder ähnliches – immerhin – beim Ziehen der Spalte wird die Breite auch in Pixel angegeben.
- Kopf- und Fußzeilen können nicht an eine zentrale Stelle ausgelagert werden.
- Ein benutzerdefiniertes Drucken, das abgespeichert werden kann, fehlt.
- Es ist sehr mühsam, jede zweite (oder dritte oder vierte) Zeile grau einzufärben. Hierfür fehlt eine Einstellung, ohne dass man auf formatierte Tabellen zurückgreift. Auch das Fixieren von Formaten (beispielsweise sollen sie nicht verändert werden, wenn sortiert wird), ist nur mit komplexen Funktionen in benutzerdefinierten Formatierungen und Tabellen möglich. Zwar stehen Formatvorlagen für das Einfärben jeder zweiten Zeile zur Verfügung – jedoch fehlen sehr viele Optionen.

28.2 Mein Wunschzettel

28.2.3. Rechnen, Formeln und Funktionen

- Weitere Inkonsistenzen könnten entfernt werden: SUMMEWENN und ZÄHLENWENN können – ebenso wie der Autofilter und der Spezialfilter – Platzhalter verarbeiten (A*), die Funktion WENN dagegen nicht.
- Es fehlen wichtige Funktionen: OSTERN zum Erstellen der Feiertage eines Kalenders, geometrische Funktionen, Funktionen aus dem Bereich Finanzmathematik, die deutsche, bzw. europäische Normen berücksichtigen. SVERWEIS ist noch immer sehr kompliziert ausgedrückt:
- Bereich_Verweis gibt an, ob eine genaue Übereinstimmung gefunden werden soll: WAHR = aus der aufsteigend sortierten Reihenfolge der Werte wird der Wert zurückgegeben, der am dichtesten am gesuchten Wert liegt; FALSCH = es wird eine genaue Übereinstimmung gesucht.
- Das bedeutet: Bereich_Verweis gibt an, ob eine genaue Übereinstimmung gefunden werden soll. Man muss FALSCH eingeben, wenn eine genaue Übereinstimmung vorliegt!?! Ein Übersetzungsfehler? Schlampigkeit? Dies könnte man sicherlich sprachlich besser formulieren.
- Abgesehen davon hätte man die Funktionen in der Kategorie Finanzmathematik besser benennen können: Statt RMZ „Annuität", statt BW „Barwert", statt ZZR „Anzahl_Perioden" und so weiter.
- Einige interessante Unterschiede finden sich in Excel zwischen den Grundrechenarten und den korrespondierenden Funktionen. Angenommen, Sie möchten zwei Zahlen addieren, die nicht direkt nebeneinanderstehen. Dann ist der Aufwand, um die beiden Formeln

=F21+G27

=SUMME(F21;G27)

- zu erstellen sicherlich gleich groß. Ebenso für das Produkt:

=F21*G27

=PRODUKT(F21;G27)

- Jedoch gibt es einige erstaunliche Unterschiede:

Steht in der Zelle F21 der Text „zwei", dann liefern die Rechnungen =F21+G27 und =F21*G27 einen Fehler, während die Summen- und Produktfunktionen den Text übergehen. Steht in F21 dagegen kein Wert, da liefert =F21*G27 korrekt 0 (die leere Zelle wird als 0 interpretiert), während die Funktion PRODUKT diese Zelle übergeht und nur den (Zahlen-)Wert der anderen Zelle (G27) zurückgibt. Ebenso übergehen die Funktionen MAX, MIN, MITTELWERT Zellen, in den Text steht.

- In diesem Zusammenhang stellt sich die Frage, warum (der ganzzahlige) QUOTIENT existiert, während DIFFERENZ fehlt.
- Die Zielwertsuche unterläuft die Datenüberprüfung (Gültigkeit) – ist das gewollt?
- Schade, dass die Tastenkombination [Strg]+[#] weder in Excel 2010 noch in Excel 2013 oder 2016 zum Umschalten zwischen Formeln und Ergebnissen funktioniert.

28.2.4. Nicht konsequent

- Ein Blick in den Dialog Start | Schriftart (bis Excel 2003: Format | Zelle | Schrift, zeigt deutlich, dass für jede Applikation unterschiedliche Abteilungen zuständig sind, die nicht miteinander kommunizieren. So finden sich noch viele weitere Beispiele über Menüführungen, Symbole, Dialoge, Tastenkombinationen und so weiter, die in Word anders sind als in Excel oder PowerPoint. Wenn Microsoft schon „Pakete" verkauft, wäre Einheitlichkeit doch wünschenswert.

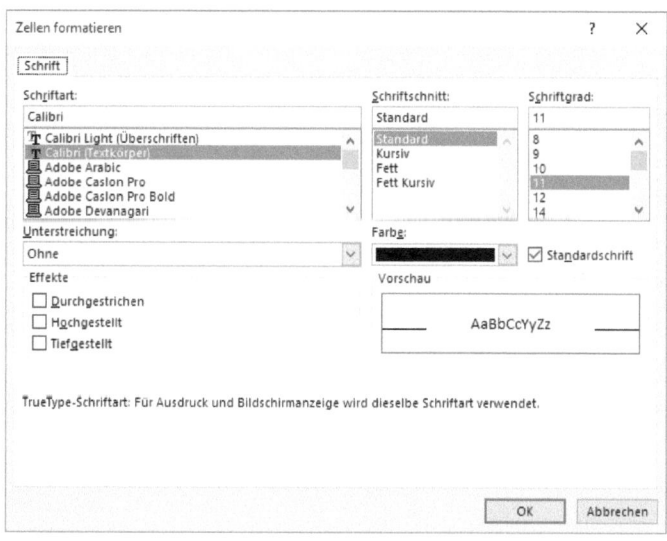

28.2 Mein Wunschzettel

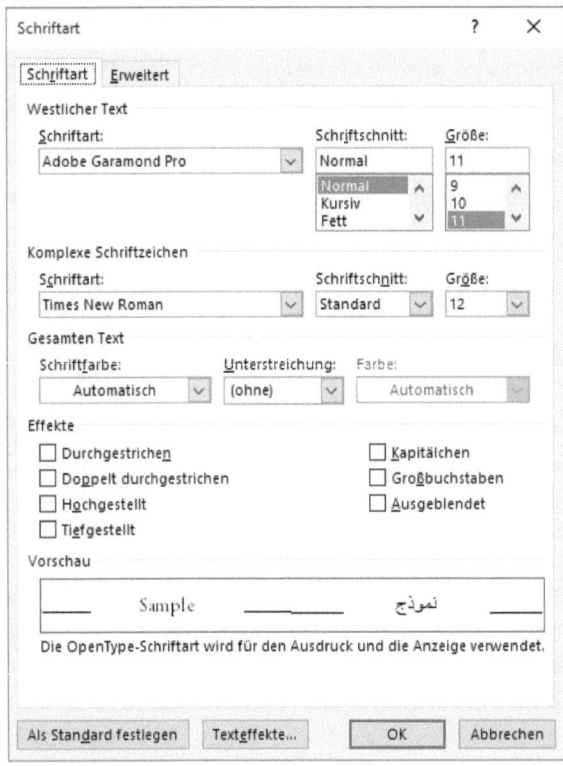

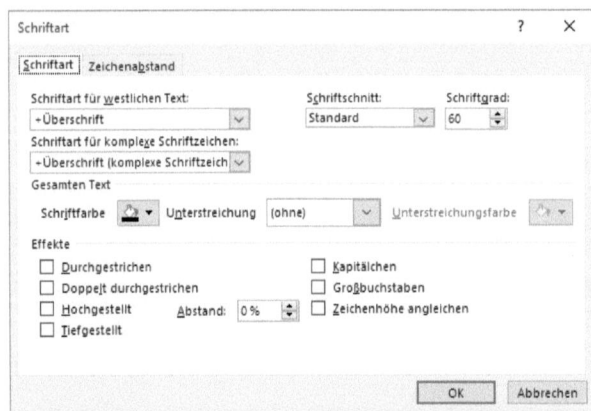

Quizfrage: Was ist Word, Excel, PowerPoint und Visio?

Kleiner Tipp: Outlook und Word sind gleich!

- Die Funktion „Anzahl" in der Statusleiste entspricht der Funktion ANZAHL2 in Excel. „Numerische Zahl" in der Statusleiste korrespondiert mit ANZAHL in der Statusleiste. Das hätte man doch sicherlich einheitlich beschriften können.
- Eine Exceltabelle wird mit [F9] aktualisiert, ebenso werden in Word Feldfunktionen aktualisiert. Jeder der Internet Explorer aus dem gleichen Hause Microsoft wird mit [F5] aktualisiert. Nicht konsequent!
- Ach – wie würde ich mir Konsequenz wünschen: Gebe ich in eine Zelle Tag1 (ohne Leerzeichen) ein und ziehe es herunter, erhalte ich Tag2, Tag3, ... Trage ich jedoch 1.Tag (oder auch 1Tag) – auch hier: ohne Leerzeichen ein, erhalte ich nach dem Herunterziehen: 1.Tag, 1.Tag, 1.Tag ... Bei 1. Tag (also mit Leerzeichen) wird korrekt weitergezählt.

28.2.5. Gültigkeit :: Datenüberprüfung

- Es gibt nur eine Gültigkeit. An einigen Stellen wäre die Verkettung mehrerer Gültigkeiten wünschenswert. Zwar ist lobenswert zu erwähnen, dass die bedingte Formatierung in Excel 2007 überarbeitet wurde – jedoch leider nicht die Datenüberprüfung.

28.2 Mein Wunschzettel

- Ein Klick auf das Prozentsymbol formatiert die Dezimalzahl als „0%". Dadurch verschwinden Nachkommastellen, so dass die Zahl 0,0045 als 0% angezeigt wird, was auf den ersten Blick verwirren kann und bei größeren Berechnungen zu scheinbaren Fehlern führt. Erstaunlicherweise verwendet die Option „Prozent" in der Gruppe „Zahl" zwei Dezimalstellen.

28.2.6. Daten

- Es gibt keine globale Gültigkeit. Beispielsweise wäre eine Einstellung wichtig, dem Benutzer am Ende der Texteingabe das Leerzeichen zu verbieten.
- Ausgeblendete Zeilen werden beim Filtern wieder eingeblendet. Das möchten viele Anwender nicht.

28.2.7. Listen

- Der benutzerdefinierte Filter beim Autofilter enthält leider nur zwei Zeilen. Schön wäre es, wenn man diese Liste erweitern könnte. Oder auch, wenn man in mehreren Spalten gleichzeitig filtern könnte, beispielsweise: Ort = „München" UND Abteilung = „IT" oder auch: Mitgliedschaft = „Gold" oder Jahresbeitrag >= 180.

28.2.8. VBA

- Der VBA-Editor muss dringend überarbeitet werden. Er lässt so viele Wünsche offen, die bei moderneren Programmiereditoren bereits implementiert ist:
- Nach If wird gleich das schließende End If geschrieben. Ebenso wie nach For Next, nach Select Case End Select, Nach Do Loop und so weiter geschrieben werden sollte. Nach Sub schafft VBA ja auch ein End Sub.
- Codefolding wäre schön – das Einklappen und Ausklappen von bestimmten Codeteilen.
- Eine Auflistung alle bereits deklarierter Variablen beim Tippen, so dass man nicht explizit [Strg]+[Leertaste] tippen muss.
- Ein voreingestelltes Option Explicit. Es ist praktisch!
- Die Option „Variablendeklaration erforderlich" sollte deaktiviert sein.
- Automatische Einrückungen innerhalb von Schleifen und Verzweigungen – das würde die Lesbarkeit erhöhen.

VBA

- Schön wäre, wenn Excel im Makrorekorder (und auch bei den Makros) anzeigen würde, welche Tastenkombinationen bereits belegt sind:

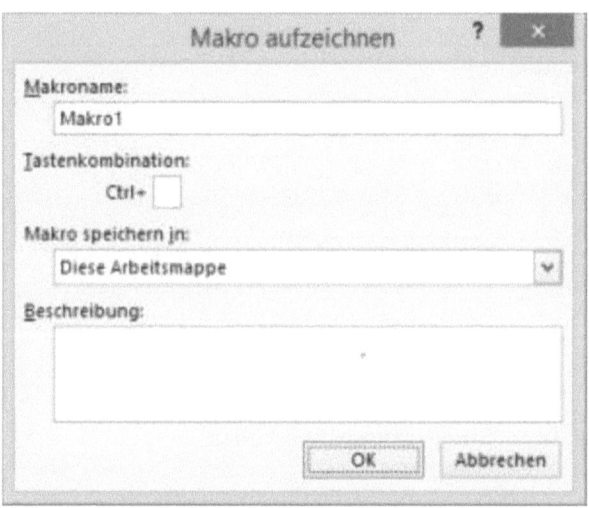

[Strg]+was gibt es denn schon?

28.3. und sonst

- Die Schutzmechanismen sind denkbar albern und gehören dringend verbessert.

29 Tastenkombinationen

29.1. Windows-Shortcuts

29.1.1. Die vielleicht wichtigsten Shortcuts

[Alt] + [F11] VBA-Editor anzeigen

[F1] Online-Hilfe bzw. den Office-Assistenten aufrufen

[F2] Markierte Zelle bearbeiten

[F4] Letzte Aktion wiederholen

[F7] Befehl Rechtschreibung ausführen

[F9] Alle Blätter in allen geöffneten Arbeitsmappen berechnen

[F11] Neues Diagrammblatt einfügen

[Shift] + [F9] Aktives Tabellenblatt berechnen

[Shift] + [F11] Neues Tabellenblatt einfügen

[Strg] + [.] Aktuelles Datum in die markierte/aktive Zelle einfügen

[Strg] + [A] Ganzes Tabellenblatt markieren

[Strg] + [Bild oben] Vorheriges Tabellenblatt der Arbeitsmappe aktivieren

[Strg] + [Bild unten] Nächstes Tabellenblatt der Arbeitsmappe aktivieren

[Strg] + [C] Markierung kopieren

[Strg] + [F] Befehl Suchen ausführen

[Strg] + [F4] Aktive Arbeitsmappe schließen

[Strg] + [F6] Zur nächsten Arbeitsmappe wechseln

[Strg] + [N] Neue Arbeitsmappe einfügen

[Strg] + [O] (Buchstabe) Befehl Öffnen ausführen

[Strg] + [P] Befehl Drucken ausführen

[Strg] + [Pfeiltaste] An den Rand des aktuellen Datenbereichs bzw. zur letzten/ ersten Zelle einer Zeile/Spalte bewegen

[Strg] + [Pos1] An den Anfang des Tabellenblatts bewegen

[Strg] + [R] Nach rechts ausfüllen

[Strg] + [S] Befehl Speichern ausführen

[Strg] + [Shift] + [Ende] Markierung bis zur letzten verwendeten Zelle des Tabellenblatts erweitern

[Strg] + [Shift] + [Pos1] Markierung bis zum Anfang des Tabellenblatts erweitern

[Strg] + [U] Nach unten ausfüllen

[Strg] + [V] Daten der Zwischenablage einfügen

[Strg] + [X] Markierung ausschneiden

[Strg] + [Z] Letzte Aktion rückgängig machen

[Strg] + [+] Fügt eine Spalte oder Zeile ein

[Strg] + [-] Löscht die markierte Spalte oder Zeile

29.1.2. Office Assistent

[Alt] + [B] Den vorherigen Tipp anzeigen

[Alt] + [F6] Sprechblase des Office-Assistenten aktivieren

[Alt] + [N] Den nächsten Tipp anzeigen

[Alt] + [nach oben] Vorherige Hilfethemen anzeigen

[Alt] + [nach unten] Weitere Hilfethemen anzeigen

[Alt] + [Zahl] Ein Hilfethema aus den im Office-Assistenten angezeigten Themen auswählen (wobei 1 für das erste Thema, 2 für das zweite Thema steht usw.)

[Esc] Sprechblase des Office-Assistenten schließen

[F1] Hilfe vom Office-Assistenten anfordern

29.1 Windows-Shortcuts

29.1.3. Mit Menüs und Symbolleisten arbeiten

[Alt] Die Menüleiste aktivieren bzw. ein sichtbares Menü und Untermenü gleichzeitig schließen

[Alt] + [Leertaste] Das Programmsymbolmenü (in der Programmtitelleiste) anzeigen

[Eingabe] Das ausgewählte Menü öffnen oder die der ausgewählten Option/Schaltfläche zugewiesene Aktion ausführen

[Ende] Die letzte Option im Menü oder Untermenü auswählen

[Esc] Das sichtbare Menü schließen oder, bei einem sichtbaren Untermenü, nur das Untermenü schließen

[F10] Die Menüleiste aktivieren bzw. ein sichtbares Menü und Untermenü gleichzeitig schließen

[Pfeiltaste nach links] Das Menü links daneben auswählen oder, bei sichtbarem Untermenü, zwischen Haupt- und Untermenü wechseln

[Pfeiltaste nach oben] Die vorherige Option im Menü oder Untermenü auswählen

[Pfeiltaste nach rechts] Das Menü rechts daneben auswählen oder, bei sichtbarem Untermenü, zwischen Haupt- und Untermenü wechseln

[Pfeiltaste nach unten] Die nächste Option im Menü oder Untermenü auswählen

[Pos1] Die erste Option im Menü oder Untermenü auswählen

[Shift] + [F10] Kontextmenü anzeigen

[Shift] + [Tab] Das vorherige Menü der Menüleiste bzw. die vorherige Schaltfläche einer Symbolleiste auswählen

[Strg] + [Shift] + [Tab] Die vorherige sichtbare Symbolleiste auswählen

[Strg] + [Tab] Die nächste sichtbare Symbolleiste auswählen

[Tab] Das nächste Menü der Menüleiste bzw. die nächste Schaltfläche einer Symbolleiste auswählen

29.1.4. Navigieren mit Shortcuts

[Alt] + [Bild oben] Um eine Bildschirmseite nach rechts bewegen

In Fenstern, Dialog- und Textfeldern arbeiten

[Alt] + [Bild unten] Um eine Bildschirmseite nach links bewegen

[Bild oben] Um eine Bildschirmseite nach unten bewegen

[Bild unten] Um eine Bildschirmseite nach oben bewegen

[F6] Zum nächsten Ausschnitt wechseln

[Pfeiltasten] Um eine Zelle in eine bestimmte Richtung bewegen

[Pos1] An den Anfang der Zeile bewegen

[Shift] + [F6] Zum vorherigen Ausschnitt wechseln

[Strg] + [Bild oben] Vorheriges Tabellenblatt der Arbeitsmappe aktivieren

[Strg] + [Bild unten] Nächstes Tabellenblatt der Arbeitsmappe aktivieren

[Strg] + [Ende] Zur letzten verwendeten Zelle des Tabellenblatts bewegen

[Strg] + [F6] Zum nächsten Arbeitsmappenfenster wechseln

[Strg] + [Pfeiltasten] An den Rand des aktuellen Datenbereichs bzw. zur letzten/ ersten Zelle einer Zeile/Spalte bewegen

[Strg] + [Pos1] An den Anfang des Tabellenblatts bewegen

[Strg] + [Rücktaste] Einen Bildlauf durchführen, um die aktive Zelle anzuzeigen

[Strg] + [Shift] + [F6] Zum vorherigen Arbeitsmappenfenster wechseln

[Strg] + [Shift] + [Tab] Zum vorherigen Arbeitsmappenfenster wechseln

[Strg] + [Tab] Zum nächsten Arbeitsmappenfenster wechseln

[Tab] Zwischen nicht gesperrten Zellen in einem geschützten Tabellenblatt bewegen

29.1.5. In Fenstern, Dialog- und Textfeldern arbeiten

[Alt] + [Shift] + [Tab] Zum vorherigen Programm wechseln

[Alt] + [Tab] Zum nächsten Programm wechseln

[Strg] + [Esc] Windows-Startmenü anzeigen

[Strg] + [F5] Aktives Arbeitsmappenfenster wiederherstellen

[Strg] + [F6] Zum nächsten Arbeitsmappenfenster wechseln

[Strg] + [F7] Aktives Fenster verschieben

29.1 Windows-Shortcuts

[Strg] + [F8] Fenstergröße des aktiven Fensters ändern

[Strg] + [F9] Aktive Arbeitsmappe minimieren

[Strg] + [F10] Arbeitsmappenfenster maximieren oder wiederherstellen

[Strg] + [Shift] + [F6] Zum vorherigen Arbeitsmappenfenster wechseln

[Strg] + [W] Aktives Arbeitsmappenfenster schließen

[Alt] + [0] (Null) Ordnerliste im Dialogfeld Öffnen oder Speichern unter auswählen

[Alt] + [Buchstabe] Eine Option eines Dialogfelds auswählen oder ein Kontroll-kästchen aktivieren bzw. deaktivieren (wobei Buchstabe die Taste des unterstrichenen Buchstabens im Optionsnamen bezeichnet)

[Alt] + [nach unten] Ein ausgewähltes Dropdown-Listenfeld eines Dialogfelds öffnen

[Alt] + [Pfeiltasten] Ordner im Dialogfeld Öffnen oder Speichern unter auswählen

[Alt] + [Zahl] Symbolleistenschaltfläche im Dialogfeld Öffnen oder Speichern unter aus-wählen (1 steht für die Schaltfläche ganz links, 2 für die nächste usw.)

[Buchstabe] Option in einem Dropdown-Listenfeld eines Dialogfelds auswählen (Buch-stabe steht für den ersten Buchstaben im Namen der gewünschten Option)

[Eingabe] Die der Standardbefehlsschaltfläche eines Dialogfelds zugewiesene Aktion aus-führen

[Esc] Ein ausgewähltes Dropdown-Listenfeld eines Dialogfelds schließen oder einen Befehl abbrechen und das geöffnete Dialogfeld schließen

[F5] Die im Dialogfeld Öffnen oder Speichern unter sichtbaren Dateien aktualisieren

[Leertaste] Die der aktiven Schaltfläche eines Dialogfelds zugewiesene Aktion ausführen oder das aktive Kontrollkästchen aktivieren oder deaktivieren

[Pfeiltasten] Zwischen Optionen im aktiven Dropdown-Listenfeld oder zwischen Optio-nen einer Optionsgruppe eines Dialogfelds wechseln

[Shift] + [Tab] Zur vorherigen Option oder Optionsgruppe eines Dialogfelds wechseln

[Strg] + [Bild oben] Zur nächsten Registerkarte eines Dialogfelds wechseln

[Strg] + [Bild unten] Zur vorherigen Registerkarte eines Dialogfelds wechseln

[Strg] + [Shift] + [Tab] Zur vorherigen Registerkarte eines Dialogfelds wechseln

In Zellen oder Bearbeitungsleiste arbeiten

[Strg] + [Tab] Zur nächsten Registerkarte eines Dialogfelds wechseln

[Tab] Zur nächsten Option oder Optionsgruppe eines Dialogfelds wechseln

[Ende] Einfügemarke zum Ende eines Textfelds bewegen

[Pfeiltaste nach links] Einfügemarke in einem Textfeld um ein Zeichen nach links bewegen

[Pfeiltaste nach rechts] Einfügemarke in einem Textfeld um ein Zeichen nach rechts bewegen

[Pos1] Einfügemarke zum Anfang eines Textfelds bewegen

[Shift] + [Ende] Eintrag eines Textfelds von der Einfügemarke bis zum Ende markieren

[Shift] + [nach links] Ein Zeichen links der Einfügemarke in einem Textfeld markieren bzw. die vorhandene Markierung um ein Zeichen erweitern oder die Markierung aufheben

[Shift] + [nach rechts] Ein Zeichen rechts der Einfügemarke in einem Textfeld markieren bzw. die vorhandene Markierung um ein Zeichen erweitern oder die Markierung aufheben

[Shift] + [Pos1] Eintrag eines Textfelds von der Einfügemarke bis zum Anfang markieren

[Strg] + [nach links] Einfügemarke in einem Textfeld um ein Wort nach links bewegen

[Strg] + [nach rechts] Einfügemarke in einem Textfeld um ein Wort nach rechts bewegen

[Strg] + [Shift] + [nach links] Ein Wort links der Einfügemarke in einem Textfeld markieren bzw. die vorhandene Markierung um ein Zeichen erweitern oder die Markierung aufheben

[Strg] + [Shift] + [n. rechts] Ein Wort rechts der Einfügemarke in einem Textfeld markieren bzw. die vorhandene Markierung um ein Zeichen erweitern oder die Markierung aufheben

29.1.6. In Zellen oder Bearbeitungsleiste arbeiten

[=] Formel beginnen

[Alt] + [Eingabe] Neue Zeile in derselben Zelle beginnen

[Alt] + [nach unten] AutoEingabe-Liste anzeigen

[Eingabe] Eingabe in eine Zelle abschließen

[Entf] Zeichen rechts der Einfügemarke löschen

29.1 Windows-Shortcuts

[Esc] Eingabe in Zelle oder Bearbeitungsleiste abbrechen

[F3] Name in Formel einfügen

[Rücktaste] Zeichen links der Einfügemarke löschen

[Shift] + [Eingabe] Eingabe in eine Zelle abschließen und die Markierung nach oben bewegen

[Shift] + [Tab] Eingabe in eine Zelle abschließen und die Markierung nach links bewegen

[Strg] + [#] Zwischen der Anzeige von Zellwerten und der Anzeige von Zellformeln wechseln (nur bis Excel 2007)

[Strg] + [.] Aktuelles Datum in die aktive Zelle einfügen

[Strg] + [A] Formelpalette nach der Eingabe eines gültigen Funktionsnamens in eine Formel anzeigen

[Strg] + [Entf] Alle Zeichen bis zum Ende der Zeile löschen

[Strg] + [Shift] + [:] Aktuelle Uhrzeit in die aktive Zelle einfügen

[Strg] + [Shift] + [A] Argumentnamen u. Klammern für eine Funktion nach der Eingabe eines gültigen Funktionsnamens in eine Formel einfügen

[Strg] + [Shift] + [Eingabe] Formel als Matrixformel eingeben (Eingabe abschließen)

[Tab] Eingabe in eine Zelle abschließen und die Markierung nach rechts bewegen

[Strg] + [Leertaste] Markiert die ganze Spalte

[Shift] + [Leertaste] Markiert die ganze Zeile

29.1.7. Formatieren von Daten

[Alt] + [Shift] + [,] Befehl Formatvorlage ausführen

[Strg] + [1] Befehl Zellen ausführen

[Strg] + [4] Formatierung Unterstrichen zuweisen oder entfernen

[Strg] + [5] Formatierung Durchgestrichen zuweisen oder entfernen

[Strg] + [Shift] + [!] Format Zahl mit zwei Dezimalstellen (einem 1.000er-Trennzeichen und einem – bei negativen Werten) anwenden

[Strg] + [Shift] + [„] Format Wissenschaft mit zwei Dezimalstellen anwenden

[Strg] + [Shift] + [$] Format Währung mit zwei Dezimalstellen anwenden (negative Zahlenwerte werden rot angezeigt)

[Strg] + [Shift] + [%] Format Prozent ohne Dezimalstellen anwenden

[Strg] + [Shift] + [&] Format Standard (Standardzellformat) anwenden

[Strg] + [Shift] + [^] Format Zeit in Stunden und Minuten anwenden

[Strg] + [Shift] + [_] Einer Markierung einen Gesamtrahmen zuweisen

[Strg] + [Shift] + [§] Format Datum mit Tag, Monat und Jahr anwenden

[Strg] + [Shift] + [F] Formatierung Fett zuweisen oder entfernen

[Strg] + [Shift] + [K] Formatierung Kursiv zuweisen oder entfernen

[Strg] + [Shift] + [U] Formatierung Unterstrichen zuweisen oder entfernen

29.1.8. Mit Shortcuts in Datenmasken arbeiten

[Alt] + [Buchstabe] Ein Feld oder eine Befehlsschaltfläche auswählen (wobei Buchstabe die Taste des unterstrichenen Buchstabens im Feld- bzw. Schaltflächennamen bezeichnet)

[Bild oben] Im gleichen Feld um 10 Datensätze zurückbewegen

[Bild unten] Im gleichen Feld um 10 Datensätze vorbewegen

[Eingabe] Zum ersten Feld des nächsten Datensatzes bewegen

[Ende] Einfügemarke zum Ende eines Felds bewegen

[Pfeiltaste nach links] Einfügemarke in einem Feld um ein Zeichen nach links bewegen

[Pfeiltaste nach oben] Zum gleichen Feld des vorherigen Datensatzes bewegen

[Pfeiltaste nach rechts] Einfügemarke in einem Feld um ein Zeichen nach rechts bewegen

[Pfeiltaste nach unten] Zum gleichen Feld des nächsten Datensatzes bewegen

[Pos1] Einfügemarke zum Anfang eines Felds bewegen

[Shift] + [Eingabe] Zum ersten Feld des vorherigen Datensatzes bewegen

[Shift] + [Ende] Eintrag eines Felds von der Einfügemarke bis zum Ende markieren

[Shift] + [nach links] Ein Zeichen links der Einfügemarke in einem Feld markieren bzw. die vorhandene Markierung um ein Zeichen erweitern oder die Markierung aufheben

[Shift] + [nach rechts] Ein Zeichen rechts der Einfügemarke in einem Feld markieren bzw. die vorhandene Markierung um ein Zeichen erweitern oder die Markierung aufheben

[Shift] + [Pos1] Eintrag eines Felds von der Einfügemarke bis zum Anfang markieren

[Shift] + [Tab] Zum vorherigen bearbeitbaren Feld im Datensatz bewegen

[Strg] + [Bild oben] Zum ersten Datensatz bewegen

[Strg] + [Bild unten] Zum neuen Datensatz bewegen

[Tab] Zum nächsten bearbeitbaren Feld im Datensatz bewegen

[Strg] + [Shift] + [.] (oder [Strg] + [:], wenn man so will) fügt die aktuelle Uhrzeit ein.

29.1.9. Manchmal auch nützlich

[Strg] + [,] wiederholt den Wert aus der darüberliegenden Zelle

29.2. Macintosh-Shortcuts

29.2.1. Die vielleicht wichtigsten Shortcuts

F1 Rückgängig

F2 Ausschneiden von Text aus der aktiven Zelle

UMSCHALT+F2 Bearbeiten eines Zellkommentars

F3 Kopieren von Text aus der aktiven Zelle

UMSCHALT+F3 Öffnen des Formel-Generators

F4 Einfügen von Text in die aktive Zelle

UMSCHALT+F4 Wiederholen des letzten Befehls Suchen (Weitersuchen)

⌘+F4 Schließen des Fensters

F5 Anzeigen des Dialogfelds Gehe zu

UMSCHALT+F5 Anzeigen des Dialogfelds Suchen

⌘+F5 Wiederherstellen der Fenstergröße

F6 Wechseln zum nächsten Ausschnitt in einer geteilten Arbeitsmappe

UMSCHALT+F6 Wechseln zum vorherigen Ausschnitt in einer geteilten Arbeitsmappe

⌘+F6 Wechseln zum nächsten Arbeitsmappenfenster

Die vielleicht wichtigsten Shortcuts

CTRL+UMSCHALT+F6 Wechseln zum vorherigen Arbeitsmappenfenster

F7 Rechtschreibprüfung

F8 Aktivieren des erweiterten Auswahlmodus, mit Pfeiltasten oder Cursor verwendet

UMSCHALT+F8 Hinzufügen zur Markierung

WAHL+F8 Anzeigen des Dialogfelds Makro

F9 Berechnen aller Blätter in allen geöffneten Arbeitsmappen

UMSCHALT+F9 Berechnen des aktiven Arbeitsblatts

UMSCHALT+F10 Anzeigen eines Kontextmenüs

⌘+F10 Maximieren oder Wiederherstellen des Arbeitsmappenfensters

WAHL+F10 Festlegen der ersten Schaltfläche auf einer unverankerten Symbolleiste als aktiv

F11 Einfügen eines neuen Diagrammblatts

UMSCHALT+F11 Einfügen eines neuen Arbeitsblatts

⌘+F11 Einfügen einer Excel 4.0-Makrovorlage

F12 Anzeigen des Dialogfelds Speichern unter

⌘+F12 Anzeigen des Dialogfelds Öffnen

CTRL+UMSCHALT+F12 Anzeigen des Dialogfelds Drucken

Navigieren und Bildlauf auf einem Blatt oder in einer Arbeitsmappe

Pfeiltasten Bewegen um eine Zelle nach oben, unten, links oder rechts

CTRL+Pfeiltaste Bewegen an den Rand des aktuellen Datenbereichs

POS1 Bewegen an den Anfang der Zeile

CTRL+POS1 Bewegen an den Anfang des Blatts

CTRL+ENDE Bewegen zur letzten verwendeten Zelle im Arbeitsblatt, d. h. der Zelle am Schnittpunkt der am weitesten rechts liegenden Spalte mit der untersten Zeile (untere rechte Ecke), oder der Zelle gegenüber der ersten Zelle (normalerweise A1)

BILD-AB Bewegen um eine Bildschirmseite nach unten

BILD-AUF Bewegen um eine Bildschirmseite nach oben

29.2 Macintosh-Shortcuts

WAHL+BILD-AB Bewegen um eine Bildschirmseite nach rechts

WAHL+BILD-AUF Bewegen um eine Bildschirmseite nach links

CTRL+BILD-AB Wechseln zum nächsten Blatt in der Arbeitsmappe

CTRL+BILD-AUF Wechseln zum vorherigen Blatt in der Arbeitsmappe

CTRL+TAB Wechseln zur nächsten Arbeitsmappe bzw. zum nächsten Fenster

CTRL+UMSCHALT+TAB Wechseln zur vorherigen Arbeitsmappe bzw. zum vorherigen Fenster

F6 Wechseln zum nächsten Ausschnitt in einer geteilten Arbeitsmappe

UMSCHALT+F6 Wechseln zum vorherigen Ausschnitt in einer geteilten Arbeitsmappe

CTRL+ENTF Bildlauf, um die aktive Zelle anzuzeigen

CTRL+G Anzeigen des Dialogfelds Gehe zu

⌘+F Anzeigen des Dialogfelds Suchen

⌘+G Wiederholen des letzten Befehls Suchen (Weitersuchen)

TAB Wechseln zwischen nicht gesperrten Zellen in einem geschützten Arbeitsblatt

29.2.2. Vorschau und Drucken

⌘+P Anzeigen des Dialogfelds Drucken

Pfeiltasten Bewegen auf einer Seite bei vergrößerter Seitenansicht

BILD-AUF Bewegen um eine Seite bei verkleinerter Seitenansicht

CTRL+NACH-OBEN Wechseln zur ersten Seite bei verkleinerter Seitenansicht

CTRL+NACH-UNTEN Wechseln zur letzten Seite bei verkleinerter Seitenansicht

29.2.3. Eingeben von Daten auf einem Arbeitsblatt

EINGABETASTE Abschließen einer Zelleingabe und Bewegen nach unten in der Markierung

CTRL+WAHL+EINGABE Beginnen einer neuen Zeile in derselben Zelle

CTRL+EINGABE Ausfüllen des ausgewählten Zellbereichs mit dem eingegebenen Text

Arbeiten in Zellen oder auf der Funktionsleiste

UMSCHALT+EINGABETASTE Abschließen einer Zelleingabe und Bewegen nach oben in der Markierung

TAB Abschließen einer Zelleingabe und Bewegen nach rechts in der Markierung

UMSCHALT+TAB Abschließen einer Zelleingabe und Bewegen nach links in der Markierung

ESC Abbrechen einer Zelleingabe

RÜCKSCHRITTTASTE Löschen des Zeichens links von der Einfügemarke oder Löschen der Markierung

ENTF Löschen des Zeichens rechts von der Einfügemarke oder Löschen der Markierung

CTRL+ENTF Löschen des Texts bis zum Ende der Zeile

Pfeiltasten Bewegen um ein Zeichen nach oben, unten, links oder rechts

POS1 Bewegen an den Anfang der Zeile

⌘+Y Wiederholen der letzten Aktion

UMSCHALT+F2 Bearbeiten eines Zellkommentars

CTRL+D Ausfüllen nach unten

CTRL+R Ausfüllen nach rechts

CTRL+L Festlegen eines Namens

29.2.4. Arbeiten in Zellen oder auf der Funktionsleiste

RÜCKSCHRITTTASTE Bearbeiten der aktiven Zelle und anschließendes Löschen des Zellinhalts oder Löschen des Zeichens links von der Einfügemarke in der aktiven Zelle, während der Zellinhalt bearbeitet wird

EINGABETASTE Abschließen einer Zelleingabe

CTRL+WAHL+EINGABE Eingeben einer Formel als Matrixformel

ESC Abbrechen der Eingabe in die Zelle oder Funktionsleiste

CTRL+A Anzeigen des Formel-Generators nach der Eingabe eines gültigen Funktionsnamens in eine Formel

29.2 Macintosh-Shortcuts

⌘+K Einfügen eines Links

EINGABETASTE (in einer Zelle mit einem Link) Aktivieren eines Links

CTRL+U Bearbeiten der aktiven Zelle und Positionieren der Einfügemarke am Ende der Zeile

UMSCHALT+F3 Öffnen des Formel-Generators

⌘+= Berechnen aller Blätter in allen geöffneten Arbeitsmappen

⌘+UMSCHALT+= Berechnen des aktiven Arbeitsblatts

= Beginnen einer Formel

⌘+T Umschalten zwischen absoluter, relativer und gemischter Formelschreibweise

⌘+UMSCHALT+T Einfügen der Formel „AutoSumme"

CTRL+SEMIKOLON (;) Eingeben des Datums

⌘+SEMIKOLON (;) Eingeben der Uhrzeit

CTRL+UMSCHALT+ANFÜHRUNGSZEICHEN („) Kopieren des Werts aus der Zelle oberhalb der aktiven Zelle in die Zelle oder Funktionsleiste

CTRL+GRAVISZEICHEN (`) Wechseln zwischen der Anzeige von Zellwerten und der Anzeige von Zellformeln

CTRL+APOSTROPH (‚) Kopieren einer Formel aus der Zelle oberhalb der aktiven Zelle in die Zelle oder Funktionsleiste

WAHL+NACH-UNTEN Anzeigen der AutoVervollständigen-Liste

CTRL+L Festlegen eines Namens

29.2.5. Formatieren und Bearbeiten von Daten

⌘+UMSCHALT+L Anzeigen des Dialogfelds Formatvorlage

⌘+1 Anzeigen des Dialogfelds Zellen formatieren

CTRL+UMSCHALT+~ Anwenden des Standardzahlenformats

CTRL+UMSCHALT+$ Anwenden des Währungsformats mit zwei Dezimalstellen (negative Zahlen werden rot und in Klammern angezeigt)

CTRL+UMSCHALT+% Anwenden des Prozentformats ohne Dezimalstellen

Formatieren und Bearbeiten von Daten

CTRL+UMSCHALT+^ Anwenden des exponentiellen Zahlenformats mit zwei Dezimalstellen

CTRL+UMSCHALT+# Anwenden des Datumsformats mit Tag, Monat und Jahr

CTRL+UMSCHALT+@ Anwenden des Uhrzeitformats mit Stunden und Minuten und Angabe von A.M. oder P.M.

CTRL+UMSCHALT+! Anwenden des Zahlenformats mit zwei Dezimalstellen, einem 1000er-Trennzeichen und einem Minuszeichen (-) bei negativen Werten

⌘+WAHL+0 (NULL) Anwenden eines Außenrahmens auf die markierten Zellen

⌘+WAHLTASTE+NACH-RECHTS Hinzufügen eines Außenrahmens rechts neben der Markierung

⌘+WAHL+NACH-LINKS Hinzufügen eines Außenrahmens links neben der Markierung

⌘+WAHL+NACH-OBEN Hinzufügen eines Außenrahmens oberhalb der Markierung

⌘+WAHL+NACH-UNTEN Hinzufügen eines Außenrahmens unterhalb der Markierung

⌘+WAHL+BINDESTRICH Entfernen von Außenrahmen

⌘+B Zuweisen oder Aufheben der Fettformatierung

⌘+I Zuweisen oder Aufheben der Kursivformatierung

⌘+U Zuweisen oder Entfernen von Unterstreichungen

⌘+UMSCHALT+EINGABE Zuweisen oder Aufheben einer durchgestrichenen Formatierung

CTRL+9 Ausblenden von Zeilen

CTRL+UMSCHALT+(Einblenden von Zeilen

CTRL+0 (NULL) Ausblenden von Spalten

CTRL+UMSCHALT+) Einblenden von Spalten

+UMSCHALT+W Hinzufügen oder Entfernen des Effekts „Schatten"

+UMSCHALT+D Hinzufügen oder Entfernen des Effekts „Kontur"

CTRL+U Bearbeiten der aktiven Zelle

29.2 Macintosh-Shortcuts

ESC Abbrechen der Eingabe in die Zelle oder Funktionsleiste

RÜCKSCHRITTTASTE Bearbeiten der aktiven Zelle und anschließendes Löschen des Zellinhalts oder Löschen des Zeichens links von der Einfügemarke in der aktiven Zelle, während der Zellinhalt bearbeitet wird

⌘+V Einfügen von Text in die aktive Zelle

EINGABETASTE Abschließen einer Zelleingabe

CTRL+WAHL+EINGABE Eingeben einer Formel als Matrixformel

CTRL+A Anzeigen des Formel-Generators nach der Eingabe eines gültigen Funktionsnamens in eine Formel

29.2.6. Arbeiten mit einer Markierung

⌘+C Kopieren der Markierung

⌘+X Ausschneiden der Markierung

⌘+V Einfügen der Markierung

ENTF Löschen des Inhalts der Markierung

CTRL+BINDESTRICH Löschen der Markierung

⌘+Z Rückgängigmachen der letzten Aktion

CTRL+UMSCHALT+PLUSZEICHEN Aktivieren der Ansicht Formeln anzeigen

EINGABETASTE Bewegen des Cursors von oben nach unten in der Markierung (abwärts) oder Bewegen in die Richtung, die im Dialogfeld Einstellungen (Menü Excel, Befehl Einstellungen) unter Bearbeiten aktiviert wurde

UMSCHALT+EINGABETASTE Bewegen des Cursors von unten nach oben in der Markierung (aufwärts) oder Bewegen in die Richtung, die der Richtung entgegengesetzt ist, die im Dialogfeld Einstellungen (Menü Excel, Befehl Einstellungen) unter Bearbeiten aktiviert wurde

TAB Bewegen des Cursors von links nach rechts in der Markierung oder Abwärtsbewegen um eine Zelle, wenn nur eine Spalte markiert ist

UMSCHALT+TAB Bewegen des Cursors von rechts nach links in der Markierung oder Aufwärtsbewegen um eine Zelle, wenn nur eine Spalte markiert ist

CTRL+PUNKT Bewegen im Uhrzeigersinn zur nächsten Ecke der Markierung

CTRL+WAHL+NACH-RECHTS Bewegen des Cursors nach rechts in nicht nebeneinander liegenden Markierungen

CTRL+WAHL+NACH-LINKS Bewegen des Cursors nach links in nicht nebeneinander liegenden Markierungen

29.2.7. Markieren von Zellen, Spalten oder Zeilen

CTRL+UMSCHALT+STERNCHEN Markieren des aktuellen Bereichs um die aktive Zelle (der aktuelle Bereich ist ein Datenbereich, der von leeren Zeilen und Spalten umgeben ist)

UMSCHALT+PFEILTASTE Erweitern der Markierung um eine Zelle

CTRL+UMSCHALT+PFEILTASTE Erweitern der Markierung bis zur letzten nicht leeren Zelle in derselben Spalte oder Zeile wie die aktive Zelle

UMSCHALT+ANFANG Erweitern der Markierung bis zum Anfang der Zeile

CTRL+UMSCHALT+ANFANG Erweitert die Markierung bis zum Anfang des Blatts

CTRL+UMSCHALT+ENDE Erweitern der Markierung bis zur letzten verwendeten Zelle des Arbeitsblatts (rechte untere Ecke)

CTRL+LEERTASTE Markieren der gesamten Spalte

UMSCHALT+LEERTASTE Markieren der gesamten Zeile

+A Markieren des gesamten Blatts

UMSCHALT+ENTF Ausschließliches Markieren der aktiven Zelle, wenn mehrere Zellen markiert sind

UMSCHALT+BILD-AB Erweitern der Markierung um eine Bildschirmseite nach unten

UMSCHALT+BILD-AUF Erweitern der Markierung um eine Bildschirmseite nach oben

CTRL+UMSCHALT+LEERTASTE Markieren aller Objekte in einem Blatt, wenn ein Objekt markiert ist

CTRL+6 Wechseln zwischen dem Ein- und Ausblenden von Objekten und dem Anzeigen von Platzhaltern für Objekte

29.2 Macintosh-Shortcuts

CTRL+7 Ein- oder Ausblenden der Standardsymbolleiste

F8 Aktivieren der Option zum Erweitern einer Markierung mit Hilfe der Pfeiltasten

UMSCHALT+F8 Hinzufügen eines weiteren Zellbereichs zur Markierung oder Verwenden der Pfeiltasten zum Bewegen des Cursors zum Anfang des hinzuzufügenden Bereichs. Drücken Sie anschließend F8 und die Pfeiltasten, um den nächsten Bereich auszuwählen.

CTRL+/ Markieren der aktuellen Matrix, bei der es sich um die Matrix handelt, zu der die aktive Zelle gehört

⌘+UMSCHALT+O (Buchstabe O) Markieren aller Zellen mit Kommentaren

CTRL+\ Markieren der Zellen in einer Zeile, die nicht dem Wert in der aktiven Zelle dieser Zeile entsprechen. Sie müssen die Zeile beginnend mit der aktiven Zelle markieren.

CTRL+UMSCHALT+| Ausschließliches Markieren der Zellen, auf die Formeln innerhalb der Markierung direkt verweisen

CTRL+[Markieren der Zellen in einer Spalte, die nicht dem Wert in der aktiven Zelle dieser Spalte entsprechen. Sie müssen die Spalte beginnend mit der aktiven Zelle markieren.

CTRL+UMSCHALT+{ Markieren aller Zellen, auf die Formeln innerhalb der Markierung direkt oder indirekt verweisen

CTRL+] Ausschließliches Markieren der Zellen mit Formeln, die direkt auf die aktive Zelle verweisen

CTRL+UMSCHALT+} Markieren aller Zellen mit Formeln, die direkt oder indirekt auf die aktive Zelle verweisen

⌘+UMSCHALT+Z Ausschließliches Markieren sichtbarer Zellen in der aktuellen Markierung

29.2.8. Finanzmanagement

WAHL+NACH UNTEN Anzeigen des Menüs AutoVervollständigen für Kategorien

NACH-OBEN Wechseln zum vorherigen Element im Menü AutoVervollständigen für Kategorien

NACH-UNTEN-TASTE Wechseln zum nächsten Element im Menü AutoVervollständigen für Kategorien

BILD-AUF Bildlauf im Menü AutoVervollständigen für Kategorie um eine Seite nach oben

BILD-AB Bildlauf im Menü AutoVervollständigen für Kategorien um eine Seite nach unten

ENDE Wechseln zum Ende des Menüs AutoVervollständigen für Kategorien

ESC Schließen des Menüs AutoVervollständigen für Kategorien

TAB,EINGABE oder EINGABETASTE Zuweisen der ausgewählten Kategorie im Menü AutoVervollständigen für Kategorien

WAHL+NACH UNTEN Anzeigen des Menüs Priorität

Pfeiltasten Verschieben in der Prioritätenliste

TAB oder EINGABE EINGABETASTE Zuweisen der markierten Priorität in der Prioritätenliste

ESC Schließen der Prioritätenliste und Zurückkehren zur Zelle

⌘+PUNKT Schließen der Prioritätenliste und Zurückkehren zur Zelle

⌘+WAHL+1 Anzeigen des Menüs für das erste Variablenfeld im Header

⌘+WAHL+2 Anzeigen des Menüs für das zweite Variablenfeld im Header

29.2.9. Diagramme

F11 Einfügen eines neuen Diagrammblatts

Pfeiltasten Wechseln zwischen Diagrammobjekten in einer Markierung

CTRL+6 Wechseln zwischen dem Aus- und Einblenden von Diagrammobjekten und der Anzeige von Platzhaltern für Diagrammobjekte

29.2.10. Datenformulare

NACH-UNTEN Bewegen zum gleichen Feld im nächsten Datensatz

NACH-OBEN Bewegen zum gleichen Feld im vorherigen Datensatz

TAB Bewegen zum nächsten Feld im Datensatz, das bearbeitet werden kann

29.2 Macintosh-Shortcuts

UMSCHALT+TAB Bewegen zum vorherigen Feld im Datensatz, das bearbeitet werden kann

EINGABETASTE Bewegen zum ersten Feld im nächsten Datensatz

UMSCHALT+EINGABETASTE Bewegen zum ersten Feld im vorherigen Datensatz

BILD-AB Bewegen zum gleichen Feld um 10 Datensätze weiter

CTRL+BILD-AB Bewegen zu einem neuen Datensatz

BILD-AUF Bewegen zum gleichen Feld um 10 Datensätze zurück

CTRL+BILD-AUF Bewegen zum ersten Datensatz

NACH-LINKS Bewegen in einem Feld um ein Zeichen nach links bzw. nach rechts

NACH-RECHTS Bewegen in einem Feld um ein Zeichen nach links bzw. nach rechts

UMSCHALT+NACH-LINKS Markieren des Zeichens links von der Einfügemarke

UMSCHALT+WAHL+NACH-RECHTS Markieren des Zeichens rechts von der Einfügemarke

29.2.11. AutoFilter und PivotTable-Berichte

WAHL+NACH-UNTEN Anzeigen der AutoFilter-Liste oder des Popupmenüs des PivotTable-Seitenfelds für die markierte Zelle

NACH-UNTEN Markieren des nächsten Elements in der AutoFilter-Liste oder im PivotTable-Seitenfeld

NACH-OBEN Markieren des vorherigen Elements in der AutoFilter-Liste oder im PivotTable-Seitenfeld

POS1 Markieren des ersten Elements (aufsteigende Sortierung) in der AutoFilter-Liste oder im PivotTable-Seitenfeld

ENDE Markieren des letzten Elements in der AutoFilter-Liste oder im PivotTable-Seitenfeld

EINGABETASTE Filtern der Liste unter Verwendung des in der AutoFilter-Liste oder im PivotTable-Seitenfeld ausgewählten Elements

29.2.12. Gliedern von Daten

CTRL+8 Einblenden oder Ausblenden der Gliederungssymbole

CTRL+9 Ausblenden von markierten Zeilen

CTRL+UMSCHALT+(Einblenden von markierten Zeilen

CTRL+0 (NULL) Ausblenden von markierten Spalten

CTRL+UMSCHALT+) Einblenden von markierten Spalten

29.2.13. Symbolleisten

WAHL+F10 Festlegen der ersten Schaltfläche auf einer unverankerten Symbolleiste als aktiv

TAB Auswählen der nächsten Schaltfläche oder des nächsten Menüs auf einer Symbolleiste, wenn diese aktiv ist

UMSCHALT+TAB Auswählen der vorherigen Schaltfläche oder des vorherigen Menüs auf einer Symbolleiste, wenn diese aktiv ist

CTRL+TAB Auswählen der nächsten Symbolleiste bei aktiver Symbolleiste

CTRL+UMSCHALT+TAB Auswählen der vorherigen Symbolleiste bei aktiver Symbolleiste

EINGABETASTE Ausführen der Aktion, die der ausgewählten Schaltfläche zugeordnet ist

29.2.14. Fenster

⌘+TAB Wechseln zur nächsten Anwendung

⌘+UMSCHALT+TAB Wechseln zur vorherigen Anwendung

⌘+W Schließen des aktiven Arbeitsmappenfensters

⌘+F5 Wiederherstellen der Größe des aktiven Arbeitsmappenfensters

F6 Wechseln zum nächsten Ausschnitt in einer geteilten Arbeitsmappe

UMSCHALT+F6 Wechseln zum vorherigen Ausschnitt in einer geteilten Arbeitsmappe

⌘+F6 Wechseln zum nächsten Arbeitsmappenfenster

⌘+UMSCHALT+EINGABE Wechseln zum vorherigen Arbeitsmappenfenster

29.2 Macintosh-Shortcuts

⌘+F5 Wiederherstellen der Fenstergröße

CTRL+F10 Maximieren oder Wiederherstellen des Arbeitsmappenfensters

⌘+UMSCHALT+3 Kopieren der Bildschirmanzeige in die Zwischenablage.

⌘+UMSCHALT+4 Kopieren des Bilds des aktiven Fensters in die Zwischenablage (klicken Sie nach dem Drücken und Loslassen der Tasten in das Fenster, das kopiert werden soll)

29.2.15. Dialogfelder

TAB Wechseln zur nächsten Option oder Optionsgruppe

UMSCHALT+TAB Wechseln zur vorherigen Option oder Optionsgruppe

CTRL+TAB Wechseln zur nächsten Registerkarte in einem Dialogfeld

CTRL+UMSCHALT+TAB Wechseln zur vorherigen Registerkarte in einem Dialogfeld

EINGABETASTE Durchführen der Aktion, die der Standardbefehlsschaltfläche im Dialogfeld zugeordnet ist (die Schaltfläche mit der fett dargestellten Umrandung, häufig die Schaltfläche OK)

ESC Abbrechen des Befehls und Schließen des Dialogfelds

30 Ein Wort zu mir

Seit 1990 unterrichte ich Softwareprodukte von verschiedenen Herstellern aus verschiedenen Bereichen. Dabei zählt Excel zu meinen bevorzugten Programmen. Nicht nur, weil es in viele verschiedene Wissensgebiete eingreift, sondern auch, weil an dieses Produkt immer wieder neue Anforderungen gestellt werden, die es zu lösen gilt. Vielleicht, weil es in Excel oft ums Knobeln, Denken, Probleme Lösen, … geht – ich habe Spaß daran. Auch wenn Excel manchmal nervt …

Ich sehe übrigens auch nicht aus wie auf dem Foto – das Bild ist 5 x 3 cm groß und ziemlich flach – ich dagegen bin rund, habe Volumen und Format, bin etwas länger und nicht in Pixel auflösbar.

Und: gerne biete ich Ihnen Excel-Schulungen an. Und natürlich auch Schulungen im Bereich (Excel) VBA.

Weitere Infos über mich finden Sie auf meiner Seite www.compurem.de.

Neben meiner Unterrichtstätigkeit programmiere ich auch (beispielsweise VBA in Excel oder VS.NET mit Excel), schreibe Bücher und Zeitschriftenartikel und erstelle Lernvideos für video2brain.

Hier einige der Lernvideos, die ich bei video2brain erstellt habe:

Und einige der Bücher, die ich geschrieben habe:

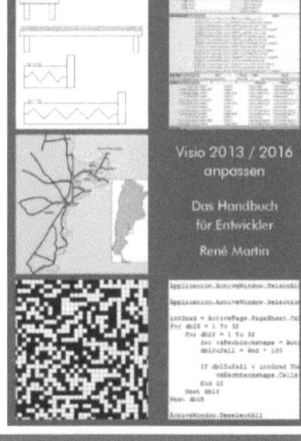

31 Stichwortverzeichnis

#NV 229

< 187

1.3.1 43

1.5 44

1700043E15 45

ACHSENABSCHNITT 222

Apple 271

Ausrichtung 87, 89

Autokorrektur 293

Balkendiagramm 253

Barrierefrei 36

Bearbeitungsleiste 153

bedingte Formatierung 31, 83, 104

benutzerdefinierte Liste 56, 189

benutzerdefiniertes Zahlenformate 293

bewegen 36

Bild 24, 122

Blasendiagramm 215, 249

Buchhaltung 115, 120

Calc 49, 112

CALCULATE 202

Cursor 33

Dateigröße 50

Datenreihen formatieren 217

Datenschnitt 190

Datenüberprüfung 28, 44, 58, 103

Datum 295

DATUM 104

Dezimalstellen automatisch einfügen 33

Diagramm ausblenden 41

Diagramm löschen 19

Diagrammlayout 226

DM 251

Dropdownliste 58

Druckbereich 127

drucken 293

Ende 50

Entwurf 247

Excel nervt 17

Farbton 90

Feiertag 155

Filter 293

Filterkriterium 192

fixieren 54

Fusszeile 126

Fußzeile 130, 134, 293

Gebietsschema 108

gestapelte Säulen 228

Gleitkommadarstellung 29

grau 71

gruppierte Säulen 228

Hintergrundfarbe 67

InputBox 275

Inquire 139, 213, 279

intelligente Tabelle 177

ISTZAHL 160

Kalkulationstabelle 75

Kästchen verschwinden 39

Kommentar 69, 273, 293

Kopfzeile 130, 134, 293

kopieren 122

Kreis 241

Leerzeichen 131, 293

Legende 245

LibreOffice 48, 112

Liniendiagramm 255

links 81

Listenfeld 288

LoadPicture 287

Mac 271

Makrorekorder 257

markieren 26, 65

Microsoft 78

Mitte 198

MONAT 193

MONATSENDE 168

N 144

Name 21

Namensfeld 21

Namensmanager 21, 219

ODER 104

OneNote 73, 77

Outlook 124

Pivottabelle 237

PivotTable 257

Power BI 77

PowerPivot 176, 201

PowerView 205

PrintOut 282

Punktediagramm 254

QUARTALSENDE 166

rechts 81

Registerkarte 247

RÖMISCH 171

RUNDEN 168, 170

Rundungsprobleme 29

SAP 137

Seitenansicht 129

Seitenumbruch 132

Sharepoint 75

Smarttag 27

sortieren 185, 197

Spalte 122

Spalten ausblenden 19

STEIGUNG 222

Step 277

SUMME 172, 204

SUMMEWENNS 165

Sunburst 240

SVERWEIS 169, 204

Systemsteuerung 113

Tabelle 82

Tabellenblatt 127, 134, 294

Tabellenblatt einfügen 18

Tausendertrennzeichen 113

teilen 129

TEILERGEBNIS 169, 294

Treemaps 232

Trennzeichen 114

Übermäßige Zellformatierung bereinigen 92

Uhrzeit 109, 293

UserForm 280

Vergleich 186

VERKETTEN 146

Wasserfalldiagramm 254

WENN 148, 250

WENNFEHLER 147

Wertfeldeinstellung 200

Wiederholungszeile 26

WOCHENTAG 101, 104, 169

x-Achse 216

XY-Diagramm 254

Zahlenformat 116, 200

ZÄHLENWENN 104, 135, 144, 150, 155

Zeilenumbruch 102

zentriert 81